Borysthenes
SARMATEN
ALANEN
KASPISCHES MEER
DACIEN
Danuvius
Oescus
SCHWARZES MEER
COLCHIS
IBERIEN
ALBANIEN
ARMENIEN
Byzantium
BITHYNIEN
Satala
CAPPADOCIEN
Melitene
PARTHIEN
HYRCANIER
ATROPATENE
ADIABENE
Samosata
Singara
Tyana
Zeugma
Carrhae
Arbela
Ephesos
CILICIEN
Hatra
Selinus
Tarsus
Antiochia
Ekbatana
Tigris
Seleucia
Ctesiphon
Dura Europos
Cypros
Orontes
SYRIEN
Euphrates
Charax Spasinu
JUDAEA
Alexandria
ARABIEN
Berenike
ÄGYPTEN
Nilus
NABATÄER

GERD TROMMER · WAHN DER MACHT

Gerd Trommer

WAHN DER MACHT

Kulturgeschichtlicher Roman um Trajan

IM PRISMA-VERLAG

Jedoch der schrecklichste der Schrecken,
Das ist der Mensch in seinem Wahn! Schiller

Erstes Buch

DIE KAISERMACHER

Und meiner Hand vertrau das große Werk ... zu enden,
Daß alle künft'gen Tag' und Nächt' uns lohne
Allein'ge Königsmacht und Herrscherkrone ...

Shakespeare

I

»Nein … nicht schon wieder Gewalt … nein, kein Blut … Hilfe!«
Laut und voller Angst gellte der Schrei des alten Mannes, der schlecht geträumt hatte und aus dem Schlaf gerissen worden war. Sein Aufschrei mischte sich mit dem Waffengeklirr und dem unverkennbaren Kratzen, das genagelte Prätorianerstiefel auf Marmorfußböden erzeugen.
»Hilfe!« schrie er nochmals, »weg mit den Schwertern!«
Ungerührt von des Kaisers Angst vollzog sich das Zeremoniell der mitternächtlichen Wachablösung im Palast: laut, ein wenig zu laut, bedrohlich, ein wenig zu bedrohlich, klirrten die Waffen und stampften die Füße auf. Die ehernen Gesichter der Gardesoldaten verrieten nichts, keine Anteilnahme, keine Gefühle, nichts, einfach nichts stand in diesen Gesichtern geschrieben: sie waren leer. Sie taten nur, was der Präfekt ihnen befohlen hatte, und das gründlich: schlugen kraftvoll mit den Kurzschwertern auf die Schilde, marschierten im Exerzierschritt zunächst am Ort und traten dann ab, ersetzt von den neuen Wachsoldaten, die gleiches vollführten. Die nächtlichen Schreie des alten Kaisers ließen sie kalt, hatte ihnen doch der Präfekt gesagt: Der Imperator Marcus Coccejus Nerva sei ein alter und schreckhafter Mann, der zudem schlecht schlafe, an Angstträumen leide und nicht bei bester Verfassung sei.
Noch einmal ertönte ein Schrei aus dem kaiserlichen Gemach. Der wachhabende Centurio grinste hämisch. Dann war es still. Nach einer Weile vernahmen die Wachen Schritte, die aus den Räumen des Kaisers nur leise nach außen drangen und bald verstummten.
Kaiser Nerva erhob sich von seinem Lager und blinzelte, da ihn das Licht der Öllampe, die der Kämmerer entzündet hatte, blendete. Er reckte die vom Alter leicht gebeugte, hünenhafte Gestalt zu voller Größe empor und richtete den Blick seiner wasserhellen Augen auf den Kämmerer. Belonius wich zurück.
»Imperator«, stotterte er, »du hast wieder schlecht geträumt.«
Der Kaiser musterte seinen Kämmerer und wollte antworten, unterließ es aber.
Schlecht geträumt, dachte er bitter, für meine schlechten Träume sorgen andere. Diese beiden Präfekten der Prätorianer, diese Hunde, sie wollen mich in den Wahnsinn treiben, mich zermürben, indem sie durch übertriebenes nächtliches Waffenrasseln meinen Schlaf stören.
»Imperator, befiehl den Präfekten, die Wachen anzuweisen, bei den nächtlichen Wachablösungen diesen Lärm zu unterlassen, da dieser deinen Schlaf störe und dir böse Träume beschere. Du bist der Herr der Welt und hast wie jeder Mensch Anspruch auf Nachtruhe.«
Der Kaiser lachte bitter.
Armer Belonius, der nicht wußte, daß er, Augustus Caesar Imperator Marcus Coccejus Nerva, keine Gewalt und Macht über seine eigene Garde, die Prätorianer,

besaß. Im Gegenteil, die Präfekten hatten Macht über ihn, den Kaiser. Und er vermochte nichts gegen diese Herren zu tun. Was hatte der Präfekt Casperius Aelianus ihm geantwortet, als er sich beklagte wegen des nächtlichen Waffenlärms: Auf dem Palatin sei diese Zeremonie seit Menschengedenken so üblich, und wahrscheinlich müßte er, Nerva, sich erst an das Kaiser-Sein gewöhnen.
Bitterkeit und Zorn, Zorn der Ohnmacht, schnürten des Kaisers Kehle zusammen, dachte er an diese Impertinenz … Es war mehr als Frechheit, es war Demütigung und Verhöhnung, die zur Bedrohung wurde. Nervas Hände zitterten.
Belonius geleitete ihn zum Ruhelager und half dem Kaiser, sich hinzulegen. Sanft bettete er den Zitternden in die Kissen und bedeckte ihn mit einem Bärenfell.
Der alte Mann schloß die Augen. Ein Bild zog herauf, das sich nicht wegdenken und nicht verscheuchen ließ, so sehr sich Nerva auch mühte. Immer deutlicher trat es vor des Alten Sinne, wuchs ins Riesenhafte, wälzte sich auf seine Brust und drohte, ihn unter sich zu begraben. Der Kaiser stöhnte leise. Das Bild, schrecklich und drohend, ergriff vollends von ihm Besitz … Die Kurie war nach der Ermordung Domitians zur ersten Sitzung zusammengetreten. Begeisterung, Hochstimmung und Jubel über das Ende des Tyrannen! Die *damnatio memoriae* wurde über den toten Kaiser Titus Flavius Domitianus, den Herrn und Gott, wie er sich nennen ließ, einstimmig verhängt. Die Ehrwürdigen Väter ernannten ihn, Coccejus Nerva, unter Triumphrufen zum neuen Princeps. Die Freiheit, ein neues Goldenes Zeitalter schien für Rom angebrochen nach den fünfzehn dunklen Jahren, in denen Domitian seinen Schatten über das Imperium geworfen hatte … Senatoren lagen sich vor Freude in den Armen, die Erleichterung war allenthalben in der Kurie zu spüren … Der Konsul wollte die Sitzung schließen, da geschah es: Waffengeklirr … Getrampel genagelter Prätorianerstiefel auf den Marmorfliesen …
»Nein!« schrie Kaiser Nerva laut und gellend. Seine Zähne klapperten. Er zog das Fell enger um den zitternden Körper.
»Nein!«
Als könnte er den furchteinflößenden Lärm aussperren aus seiner Wahrnehmung, legte er beide Hände um die Ohren. Doch das Geräusch und die Erinnerung blieben unerbittlich. Die Bilder zogen weiter an ihm vorüber …
Casperius Aelianus – der Hades möge ihn verschlingen – trat mit gezücktem Schwert vor ihn hin und forderte laut und für alle Senatoren deutlich vernehmbar den Tod der beiden Präfekten Norbanus und Petronius Secundus … Welche Infamie, die ihn, den neuen Princeps, dazu zwingen wollte, gerade jene zu verraten, denen er seine eben übernommene Herrschaft verdankte. Und er, Kaiser Nerva, unterschrieb in dieser Stunde der Schmach das Todesurteil seiner Freunde Norbanus und Petronius Secundus. Nicht aus freien Stücken, sondern unter dem Zwang der auf ihn gerichteten Schwertspitze und gedrängt von seinen Freunden im Senat und aus politischer Klugheit und – um Kaiser zu bleiben. Welch untilgbare Schmach, welch eine Gemeinheit, welch ein Verrat!

»Petronius ... Norbanus, verzeiht«, schluchzte der Kaiser. Ein Weinkrampf schüttelte seinen Körper.
Nach einer Weile lag der Kaiser still, tief und regelmäßig atmend.
Erleichtert beobachtete der Kämmerer seinen Herrn. So endete die Erregung immer, in Schluchzen und dann in allmählicher Beruhigung. Die Nerven des Kaisers waren überreizt. Belonius, der dem Senator Nerva bereits über zwei Jahrzehnte diente, hatte solche Anfälle früher niemals wahrgenommen. Erst seit jener denkwürdigen Sitzung in der Kurie und seit die Prätorianer den Schlaf seines Herrn regelmäßig Nacht für Nacht durch ihr Waffengerassel jählings unterbrachen, hatte er diese Zustände.
Belonius zuckte zusammen, als sich Nerva plötzlich erhob. Mit einem Gesicht zum Fürchten, den rechten Arm mit der zur Faust geballten Hand drohend erhoben, sagte der Kaiser:
»Niemals vergesse ich diese Schmach und würde ich Hunderte von Jahren alt. Niemals ... niemals ... und nur mit Blut kann diese Schande getilgt werden ... Den Tod von Aelianus und Crassus will und muß ich erleben!«
»Du wirst es erreichen, Imperator, einen Erfolg hast du bereits errungen, indem du vom Senat die Verbannung des Crassus selbst gegen den Willen von Aelianus bestätigt erhieltst.«
Der Kaiser winkte unwirsch ab.
»Erfolg? Nein, Aelianus wird keine Ruhe geben. Er haßt mich, weil er in mir die treibende Kraft für die Ermordung des von ihm vergötterten Domitian sieht. Weil ich mich dazu hergab für den Fall, daß die Verschwörung gelänge, das Prinzipat zu übernehmen. Wäre die Verschwörung mißlungen, was durchaus hätte geschehen können, hätte man meinen Kopf auf eine Stange gespießt und auf dem Forum dem Volke zur Schau gestellt. Und nun, Belonius, bin ich Kaiser und ein Tor, denn ich verfüge über keine Macht und keine Autorität. Jeder kleine Prätorianer ängstigt mich, der um Mitternacht mit dem Schwert rasselt. Ich bin zu alt, nicht gesund genug und überhaupt nicht aus dem Holze, aus dem Imperatoren eines Weltreichs gehauen sein müssen. Jurist, Dichter bin ich – kein Mensch der Macht.«
Nachdenklich durchmaß Nerva mit kleinen Schritten den Raum.
»Belonius«, sagte er nach einer Weile, »ich sollte zurücktreten und das Diadem einem jüngeren und starken Mann anbieten. Allein, ohne Schutz, ohne Frau, ohne Nachkommen, bin ich wie ein Wanderer in der Wüste. Allein, allein ...«
Der Kämmerer suchte in dem hageren Gesicht des weißhaarigen Mannes zu lesen. Enttäuschung, Trauer, aber auch eine Spur Trotz und Entschlossenheit glaubte er in den Zügen seines Herrn zu sehen. Nein, was sein Herr eben gesagt hatte, nahm er, Belonius, nicht ernst. Das war reine Rhetorik, das war das Durchdenken einer Möglichkeit, und zwar der letzten. Doch davor lagen noch andere. Der Kämmerer kannte Nerva und wußte um die zähe Entschlossenheit des Al-

ten – des Alten? Belonius mußte lächeln. So alt war Nerva mit seinen sechsundsechzig Jahren nicht. Er wirkte aber, so empfand Belonius und empfanden auch einige Damen, bei weitem jünger. Seine hünenhafte Gestalt enthielt kein überflüssiges Fett ... Verwunderlich war nur, rätselte der Kämmerer, warum der sonst so vorsichtige und zu allen römischen Kaisern, sogar zum unberechenbaren und wahnsinnigen Nero um ein loyales Verhältnis bemühte Nerva, sich von den Verschwörern gegen Domitian zum Thronfolger hatte machen lassen. Seltsam, dachte der Kämmerer, vielleicht war es doch der Wille zur Macht. Belonius wußte es nicht zu sagen.

Waffengerassel unterbrach die Stille. Unheimlich setzte sich der Lärm von draußen in das kaiserliche Gemach fort, laut, übermäßig laut in der Stille des Palastes.

Wiederum Wachablösung.

Der Kämmerer beobachtete besorgt den Kaiser, auf dessen Stirn die Falten sich tiefer einkerbten.

Mit einem Ruck riß Nerva die Tür auf und trat hinaus auf den Gang. Belonius zuckte zusammen, als er den Kaiser im höchsten Zorn brüllen hörte, daß er sich diese dauernden Ruhestörungen verbitte, und wenn das nicht bald aufhöre, ließe er die gesamte Wachmannschaft nach Mösien oder Britannien abkommandieren.

Darauf vernahm der Kämmerer die schnarrende Stimme des Centurio, daß der Präfekt eine ordnungsgemäße Wachablösung befohlen hätte.

»Dann befehle ich, der Imperator Caesar Augustus Nerva, daß die Wachablösung leise zu erfolgen hat. Mit den Waffen rasseln und mit euren Stiefeln aufstampfen könnt ihr im Castrum so laut und so lange ihr wollt, doch hier will ich Ruhe!«

Hochroten Gesichts kam der Kaiser zurück.

Belonius schien es, als hätte er draußen Gelächter gehört. Aber nun war alles still. Vielleicht hatte er sich getäuscht.

Nerva warf sich auf sein Lager. Belonius deckte ihm das Fell über. Auf einen Wink des Kaisers entfernte er sich.

Nerva lag noch wach und dachte nach. Endlich kam er, der kühne und rettende Gedanke. Der Kaiser lächelte zufrieden. Dann schlief er ein, tief und fest, keine Wachablösung störte seinen Schlaf, da der morgendliche Wachwechsel stets ohne größeres Getöse erfolgte.

II

Der Senator Lucius Licinius Sura war bemüht, sich möglichst viele Einzelheiten des kaiserlichen Palastes einzuprägen, als er dem Empfangssekretär Kaiser Nervas durch endlose Säulengänge, Empfangshallen und wieder lange Gänge hinterdrein lief. Es waren einige Jahre vergangen, seit er diesen gigantischen Palast zuletzt betreten hatte. Damals waren ihm diese Ausmaße nicht im Gedächtnis haftengeblieben. Der Flavier hatte nur eine kurze Audienz gewährt: Ob Domitian sich überhaupt die Mühe gemacht hatte, ihn, den gebürtigen Spanier, in seine Gedankenwelt einzubeziehen, glaubte Sura nicht. Von oben herab übergab ihm der Kaiser das Ernennungsschreiben zum Legaten der Legion VII Germina, hielt die Hand zum Kuß entgegen und entließ ihn. Dieser Tag haftete fest in des Senators Gedächtnis, war er doch der Anfangspunkt eines Aufstiegs, der heute mit der Berufung in den kaiserlichen Kabinettsrat seine Krönung erfuhr. Welche Zufälle im Leben eines Menschen oft über Auf- oder Abstieg entschieden, dachte Sura, man könnte direkt gläubig werden, bezeichnete man die Götter als die Summe aller Zufälle. Seine beginnende Freundschaft mit Marcus Ulpius Trajanus, dem Nachkommen einer der einflußreichsten Familien in der spanischen Provinz Baetica, und mehr noch, seine Heirat mit einem Mädchen aus dieser Familie, zwar nicht hübsch, aber sehr vermögend, waren die ersten Sprossen auf der Leiter, die nach oben zum Erfolg führte; die restlichen waren Tüchtigkeit und – Glück. *Fortes adjuvat fortuna* – dem Tapferen hilft das Glück, murmelte Lucius Sura. Der voranschreitende Sekretär wandte sich um, als er das Murmeln vernahm. Da er nichts weiter hörte, drehte er wieder den Kopf. Und er tat gut daran, denn beinahe wäre er an der auf der linken Seite des Ganges liegenden Nische vorübergegangen, aus der ein Prätorianer plötzlich heraustrat, salutierte, eine Tür öffnete, die kaum sichtbar, da sie in derselben Farbe wie das Mauerwerk gehalten war, und einen dahinter hängenden schweren Vorhang zur Seite schob. Der Sekretär bat den Senator einzutreten. Sura schritt in den Raum, während sich der Sekretär entfernte und der Prätorianer den Vorhang fallen ließ und die Tür hörbar schloß.

Ein seltsamer Raum, durchfuhr es Sura, als sein Blick die Ausmaße in sich aufnahm. Inmitten wuchtete ein Marmortisch, an den Wänden der Längsseiten reihte sich Sitz an Sitz, ebenfalls aus Marmor, aber mit Kissen belegt.

Der Senator betrachtete gerade die roten Portieren an der Stirnseite, als ihn eine Stimme aus der hinteren Ecke jäh unterbrach. Sura zuckte zusammen.

»Ein eigenartiger Raum«, röhrte eine heisere Stimme, »an den man sich gewöhnen muß, Licinius Sura.«

»Du, Tettius Julianus, dich habe ich beim Eintreten gar nicht bemerkt und auch nicht …«

»… hier vermutet«, unterbrach der alte Senator und Feldherr.

»Um ehrlich zu sein, nein.«

»Ich auch nicht, mein Sura, denn was ich ausgedienter Soldat in einem kaiserlichen Kabinettsrat soll, das wissen die Götter und – der Imperator.«

Licinius Sura nickte und ließ sich neben dem Alten in einem Marmorsitz nieder, doch nicht ohne vorher eines der Kissen als Rückenlehne sich zurechtzurücken und die Toga sorgfältig über die Beine zu breiten.

»Seltsam, dieser Raum«, murmelte Tettius Julianus, doch für Sura klar verständlich, »sagten hier an dieser Stelle genau wie du heute, vor acht Jahren Manius Acilius Glabrio und Lucius Antonius Saturninus zu Civica Cerealis. Alle drei sind nicht mehr am Leben.«
Licinius Sura wandte seinen schmalen Kopf mit dem braunen gelockten Haar dem Alten zu und fragte: »Soll das ein schlechtes Vorzeichen sein?«
Der Alte lachte und entblößte dabei sein lückiges, schadhaftes Gebiß. Sura mußte sich abwenden, da ihn Brechreiz würgte, als der stinkige Atem des alten Feldherrn ihn streifte.
»Verzeih, Sura, mein Atem ist nicht mehr ganz frisch. Das Alter, es käme vom Leib, so meint mein Arzt. Ist auch egal.«
Der Alte nestelte an seiner Toga, nahm einen kleinen Gegenstand heraus, den er in den Mund steckte. Lächelnd meinte er dann zu Sura gewandt, daß nach diesen Erfrischungspastillen der Atem für eine Weile zu ertragen sei.
»Hier an dieser Stelle warteten wir alle voller Spannung, in welche Richtung des Imperiums der Herr und Gott uns zu kommandieren geruhe. Mich fand er damals würdig, den schartig gewordenen römischen Waffen in Mösien neuen Glanz zu verleihen. Mir gelang es, die Niederlage des Fuscus zu rächen, indem ich Decebal besiegte.« Der Alte kicherte. Dann winkte er schelmisch mit dem Finger, worauf sich Sura näher zu ihm beugte.
»Eigentlich war nicht ich, sondern mein Legat Cornelius Curiatius Maternus der Sieger über Decebal.«
Licinius Sura stutzte.
»Ich war der Oberbefehlshaber«, fuhr der Alte fort, »doch Maternus erfocht den Sieg. Domitian zeichnete ihn dafür mit höchsten militärischen Ehren aus – mich natürlich ebenfalls. Ich glaube, daß es heute im ganzen Imperium keinen so hoch dekorierten Feldherrn wie Maternus gibt.«
»Dich natürlich ausgenommen.«
Der Alte winkte ab.
»Aber höre weiter, denn nun wird es interessant: Maternus wurde ausgezeichnet, aber nicht öffentlich, sondern im verborgenen, weil er der Adoptivsohn des von Domitian hingerichteten Philosophen gleichen Namens war. Mir allein wurde das Verdienst des Sieges zuteil. Der Sieger über Saturnin war auch nicht Appius Maximus allein, sondern Glabrio.«
»Nein«, widersprach Sura heftig, »die Sieger über Saturnin waren Appius Maximus und Trajan.«
Tettius Julianus lächelte mitleidig.
»Sura, verzeih mir, aber du bist einer Unwahrheit erlegen. Ich weiß, daß du der Familie der Ulpier nahestehst und gerne den Siegeslorbeer auf Trajans Stirn sehen möchtest, doch Glabrio war der eigentliche Sieger.«
Licinius Sura schüttelte den Kopf.

Der Alte gab es auf, den Senator überzeugen zu wollen. Beide schwiegen. Licinius Sura ließ seinen Blick durch den Raum schweifen und fand ihn geschmacklos, kalt und nüchtern. Keine Statue und keine Wandmalerei, nichts. Dem Verschwender Domitian hatte er bei der sonst üppigen Ausstattung des Palastes ein solches Loch nicht zugetraut. Bestimmt steckte eine Absicht dahinter. Bei den Versammelten sollte das Gefühl von Schlichtheit und spartanischer Strenge erzielt werden.

Ein mittelgroßer Mann trat ein. Kräftig die Gestalt, das Gesicht von verkniffener und kantiger Härte, dunkle mit grauen Fäden durchsetzte Haare lagen glatt an seinem Schädel. Mit lebhaften Augen musterte er die bereits Anwesenden. Der Raum interessierte ihn nicht. Diesen zu sehen hatte er sattsam Gelegenheit noch unter der Herrschaft Domitians gehabt.

Licinius Sura erhob sich, um Gallus Fabricius Veiento, einen der einflußreichsten und vermögendsten Männer Roms, zu begrüßen. Er tat es nahezu devot und eine Spur zu freundlich. Veiento, schon mehrmals Konsul, Vertrauter Kaiser Nervas und Freund des mächtigen Statthalters der Provinz Syria Cornelius Curiatius Maternus, nahm die Begrüßung durch Sura lässig entgegen und wandte sich dem alten Tettius Julianus zu, der unbeteiligt auf seinem Sitz hockte.

»Ich freue mich, mein Tettius«, sprach er den Alten an, »daß du der Einladung des Princeps gefolgt bist, denn deine Anwesenheit wird vonnöten sein.«

Veiento nahm den Platz neben Julianus ein, auf dem bereits Sura gesessen hatte, und flüsterte mit dem Alten. Leicht verärgert suchte sich Licinius Sura einen anderen Sitz.

Nun kamen drei Senatoren. Sura kannte sie namentlich, doch mehr als zu einer flüchtigen Begrüßung wie auch jetzt war es nie gekommen.

Und dann, alle starrten gebannt zur Tür, betrat Ostorius Sabinus das Kabinett. Das glatte, alterslose Gesicht grüßte lächelnd die Runde, als wollte es sagen: Ich bin es wirklich, Kaiser sind ersetzlich, ein Ostorius Sabinus nicht.

Dieser Sabinus, dachte Sura, versteht es, sein Schiff immer in den richtigen Hafen zu steuern. Und alles gerät ihm zum Besten. Groll konnte man gegen so einen Mann nicht hegen, eher Bewunderung, denn Politik hatte mit Moral nichts, aber auch gar nichts zu tun, zumindest in Rom.

Endlich verkündete draußen auf dem Gang der Ausrufer laut und vernehmlich die vierte Stunde. Sura schien es, als weile er schon eine Ewigkeit in diesem geschmacklosen Gemach.

Der Vorhang an der Stirnseite öffnete sich, und der Kaiser betrat den Kabinettsraum. Groß und majestätisch im kaiserlichen Purpur stand er vor dem Marmortisch. Lächelnd grüßte er und bat die stehenden Senatoren, wieder ihren Platz einzunehmen. Ein junger Mann, offenbar der Schreiber, der dem Kaiser gefolgt war, stellte einen Hocker unmittelbar neben Nerva an den Tisch und ließ sich darauf nieder.

Der Imperator begann mit seiner sonoren Stimme zu sprechen. Ohne Umschweife erläuterte er die künftigen Aufgaben des geladenen Kabinettsrates.
Er ist alt, genau wie ich, dachte Julianus, aber im Gegensatz zu mir möchte Nerva noch viele Dinge erledigen. Wieviel Zeit würden ihm die gnadenlosen Göttinnen, die Parzen, gönnen? Fünf Jahre? Drei? Zwei oder ...? Er gibt sich forsch und wirkt jünger, doch können diese feinen schlanken Hände die rauhen Zügel des Imperiums halten? Wie gebannt folgte er den Bewegungen der Hände, die nervös das Wachstäfelchen umkrampften, wieder losließen, wieder zupackten. Die Rechte, die hin und wieder nach dem Griffel langte, zitterte leicht.
Armer Nerva! Diese zarten Gelehrtenhände hatten wahrscheinlich nie, und wenn, dann nie im Ernstfall, ein Schwert geschwungen, nie einen Schild gehalten, nie einen Speer geworfen. Diese Hände hatten also nie Blut vergossen ... Doch – schreibend hatten sie es getan. Nerva als Ankläger in der Pisonischen Verschwörung hatte die Aufwiegler mit seinen Urteilen in den Tod geschrieben.
Jemand in den Tod schreiben ... Der Ausdruck gefiel dem alten Soldaten. War Domitian nicht auch nur ein Todschreiber gewesen? Denn mit eigener Hand hatte er bestimmt nie getötet.
Nun wurde es interessant. Nerva sprach über die Entschädigung der von Domitian Vertriebenen, der Hinterbliebenen und aller, die während der fünfzehnjährigen Tyrannei zu Schaden gekommen waren. Endlos streckte sich die Vorlesung der Namen.
Alle lauschten mit angehaltenem Atem. Dann endete die Aufzählung. Kaiser Nerva maß mit seinen wasserhellen Augen die Gesichter und fragte, ob jemand zu diesem Punkte noch Ergänzungen anzubringen habe, da bei der Vielzahl leicht einige Namem in Vergessenheit hätten geraten können.
Julianus hob die Hand.
»Verzeih, Imperator, ich weiß nicht, ob ich den Namen überhört habe oder ob er nicht fiel. Ich vermißte den Namen Glabrio.«
Dieser Name ließ Licinius Sura vor Schreck hochfahren. Doch niemand in der Runde bemerkte es, niemand rührte die Nennung dieses Namens, der in Rom einst in aller Munde gewesen war.
Nerva blätterte in den Rollen, flüsterte mit Veiento. Beide zuckten hilflos die Schultern.
»Es liegen in unseren Akten keinerlei Anhaltspunkte vor, ob aus dieser Familie noch irgend jemand am Leben ist, der Anspruch auf Entschädigung erheben könnte.«
»Acilius Glabrio hat Weib und Kind besessen«, warf Julianus ein.
»Nur eine jüdische Sklavin und Gespielin«, ergänzte Sabinus.
»Ob Römerin oder Jüdin, das spielt in diesem Falle keine Rolle. Die Jüdin war, wenn ich mich recht erinnere, Glabrios angetraute Gattin. Somit haben sie, die Jüdin und ihr Sohn, der ein rechtmäßiger Nachkomme der Acilier ist, Anspruch auf

das Aciliervermögen. Gallus Fabricius Veiento wird diesen Fall klären«, bestimmte Nerva.
Dann leitete er zum nächsten Punkt über: Finanzfragen. Der Fiskus war erschöpft. Die Entschädigung und der Wegfall bestimmter von Domitian erhobener Steuern, wie der Judensteuer, und des Flaviers Schulden hatten diese Misere verursacht.
Nerva ordnete an, in Rom in nächster Zeit keine Spiele zu veranstalten, den Aufwand der kaiserlichen Hofhaltung auf ein Minimum zu reduzieren, den Sold nicht zu erhöhen und die Congarien zu streichen.
Tettius Julianus erschrak.
An allem, nur daran nicht sparen, am Sold und an den Geschenken für die Garde! Deren Wohlwollen mußte man sich einiges kosten lassen. Sabinus sagte das, doch Nerva lehnte ab.
Als letzten Punkt verkündete der Kaiser die Absetzung des Aelianus als Präfekt der Garde.
Licinius Sura sagte erregt: »Für die Sicherheit und den Schutz des Imperators ist Aelianus eine gute Stütze und bildet eine Garantie!«
»Eine gute Stütze?« fragte Nerva mit verzerrtem Gesicht.
Sabinus schüttelte den Kopf und meinte: »Ich halte eine Absetzung des Aelianus im Augenblick für unklug!«
Veiento, Julianus und die anderen Senatoren schwiegen.
»Habt ihr schon vergessen, obwohl erst ein Monat vergangen ist, wie mich dieses Ungeheuer vor euren Augen in der versammelten Kurie bedrohte und mir die Todesurteile abrang!« Der Kaiser zitterte vor Zorn.
»Und ihr verteidigt diesen Präfekten?«
Licinius Sura warf ein, daß es noch zu früh sei, Aelianus abzusetzen, denn noch brauche man ihn, um die Garde, die der neuen Herrschaft feindlich gesinnt sei, nicht zu verärgern.
Sabinus nickte. Auch Veiento.
Der Kaiser entließ seinen Rat und vertagte die Entscheidung über die Entlassung des Präfekten. Julianus bat er zu bleiben. Als dieser mit Nerva allein im Raume saß, auch der Schreiber hatte sich zurückgezogen, sah Julianus, wie müde der Kaiser war.
»Das mir, dem Imperator! Meine Räte versagen mir die Unterstützung. Und ich kann nichts dagegen tun.«
»Du brauchst eine Stütze, einen energischen Mann und Feldherrn an deiner Seite. Wäre ich jünger und hätte meine Legionen hinter mir, würde ich diesen Präfekten wie einen räudigen Hund davonjagen. Leider«, der Senator seufzte.
»Kannst du mir einen solchen Mann empfehlen?«
»Ja.«
»Wer ist es?«

»Cornelius Curiatius Maternus, der Statthalter von Syrien.«
Kaiser Nerva schüttelte seine Müdigkeit ab, legte Julianus die Hand auf die Schulter.
»Sei bedankt, denn an ihn hätte ich nicht gedacht, doch gehört habe ich von ihm und ihn persönlich im Hause seines Adoptivvaters gesehen.«
»Curiatius Maternus«, murmelte Nerva, als er bereits in seinem Arbeitszimmer allein und über seine Akten gebeugt saß, »wirst du meine Qualen beenden und meine Rache vollziehen können? Ich glaube es.«

III

Noch Tage danach beschäftigte die Kabinettssitzung den Senator Lucius Licinius Sura. In seiner Bibliothek eingeschlossen, für keinen Besucher, keinen Klienten und auch nicht für seine Gattin erreichbar, saß er grübelnd, das Kinn auf die linke Faust gestützt. Dann wieder erhob er sich abrupt, suchte mit fahrigen Bewegungen in den Lederbehältern, die auf den die Wände bedeckenden Regalen gestapelt lagen, riß eine Rolle heraus, las, schob die Rolle und dann den Behälter zurück, murmelte einige unverständliche Worte, warf sich in den bequemen Sessel, um wieder in sein früheres Brüten zu verfallen und nach einiger Zeit wiederum aufzuspringen. Dies wiederholte sich mit Regelmäßigkeit.
Die Kabinettssitzung zog in jeder Einzelheit vor seinen Augen vorüber. Der Senator, der ein derartig gutes Gedächtnis besaß, daß ihn darob alle seine Freunde und Bekannten beneideten, erinnerte sich jedes dort gesprochenen Wortes und versuchte es zu deuten. Eines war sicher, der alte Nerva in seinem Amt besaß nahezu keine Macht und keine Gewalt, da ihm einfach die Männer fehlten, auf die er bauen und sich im Notfall würde stützen können.
Eine gute Konstellation für den Senat, folgerte Sura, doch die Vielfalt der Meinungen in der Kurie stiftete nur Verwirrung und stürzte Rom in heillose politische Anarchie. Da der alte Nerva, der nicht ewig leben würde, keine Nachkommen, keine Verwandten und überhaupt keine Hausmacht besaß, käme der zum Throne, der ihm sich als Stütze seiner wankenden Kaisermacht zu empfehlen wüßte, und zwar mit Nachdruck und vor allem glaubhaft.
Licinius Sura sprang auf, lief erregt hin und her, sprach vor sich hin: »Man muß dem Kaiser eine Partei und einen starken Feldherrn, der mindestens über drei bis vier ihm treu ergebene Legionen verfügt, als Hilfe zuführen. Doch unauffällig, damit der mißtrauische Nerva dahinter keinerlei Absichten verspürt, denn dies könnte gefährlich werden, da es in die Nähe eines Staatsstreiches und einer Thronusurpation rückt!«
Sura drückte die Handflächen aneinander und spürte, daß sie feucht waren. Er versuchte die Erregung zu dämpfen, indem er tief durchatmete.

Also, so führte er den Gedanken diesmal unausgesprochen fort, man muß diese politischen und militärischen Kräfte dem Kaiser so offerieren, daß er sie annehmen muß, daß es keinerlei andere Möglichkeit für ihn gibt. Nerva muß nur wählen können: Untergang oder Annahme der Hilfe.
Und wann wird er die Hilfe annehmen? Wenn der Abgrund vor seinem Auge erscheint in Form absoluter Handlungsunfähigkeit.
Wann war der Kaiser Nerva handlungsunfähig? Eine schwer zu beantwortende Frage. Doch gegen den Präfekten hatte der Kaiser bereits keine Mittel mehr in den Händen. Ergo war er schon nahe an dieser Unfähigkeit. Und Nerva, der alte Fuchs, wußte es und wollte sich mit der Beseitigung des Präfekten neuen Handlungsspielraum verschaffen.
Aber wir, Sura lachte triumphierend, Sabinus und ich, haben ihn durch die Unterstützung des Aelianus in sein beschränktes politisches Areal zurückgedrängt. Mehr unbewußt zwar, mehr aus persönlichen Erwägungen, denn Aelianus war ein Vertrauter, nein, das war übertrieben, mehr ein guter Bekannter seines Freundes Attianus. Bei allen Göttern, das war der gordische Knoten, der zerhauen werden mußte, und der schlang sich um die Figur des Präfekten Casperius Aelianus.
Licinius Sura trat eilig an den Tisch, nahm das Wachstäfelchen und ritzte mit dem Griffel ganz oben den Namen NERVA ein, zwei Finger breit links darunter den Namen AELIANUS, von letzterem zog er einen Pfeil, mit der Spitze auf des Kaisers Namen deutend. Von Nerva zog er ebenfalls einen Pfeil, die Spitze von diesem wegführend. Wo diese Pfeilspitze endete, ritzte er ein großes Fragezeichen ein. Und vom Fragezeichen nochmals einen Pfeil, dessen Spitze auf den Namen des Präfekten wies.
Zufrieden betrachtete er seine Zeichnung. In diesem magischen Dreieck mit einer Unbekannten lag die ganze machtpolitische Konstellation der nächsten Jahre. Es galt, die Unbekannte, das Fragezeichen, mit Namen, Parteien und Legionen auszufüllen. Im Fragezeichen ruhte verborgen der Name des nächsten Imperators, des Nachfolgers Nervas. Dieser Nachfolger mußte, das erschien Sura mit einer logischen Notwendigkeit ohne Einschränkung in seinen Gedanken, jetzt, schon jetzt gemacht werden. Er lächelte, ein häßliches Wort, dieses *facere* – machen, tun, so unpräzise und durch jedes andere ersetzbar. Doch in diesem Falle war es mehr als angebracht, denn noch war die Sache mehrdeutig und nicht klar formulierbar: Man mußte einen Herrscher machen. Sura lächelte hintergründig vor sich hin, ob nun der künftige Herrscher im Bett gezeugt, von mächtigen politischen Kräften hinter den Kulissen geformt, als Figur geschoben, als Jugendlicher erzogen wurde – alles vermochte man unter dem Wort: gemacht, factum zu verbergen. Factum klang wie fatum – Schicksal.
Nun kam die schwierigste Seite des politischen Vexierbildes auf seiner Tafel: Wer konnte der *factor*, der Macher sein, der das Fragezeichen auslöschte?

Er ließ in Gedanken die Gesichter der einflußreichsten Senatoren und Statthalter vorüberziehen. Es blieb immer nur einer, selbst bei wiederholter Betrachtung, den er für fähig hielt: Gallus Fabricius Veiento. Der und sonst keiner würde das Fragezeichen ersetzen, wenn er es wollte – und Veiento wollte, dies stand für Sura fest. Doch Veiento brauchte als Vertrauter Nervas nicht den Umweg über Aelianus, sondern mit Nerva gegen Aelianus, und nach Ausschaltung des Präfekten war Veiento oder einer seiner Günstlinge – Kaiser, natürlich nach Nervas Tod.

»Veiento«, murmelte er, nochmals »Veiento«. Sein Blick suchte sinnend die Gegenstände des Raumes, als stünden dort Chiffren für die Lösung des magischen Machtdreiecks.

»Herr«, leise, fast flüsternd fragte der eingetretene Nomenklator, ob er die Besucher einlassen dürfe.

Verwirrt starrte Sura auf den Sklaven. Er benötigte einige Zeit der Sammlung, um zu begreifen, was der Störenfried eigentlich wollte. Ärgerlich fragte er, wer ihn zu sprechen wünsche.

»Die edlen Herren Attianus und Hadrianus«, flüsterte der Sklave.

Auf Suras Zügen zeigte sich ein Lächeln.

»Ins Atrium, ich komme sofort.«

Erleichtert entfernte sich der Nomenklator.

Als Sura das Atrium betrat, erhoben sich zwei Männer und kamen ihm auf halbem Wege entgegen.

Einer begrüßte ihn mit einer lässigen Handbewegung und einem Nicken des Kopfes, ohne ein Wort zu sprechen. Es war dies ein Mann von ungefähr fünfunddreißig Jahren, kräftig gebaut, aber mit einer fahlen Gesichtsfarbe, die durch den schwarzen gestutzten Bart und das schwarze Haar noch bleicher wirkte. Die Augenbrauen standen schwarz und buschig über den tief in den Höhlen liegenden Augen.

Der andere Besucher, ein junger Mann von zwanzig, hochgewachsen, der Körper gebaut wie eine Statue des Phidias, hatte ein offenes, vertrauenerweckendes gebräuntes Gesicht mit einem kurzen gekräuselten Bart. Kunstvoll frisierte braune Locken ringelten sich um den Kopf und in die Stirn.

»Publius«, rief Sura und öffnete die Arme. Der junge Mann fiel ihm in die Arme und schlang seine um den Rücken des Senators.

»Lucius«, sagte er und drückte ihn fest an sich.

Der Bleichgesichtige hatte sich wieder gesetzt und beobachtete die sich Begrüßenden mit einem spöttischen Lächeln.

»Du trägst einen Bart, Publius? Willst du es Attianus gleichtun?« fragte Sura den jungen Mann, wobei er den anderen Besucher musterte. »Caelius Attianus ist nicht mehr dein Vormund, Publius Aelius Hadrianus, du brauchst ihn also nicht mehr bei guter Laune zu halten.«

Der Junge winkte lachend ab, es sei ein Versuch und eine Ehrenbezeugung für die griechischen Philosophen.
»Bleibst du in Rom, Publius?« fragte Sura.
»Nein, in zwei Tagen reise ich nach Mösien. Ich bin in die Legion V Macedonica versetzt worden.«
Einen Imbiß, den der Hausherr servieren lassen wollte, lehnten die Besucher ab, da sie nur kurz bleiben wollten.
»Caelius«, wandte sich Sura an den Schwarzhaarigen, »vor einigen Tagen fand die erste Sitzung des neuen kaiserlichen Kabinetts statt. Ein Punkt war die Abfindung der von Domitian Geschädigten. Der Name Glabrio stand nicht mit auf des Kaisers Liste, weil kein Antrag vorlag. Erst der alte Julianus schleppte diesen Namen aus den Tiefen des Vergessens herauf, und Veiento soll Nachforschungen nach dem Verbleib der Überlebenden der Acilier anstellen. Weißt du, was das bedeutet?«
Caelius Attianus strich mit den Fingern durch den Bart, ehe er antwortete.
»Du mußt den Acilierpalast räumen, Lucius«, sagte er.
»Und du den Palast des Senecio, denn er gehört zum Aciliervermögen.«
»Vielleicht habe ich Glück«, lächelte Attianus, »denn ich habe nur die Trümmer und das Grundstück von Domitian und dem Denunzianten Carus, der Senecio anklagte, gekauft. Die Schwester Glabrios und Frau des Senecio hat doch alles in Brand gesteckt. Ich habe eine vollkommen neue Villa bauen lassen. Außerdem haben wir beide bezahlt, gut bezahlt für den Palast und die Grundstücke.«
»Trotzdem, wenn Glabrios Gattin zurückkehrt, müßt ihr den Palast und das Grundstück zurückgeben.«
Attianus und Sura wandten sich Hadrian zu.
»Du bist noch zu jung, um diese Dinge zu verstehen«, sagte Attianus.
»Recht und Unrecht zu unterscheiden ist an kein Alter gebunden, es zu verkennen und das Recht zu verdrehen – ebenfalls nicht. Glabrio wurde von Domitian ermordet. Der neue Princeps will das Unrecht sühnen, indem er den überlebenden Angehörigen zwar ihre Toten nicht ersetzen kann, aber die Güter, was ich für Roms Wohl als richtig und notwendig empfinde. Auch, wenn es euch und uns betrifft.«
Licinius Sura lächelte mitleidig.
»Natürlich bist du im Recht, Publius«, sagte er versöhnlich, »und ich wünsche dir von Herzen, daß dir dein Gefühl für Recht und Unrecht nie verlorengehen möge, auch dann nicht, wenn du einmal Macht besitzen solltest und aus politischem Kalkül vielleicht Unrecht tun mußt, denn was ist Recht überhaupt? Summum ius, summa iniuria! – Höchstes Recht ist höchstes Unrecht!«
Draußen begann es zu dunkeln. Der Oktobertag ging zur Neige. Sklaven entzündeten die Öllampen. Ihr Schein warf zuckende Schatten an die Wände.
»Lassen wir das Thema, noch haben Glabrios Weib und ihr Sohn nicht die Rück-

gabe des Acilierbesitzes gefordert. Vielleicht sind beide nicht mehr am Leben. Sollte doch der Fall eintreten, dann wird Rat werden«, beschwichtigte Attianus.
»Man muß nach ihnen suchen«, warf Hadrian ein.
Sura und Attianus antworteten ihm nicht.
Leicht verstimmt erhob sich Hadrian.
»Lucius, lebe wohl, ich muß gehen, denn ich muß Reisevorbereitungen treffen und habe auch sonst noch einiges zu tun.«
Sura umarmte ihn zum Abschied.
»Die Götter mögen dich beschützen, denke immer daran, wohin du gehörst und daß wir, Attianus und ich, stets bereit sind, dir zu helfen.«
Auch Attianus erhob sich. Sein bleiches, maskenhaft starres Gesicht war für einen Moment gelöst und weich. Er drückte Hadrians Oberarm und murmelte etwas Unverständliches, um seine Rührung zu verbergen.
Als Sura und Attianus allein im Atrium saßen, verging geraume Zeit, ehe Sura das Schweigen brach.
»Ein prachtvoller Junge, dieser Hadrian, genau wie sein Onkel Trajan.«
Attianus schwieg.
»Du liebst ihn wie einen leibhaftigen Sohn?«
»Ja«, sagte Attianus, »für sein Wohl und sein Vorwärtskommen könnte ich im äußersten Falle sogar – morden.«
»Vielleicht werden dies die Parzen eines Tages von dir fordern, denn keiner weiß, in welche Grenzsituation er geraten kann. Doch zurück zu Glabrios verschollener Jüdin. Das läßt mir keine Ruhe. Was sollen wir tun?«
Attianus belustigte die Ratlosigkeit Suras.
»Vorläufig nichts. Es ist wenig wahrscheinlich, daß sie sich in Italien befindet. Irgendwo in einer der Ostprovinzen wird sie sich als Jüdin vor den Häschern Domitians und deines Namensvetters Palfurius Sura verborgen gehalten haben. In zwei Wochen etwa wird die Schiffahrt eingestellt. Schon jetzt kommen nur noch vereinzelt Schiffe aus Afrika, Asien und Syrien. Ich lasse sie alle durch meine Leute beobachten. Auch in Antiochia und Ephesos habe ich ein paar zuverlässige Männer, den Rest an Auskünften erhalte ich von Aelianus, wenn ich nur will.«
»Wenn sie aber auf dem Landwege nach Rom kommt«, zweifelte Sura.
»Nein, das glaube ich nicht. Sie hat vor zwei Jahren mit ihrem Sohn Sizilien verlassen, das sagte mir Aelianus. Domitian ließ damals wie ein Verrückter nach ihr suchen. Als Glabrio von den Prätorianern exekutiert wurde, war deren Anführer Regulus, der Sohn des Senators, der Glabrio anklagte und dem du den Palast verdankst. Glabrio wurde getötet, doch ein Unbekannter, dessen Namen niemand kennt, rächte Glabrio und erschlug Regulus.«
»Vielleicht war es Glabrio selbst, waffengewandt war er.«
»Nein, denn Regulus, so sagten die Prätorianer aus, hätte sie mit dem Kopf Glabrios nach Rom zurückgeschickt, während er noch blieb. Er selbst wollte die Jü-

din und deren Sohn, den letzten Aciliersproß, nach Rom bringen. Was dieser Halunke mit der Jüdin tat, dazu bedarf es keiner großen Phantasie.«
Ein Stich durchfuhr Licinius Sura, wie von einem glühenden Dolch, stellte er sich vor, wie dieser Verbrecher Regulus die schöne Mikal, die er mehrmals mit Glabrio zusammen gesehen hatte, schändete, brutal ihr Gewalt antat ... Sura preßte die Hände zusammen, daß aus ihnen das Blut entwich und sie weiß wurden. Nicht daran denken, sagte er zu sich, nicht daran denken, wie dieser Hund die schöne Jüdin vergewaltigte. Dem Licinier drohten die Sinne zu schwinden.
»Was ist dir, Lucius?« fragte Attianus besorgt.
»Nichts, es geht vorüber.«
»Also weiter: Ein Unbekannter kam, erschlug Regulus und brannte das Haus in Mylae nieder, um alle Spuren zu verwischen. Man fand nur verkohlte Reste und Knochen. Der Unbekannte brachte die Jüdin und deren Sohn in Sicherheit. Ein alter Fischer in Rhegium konnte sich an eine schöne, aber durch Schläge gezeichnete Frau, einen jungen Mann und einen etwa sechsjährigen Knaben erinnern.«
»Vielleicht war der Mann Regulus?«
»Bestimmt nicht«, fuhr Attianus fort, »denn Regulus wäre nach Rom zurückgekehrt, um von Domitian seinen Blutlohn zu empfangen und hätte sich nicht in Rhegium gezeigt. Regulus muß tot sein.«
Das leuchtete Sura ein, außerdem wollte er es glauben, denn dieser Regulus hatte kein Recht zu leben.
»Und nun höre: Casperius Aelianus, unser wackerer Präfekt, will diesen Unbekannten unbedingt fangen und vor Gericht stellen.«
»Was hat denn Aelianus damit zu tun?«
»Einmal war Regulus ein treuer Parteigänger Domitians und der Unbekannte als Helfer eines Staatsverbrechers wie Glabrio ein Feind des Kaisers. Zum zweiten hat Regulus' Vater eine Riesensumme für die Ergreifung des Mörders seines Sohnes ausgesetzt.«
»Ich setze eine noch höhere Summe als Belohnung für den Unbekannten, der Regulus, dieses Vieh, erlegte.«
Attianus musterte verständnislos den Freund.
»Ich glaube, dir geht das Schicksal der Jüdin sehr nahe. Hängt das nur mit dem Palast zusammen?« fragte er lächelnd.
Sura gab keine Antwort.
»Du kennst doch Aelianus näher«, forschte er plötzlich Attianus aus.
»Nun ja, näher«, sagte Attianus, »ich weiß nicht, was du darunter verstehst, so wie wir beide uns oder Trajan kennen und nahestehen natürlich nicht. Er ist in meiner Schuld.«
Sura stieß einen Pfiff aus. »Das ist gut, das ist sehr gut«, rief er erfreut.
Attianus verstand den Freund immer weniger.
»Erzähle mir, wie Aelianus in deine Schuld geriet.«

»Das liegt einige Jahre zurück. Casperius Aelianus ist zwar eitel, brutal, hinterlistig und machtgierig, aber er hat eine Schwäche: Wem er einmal verbunden ist, dem ist er treu. Seine Götter oder seine Götzen sind zwei Männer. Es klingt zwar wie ein Witz, doch es ist wahr, der eine war Domitian, deshalb sein abgrundtiefer Haß auf Nerva und alle, die mit Domitians Tode in irgendeiner Weise zu tun hatten. Und nun höre und staune, sein anderer Götze ist dieser Wundermann und Magier Apollonius von Tyana.«

Licinius Sura lachte laut und schallend. Welch ein Gegensatz: Apollonius und Domitian als gemeinsam Verehrte, das war wie Lamm und Löwe, wie Feuer und Wasser, wie Olymp und Hades.

Vielleicht war Aelianus geisteskrank?

»Nun höre weiter: Als Domitian Apollonius in Rom einkerkern ließ und ihm ans Leben wollte, da zerbrach etwas in Aelianus. Er war verzweifelt und wußte nicht mehr aus noch ein. Er suchte bei mir Rat und Hilfe. Ich tröstete ihn, indem ich ihm vorschwindelte, daß dem Tyaneer keine unmittelbare Lebensgefahr drohe, da dieser mit den Mächten des Himmels verbundene Mann sich selbst zu helfen wisse. Was er, Aelianus, für Apollonius tun könne, sei, ihm die Haft zu erleichtern, dann hätte er alles getan, was in dieser Situation zu tun sei: Domitian würde nicht betrogen und dem Weisen wäre ebenfalls geholfen. Aelianus tat, wie ich ihm geheißen hatte. Nach einiger Zeit kam der Tyaneer tatsächlich durch irgendeinen faulen Zauber frei. Seitdem glaubt sich Aelianus in meiner Schuld zu befinden. Ich lasse ihn in diesem Glauben.«

»Köstlich, Caelius, einfach köstlich.«

»Du mußt mich mit ihm näher bekanntmachen, so daß auch ich ihn in meine Schuld bringen kann.«

»Nichts leichter als das«, meinte Attianus.

Wozu Licinius Sura die engere Bekanntschaft des Aelianus suchte, vermochte Attianus aus den nachdenklichen Zügen des Freundes, auf dessen Gesicht das flakkernde Lampenlicht wechselnde Konturen warf, nicht abzulesen. Licht und Schatten wechselten, verzerrten die Umrisse. Kein Gespräch wollte mehr aufkommen. Attianus verabschiedete sich mit dem Versprechen, Aelianus bald zu einem Nachtmahl einzuladen, zu dem dann zufällig auch er, Sura, geladen wäre.

Noch als Attianus schon lange gegangen war, saß Licinius Sura wie versteinert im Atrium und ließ seine Gedanken schweifen.

IV

Der Kaiser warf die Rolle auf den Tisch, lehnte sich erschöpft zurück und schloß die brennenden Augen. Die Linke fuhr zum Herzen und massierte die Brust, als ließe sich dadurch der Schmerz vertreiben. Und Nerva hatte tatsächlich das Ge-

fühl, als ob das scharfgeschliffene Messer, das in der Brust nach allen Seiten Stiche verteilte, langsam an Schärfe verlöre, bis es vollkommen stumpf nur noch gegen das Brustbein drückte. Er öffnete die Augen und begegnete dem besorgten Blick Veientos, der ihm gegenüber an dem mit Rollen vollgepackten Tisch saß.
»Es geht dir nicht gut, Marcus?«
Kaiser Nerva lächelte wehmütig und meinte leichthin, daß er eben kein Jüngling mehr sei, der pausenlos mehrere Stunden lang hintereinander arbeiten könne.
Das Ansinnen Veientos, die für heute vorgesehene Arbeit auf einen anderen Tag zu verschieben, lehnte er mit dem Starrsinn älterer Menschen ab. Statt dessen schlug er mit einem Hämmerchen an ein silbernes Becken. Dem eintretenden Sklaven befahl er, für ihn und seinen Gast das bewußte Getränk zu bringen.
Gallus Veiento schnupperte an der trüben Flüssigkeit, als traute er diesem Trunk nicht so recht.
Nerva, der den Freund belustigt beobachtete, ermunterte ihn zum Trinken. »Ein anregendes Getränk, in das die tiefe Weisheit Indiens gemischt ist«, erklärte er, wobei er genießerisch schlürfte. »Mein Freund Apollonius von Tyana verriet mir das Rezept dieses Muntermachers für alte Männer, du kannst es beruhigt trinken, es ist der Sud einer fernöstlichen Wurzel, die mein Koch getrocknet aufbewahrt. Leider geht der Vorrat bald zur Neige, so daß ich entweder von Apollonius neuen beschaffen oder müde bleiben muß.«
Veiento trank, verspürte aber keinerlei Anregung. Doch bei Nerva schien der Saft zu wirken, stellte er überrascht fest. Des Kaisers fahle Züge bekamen Farbe, die Augen Glanz, und mit festem Griff angelte er nach der vorher auf den Tisch geworfenen Rolle. Wahrscheinlich war es eine Frage des Glaubens, dachte Veiento, man mußte nur daran glauben, dann half der Trank. Vielleicht spielten die magischen Kräfte des Apollonius mit hinein, und da das Rezept von ihm kam, mußte es einfach die angekündigte Wirkung besitzen.
»Nach einem Kaiser wie Domitian«, begann Nerva unvermittelt, »der nur seinem Allmachtswahn vom ›Herrn und Gott‹ lebte, dabei die Wirtschaft und das Gemeinwohl Roms sträflich vernachlässigte und die angespannte Lage an den Grenzen des Imperiums auch nicht bereinigen konnte, bedarf es eines wahren Herakles, um diesen Stall des Augias auszumisten, eines Tantalos, der alle Qualen des Verzichts auf sich nimmt. Geld brauchen wir, viel Geld, um alle Aufgaben finanzieren zu können. Aber wir schaffen es, mein Gallus.«
Dein Wort in der Götter Ohr, dachte der Senator.
»Was hältst du von diesem Licinius Sura?« fragte Nerva plötzlich.
Veiento wiegte den Kopf hin und her.
»Du hast ihn in den Kabinettsrat berufen«, antwortete er.
»Ich habe dich nicht gefragt, was ich getan habe und von ihm halte, sondern was du von ihm hältst.«
Der Senator versuchte, die Antwort zu umgehen. Denn was er in seinem Inner-

sten über diesen Sura dachte, das hätte den Kaiser verstimmen können. »Ich habe dir, als du meinen Rat wolltest, nicht abgeraten, ihn in deinen Beraterstab aufzunehmen. Er ist angenehm im Umgang, höflich, fern von aller Brutalität, gebildet und hat Geld und Beziehungen. Er ist verschwägert mit der Ulpiersippe, die bereits einen Statthalter unter den Flaviern stellte und heute in Marcus Ulpius Trajanus einen zweiten Statthalter, gewesenen Konsul und halbwegs erfolgreichen Feldherrn in ihren Reihen hat.«

Nerva runzelte die ohnehin schon faltige Stirn.

»Dieser ehrgeizige kleine Feldherr, der damals gegen Saturnin marschierte, um Domitian zu retten, aber nichts mehr zu tun fand, weil die Schlacht bereits geschlagen war.«

Veiento bat den Kaiser, diesen Mann nicht zu unterschätzen.

»Vielleicht kann er«, meinte er zu Nerva, »dir eines Tages in irgendeiner Form nützlich sein. Doch im Augenblick wohl kaum.«

»Weiter zu Sura«, drängte der Kaiser.

Veiento berichtete von den Verbindungen und Freundschaften des Liciniers.

Als Nerva nachdenklich schwieg, nachdem Veiento geendet hatte, kamen auch in ihm einige Bedenken auf, die er sofort wieder zu zerstreuen suchte.

»Dir gefällt das alles nicht?« fragte er den Kaiser.

»Um ehrlich zu sein, dieser spanische Klüngel bildet eine Macht, die nicht zu verachten ist. Bisher habe ich es in dieser Deutlichkeit nicht gesehen. Ich habe ihr, wenn sie sich anschickte, mich zu erdrücken, nichts entgegenzusetzen.«

»Du siehst zu schwarz, Marcus, Sura steht loyal zu dir.«

Noch, dachte Nerva.

»Außerdem hättest du, wenn du wolltest, auch eine geballte Macht hinter dir: Cornelius Curiatius Maternus.«

Wieder dieser Name, durchfuhr es den alten Nerva, wer hat mir den Maternus unlängst empfohlen? Richtig, Tettius Julianus. Man will mir unbedingt diesen Mann als Garanten meiner Macht schmackhaft machen. Was steckt dahinter, fragte sich der Kaiser mißtrauisch. Sie wollten alle die Macht. Auch sein Vertrauter und langjähriger Freund Gallus Fabricius Veiento, den er scharf anblickte, daß diesen Unbehagen überkam. Alle gierten sie nach Einfluß bei ihm, dem Imperator, empfahlen Vertraute, deckten sich gegenseitig und warteten auf seinen Tod. Und er, Kaiser Nerva, stand allein zwischen den Parteien. Jede hoffte, daß er sie unterstützte und begünstigte. Gerade das, so entschloß sich Nerva, würde er vorläufig und ohne zwingenden Grund nicht tun. Sollten sich die einzelnen Gruppen gegenseitig belauern und um seine Gunst buhlen, vielleicht lebte er zwischen ihnen am sichersten.

Ein Sklave trat ein.

»Was gibt's?« fragte Nerva unwillig.

»Imperator, der *Praefectus praetorio* bittet um eine Audienz.«

»Jetzt«, brauste der Kaiser auf, »war das abgemacht?«
Der Sklave schüttelte den Kopf.
»Ich habe jetzt keine Zeit!«
Der Sklave verschwand. Durch die sich öffnende Tür stolzierte Casperius Aelianus in das kaiserliche Arbeitszimmer.
»Du hast Zeit für mich, Imperator, du mußt sie haben, denn mein Anliegen eilt.«
Wutentbrannt erhob sich der Kaiser, trat auf den Präfekten zu, der unwillkürlich vor der hochgewachsenen Gestalt zurückwich.
»Hinaus, sonst ...«
»Sonst?« lächelte Aelianus, der sich von seinem Erstaunen über den Zorn des Kaisers erholt hatte.
Nerva taumelte plötzlich, griff sich ans Herz, ging einige Schritte zurück und ließ sich schwer auf das Ruhelager fallen.
»Schnell, den Arzt«, rief Veiento dem herbeigerufenen Belonius zu.
»Nein«, sagte Nerva mit schwacher Stimme, »es geht vorüber.«
Langsam und unter unsäglicher Mühe erhob er sich. Sein Gesicht glich dem eines Toten, Schweißperlen standen auf seiner Stirn.
»Sieh, was du angerichtet hast, Aelianus«, drohte Veiento.
»Warum erregst du dich so unnütz, Imperator«, sagte Aelianus kalt, »empfange mich wie Domitian zu jeder Tages- und Nachtzeit, ich pflege ohnehin nur in dringenden Fällen zu stören.«
»Also, was ist dein Begehr?«
»Die Garde verweigert dir die Gefolgschaft, selbst ich vermag sie nicht zu zügeln, wenn – wenn du ihr nicht zwei Forderungen erfüllst.«
»Forderungen! Ich höre immer nur Forderungen. Noch nie hat eine Garde so viel gefordert. Erst zwingt sie mich, meine Freunde zu ermorden, nun hat sie schon wieder Forderungen. Am besten, ich schicke die Garde zur Hölle.«
Aelianus lächelte spöttisch. Nerva wußte, daß er noch nie einen Menschen so gehaßt hatte.
»Leider geht das nicht, Imperator, denn du wärest sonst ohne jedweden Schutz.«
»Ihr seid mehr Bedrohung denn Schutz. Also: Was wollt ihr?«
»Die Garde beauftragte mich, von dir Crassus' Rückberufung aus Tarent und seine Ernennung zum zweiten Präfekten sowie eine kleine Solderhöhung zu fordern.«
»Niemals!« keuchte Nerva.
»Gut, wie du willst. Die Garde wählt sich einen neuen Imperator.« Aelianus wandte sich zum Gehen.
»Das ist offene Meuterei«, röchelte Nerva, blickte dabei hilflos zu Veiento, den des Kaisers Qual rührte.

»Bleib!« rief er Aelianus nach, »Wir werden es bedenken.«
Ungerührt setzte der Präfekt seinen Weg zur Tür fort und wollte sie gerade öffnen, als Nerva sagte, daß er die Forderungen der Garde erfüllen werde.
Ein Grinsen der Genugtuung zog über des Präfekten Gesicht.
Nerva versprach, das notwendige Schreiben in seiner Kanzlei aufsetzen zu lassen.
»Nicht nötig, hier ist es, du brauchst nur zu unterzeichnen, das Siegel hole ich mir dann in der Kanzlei«, sagte Aelianus und reichte Nerva ein Pergament. Mit zitternder Hand setzte Nerva seinen Namen darunter.
Der Präfekt bedankte sich und trat waffenklirrend ab.
»O Götter, was muß ich noch an Schimpf erdulden«, stöhnte Nerva, »was kann ich nur tun, Gallus, rate mir!«
Veiento empfand im Inneren tiefe Befriedigung über das Auftreten des Präfekten. Aelianus war wie auf Bestellung gekommen, einen besseren Zeitpunkt des Auftritts hätte er nicht wählen können. Gerade als Nerva mißtrauisch zu werden begann, polterte Aelianus herein und zerstörte jäh des Kaisers aufkommende Zuversicht auf die eigene Kraft.
»Meinen Vorschlag kennst du, Marcus«, antwortete Veiento.
»Wiederhole ihn mir«, bat Nerva.
»Versichere dich der Unterstützung und Hilfe des Statthalters der Provinz Syria, indem du ihm eine Botschaft sendest, ihn deiner kaiserlichen Gewogenheit versicherst und ihn bittest, sich für den …«, Veiento zögerte einen Augenblick, »Ernstfall bereitzuhalten, mit seiner Streitmacht nach Italien überzusetzen.«
Nerva erschrak. Das bedeutete Bürgerkrieg. Er, der Kaiser, der sich vor seiner eigenen Garde fürchtete, entfachte aus Schwäche einen Krieg? Nein, das konnte er nicht verantworten. Nervas Mißtrauen begann seinen Zorn auf die Garde zu besiegen.
Veiento spürte, daß ihm sein Einfluß wieder zu entgleiten begann. »Du kannst, wenn dir das zu hart formuliert erscheint, erst einmal nur nach der Möglichkeit einer Unterstützung fragen«, schlug er vor.
Dies gefiel dem Kaiser besser, war es doch neutral gehalten, verpflichtete zu nichts, was man später bereuen könnte, und ließ eine Bindung an die andere Seite offen.
Schaden konnte es auf alle Fälle nicht, sich der Hilfe des Statthalters von Syrien zu versichern.
»Wie eine geheime Botschaft nach Antiochia senden?« fragte Nerva.
Veiento zerstreute die Bedenken: »Gestern ist Valerius Propinquus angekommen, ein Vertrauter und Stabsoffizier des Maternus während der Dakerkriege, der in einigen Tagen mit einem Handelsschiff des Asclepiodorus nach Antiochia weiterreist. Dieser Propinquus ist zuverlässig und kann mit einer Botschaft an Maternus betraut werden.«

Nun endlich willigte der Kaiser ein. Er gab Veiento den Auftrag, eine vorsichtig gehaltene Botschaft in dem besprochenen Sinne abzufassen, ihm vorzulegen und dann mit Propinquus nach Syrien zu senden.
Gallus Fabricius Veiento atmete auf.
Ein schwieriger Mensch war Nerva und schien mit zunehmendem Alter immer schwieriger zu werden, dieses leidige Mißtrauen, beinahe zum Verzweifeln. Doch jetzt war der erste vorsichtige Schritt getan. Er, Veiento, würde natürlich mit Propinquus noch eine zusätzliche Botschaft dem Statthalter nach Antiochia schikken.
Zufrieden verließ der Senator den Palatin.
Weniger zufrieden blieb der Kaiser zurück. Er haderte mit sich, ob er dem Veiento dieses Zugeständnis hätte machen dürfen. Dann fiel ihm der Präfekt und dessen Unverschämtheit ein, und nun glaubte er, richtig gehandelt zu haben.

V

Lucius Soranus drückte zum Abschied seinen Sohn und Clodius an sich und betrat die Holzplanke, die von der Mole zur »Bithynia« hinaufführte. Schon ertönte das letzte Glockenzeichen vom Schiff. Gerade wollte er den Fuß an Bord setzen, als sein Sohn heftig atmend hinter ihm stand.
»Vater«, bat Marcus Soranus, »komm bald nach Rom zurück und bring Lakotris mit. Claudia wünscht es, ich und auch – unser Ungeborenes.«
Lucius lächelte und nickte.
»Bis zum Frühjahr wird auch euer Haus, das Haus des Egnatius Celer, fertig sein, das ich euch, dir und Lakotris, schenke.«
Lucius drückte nochmals des Sohnes Arm und versuchte etwas zu sagen, doch der Kapitän drängte zur Abfahrt. Marcus Soranus verließ die Holzplanke, die, kaum, daß seine Füße den Festlandsboden berührten, eingezogen wurde.
Ein Horn wurde geblasen, Kommandos ertönten, die Riemen der »Bithynia« schnellten in die Höhe, stießen ins Wasser, tauchten heraus, tauchten wieder ein, alles im grausamen Takt des Rudermeisters, den dieser mit zwei Hämmern auf einen Tisch schlug. Die Triere lief aus. Lucius blickte zurück, winkte Clodius und dem Sohn, bis diese und mit ihnen der Hafen von Brundisium der Sicht entschwunden waren.
Der Steuermann stemmte sich mit dem ganzen Körper gegen das Ruder, daß es knarrte. Lucius, die Arme auf die Reling gestützt, beobachtete das Meer, sah, wie die Riemen es aufwühlten, wie seltsame Formen entstanden, die nicht berechenbar waren, genau wie das Leben, das Schicksal. Wolkenlos blaute der Himmel über dem Schiff. Ungestört überließ sich Lucius seinen Gedanken, während in seinem Rücken die Mannschaft auf Deck hantierte.

Er sann nach, wie viele Monate vergangen waren, seit er in umgekehrter Richtung reiste; waren es zehn, waren es erst sechs? Was spielte das überhaupt noch für eine Rolle? Ihm schien es eine Ewigkeit her zu sein, als er unter falschem Namen, mit gefärbtem Haar und Bart nach Rom fuhr. Über ihm hatte unsichtbar das Beil des Henkers geschwebt, und der Faden war dünn gewesen, an dem es hing.
Und jetzt? Lucius Soranus lachte, laut und schallend, worauf der Kapitän, der Steuermann und die Matrosen einander befremdet ansahen. Der Lachende an der Reling bemerkte es nicht, da er sich nicht umwandte.
War es denn nicht zum Lachen, dachte er, wie das Schicksal so spielte, wie es ein Menschenleben zwischen den äußersten Polen hin und her warf. Vor einigen Monaten fuhr er, ein Staatsverbrecher in den Augen Kaiser Domitians, gehetzt von dessen Bluthunden und mit dem Todesurteil im Nacken, aus Ephesos kommend nach Rom – heute, nur wenige Monate danach, fuhr er unter seinem richtigen Namen, den er dreißig Jahre nicht hatte tragen dürfen, nach Ephesos zurück. Er war in alle Rechte eines römischen Bürgers wieder eingesetzt, vermögend durch Rückgabe eines Teiles seines einst konfiszierten Besitzes. Der neue Imperator Nerva hatte ihn gebeten, dem Senat beizutreten. War das nicht zum Lachen! Innerhalb weniger Monate hatte er eine totale Metamorphose erlebt – vom Staatsverbrecher zum *nobilista*. Domitian war tot. Auch sein oberster Bluthund, der Chef des Geheimdienstes, Palfurius Sura, der ihn, Lucius, unbedingt hatte zur Strecke bringen wollen. In Frauenkleidern hatte Palfurius versucht, Rom zu verlassen. Doch man faßte und richtete ihn ohne viel Aufhebens. Ein jämmerliches Schauspiel, so erzählten sich eingeweihte Kreise Roms, sei die Hinrichtung des brutalen und grausamen Palfurius Sura gewesen. Der Meister im Ausdenken teuflischer Qualen hätte wie ein altes Weib um Gnade gewinselt. Ekelhaft! Dieses Leben war ein seltsames Spiel, bei dem wenige – und diese auch nur zeitweise – gewannen, die meisten fast immer verloren, zum Schluß aber alle, einfach alle, unterlagen.
Vom Hinterdeck schlenderte ein Mann langsam mittschiffs, wo er voller Neugier stehenblieb. Das Ziel seines Interesses war der Steuermann, der mit beinah spielerischer Eleganz die Pinnen der beiden Steuerruder handhabte. Doch nicht die Arbeit, die er verrichtete, und die Kraft, die er dazu brauchte, interessierten den Beobachter, sondern das Äußere des Mannes allein. Der Steuermann, ein hochgewachsener Mann mit einem athletischen Oberkörper, trug ein mehrfarbiges Kopftuch, unter dem tiefschwarze Locken hervorlugten. Er schien nun bemerkt zu haben, daß man ihn beobachtete und wandte dem Neugierigen sein Gesicht zu. In diesem Augenblick drehte Soranus sich um und fing den Blick des Mannes am Steuer auf. Eine seltsame Wirkung ging von diesem Gesicht aus. Waren es die dunklen bohrenden Augen, war es die breite Narbe, die sich blutrot, von der Stirn kommend, in den schwarzen Bart eingrub, das Gesicht gleichsam in zwei Hälften zerlegend?

Lucius fühlte sich auf eigenartige Weise zu dem Narbengesichtigen hingezogen, verspürte er doch mit ihm eine geheime Schicksalsverwandtschaft, die er nicht zu erklären vermochte. Während seiner Fluchtjahre hatte sich bei ihm eine Art Gespür dafür entwickelt.
»Ein Mann, der bereits in den Klauen des Todes war«, sagte plötzlich der Mann vom Hinterdeck zu Lucius.
Als Lucius keine Antwort gab, stellte sich der Fremde vor. Er sei Valerius Propinquus, wobei er Soranus die Hand entgegenhielt. Flüchtig drückte Lucius die dargebotene Rechte und stellte sich ebenfalls vor.
Der Fremde musterte Lucius. Nach einer Weile sagte er: »Jetzt weiß ich, wer du bist.«
»So?« dehnte Lucius leicht spöttisch.
Der andere überhörte den Spott. Unbeirrt fuhr er fort: »Du bist der Vater dieses Schwertkämpfers, der in der Arena den Balbus erledigte.«
Am liebsten wäre Lucius unter Deck gegangen. Der Vater eines Schwertkämpfers, dachte er bitter, hatte er nie sein wollen. Der Vater eines Gladiators war er und eines Schwertartisten dazu, nun sagte man es ihm ins Gesicht. Daß er, Lucius Barea Soranus, Sohn des Quintus Marcius Barea Soranus, Senators und Statthalters, nur aus der Not heraus Waffenmeister und Lanista geworden war und seinen Sohn nur auf dessen ausdrücklichen Wunsch die Kunst des Tötens gelehrt hatte, wollte die Welt wohl nicht gelten lassen.
Propinquus, der das Schweigen und die finstere Miene seines Gegenübers nicht zur Kenntnis nahm, fuhr schwärmerisch in seinem Bericht fort, erzählte, wie die junge Frau, die Tochter des Ostorius Sabinus, allein im Arenaoval an den Pfahl gefesselt das Ende in einem Bestienrachen erwartete und sein Sohn wie Perseus, der Andromeda befreite, den Balbus besiegte ...
Auch vor Lucius tauchte wieder das grausige Bild auf. Sein Sohn wagte es, sich wegen dieser hochmütigen Claudia Ostoria, der Tochter seines Feindes Ostorius Sabinus, mit dem besten Gladiator Roms zu messen. Marcus siegte – gewann Claudia Ostoria und sein, Lucius' Leben, weil Kaiser Domitian es ihm vor dem Kampf versprochen hatte.
»Ein Segen für Rom, daß Domitian tot ist«, hörte Lucius Propinquus sagen.
Hier war Vorsicht geboten, dachte er, man wollte ihn aushorchen. Plötzlich mußte er lächeln, lächeln darüber, daß die Diktatur Domitians in ihren Folgen noch nachwirkte, Angst vor Spitzeln und Denunziationen.
»Ja, Propinquus, Domitian ist tot. An die neue Zeit hat man sich noch nicht gewöhnt. Unter Domitian war alles verboten, unter Nerva ist alles erlaubt. Da kann sogar eine Handvoll Prätorianer vom Kaiser die Köpfe seiner besten Freunde verlangen. Das hätte Nerva niemals zulassen dürfen, daß Norbanus und Petronius Secundus der Rache für Domitians Tod geopfert würden. Dadurch ist er für immer erpreßbar geworden. Doch ich, Propinquus, werde mich nicht in die Politik

einmischen, ich bin mir nicht einmal sicher, ob ich in den Senat eintrete. Nerva kann nur eines tun: sich starke Verbündete suchen.«
»Und wenn er sie bereits gefunden hätte?« fragte lauernd Propinquus.
»Um so besser für ihn. Nur muß er prüfen, ob er sie auf Befehl des Präfekten nicht wieder dem Henker zu überantworten hat.«
»Du bist zynisch und bitter, Soranus.«
Lucius verzog die Lippen, was wußte dieser Valerius Propinquus von einem Leben, das zu führen ihn die Mächtigen gezwungen hatten? Da blieb auch nach glücklichem Ausgang immer ein Rest Bitterkeit.
»Bei allen Schwächen, die Nerva hat, müssen die, die Roms Wohlergehen und Größe wünschen, ihm Freunde und Helfer zuführen, denn er ist der beste Kaiser, den das Imperium seit langem hatte. Tun wir das nicht, dann ...«
»Dann?« fragte Lucius.
»... kann die Macht in die Hände eines zweiten Domitian fallen, und finstere Jahre werden folgen. Daran solltest du denken, wenn du versuchst, zwischen den Fronten zu wandern, als wärest du ein unsichtbarer Niemand. Und«, fügte er leise hinzu, »zwischen den Mächten kann man leicht zermahlen werden.«
»Während man sonst nur von einer Seite vernichtet wird, steht man zufällig auf der der Unterlegenen. Genug davon, ich will mich nicht mehr mit diesen Dingen belasten. Außerdem sehe ich keine Parteien, die sich irgendeinen Kampf liefern.«
Der andere lächelte vielsagend. Lucius betrachtete erst jetzt das Gesicht dieses Propinquus. Ein normales Gesicht, keine besonderen Merkmale, weder schön noch häßlich, schmale Lippen, eine gerade, vielleicht zu fleischige Nase, die Augen von einem undefinierbaren Farbgemisch aus Blau und Grau, die Haare bereits ergraut und militärisch kurz geschnitten.
»Der Kampf läuft im geheimen ab. Die Gegenseite schläft nicht.«
Lucius lachte. »Kampf im geheimen, die Gegenseite ...«
»Du glaubst mir nicht? Vielleicht ist der Tag nicht fern, da du mir glauben mußt.«
Der wolkenlose Himmel hatte sich mit einer grauen Wolkenwand bezogen. Ein starker Wind blähte die braunen Segel der »Bithynia«, wodurch sie an Fahrt gewann und durch die höher gehenden Wogen dahinschoß.
Der Wind wurde heftiger. Regentropfen klatschten auf die Deckplanken. Windböen beutelten das Schiff.
Der Kapitän bedeutete Soranus und Propinquus, unter Deck zu gehen. Lucius holte sich von unten einen Mantel und blieb zum Erstaunen des Kapitäns im Regen auf Deck, während der andere Fahrgast unten blieb.
Lucius beobachtete den narbengesichtigen Steuermann, der mit voller Kraft die Pinnen hielt. Nichts mehr von spielerischer Eleganz! Die Steuer zu halten erforderte den Einsatz des ganzen Körpers, denn der Sturm nahm an Stärke zu.

Der Kapitän ließ das Segel reffen. Eine Bö bekam die »Bithynia« voll von der Breitseite zu fassen und drehte sie ab.
Lucius schrie auf. Er sah, wie der Narbengesichtige ausglitt und eine der Ruderpinnen losließ, die ihm dann mit voller Wucht an die Brust schlug. Während seine Linke krampfhaft das eine Steuerruder festhielt, versuchte er verzweifelt mit der Rechten das hin- und herschlagende Holz wieder zu fassen, wobei er erneut einen Schlag versetzt bekam. Endlich gelang es ihm, auf die Knie zu kommen und sich mit aller Kraft an die beiden Pinnen zu klammern, worauf er am Boden ein Stück hin und her geschleift wurde.
»Verdammt«, schrie der Kapitän.
Lucius sprang hinzu, packte mit beiden Händen eine der Pinnen, drückte sie gegen seinen Körper. Der Steuermann bekam durch die Hilfe seine Linke frei, zog sich aus der knienden Stellung hoch und packte mit beiden Händen das Steuer. Einer der Seeleute kam Lucius zu Hilfe.
Endlich hatte man auf der »Bithynia« wieder beide Steuer in der Gewalt.
Als hätte der Sturm nur eine Prüfung menschlicher Kraft bedeutet, nahm seine Heftigkeit ab, und bald legte sich das Unwetter. Nur Regen plätscherte monoton herab.
Der narbengesichtige Hüne reichte Lucius die Hand. In seinen Augen las Lucius wie in einem Buch, Dankbarkeit hießen die Zeichen, Dankbarkeit für immer. Wortlos nahm er die blutige Hand, an der die Haut in Fetzen hing. Auch an Oberarm und Brust blutete der Steuermann. Die Knie waren zerschunden. Schon handhabte der Narbengesichtige den Steuerbaum, als wäre nichts geschehen. Lucius ging unter Deck, wo Propinquus auf seiner Pritsche schlief. Er wechselte die nasse Kleidung, warf sich erschöpft auf die andere in dem engen Verschlag stehende Ruhestatt und schlief sofort ein.
Als er erwachte, war die Nachbarpritsche leer. Vor ihm stand auf einem Hocker ein Imbiß. Lucius aß, trank von dem dünnen Wein und schlief wieder. Als endlich am fünften Tage Ephesos in Sicht war, betrat Lucius ausgeruht das Deck. Propinquus lehnte an der Reling und betrachtete die Stadt, die immer näher kam. Auch Lucius blickte auf das Häusermeer, das im herbstlichen Grau vor ihnen lag. Ephesos!
Ein seltsames Gefühl stieg in Lucius auf, als die »Bithynia« an der Mole anlegte. Geübte Hände vertäuten das Schiff.
Am Kai herrschte Gewimmel. Lucius versuchte, jedes Gesicht zu erfassen. Die Planke wurde ausgelegt. Ein bärtiger Mann betrat sie und eilte an Bord.
Es war Cassius Asclepiodorus, Eigentümer der »Bithynia« und langjähriger Freund des Lucius Soranus. Herzlich begrüßten sich die Freunde. Als Lucius' Blicke fragend umherirrten, sagte ihm Cassius Asclepiodorus lächelnd, daß er sich noch gedulden müsse. Ernster geworden fügte Asclepiodorus hinzu: »Es ist alles wieder in Ordnung nach dem Schlimmen, was Apollonius geschehen ist.«

»Was ist passiert?« fragte Lucius erregt und hielt Cassius am Gewand fest.
»Ein Mordanschlag auf Apollonius«, antwortete Cassius.
»Ein Mordanschlag auf den Weisen aus Tyana? Das kann nicht sein!« rief Lucius.
Mit sanfter Gewalt schob Cassius Asclepiodorus Lucius vom Schiff.
»Geh, du wirst mit Sehnsucht erwartet. Dort steht meine Sänfte. Deine Seekiste bringen meine Träger heute abend. Wir sehen uns morgen. Leb wohl.«
Mit Staunen sah Lucius, als er bereits in der Sänfte saß, daß Cassius Asclepiodorus Valerius Propinquus begrüßte, als wären auch sie langjährige Freunde.

VI

Längst war die »Bithynia« seinen Blicken entschwunden, doch Marcus Soranus spähte noch immer angestrengt und mit zusammengekniffenen Augen hinaus auf die glatte See, als hoffte er, sie wieder auftauchen zu sehen. Im Wasser des Mare Adriaticum spiegelte sich das graublaue, fade Gewölk des herbstlichen Himmels, weit draußen färbte sich das Wasser unter dichten Wolken beinahe schwarz.
»Komm«, sagte Clodius, der nun zu dem Schauenden herangetreten war, »wir müssen aufbrechen, wenn wir noch vor Einbruch der Dunkelheit Silvium erreichen wollen.«
Wortlos wandte sich Marcus um und folgte Clodius zu dem etwas abseits von der Hafenmole wartenden Reisewagen. Der Kutscher döste auf dem Bock vor sich hin, fuhr aber sofort empor, als er die Erschütterung des Gefährts verspürte, die das Einsteigen der beiden Männer hervorrief. Er schnalzte mit der Zunge und ließ knallend seine Peitsche über den beiden Rappen kreisen. Mit einem kräftigen Ruck zogen die Pferde an, die schweren Holzräder polterten über das Pflaster.
Marcus lehnte sich bequem in die Polster zurück und starrte vor sich hin.
Clodius, der den Begleiter scharf beobachtete, hätte viel darum gegeben, wüßte er, worum die Gedanken des jungen Soranus kreisten. Denn daß Marcus intensiv nachdachte, glaubte Clodius sicher zu wissen.
Dachte Marcus an seinen Vater Lucius Soranus, der jetzt auf der »Bithynia« gen Ephesos reiste? Oder beschäftigte ihn das gespannte Verhältnis zu seinem Schwiegervater Ostorius Sabinus, das auch auf die junge Ehe Schatten zu werfen drohte?
»Was meinst du, Clodius«, fragte Marcus unvermittelt, »ob mein Vater jemals nach Rom zurückkehrt?«
»Natürlich, schon um seines Enkels willen.«
Marcus richtete sich auf, schaute hinaus auf die im goldenen Schimmer der Nachmittagssonne liegenden Felder, die weidenden Herden und vernahm den traurigen Klang der Hörner ihrer Hirten.

Die Sentimentalität der einbrechenden Abendstunden, der Stunden des verflossenen, unwiederbringlichen Tages kam über ihn. Dieser Tag, dachte er, wird nie wiederkehren, er ist einfach weg, ausgelöscht wie ein Feuer, nur ein Häufchen Asche, Erinnerung genannt, bleibt zurück, und auch sie verfliegt, weil Erinnerung verblaßt …

Es hatte noch Zeit, ehe das Kind, das Claudia erwartete, zur Welt kommen würde, vielleicht ein halbes Jahr. Auch dieses Kind würde den Gesetzen der Vergänglichkeit unterliegen: würde wachsen, erwachsen werden, wieder Kinder zeugen, altern und sterben. Sterben, formten seine Lippen das unbegreifliche Wort für einen rätselhaften Vorgang. Sterben, einfach nicht mehr sein. Warum dann alles, diese Mühen, diese Kämpfe, diese Quälereien, wenn man doch wieder die Welt verlassen mußte?

Marcus versuchte, diese Gedanken abzuschütteln. Während der letzten Monate, die zu den unbeschwertesten und glücklichsten seines ganzen bisherigen Lebens gehörten, befielen ihn manchmal derlei Stimmungen, die er früher in den Zeiten der Anspannungen und der Gefahren nie gekannt hatte. Oder doch? Er irrte sich, denn schon immer war er gefühlvoll und weich gewesen. Jetzt besaß er, wonach er sich immer gesehnt hatte: eine der schönsten Frauen Roms, einen der reichsten Schwiegerväter, die es im Imperium gab, einen klangvollen und stolzen Namen. Und trotzdem das nie weichende Unbehagen! Lag dies an Ostorius Sabinus, mit dem er kaum ein Wort wechselte, obwohl er mit ihm unter einem Dache lebte? War Claudia die Ursache, die zwischen den Männern zu vermitteln suchte?

Marcus atmete tief den herbstlichen Geruch der Pinien ein, die draußen vorüberzogen.

Claudia … arme Claudia, die zwischen den feindlichen Fronten stand und um einen Ausgleich bemüht war.

Doch er, Marcus Soranus, konnte nicht so schnell den ihm von Sabinus angetanen Schimpf vergessen. Vielleicht würde die Zeit die Bitterkeit vergehen lassen oder – das Kind?

Manchmal schien es Marcus, als stünde seine Frau ihrem Vater näher als ihm, ihrem Mann.

»Du grübelst wieder«, sagte Clodius.

Marcus schwieg. Er dachte daran, wie sein Vater ihm fehlen würde, der einzige Mensch neben dem toten Celer, mit dem er über alles sprechen konnte. Mit Claudia konnte man das nicht, denn für viele Dinge brachte sie kein Verständnis auf und war auch zu sehr schwankenden Stimmungen unterworfen.

Marcus' Blick suchte die Augen des ehemaligen Gladiators, in denen sich der Sonnenball als winziges Lichtpünktchen widerspiegelte. Er faßte die harte gebräunte Hand und drückte sie.

»Ja, Clodius, ich grüble. Das Leben, die Welt sind so einmalig und interessant, daß man beides nicht gedankenlos hinnehmen sollte. Leider ist unsere Zeit zu kurz, um alles gründlich zu durchdenken, so daß man wieder abtreten muß, ehe man den Sinn des Ganzen erfaßt hat. Das ist sehr schade und weckt Trauer.«

Der ehemalige Gladiator und nunmehrige Tavernenbesitzer lächelte. Für ihn gab es interessantere Dinge, als über die Welt nachzudenken.

»Dort liegt unsere Herberge«, rief er plötzlich erfreut, denn nur diese greifbaren irdischen Dinge waren für Clodius des Nachdenkens wert und nur in dem Maße, wie sie das Leben angenehmer machten.

Das Gasthaus, ein einstöckiges, langgestrecktes Gebäude mit Veranda, auf der einige Fuhrleute und Kaufleute ihre Abendmahlzeit verzehrten, lag unmittelbar an der Straße.

Als Marcus und Clodius aus dem Reisewagen stiegen, eilte auch schon der Wirt, ein korpulenter glatzköpfiger Mann herbei, um die neuen Gäste nach ihrem Begehr zu fragen.

Das Stimmengemurmel auf der Veranda verstummte. Alle wandten die Köpfe den Neuankömmlingen zu. Doch nur einen Augenblick. Da nichts Außergewöhnliches an den beiden Männern war, erlosch das Interesse.

Lakonisch bestellte Marcus ein Nachtquartier, Essen und Pferdeversorgung.

Der Wirt rief einen Namen, worauf ein Sklave erschien und auf einen Fingerzeig zum angekommenen Reisewagen ging. Gemeinsam mit dem Kutschsklaven fuhr er den Wagen hinter das Haus.

Clodius und Marcus ließen sich an einem Tisch auf der Veranda nieder, aßen geräucherte Ente und tranken dazu einen herben, erfrischenden Wein. Als die Sonne untergegangen war, brachte der Wirt Windleuchten für jeden Tisch.

Bald zogen sich Marcus und Clodius in das ihnen angewiesene Zimmer zurück, während die anderen Gäste, wieder unter sich, lustig und laut weiter zechten.

Früh am Morgen nach einem kurzen Imbiß setzten sie die Reise fort. Es begann zu nieseln. Marcus hüllte sich fröstelnd in seinen Mantel. Der Kutscher, der möglichst schnell die Strecke zurücklegen wollte, trieb die Pferde zu halsbrecherischer Eile an. Fast wäre die Fahrt an einer scharfen Straßenbiegung zwischen Aquilonia und Beneventum zu Ende gewesen. Der Kutscher, der die Kurve zu spät bemerkte, um die Pferde noch zügeln zu können, brachte durch sein Tempo die Kutsche auf dem feuchten mit Staub bedeckten Pflaster ins Schleudern. Wie der Schwanz einer wütenden Echse schwang die Kutsche von einer Seite auf die andere. Marcus und Clodius wurden abwechselnd in die äußersten Ecken des Wagens gedrückt. Endlich, nach fast einer halben Meile, brachte der Kutscher das Gefährt zum Stehen. Die Gäule zitterten. Schaum flockte von ihren Mäulern. Der Kutscher hockte aschfahlen Gesichts auf seinem Bock.

Wutentbrannt sprang Marcus aus der Kutsche und schrie: »Du Tölpel, ich werde dich auspeitschen lassen und dann aufs Feld zum Arbeiten schicken. Du hättest uns umbringen können. Sieh hinab, der Abhang reicht, um sich das Genick zu brechen.«

Marcus blickte den Wiesenhang hinunter, und plötzlich stockte ihm das Blut in den Adern ... Unten in der Talsohle, wo der Hang sanft wieder anstieg, lagen die Reste eines zerschmetterten Reisewagens: Räder, Bretter, Kissen, eine zerbrochene Deichsel. Marcus mußte die Augen schließen. Schwindel befiel ihn.
»O Götter!« rief Clodius erschreckt, der plötzlich neben ihm stand. Auch der Kutscher war von seinem Bock gesprungen.
»Komm, wir müssen hinunter«, drängte Clodius. Marcus folgte vorsichtig, sich an dem Gestrüpp festkrallend, das auf dem Hang wucherte. Der Boden, feucht und glitschig, glich einer Rutschbahn. Die Spuren der sich überschlagenden Kutsche waren noch frisch in das Erdreich eingedrückt.
»Hierher«, schrie Clodius, »hier liegen zwei Frauen.«
Mit Mühe gelang es Marcus, die Füße schräg gegen die Hangneigung kantend, Halt zu finden und zu Clodius zu gelangen, der hinter einem Strauch auf einem kleinen Plateau kniete. Zwei leblose Gestalten mit blut- und schmutzverkrusteten Gesichtern und beschmierten Mänteln hingen in seltsam verzerrter Lage in dem Gesträuch.
»Sind sie tot?« stieß Marcus erschrocken hervor.
Clodius zuckte die Achseln. »Wir müssen sie nach oben bringen«, sagte er.
»Aber wie?« Marcus' Blick wanderte den Hang empor, wo er das entsetzte Gesicht des Kutschsklaven sah.
Die Neigung war steil und glatt dazu, stellte er fest.
»Spann die Pferde aus und knote ein Seil an die Zugriemen, aber schnell«, brüllte Clodius nach oben.
Vorsichtig zogen Marcus und Clodius erst die eine und dann die andere Frau aus der Dornenhecke. Da klatschte auch schon das Seil herab.
»Willst du sie einfach an das Seil binden und hochziehen lassen?« fragte Marcus.
Ein verächtlicher Blick des ehemaligen Gladiators traf ihn. »Unmöglich, sieh doch die Dornensträucher und die Steine. Der leblose Körper würde doch zu Tode geschleift. Nein, ich binde dich zusammen mit der Frau an den Strick, und du mußt führen und die Richtung zwischen dem Gesträuch nehmen.«
Ein eigenartiges Gefühl überkam Marcus, als Clodius ihm den Frauenkörper so fest vor den Körper band, als wäre er ein Stück von ihm selber.
»Du mußt den Strick fest anpacken und wenn der Zug kommt, mitlaufen, um die Richtung zu bestimmen.«
Marcus schlang die Arme um die Frau, deren Kopf nach vorn gesunken vor seiner Brust ruhte, und krallte seine Hände um das Seil.
»Zieh an!« befahl Clodius. Das Seil straffte sich. Marcus fühlte sich gezogen. Seine Füße versuchten zu laufen, doch es gelang nicht. Sie rutschten. Der Zug wurde kräftiger. Krampfhaft versuchte er das Seil zu halten. In den Schultergelenken stach der Schmerz. Noch immer schleiften Marcus' Füße über den Boden.

Schweiß brach ihm aus allen Poren. Jetzt, endlich ... seine Füße fanden den Tritt und liefen am schrägen Hang, vom Seil gezogen, Stück für Stück empor. Mit Not und unter seltsamen Verrenkungen manövrierte er sich und seine Last zwischen den Sträuchern durch. Der Atem preßte sich stoßweise aus den Lungen. Nahm denn dieser Hang niemals ein Ende?
Endlich, es schien ihm eine Ewigkeit, war man oben angelangt. Marcus vermochte nicht das Seil zu lösen. Der Kutscher knotete es auf und wickelte es ab, um es dem wartenden Clodius wieder nach unten zu werfen.
Mit Mühe schleppte Marcus die Leblose zur Kutsche, bettete sie in die Polster und breitete eine Decke über sie.
Dann rief er zu Clodius hinab, ob er nochmals hinabkommen solle. Der gab keine Antwort. Marcus atmete tief durch und rutschte vorsichtig hinunter.
Clodius, der sich vergeblich bemüht hatte, sich und die Frau anzubinden, gab ihm wortlos das Seil. Marcus schlang es um die beiden Körper. Dabei blickte er in das Frauenantlitz. Hatten sich nicht die Lider bewegt, und hatte nicht der Mund gezuckt? Da, schon wieder.
»Clodius, sie lebt«, sagte er erfreut.
Doch der drängte. Der Kutscher ließ die Pferde anziehen. Clodius' Füße fanden sofort Halt und fielen in Schritt.
»Ich steige zum Wagen hinab, zieht mich dann hinauf«, rief Marcus dem Freund hinterher. Vorsichtig von Strauch zu Strauch rutschend, erreichte er die Sohle des Grabens.
Ein Bild des Schreckens! Der Wagen total zertrümmert, der Kutscher mit zerschmettertem Schädel inmitten der Reste. Dem einen Pferd hatte sich die zersplitterte Deichsel gleich einer Lanze in den Leib gespießt. Es rührte sich nicht mehr. Eine große Blutlache hatte sich gebildet und begann an den Rändern bereits zu verkrusten. Von dem anderen Pferd keine Spur.
Marcus begann zersplitterte Bohlen und geborstene Bretter beiseite zu räumen. Als er mit aller Kraft ein großes Brett anhob, das ein Teil des Kutschendaches gewesen sein konnte, fuhr ihm der Schreck in die Glieder. Seine Knie zitterten beim Anblick dessen, was einmal ein menschlicher Körper gewesen war.
Die Beine wie von einem Mühlenrad zermahlen, der Kopf dagegen in zur Seite geneigter Lage war nahezu unverletzt. Ein feiner Blutfaden in den Mundwinkeln, die Augen starrten gebrochen. Der Oberkörper bis zum Becken nur eine einzige blutige mit Holz, Radteilen und Kleiderfetzen vermischte Masse. Eine Frau war es ehedem gewesen, vielleicht dreißig Jahre alt.
»Furchtbar, einfach furchtbar«, murmelte er betroffen vor sich hin. Ihm wurde schwindlig. Er mußte sich setzen. Kalter Schweiß perlte von seiner Stirn. Der aufkommende Wind tat gut.
Nach einer Weile fühlte er sich besser und wandte sich von dem Grauen ab, um hinaufzusteigen.

»Wo bleibst du denn?« fragte Clodius ungeduldig.
Marcus nahm wie ein Schlafwandler das Seil und ließ sich hochschleifen. Er merkte die Sträucher nicht, die seine Haut und seine Kleider abschürften und zerrissen. Plötzlich hing er fest.
»Mensch, paß doch auf«, schrie Clodius.
Jetzt erst merkte Marcus, daß er in einem Strauch festhing. Mit Mühe und unter Kraftanstrengung befreite er sich, und man zerrte ihn das letzte Stück nach oben.
»Der Kutscher und eine tote Frau liegen unten«, sagte er.
Clodius nickte finster.
»Was machen wir nun mit den beiden?«
Ehe Clodius antworten konnte, taumelte eine der beiden Frauen aus dem Wagen. Wie ein Gespenst mutete sie an.
»Was ist geschehen?« fragte sie mit matter Stimme und griff sich mit der Rechten an den Hinterkopf. Plötzlich taumelte sie und wäre bestimmt zu Boden gestürzt, hätte Marcus sie nicht blitzschnell aufgefangen.
Gemeinsam trugen Clodius und Marcus die Ohnmächtige zum Wagen und betteten sie neben die andere Frau.
Plötzlich besann sich der Kutscher, ging zu seinem Bock, kramte unter ihm und brachte einen ledernen Wasserschlauch hervor. Wortlos nahm ihn Marcus, ließ Wasser auf das Gesicht der Leblosen fließen, massierte die Schläfen und die Stirn.
Sie schlug die Augen auf. Mehr erstaunt als erschrocken nahmen ihre dunklen Augen mit den langen Wimpern, an denen Wassertropfen perlten, das über sie gebeugte Gesicht des fremden Mannes wahr. Jetzt erschrak sie.
»Kannst du sprechen?« fragte Marcus.
Ihre Hand fuhr an den Kopf, als wollte sie etwas Störendes beiseite wischen.
»Ja«, erwiderte sie leise.
»Was ist geschehen?« fragte sie und versuchte sich aufzurichten. Marcus half ihr.
»Euer Wagen ist die Böschung hinabgestürzt«, versuchte er ihrem Gedächtnis nachzuhelfen.
Sie schloß die Augen.
»Jetzt entsinne ich mich, mein Gott, wo sind Ennia und Calpurnia?«
Clodius deutete schweigend auf die Liegende.
»Ennia«, schrie sie schrill und warf sich über die Leblose, wobei sie den Körper schüttelte.
»Ennia, Ennia, steh auf ...«
Als hätte die Verletzte nur darauf gewartet, so geweckt zu werden, öffnete sie die Augen, bewegte die Lippen.
Marcus flößte ihr ein wenig Wasser ein.

»Komm«, sagte Clodius, »du kannst ihr nicht helfen, sie ist verletzt, wahrscheinlich ein oder mehrere Beinbrüche. Sie braucht schnellstens einen Arzt. Du scheinst, bis auf kleine Wunden, nicht schlimm verletzt zu sein. Sage uns, wo ihr hin wolltet und wer ihr seid!«

Die junge Frau sagte unter Schluchzen, die Verletzte sei die Schwester des Senators Palma und Gattin ihres Bruders, des Legaten Publius Celsus. Sie selbst heiße Cornelia, »… und meine Schwester …« Ängstlich suchten ihre Augen die abwesende Schwester.

Marcus und Clodius tauschten verlegene Blicke.

»Wo ist sie?«

»Sage uns, wohin ihr wolltet!« lenkte Clodius ab.

»Auf das Landgut meines Bruders bei Capua.«

»Woher kommt ihr?« bohrte Clodius weiter.

»Von einem der Güter Palmas in der Nähe Aquilonias. Palma und mein Bruder ritten voran, wir folgten mit dem Wagen. Doch wo ist meine Schwester?«

»Sie ist tot«, sagte Marcus leise.

»Tot?« Cornelias Augen weiteten sich schreckhaft.

Sie stieß einen Schrei aus, der den beiden Männern durch Mark und Bein ging. Marcus zog die Schluchzende an sich und strich ihr übers Haar, das ihr wirr, zerzaust und schmutzig auf die Schultern fiel. Sie ließ es geschehen.

»Wir müssen weiter«, drängte Clodius, »in Beneventum …«

Den Rest verstand Marcus nicht mehr, denn Clodius sprang aus dem Wagen und half dem Kutscher beim Anschirren.

In den frühen Nachmittagsstunden erreichten sie Beneventum. Ein junger Mann, den Marcus nach dem besten Arzt in der Stadt befragte, musterte ihn abschätzend und grinste. Das käme auf die Bezahlung an, meinte er lachend.

Marcus warf ihm eine Silbermünze zu, die der Mann behend auffing.

»So war das nicht gemeint«, sagte er, »sondern wieviel du ausgeben kannst. Trotzdem vielen Dank.«

Clodius drängte und forderte den Namen des besten Arztes.

»Der beste Arzt ist Doktor Gallus, ein Mann mit Erfahrung und vielen Jahren als Wundarzt in kaiserlichen Legionen. Aber nicht billig«, der junge Mann zwinkerte, »wenn er sieht, daß die Leute Geld haben. Dort oben das letzte Haus auf der Anhöhe.«

Der Kutscher ließ die Pferde antraben.

Der junge Mann, der offenbar Gefallen an Marcus gefunden hatte, weil der ihm eine Münze für die Auskunft gegeben hatte, schritt neben dem Wagen her und sagte: »Noch einen guten Rat, sage zu Doktor Gallus, daß Claudius und Nero die größten Verbrecher waren, und lobe Galba, dann macht er die Behandlungskosten vielleicht nicht so hoch.«

Clodius mußte lachen.

Endlich war man am Hause des Doktors angelangt. Die verletzte Ennia phantasierte im Fieber.
Clodius betätigte den Klopfer.
Ein alter Kopf lugte durch die Öffnung.
»Zu Doktor Gallus, ein Unfall.«
Sofort wurde der Torflügel geöffnet, und ein mittelgroßer grauhaariger Mann mit einem Gesicht, faltig wie altes Leder, trat heraus.
Wortlos kam er bis zum Wagen, machte eine winkende Handbewegung, die bedeutete, daß Marcus ebenfalls auszusteigen hatte, dann stieg er selbst hinein, nahm die Decken beiseite und betastete und behorchte die Frauen.
»Bringt sie ins Haus!«
Marcus, Clodius und der Kutscher trugen vorsichtig die Frauen ins zu ebener Erde gelegene Behandlungszimmer, wo sie die Verunglückten auf zwei Pritschen legten.
Mit einem Wink forderte der Arzt die Männer auf, den Raum zu verlassen und zog hinter ihnen eine dicke Portiere hastig zu, so daß die Metallringe auf dem Stab schrill kreischten.
Die Männer hörten Stöhnen, Schmerzenslaute und Schluchzen. Dann Stille, Schritte, ein Ruck, wieder das durchdringende Kratzen der Metallringe, die die Portiere an einer eisernen Stange hielten, Doktor Gallus schritt durch den zurückgezogenen Vorhang.
»Ihr könnt nicht weiterreisen, die Damen sind nicht reisefähig. Wohnen könnt ihr bei mir. Für solche Fälle bin ich eingerichtet. Krixos zeigt euch eure Zimmer, euer Kutscher schläft hinten in den Ställen. Wenn ihr euch«, er betrachtete Marcus und Clodius von Kopf bis Fuß, »wieder hergerichtet habt, dann erwarte ich euch zu einem Imbiß.« Darauf ließ der Arzt die Besucher stehen. Erst jetzt bemerkten Marcus und Clodius, wie verdreckt ihre Kleider waren. An den Stiefeln klebten Erdballen.
Der alte Krixos führte sie die Treppe empor, wies ihnen ein geräumiges Zimmer zu und zeigte ihnen den Weg zum Baderaum. Als sie erfrischt, gebadet und in saubere Kleider gehüllt in das behagliche Empfangszimmer traten, erwartete sie Gallus bereits. Clodius antwortete auf die Fragen nach den Geschehnissen.
Schweigend saß Marcus in einem bequemen Sessel. Die Verzögerung der Heimreise verstimmte ihn. Claudia würde beunruhigt sein und sich sorgen. Zerstreut aß er eine Kleinigkeit und trank verdünnten Wein.
Clodius und der Arzt plauderten. Doktor Gallus berichtete von seinen Wundarztjahren bei den Legionen.
Dann kam er auf die Kaiser Claudius und Nero zu sprechen.
»Claudius war ein blutrünstiger Idiot und Trottel, Nero ein wahnsinniger Verbrecher«, sagte Gallus mit haßverzerrter Stimme.
Marcus horchte auf. Bei den letzten Worten des Arztes erwachte sein Interesse.

»Entsinnst du dich noch der Prozesse gegen Thrasea, Priscus und Barea Soranus?« fragte er.

Mit einem abschätzenden Blick musterte ihn darauf der Arzt.

»Natürlich«, sagte er. »Doch warum fragst du danach. Du warst damals vielleicht gerade oder noch nicht einmal geboren.«

»Er ist der Enkel von Quintus Barea Soranus«, warf Clodius ein.

Durch den Körper des Arztes ging ein Ruck. Sein Blick ruhte nun noch durchdringender auf Marcus.

»So ist es, wenn man nicht richtig zuhört, wenn Fremde ihren Namen nennen. Du hast dich mir vorgestellt, doch ich nehme Namen nie zur Kenntnis, weil sie nichts bedeuten. Aber der Name Soranus hat einen Inhalt. Ich habe deinen Großvater nicht persönlich gekannt, doch sein Prozeß hat damals die Gemüter sehr bewegt.«

Der Arzt hielt inne und starrte in die Flammen der Öllampen, die ein Sklave entzündet hatte, da es draußen zu dunkeln begann. Schwere Regenschauer peitschten gegen das Haus.

»Ihr solltet morgen einen Umweg machen, um dem Mann und dem Bruder der Frauen von dem Unfall Kenntnis zu geben. Sie werden beide noch nicht reisen können, obwohl die Verletzungen nicht so schlimm sind, wie es ursprünglich aussah. Es ist mehr der Schreck, vor allem bei der Jüngeren, die zudem vom Tode ihrer Schwester weiß. Die Ältere fiebert und hat Prellungen, die natürlich sehr schmerzhaft sind.«

Der Arzt erhob sich und gab damit das Zeichen, daß er die Unterhaltung als beendet ansah.

Marcus und Clodius suchten ihr Zimmer auf.

Als Marcus am nächsten Morgen den Arzt bezahlen wollte, wies dieser das Geld mit den Worten zurück, daß er vom Enkel eines Barea Soranus kein Geld nähme.

Dankbar drückte Marcus ihm die Hand und bat, daß ihn der Arzt in Rom besuchen solle.

»Darf ich mich von den Frauen verabschieden?«

Doktor Gallus verließ den Raum, um nach einer Weile in Begleitung einer jungen Frau zurückzukehren.

Diese reichte Marcus und Clodius die Hand.

»Ich danke euch, daß ihr uns geholfen habt. Hier, nimm diese Gemme und gib sie meinem Bruder, so daß er deinen Worten Glauben schenkt und uns abholen läßt.«

Jetzt erst nahm sich Marcus die Zeit, das Gesicht der Frau näher zu betrachten. Schön ist sie nicht, dachte er, häßlich auch nicht, vielleicht entstellen sie die Abschürfungen … Blödsinn, schloß er seine Betrachtungen, sie interessiert mich nicht, sondern raubt mir nur die Zeit.

Als hätte Clodius aus Marcus' verkniffener Miene dessen Gedanken ablesen kön-

nen, mischte er sich in das Gespräch und fragte sachlich nach der Lage des Landgutes bei Capua.
Bei allen Göttern, daß man das Naheliegende nicht bedenkt, schalt sich Marcus.
Cornelia beschrieb ausführlich den Weg.
Der Arzt begleitete die beiden Aufbrechenden an die Kutsche und verabschiedete sich kurz.
Der Regen hatte aufgehört. Graue Wolkenfetzen trieben am Himmel.
»Du bist unwillig?« unterbrach Clodius das Schweigen.
»Claudia wird sich sorgen, und in ihrem Zustand ...«
»Sei nicht zu ängstlich.«
Marcus atmete schwer.
»Claudia ist ein Mensch, der nichts leichtnimmt und immer gleich an das Schlimmste denkt«, erwiderte Marcus.
Mit solchen Frauen ist es nicht einfach, wußte Clodius, hütete sich aber, dies auszusprechen.
Das Gespräch verstummte. Jeder hing seinen Gedanken nach.
Hinter Capua schien die Sonne und leckte durstig die Feuchtigkeit von den Pflastersteinen der Via Latina.
Aufmerksam verfolgte Clodius den Weg. An einer Einmündung rief er dem Kutscher einen Befehl zu. Der riß die Pferde herum, so daß das Gefährt einen jähen Bogen beschrieb.
Der Tölpel lernt das nie, vielleicht sollte ihn Marcus doch lieber aufs Feld schikken, durchfuhr es Clodius.
Das konnte schon die Straße nach Volturnum sein, der man folgen mußte und am dritten Meilenstein die Abzweigung ...
Clodius zählte die Meilensteine. Jetzt kam der Weg. Er rief dem Kutscher zu, den Bogen vorsichtig anzugehen. Durch einen Wald, der gelichtet und parkähnlich angelegt war, fuhr der Wagen langsam bergan. Als der Wald endete, sah Clodius in Terrassen angelegte Hügelhänge, die mit Weinstöcken und mit langen Reihen von Olivenbäumen bepflanzt waren. Alles war gepflegt und wohlgeordnet und deutete auf die Tüchtigkeit des Besitzers hin.
Im Mittagssonnenschein glänzte die weiße Villa auf der Spitze der Hügel. Ein Ziergarten mit Gehölzen, die Clodius nicht kannte, umsäumte einen gepflasterten Platz vor dem Herrenhaus. Ausgedehnte Stallungen und Unterkünfte für die Sklaven waren abseits der Villa errichtet, als störten sie in unmittelbarer Nähe. Die Villa selbst, weiß mit rotem Ziegeldach, war schnörkellos und in strenger Zweckmäßigkeit errichtet. Keine Säule verzierte die Vorderansicht, keine Statue lenkte das Auge ab.
Als der Wagen vor dem Hause auf dem gepflasterten Platz anhielt, kam ein Mann die Stufen herab und musterte Marcus und Clodius, die aus der Kutsche stiegen.

»Seid ihr angemeldet?« fragte er mit monotoner Stimme.
»Nein«, sagte Marcus, »doch wir müssen dringend deinen Herrn oder Cornelius Palma sprechen.«
»Dringend?« Der Verwalter zog spöttisch die Augenbrauen empor.
»Ja«, zischte Marcus, den leichter Unwille ergriff.
»Die Herren Palma und Celsus sind bei ihren mittäglichen Fechtübungen, da wünschen sie …«
Marcus riß die Gemme hoch und hielt sie dem Verwalter unter die Nase. Ob er diese kenne, fragte er scharf.
Die Züge des Mannes veränderten sich.
»Nun führe du uns zu deinem Herrn, denn wir haben Wichtiges zu sagen.«
»Was ist mit der Herrin?« stotterte er.
»Ein Unfall«, warf Clodius ein.
»Kommt.«
Marcus und Clodius folgten dem Verwalter durch das Atrium in das Peristyl, wo zwei Männer, nur mit einer kurzen Tunika bekleidet, auf dem Kieswege miteinander fochten. Bald trieb der eine den anderen vor sich her, bald umgekehrt. Hart schlug das Metall der Schwerter aufeinander, dumpf klang es, hielten die Schilde die Schläge auf.
Fasziniert verfolgten Marcus und Clodius das Spiel der Fechter. Vor allem der Größere und Jüngere der beiden, stellten sie übereinstimmend fest, schlug eine harte Klinge, so daß der andere mitunter Mühe hatte, sich zu verteidigen.
Marcus' Augen verengten sich zu Schlitzen. Mit dem Jüngeren würde er sich gerne einmal messen. Bestimmte Fehler hatte er bereits bemerkt, die man ausnutzen mußte, um diesen bezwingen zu können.
Inzwischen war es dem Verwalter gelungen, die Aufmerksamkeit der Kämpfenden auf sich zu lenken.
Verärgert über die Störung schauten sie auf die Fremden. Endlich kam der Jüngere herbei.
Barsch fragte er, was es gäbe. Sein schmales Gesicht triefte vor Schweiß.
»Bist du Publius Celsus?« fragte Marcus.
»Wer denn sonst«, erwiderte er hochmütig und unwirsch.
Marcus gab ihm die Gemme.
Mit einem Ruck warf er Schwert und Schild zu Boden, daß es krachte, nahm die Gemme, führte sie nahe ans Gesicht, dann packte er Marcus am Gewand und schrie: »Wo hast du das her? Hast du meine Schwester und meine Frau beraubt oder entführt und willst Lösegeld?«
Mit Mühe und Anstrengung gelang es Marcus und Clodius, den Zornigen abzuwehren, der drohte und tobte weiter.
»Laß sie doch erst einmal berichten«, sagte plötzlich die tiefe Stimme Palmas, »ehe du Verdächtigungen aussprichst.«

Marcus, unangenehm berührt von dem Wutausbruch und den unsinnigen Verdächtigungen durch Celsus, erzählte kurz und knapp.
»O Götter«, rief Palma, »wir müssen sofort nach Beneventum.«
»Ich glaube ihnen nicht, es sind abgefeimte Räuber«, schrie Celsus.
»Wenn ich deine Beleidigung nicht deinem Schmerz und deiner Erregung zugute halten würde, gäbe ich dir die passende Antwort mit dem hier.« Dabei deutete Marcus auf das Schwert am Boden.
»Du wagst es, mir zu drohen, nachdem du ...«
Palma hielt den Erregten, der sich auf Marcus stürzen wollte, zurück.
»Wir sind diesen Männern zu Dank verpflichtet, und du beleidigst sie«, schalt Palma.
»Und Calpurnia ist tot?« fragte er tonlos.
Marcus nickte.
In dem kantigen Gesicht Palmas arbeiteten die Muskeln und verrieten die gewaltsame Anspannung, die seine Beherrschung erforderte. Auch Celsus beruhigte sich. Seine Schultern fielen plötzlich herab. Finster starrte er auf Marcus und Clodius.
Palma lud sie zum Bleiben ein, doch Marcus lehnte ab. »Wer bist du?« fragte er noch, als beide bereits im Gehen waren.
»Marcus Barea Soranus«, rief Marcus über die Schulter zurück. Finster blickte er aus dem Wagen, als sie das Anwesen verließen.
»Du bist enttäuscht?« fragte Clodius.
Er erhielt keine Antwort.
»Bedenke doch die Erregung dieses Mannes.«
»Mich eines Raubes oder einer Entführung für fähig zu halten. Das kann man auch mit Erregung nicht entschuldigen. Das ist ein Charakterzug, ein schlechter dazu, andere zu verdächtigen. Und zudem schnöder Undank. Wir brechen uns beinahe unsere Knochen, um die Damen dieser ... dieser Herren zu retten, vergeuden unsere Zeit, und als Dank dafür: Verdächtigungen und Beschimpfungen.«
Marcus stieß einen Fluch aus, den Clodius mit einem Lächeln quittierte, da es ein alter Gladiatorenfluch war.
»Daran mußt du dich gewöhnen, daß man nicht nur Dank für gute Taten erhält. Wohltaten werden nicht immer belohnt. Aber wer weiß, wozu alles gut war.«
Zu nichts, dachte Marcus bitter, außer, daß Claudia sich ängstigt, mir Zeit gestohlen wurde und nun ein Mensch existiert, dieser Celsus, mit dem ich eine Rechnung begleichen muß. Umsonst hat er mich nicht beleidigt. Auch in der höchsten Erregung muß sich ein Mann so weit beherrschen, daß er nicht sinnlose Beschimpfungen ausstößt, wo Dankbarkeit am Platze wäre. Nichts empfand er schlimmer als ungerechte Behandlung.

Marcus lehnte sich zurück. Er sah das Gesicht dieser Cornelia vor sich, ihre traurigen dunklen Augen, die Kratzspuren auf den Wangen und auf der Stirn, hörte ihr erschütterndes Schluchzen, als sie den Tod der Schwester erfuhr. Die verletzte Ennia ... Wie dankbar wäre er dem Menschen, der Claudia rettete, käme sie in ähnliche Lage ... Nun, stellte er in Gedanken fest, die Menschen sind verschieden. Hätte er die Frauen ihrem Schicksal überlassen sollen, weil der Bruder und der Mann nicht die richtige Dankbarkeit den Rettern erwiesen? Nein, vielleicht hatte Clodius recht, man wußte nicht, wozu das Ganze gut war. Gute Taten trugen ihren Lohn oft in sich selbst, beruhigte sich Marcus, und je näher sie Rom kamen, desto mehr verdrängte die Freude auf das Wiedersehn seinen Unwillen.

VII

Langsam trotteten die Sänftenträger dahin. Lucius vermied es, einen Blick hinauszuwerfen, um den langen Weg vom Hafen zum Ostteil der Stadt zu verfolgen. Bequem zurückgelehnt überließ er sich seinen Gedanken. Er mußte sich gestehen, daß ihm beklommen zu Mute war. Wie würde ihn Lakotris aufnehmen? Würde sie wieder eine Fremde für ihn sein nach den Monaten der Trennung? Nein, sagte er sich, das konnte nicht sein. Hatte er in Rom doch immer an sie denken müssen, sehnsüchtig das Wiedersehen erwartet. Und nun war das Ersehnte, das Wiedersehn mit ihr, in greifbare Nähe gerückt. Lucius verspürte einen Druck im Magen, als die Sänfte vor dem kleinen Haus hielt. Langsam stieg er aus. Die Träger setzten sich mit der Sänfte sofort wieder in Bewegung, und er stand allein in der Gasse.

Er trat an das Tor und bediente den Klopfer. Dumpf setzte sich der Schlag auf das Holz ins Hausinnere fort.

Sein Herz begann heftig zu schlagen, als er Schritte vernahm und die Tür sich öffnete.

Sie war es.

Er starrte sie an und fand kein Wort der Begrüßung. Hochgewachsen, schlank, aber irgendwie verändert stand sie vor ihm. Woran lag es, daß sie ihm wesentlich jünger erschien, als er sie in Erinnerung hatte? Das Haar war anders frisiert. Nicht mehr straff und glatt am Hinterkopf zu einem Knoten geschlungen, sondern gelockt, wie man es in Rom trug.

Die neue Haartracht, stellte er bewundernd fest, kleidete sie gut, denn sie nahm ihrem Gesicht das herb Strenge und ließ sie jünger erscheinen.

»Wollen wir hier ewig stehen und uns anschweigen?« Sie ergriff seine Hand, zog ihn in das Haus und sagte leise, fast schüchtern: »Willkommen zu Hause.«

Willkommen zu Hause, durchfuhr es ihn freudig. Er nahm sie in die Arme, drückte sie fest an sich und küßte sie. Vor diesem Augenblick hatte er sich ge-

fürchtet. Was hatte sie ihm gesagt, als er ihr seine Liebe gestehen wollte: Laß uns beiden noch Zeit!
Und nun? Nun brauchten sie keine Zeit mehr. Ihr Körper und ihre Lippen, die sich ihm entgegendrängten, gaben die Antwort, die er gewünscht hatte.
»Lucius«, sagte sie leise, »daß du zurückgekommen bist! Es fiel mir oft schwer, daran zu glauben.«
»Lakotris«, sein Hals war wie zugeschnürt vor Erregung, »ich habe es versprochen und außerdem …«
»Außerdem?«
»Liebe ich dich.«
Sie lächelte. »Komm, du wirst dich nach der langen Reise erfrischen wollen.«
Er folgte ihr durch die vertrauten Räume. Man muß Heimat haben, dachte er, dann ist man geborgen. Hier hatte er nach den langen Jahren der Flucht endlich Ruhe und Heimat gefunden und – Liebe. Irgendwann waren ihm die Götter das schuldig gewesen, sagte er sich, als er sich nach dem Bade im bequemen Hausgewand auf dem Lager ausstreckte.
Es begann bereits zu dunkeln. Aufmerksam betrachtete er Lakotris, wie sie eine Öllampe entzündete und mit einem Tablett zu ihm kam.
Er nahm es ihr ab, stellte es neben das Lager auf die Erde, füllte zwei Gläser, reichte ihr eines empor. Der Wein glühte geheimnisvoll im Lampenschein. Sie tranken sich zu, nachdem sie den Göttern einige Tropfen geopfert hatten.
Sanft zog er sie zu sich nieder.
Eine Weile lagen sie still nebeneinander.
»Lakotris«, brach er das Schweigen, »ich habe immer an dich denken müssen und hatte Angst, dich niemals wiederzusehen. Nur einmal dachte ich nicht an dich, als mein Sohn in der Arena Balbus gegenüberstand. In diesen Stunden dachte ich nur an ihn.«
»Ich weiß, was geschah. Cassius Asclepiodorus hat mir alle Einzelheiten erzählt. Was mußt du gelitten haben und – welcher Stolz muß dich erfüllt haben, solch einen Sohn zu besitzen!«
Es wäre undankbar, dies zu leugnen, dachte er. Marcus hatte ihm das Leben gerettet.
»Lakotris, er wird jetzt auch dein Sohn sein. Ich habe ihm viel von dir erzählt. Marcus wünscht, daß wir beide nach Rom übersiedeln. Er schenkt uns ein Haus. Willst du?«
Sie schwieg. Alles kam so überraschend.
»Wir werden es gemeinsam überlegen. Du bist kaum angekommen, da sprichst du schon vom Reisen, du unstete Natur! Nach Apollonius hast du auch noch nicht gefragt.«
Er nahm sie in die Arme, küßte sie: »Das bist du, die mich alles vergessen läßt! Wann kehrt Apollonius zurück, und wie geht es ihm?«

»In drei Tagen wird er aus Chaironeia zurückkehren. Er ist dort bei einem Archonten und Orakelpriester zu Gast, ich glaube Plutarch heißt er. Apollonius soll Geschriebenes von diesem Plutarch durchsehen und seine Meinung darüber kundtun.«

»Er ist doch gesund?« fragte Lucius besorgt.

»Ja, alle Anschläge auf sein Leben schlugen fehl.«

»Anschläge?«

»Mehrmals versuchte man ihn zu ermorden.«

»Furchtbar. Kennt man die Täter?«

»Apollonius kennt sie«, sagte Lakotris.

Der Weise aus Tyana hatte nur einen Feind gehabt, und der war tot: Domitian. Sollten noch andere böse Mächte dem Tyaneer ans Leben wollen, und aus welchen Gründen?

Lakotris, die sein Grübeln bemerkte, fuhr Lucius über die Stirn: »Er wird sich dir anvertrauen.«

Warum sollte er jetzt darüber grübeln? Wichtiger war sie in diesem Augenblick, Lakotris. Er wendete sich zu ihr, umfaßte sie, strich ihr Haar zurück, liebkoste ihr Ohr. Er küßte ihre Stirn, ihre Augenlider. Ganz leicht, ganz zart berührte ihn Lakotris, tastete über seine Haut. Dann schmiegte sie sich enger an ihn, so daß immer mehr ihres eigenen Fleisches das seine berührte, ihre Schenkel sich gegen seine preßten, ihre Brüste ihn streichelten; ihre Gesichter berührten sich. Sie wurden wie ein Leib. Jeder spürte das schneller schlagende Herz des anderen.

Es war schön, alle Ängste zu vergessen und sich einfach fallen zu lassen, jeder in die Arme des anderen.

Wenn jemand ihr den Glauben an die Liebe zurückgeben konnte – dann er. Als Lucius einschlief, seinen nackten Körper an dem ihren, den Arm auf ihrer Brust, lag sie noch wach und träumte und bat die Götter, die stillen und sprachlosen, daß es so bliebe ... Am Abend des übernächsten Tages, Lakotris und Lucius saßen beim Mahl, pochte es mehrmals hintereinander heftig an das Tor.

Lakotris sprang auf.

Draußen stand ein Sklave des Asclepiodorus, völlig außer Atem, und stieß keuchend heraus, daß Lucius Soranus sofort zu seinem Herrn kommen möge. Lucius versprach es, worauf der Sklave im Dunkel der Gasse verschwand.

Lakotris brachte ihm Mantel, Obergewand und Stiefel.

Im Hause der Asclepiodorus erwartete man ihn bereits.

Cassius war erregt. Er zog Lucius in ein kleines, zu ebener Erde gelegenes Zimmer. Zunächst mußte Lucius die Augen zusammenkneifen, denn mehrere Öllampen tauchten den kleinen Raum in helles Licht. Als er sich umblickte, erschrak er.

Bei allen Göttern, war das ein Verwundetenzimmer? Auf einem flachen Liegepolster lag eine Gestalt, deren unkenntliches Gesicht mit einem blutdurchtränkten

Verband umwickelt war. Was aus dem Verbande heraussah, war verschwollen und von grünblauer Farbe. Auch um die Brust war ein blutiges Leinen geschlungen. Ein kleiner älterer Mann begann, den Verband zu wechseln.
Lucius' fragender Blick suchte Cassius.
»Valerius Propinquus«, antwortete dieser auf die nicht ausgesprochene Frage. Dann deutete er mit der Rechten in die Ecke hinter Lucius. Der wendete sich um, rief: »Bei allen Göttern!«
Der narbengesichtige Steuermann der »Bithynia« saß auf einem Hocker und drückte einen Lappen gegen sein Gesicht. Seine bloßen Arme wiesen Kratzer und Schnittwunden auf. Zwischen seinen Fingern tropfte Blut hervor und hinterließ dunkle Flecken auf dem zerrissenen Gewand. Seine dunklen Augen ruhten erkennend auf Lucius. Cassius zog Lucius aus dem Raum, in den gerade zwei Sklaven mit Wasserkübeln eintraten.
Schwer ließ sich Lucius in der kleinen Bibliothek in einen gepolsterten Sessel fallen und wartete, wartete auf eine Erklärung für die blutigen Ereignisse.

Gierig trank Lucius den Wein, den ein alter Sklave servierte. Auch Cassius trank in langen tiefen Zügen.
»Also«, murmelte er, »wie soll ich beginnen, um dir eine richtige und verständliche Abfolge des Geschehens zu geben.« Er zögerte einen Augenblick. »Propinquus wurde gestern abend auf dem Wege zum Hafen von vier bewaffneten Männern überfallen. Bestimmt hätten sie ihn getötet, wäre mein Steuermann Jochai ben Malachias nicht auf dem Wege zur ›Bithynia‹ gewesen, um in meinem Auftrage dort etwas zu erledigen. Dank seiner Bärenkräfte gelang es ihm, drei der Verbrecher in die Flucht zu schlagen …«
»Und der vierte?«
»Laß mich erst zu Ende erzählen. Also die drei entkamen, Propinquus wurde schwerverletzt in mein Haus gebracht und dazu – der vierte Mann, den Jochai fing.«
Lucius sprang auf. »Damit kennt man also die Mörder und den Grund des Überfalls auf Propinquus?« rief er erregt.
Cassius hob die Hand.
»Warum Propinquus überfallen wurde, wissen wir, doch wer dahintersteckt, das wissen wir nicht. Damit soll sich der Prätor oder gar der Statthalter befassen. Von dem gefangenen Mann werden wir es nicht erfahren, denn bestimmt weiß er es nicht.«
Cassius rief einen Befehl zur Tür hinaus. Nach einer Weile schleppten zwei Sklaven einen Gefesselten herein. Ein junges Gesicht mit Spuren von Schlägen.
Cassius befahl ihm, den ganzen Hergang nochmals zu erzählen.
Der junge Mann berichtete, daß er durch Not und Zufall in die Geschichte geraten sei. Die anderen Männer habe er in einer Taverne kennengelernt. Sie hätten ihn zum Trinken eingeladen und als Belohnung eine kleine Gefälligkeit gefordert. Es ginge nur darum, einem Römer eine Botschaft abzunehmen, ehe sich dieser zur Wehr setzen könne.
»Aber es kam anders«, fuhr Cassius böse dazwischen, »einen Römer muß man erst totschlagen, ehe er seine Pflicht verletzt. Und das habt ihr dann auch versucht. Dafür bekommst du vom Prätor Galeere.«
Der Junge jammerte.
»Es sei denn, du erzählst uns alles.«
Er wisse nicht mehr und kenne die Männer nicht, beteuerte der Gefangene. Auf einen Wink des Hausherrn brachten ihn die Sklaven wieder weg.
»Nun, was hältst du davon? Glaubst du die Geschichte?«
Lucius zuckte die Achseln. »In dieser Welt ist alles möglich. Durch Dummheit, Zufall und Not kann man in die dunkelsten und abgründigsten Dinge hineingeraten. Aber auch durch die Schlechtigkeit anderer.«
»Das spielt keine Rolle, denn die wahren Schuldigen dieses Überfalls sitzen nicht in Ephesos, sondern in Rom, hier sind nur kleine Handlanger.«

»Ach ja, in Rom!« rief Lucius höhnisch.
Cassius, dem der Hohn nicht entgangen war, sagte: »Ich glaube, ich muß dich ins Bild setzen, damit du verstehst, worum es geht.«
»Darum möchte ich bitten«, fuhr Lucius gereizt dazwischen.
»Ich muß dazu über einige Vorkommnisse berichten, die du bereits kennst, doch dafür bitte ich um dein Verständnis. Also beginnen wir: Seit Domitians Tod versucht der neue Princeps Nerva, in Rom die alten Freiheiten wieder einzuführen. Bestimmte Kreise jedoch wollen dies mit allen Mitteln verhindern, sei es, weil sie Domitian noch anhängen, sei es, um alte Schandtaten nicht ans Licht dringen zu lassen. Diese Leute verzeihen es Nerva nicht, daß er sich zum Kaiser küren ließ und damit den Mord am Flavier gleichsam guthieß. Casperius Aelianus und Calpurnius Crassus führen diese Gruppe an. Es handelt sich um die Prätorianergarde, die Nerva gegen sich hat. Auch Nerva hat Männer um sich, die sein Anliegen, altes Unrecht zu sühnen und Rom zu erneuern, unterstützen. Es sind Veiento, Postumius, Apollinaris, Fulvius Gillo und Tettius Julianus. Da Nerva einer militärischen Kraft bedarf, versucht man Curiatius Maternus, den Statthalter Syriens, dafür zu gewinnen. Propinquus, ein Vertrauter Veientos und Maternus', sollte eine Botschaft Nervas nach Antiochia bringen. Doch wie brutal und skrupellos die Gegenseite zugeschlagen hat, das siehst du unten an den Verletzten.«
Cassius unterbrach seinen Bericht, um einen Schluck zu trinken. Diese Pause nutzte Lucius und fragte: »Warum nimmst du daran so großen Anteil?«
Cassius verblüffte diese Frage, die er von Soranus, gerade von ihm, nicht erwartet hätte. Erregt fuhr er fort: »Das fragst du? Der du ein Leben lang von den Mächten gejagt und gepeinigt wurdest, die nun auch Nerva demütigen und erpressen. Solchen Mächten wollen wir in Rom auf immer den Weg zur Herrschaft verstellen. Du siehst an Propinquus, daß diesen finsteren und tyrannischen Kräften jedes Mittel, auch das des Mordes, recht ist, um ihre Ziele zu erreichen. Ihre Ziele sind, Nerva zu terrorisieren bis zur Aufgabe seines Principats. Dann wollen sie die Herrschaft übernehmen. Was dann folgt, Lucius, ist das, was wir bereits mehrfach besaßen: Tyrannei, Diktatur, Prozesse, Verbannungen, Todesurteile, Bespitzelungen.«
Lucius schwieg betreten. Cassius hat sicher nicht übertrieben, dachte er, und tat recht daran, mitzuhelfen, daß sich derartiges nie wieder ereignete.
»Ich war noch nicht fertig, denn eine dritte Gruppe ist noch zu erwähnen. Zur Zeit gibt sie sich kaisertreu und ist mit einem eigenen Machtanspruch nicht hervorgetreten, sie ist auf alle Fälle eine nicht zu verachtende politische Kraft: die spanische Partei. Ihr Haupt ist Lucius Licinius Sura. Bisher hat er kaum von sich reden gemacht, lebte im Hintergrund, arbeitete als Jurist und Provinzverwaltungsmann, sammelte Reichtümer, und nun steigt er wie ein Phoenix auf: Nerva hat ihn in sein Kabinett berufen. Und, das sagte mir Propinquus, der wie Sura auch Spanier ist und ihn kennt, der Aufstieg geht weiter. Sura ist ehrgeizig, machtbe-

sessen und gefährlich, weil diese Eigenschaften bei ihm gepaart sind mit überdurchschnittlicher Intelligenz, eiskalter Berechnung und Beherrschung, denn Sura fällt niemals aus der Rolle, niemals verliert er seine Liebenswürdigkeit. Eines muß man ihm lassen, er haßt Brutalität und Blutvergießen.«
»Das wäre ein Kaiser, wie man sich ihn nur wünschen kann«, warf Lucius ein.
Cassius schnappte nach Luft. Das war ein Reflex, der sich bei Ärger einstellte.
»Das mag sein, daß Sura die Eigenschaften zu einem durchaus annehmbaren Princeps hätte, doch sein Anhang würde ihn in eine Richtung lenken, die wir beide und viele Römer nicht gerne sähen. Da ist der finstere und undurchsichtige Attianus, dem die Brutalität aus den Augen schaut, dann der ehrgeizige Soldat Trajan, der damals zwei Legionen beinahe zu Tode marschieren ließ, um Domitian vor Saturnin zu retten, weiter gehören Plinius Secundus und – Ostorius Sabinus dazu. Ich fürchte, Marcus wird von Sura beeinflußt werden. Doch vorläufig verhält sich diese Gruppe in der Öffentlichkeit loyal zu Nerva, was natürlich im Dunkeln gespielt wird, entzieht sich meiner Kenntnis. Wir müssen Nerva helfen.«
»Wir?«
»Ja, wir, du könntest uns helfen, Lucius.« Cassius' Stimme bat flehentlich.
»Ich?«
»Propinquus hat durch den Überfall sein Schiff nach Antiochia verpaßt. Mein Steuermann Jochai wird in zwei Tagen mit der ›Bithynia‹ nach Antiochia segeln. Falls Propinquus nicht reisefähig sein sollte, möchte ich dich bitten, Jochai zu begleiten und Maternus das Schreiben Nervas auszuhändigen.«
Jetzt begriff Lucius, was Cassius wollte. Er sollte in das politische Machtgerangel einbezogen werden. Wie bereits zweimal – und zweimal hätte es beinahe das Leben gekostet. Und nun sollte er es ein drittes Mal tun? Nein! Jetzt vermochte er frei zu entscheiden, damals hatte er keine Wahl.
»Nein, Cassius, ich kann nicht!«
Hart und bestimmt kam seine Absage.
Cassius' Gesicht sah plötzlich müde und gealtert aus. Ehe er antworten konnte, sagte Lucius: »Cassius, verzeih mir. Ich weiß, daß dich meine Absage enttäuscht und vielleicht sogar kränkt. Es stimmt mich traurig, daß ich gerade dir, der du für meine Familie und mich viele Opfer gebracht hast, das antun muß. Doch versuche, mich zu verstehen, Cassius, ich möchte nicht mehr ins politische Räderwerk geraten. Ich bin beinahe fünfzig Jahre und möchte in Ruhe noch ein paar Jahre verbringen, zumal ich es mir leisten kann, da ich einen Teil des Familienvermögens zurückerhielt. Nerva bot mir einen Sitz im Senat an, den ich aus gleichen Überlegungen nicht angenommen habe. Es tut mir leid, Cassius, doch ich kann nichts für euch tun.«
Cassius Asclepiodorus nickte. Er verstand seinen Freund. »Lucius«, sagte er leise, »ich hoffe, du brauchst deine Entscheidung nicht zu bereuen, denn die ›anderen‹,

ich benutze bewußt das Wort Feinde nicht, handeln hart und gnadenlos. Ich werde selbst nach Antiochia fahren, obwohl ich dringendere Geschäfte in Ephesos hätte und mein Arzt mir das Reisen untersagt hat.«
Lucius wollte antworten, doch Asclepiodorus erhob sich, ein Zeichen, daß er die Unterredung für beendet hielt.
»Aber zum Prätor begleitest du uns?« fragte er Lucius.
»Natürlich, Cassius. Es tut mir leid, verzeih mir.«
»Schon gut, Lucius, sprechen wir nicht mehr darüber. Leb wohl.«
Lucius beschlich ein ungutes Gefühl, als er Cassius verließ. Einerseits fühlte er sich undankbar und treulos gegenüber Cassius, aber es wäre rücksichtslos gegen Lakotris. Was sollte er tun? Wäre wenigstens Apollonius hier und könnte ihm raten.
Lakotris verspürte seine Gereiztheit bereits beim Eintritt. Sie fragte nichts.
Nach einer Weile dumpfen Brütens begann er, mehr im Selbstgespräch, vor sich hinzureden.
Als er mit einem qualvollen »Was soll ich tun?« endete, antwortete sie: »Du mußt tun, was dir dein Gewissen rät. Dein Gewissen bittet dich, Cassius zu helfen. Eine Fahrt nach Antiochia und die Übergabe einer Botschaft verstricken dich noch nicht in die Machtkämpfe. Deinen Einwand, mich nicht allein lassen zu wollen, nehme ich dir ab, indem ich dich nach Antiochia begleite.«
Er starrte sie an, als hätte er Ungeheuerliches aus ihrem Munde vernommen.
Dann ergriff er ihre Hand, drückte sie fest und sagte: »Was bist du doch für eine wunderbare und kluge Frau, die sich nicht besitzergreifend und entzweiend in Männerfreundschaften einmischt.«
»Und doch«, fügte er nachdenklich hinzu, »warnt mich eine innere Stimme. Wovor, weiß ich nicht, ich muß mich hüten, etwas Falsches zu tun. Und was ist das Falsche? Eben das weiß ich nicht.«

VIII

Der Prätor, ein bereits ergrauter älterer Beamter, nahm die Klage des Cassius Asclepiodorus, der diese in Vertretung des noch nicht vernehmungsfähigen Tribunen Valerius Propinquus vorbrachte, entgegen. Er befragte den Gefangenen und ließ ihn danach von einem Liktor in Gewahrsam nehmen.
Der Fall sei kompliziert, meinte der Prätor, und man müsse erst die Vernehmung des Geschädigten abwarten, ehe man zu einem Urteil kommen könne. Er werde den Sachverhalt der Kanzlei des Statthalters zur Kontrolle vorlegen.
Unzufrieden mit dem Ausgang der Klage beim Prätor kehrten Cassius, Lucius und Jochai nach Hause zurück. Bedeutete die Pedanterie und Unschlüssigkeit des Prätors doch Zeitverlust.

Als sie am nächsten Tage nach stundenlangem Warten vom Liktor aufgefordert wurden, das Zimmer des Prätors zu betreten, glaubte Lucius, einen schlechten Traum zu haben oder einer Sinnestäuschung zu erliegen.
Da saß, nein, thronte im Bewußtsein seiner Macht, der Prätor in seinem Sessel und betrachtete hochmütig die Eintretenden.
Hart schloß sich Lucius' rechte Hand zur Faust, so fest, daß es schmerzte und alles Blut aus dem Handrücken wich. Sein Herz hämmerte so, daß er den Schlag bis zum Halse verspürte.
Er öffnete die Augen. Nein, es war kein Traum. Dort saß Varro. Was hatte der ihm einst angetan! Lucius mußte an sich halten, um sich nicht auf den Prätor zu stürzen und in dieses ebenmäßige Gesicht mit dem grausamen Zug eines Raubtieres um den Mund zu schlagen, einfach hineinzuschlagen, daß unter den Fausthieben die Knochen barsten.
Als hätte er die Gedanken des Lucius Soranus erraten, lächelte Varro. Sein Blick ruhte auf Lucius. Die anderen Anwesenden schienen ihn nicht zu interessieren.
»Ich bin vom Statthalter Carminius Vetus beauftragt, diese Angelegenheit statt des erkrankten Prätors zu klären.«
Ungewöhnlich, dachte Lucius, diese Art eines Strafverfahrens. In dieser Stadt war eben alles möglich, da vertrat ein Tribun einen Prätor, hier band man einen römischen Bürger an den Schandpfahl und ließ ihn vom Abschaum bespeien, hier wurde man von der wunderbarsten Frau und dem weisesten Mann gerettet – alles hier in Ephesos!
Varro befragte die Kläger. Ein Schreiber protokollierte eifrig. Zunächst die Namen. Als Lucius seinen Namen nannte, tat Varro, als hätte er nicht verstanden. Er mußte seinen Namen wiederholen. Dann forderte er Propinquus auf, der mit verbundenem Kopf, den rechten Arm in einer Schlaufe, auf Jochai und Asclepiodorus gestützt, sich nur mit Mühe ins Gerichtsgebäude geschleppt hatte, nochmals den Sachverhalt vorzutragen.
Danach befragte er den gefangenen Epheser.
Hermodoros nannte sich dieser, und er berichtete, wie er abends allein in einer Taverne in der Nähe des Hafengymnasiums gesessen und sich von dort in seine Unterkunft begeben habe, als ihn plötzlich die beiden Männer, wobei er auf Propinquus und Jochai wies, überfielen. Entsprechend seinen Fähigkeiten als früherer Faustkämpfer habe er sich verteidigt, aber gegen zwei sei er doch machtlos gewesen. Schließlich hätten sie ihn überwältigt, gefesselt und in ein dunkles Loch gesperrt, vorher hätten sie ihn noch prügeln wollen, wenn er nicht aussage, daß er mit noch drei Männern diesen Mann, er wies auf Propinquus, überfallen hätte, um ihm eine Botschaft abzunehmen. Aus Angst habe er gestern dies ausgesagt, aber heute und nach der milden Behandlung durch den Vertreter des Prätors habe er den Mut, die Wahrheit zu sagen.

»Lüge, ganz gemeine Lüge«, riefen Cassius und Propinquus empört.
»Schweigt!« zischte Varro. Darauf fuhr er frohlockend fort: »Nun, meine Herren, sieht die Sache ein klein wenig anders aus.«
Propinquus wollte antworten, doch Varro hieß ihn schweigen. »Ich werde ein gnädiges Urteil fällen. Der Antrag des Valerius Propinquus auf Klage gegen Hermodoros wird abgewiesen. Die Kläger werden wegen Körperverletzung und Freiheitsberaubung zu einem Schmerzensgeld an Hermodoros verurteilt. Von einer weiteren gerichtlichen Sanktion wird auf Wunsch des Geschädigten abgesehen. Das Schmerzensgeld in Höhe von zweihundert Denare und die Prozeßkosten in Höhe von dreihundert Denare sind binnen dreier Tage in der Kanzlei des Prätors zu entrichten.«
»Das ist Willkür und Beugung römischen Rechts, wir werden dagegen beim Statthalter protestieren. Zweihundert Denare Schmerzensgeld, daß ich nicht lache, ein römischer Legionär erhält nicht mehr an Sold in einem ganzen Jahr, ein Sklave kostet soviel, und dann dreihundert Denare Prozeßkosten, wo gar kein Prozeß stattgefunden hat.«
»Verschwindet, sonst lasse ich euch …«
»… an den Schandpfahl binden, wie es so die Art des Hauses hier ist«, unterbrach Lucius haßerfüllt den Tribunen Varro.
Varros Gesicht verzog sich zu einer Grimasse. »Ihr alle verlaßt augenblicklich das Haus, doch du«, er deutete auf Lucius, »du bleibst noch, das ist ein Befehl!«
Nun zeigt das Raubtier die Zähne und die Krallen, dachte Lucius. Jochai, Asclepiodorus und Propinquus verließen betont langsam das Zimmer. Hermodoros dagegen suchte schnell das Weite.
»Nun, Tribun Varro, was wirst du mit mir tun? Mich wieder an den Pfahl zum öffentlichen Bespeien und Bewerfen binden lassen?«
Varro stellte sich unwissend. »Du sprichst in Rätseln, Soranus.«
Jetzt wollte ihn Varro wohl verhöhnen.
»Laß doch die Possen, Varro, du entsinnst dich genau, wie du und dein damaliger Herr, Mestrius Florus, nicht weit von hier mich an den Pfahl binden ließet.«
Erstaunt verzog Varro das hübsche Gesicht. Plötzlich, als hätte er eine Eingebung, rief er aus: »Jetzt entsinne ich mich, worauf du anspielst. Einige Jahre ist es her, da ergriffen wir einen unverschämten Menschen, der mir, dem Tribunen und Vertrauten des Statthalters Mestrius Florus, vor dem Palaste zu drohen wagte. Ein griechischer Schwindler war das, ein Möchtegern, ein …«
»Nein, ich war es, und du weißt es nur zu gut.«
Varro lachte. »Köstlich! Du, der Nachkomme des ehemaligen Statthalters der Provinz Asia, willst das gewesen sein? Und gesetzt den Fall, du wärest es gewesen, was ich nicht glaube, dann hättest du dich einer schwerwiegenden Irreführung der kaiserlichen Behörden schuldig gemacht und müßtest streng bestraft werden.«

»Irrtum. Varro, belohnt müßte ich werden, denn es waren Kaiser Domitians Behörden, verzeih, heute gehörst du schon wieder zu Nervas Behörden, also habe ich auch Nervas Behörden belogen.«
»Lassen wir das. Mestrius Florus wollte diesen Schwindler damals ans Kreuz schlagen lassen, doch ich konnte ihn retten, indem ich ihn an den Pfahl binden ließ. Du mußt wissen, ich war damals schon ein geheimer Gegner Domitians. Die Götter halfen, der griechische Lügner wurde gerettet durch eine Frau und einen Gaukler ...«
»Nenne einen der weisesten Männer nie wieder einen Gaukler!«
»Ich nenne die Leute, wie ich will, verstehst du, Soranus, denn ich habe hier die Macht. Übrigens, Mestrius Florus bekleidet kein öffentliches Amt mehr, er treibt Philosophie und hat einen Schriftsteller, den er fördert und bei dem er wohnt, einen gewissen Plutarch. Er hat es nötig, denn seine Anhängerschaft zu Domitian war ein Fehlgriff. Ich habe Domitian immer gehaßt. Deshalb bin ich auch nie höher als zum Tribunen aufgestiegen. Heute bin ich – Prätor«, er schob seine Brust nach vorn, »und Vertrauter des Statthalters Carminius Vetus und einiger hochgestellter Herren in Rom.«
Lucius ekelte dieser Mensch an.
»Mein Soranus, du weilst nun schon einige Tage in Ephesos. Gedenkst du hier zu bleiben? Oder welche Pläne hast du?«
In Lucius stieg wieder die Wut hoch über die Unverschämtheit dieses Menschen. Was ging diesen Varro das alles an? Oder war das ein Verhör?
Man durfte ihm keinen Anhaltspunkt für eine gerichtliche Maßnahme in die Hand geben. Auch den kleinsten Verdacht würde er eiskalt nutzen.
»Ich höre«, mahnte der Prätor.
»Warum fragst du mich danach? Bin ich nicht ein freier römischer Bürger ...«
»Warum setzt du vor ›römischer‹ noch frei? Römischer Bürger sein heißt frei sein, nicht wahr? Oder denkst du anders?« fragte Varro.
Nicht jeder römische Bürger war unter Domitian frei, dachte Lucius, doch er verzichtete auf eine Antwort und nickte nur zustimmend. »Bin ich nicht ein römischer Bürger«, fuhr er fort, »der sein Leben leben kann, wie er will und wo er will, wenn er nur die Gesetze achtet?«
»Das ist der Kernpunkt, genau der, mein Soranus, worauf ich hinaus will: die Gesetze. Und hier vertrete ich die Gesetze! Und du, vielmehr deine Freunde bereiten mir Schwierigkeiten. Sie überfallen einen unbescholtenen jungen Mann und wollen den Geschädigten auch noch anklagen.«
Lucius wußte nicht, ob er über diese ungeheure Verdrehung wütend werden oder lachen sollte.
»Mein Soranus«, fuhr Varro fort, seine Stimme war nun einschmeichelnd, »du befindest dich in keiner ...«, er stockte, um nicht einen zu starken Ausdruck zu benutzen, und fuhr dann fort: »... in keiner guten Gesellschaft. Sieh einmal diesen

Apollonius, er hat Anhang, obwohl und vielleicht gerade deshalb, weil er nie eine staatskonforme Lehre vertrat und vertritt. Du bist waffengewandt, hast Vermögen – leicht kann daraus eine Verschwörung entstehen.«
Überrascht über diese kühne Gedankenkette des Prätors, blickte Lucius auf. Ehe er zum Überlegen Gelegenheit bekam, sagte Varro: »Ich gebe dir einen guten Rat: Verlaß Ephesos, geh nach Rom, genieße dein Leben und«, der Prätor erhob sich, trat dicht an Soranus heran, seine Stimme flüsterte an dessen Ohr, »misch dich nicht in Dinge, die nicht die deinen sind und komm uns nicht in die Quere, es könnte böse Folgen haben.«
»Wem soll ich nicht in die Quere kommen? Und wie? Ich tue doch nichts. Ist denn mein Zugehörigkeitsgefühl zu Menschen, denen ich viel verdanke und die ich in einer bedrohlichen Lage nicht verlasse, schon eine Einmischung in irgendwelche Dinge, und störe ich damit bestimmte Leute?«
»Darauf möchte ich dir nicht antworten, sondern dich, vielleicht zum letzten Male, warnen.«
»Warnen oder drohen?«
»Nimm es, wie du willst.«
»Varro, du scheinst vergessen zu haben, daß heute nicht mehr Domitian regiert und die Zeiten anders sind.«
»Nichts, Soranus, nichts ist anders, du wirst es sehen. Trenn dich von deinen Freunden, diesem Asclepiodorus, diesem Apollonius, diesem Propinquus und diesem undurchsichtigen Juden!«
Lucius wollte antworten, daß weder Propinquus noch dieser Jochai zu seinem Freundeskreis zählten, unterließ es, da er von Varro diesem festgefügten Feindbild zugeordnet war.
»Also, Barea Soranus, entscheide dich richtig! Du kannst gehen.«
Nachdenklich verließ Lucius das Gebäude. Tief atmete er draußen die herbstliche Luft ein.
Misch dich nicht in Dinge … komm uns nicht in die Quere … Uns? Er grübelte, versuchte Zusammenhänge zu verstehen. Wenn er, Lucius Soranus, auf der Seite von Asclepiodorus und Propinquus stand, dann stand Varro auf der Gegenseite. Wer war diese andere Seite? Auf alle Fälle eine Gruppe, die gegen Nerva intrigierte und unter keinen Umständen eine Verbindung mit dem Statthalter von Syrien zulassen wollte. Deshalb der Überfall auf den Boten. Dann diese Posse von Verhandlung. Jetzt stand Lucius alles klar vor Augen: Varro hatte dem Prätor die Sache aus der Hand genommen, weil vielleicht dieser Hermodoros auf der Folter seine Anstifter verraten hätte. Drum ließ er ihn laufen. An der Bezahlung des Schmerzensgeldes wird Varro nicht gelegen sein. Im Gegenteil, er würde die Sache auf sich beruhen lassen. Darauf würde er, Lucius, hundert Denare wetten.
Alles nur, um zu vertuschen und um einen Augenzeugen und Mittäter aus Ephesos verschwinden zu lassen.

Blieb nur noch eine Frage offen: Woher wußten Varro und seine Auftraggeber, daß Propinquus mit seiner Botschaft in Ephesos Zwischenaufenthalt nahm, um von hier weiter nach Antiochia zu reisen? Was wäre geschehen, reiste Propinquus direkt von Ostia oder Brundisium nach Antiochia?
Er wußte keine Antwort als die, daß die Gegenseite überall ihre Spitzel hatte.
Während er angestrengt nachdachte, hatte er die Magistrale, die Ephesos von Nord nach Süd durchschnitt, betreten. Cassius und die anderen hatte er verfehlt. Was sollte er tun? Lucius beschloß, das angenehme Wetter zu einem Gang durch die Stadt zu nutzen. Es mochte die achte Stunde des Tages sein. Reges Treiben umgab ihn: Händler, Sänften, leichte und schwere Karren, Müßiggänger durchquerten die Stadt vom magnesischen zum koressischen Tor.
Lucius wurde mitgerissen von dem Trubel. Er versuchte nicht, sich gegen den Strom zu stemmen, sondern ließ sich treiben. Gesichter schwammen vorüber. Hast, Geschäftstüchtigkeit oder Langeweile standen in ihnen geschrieben. Manche waren leer, ganz ohne Inschrift. Gleichgültigkeit dominierte. Genau wie zu Domitians Zeiten! Keine Befreiung, keine Erleichterung war ihnen anzusehen. Jeder dachte an sich. Jeder suchte sich einzurichten, so gut es irgendwie ging. Ob der Name des Kaisers Domitian, Nero oder Nerva, ob er ein Tyrann oder ein Mann mit Gerechtigkeitssinn war, das alles war diesen hastenden und geschäftstüchtigen und auch den sich langweilenden Menschen in diesen Straßen hier in Ephesos gleichgültig. Ob er, Lucius Soranus, noch lebte oder tot war, ob er an eine Galeerenkette geschmiedet oder frei war – das interessierte keinen. Nur wenn das Leid an den eigenen Leib ging, dann wich die Gleichgültigkeit, aber anderer Leid …?
»Nein!« sagte Lucius leise zu sich selbst, »so kann es nicht sein. Diese Frau auf der anderen Seite der Straße, sieht sie nicht aus, als litte sie? Diese Menschen sind nicht gleichgültig, sie sind nur bedauernswert, sie bedürfen der Hilfe, um zu erkennen, was sie so demütigt, so erniedrigt. Durch diese Abgestumpftheit sind sie unfähig, ihr eigenes und fremdes Leid zu empfinden. Man muß sie ermuntern und aufwecken, daß sie es dem Bösen nicht mehr so leicht machen. Das Übermaß an Leid hat die Menschen so abgestumpft, daß dies ihnen nicht einmal mehr bewußt wird. Macht man ihnen ihr Leid bewußt und läßt sie es wieder als solches empfinden, dann können sie auch gegen die Ursachen ankämpfen.«
Am Ende der Straße blieb Lucius stehen. Der Menschenstrom ergoß sich hierher nur noch spärlich, so daß er in Ruhe die zweischiffige Halle an der Westseite mit ihren Säulen betrachten konnte, auf deren Kapitellen schlichtes Gebälk im dorischen Stil ruhte.
Am Ende der langgestreckten Halle wollte Lucius der zum Mithridatestor hinabführenden Gasse folgen, besann sich aber anders und folgte der Straße. Plötzlich nahmen das Treiben und das Getümmel wieder zu. Die Nähe des Marktes, der Agora, war zu spüren. Mühsam bahnte er sich seinen Weg durch Händler und

Käufer. Aufatmend verließ er die Agora durch das Medusentor. Schwach nur drang der Lärm des Marktes hierher.
Dieser Varro, machte Lucius seinem verdrängten Zorn Luft, dieser heimtückische Schurke, der mich behandelte wie einen Landstreicher, der es wagt, mir Vorschriften zu machen, mich bedroht, mich, einen Barea Soranus, dieser Hund, aus Ephesos will er mich vertreiben, den Freunden will er mich entfremden! Er stieß einen gräßlichen Fluch aus. Ein alter Bettler, der das zornige Selbstgespräch mit angehört hatte, drückte sich unbemerkt an Lucius vorbei und verzichtete darauf, ihn um eine Gabe zu bitten.
Varro steckt hinter dem Überfall auf Propinquus, das wurde Lucius in diesem Moment klar, darum die Eile, alle Spuren zu verwischen. Dir, Varro, und dir, Mestrius Florus, zahl' ich die Demütigung heim, so wahr ich Lucius Barea Soranus bin, die Götter sollen meine Zeugen sein. Er richtete seinen Blick himmelwärts, wo hinter dem graublauen, faden Gewölk die Allmächtigen saßen, wenn es sie gab.
Langsam ebbte sein Zorn ab, mit jedem Schritt, den er setzte, sank die Woge tiefer. Bald atmete er wieder ruhig. Kalt bleiben, sagte er zu sich, Erregung nützt nichts, warten und dann heimzahlen.
Er blickte sich um. Das Stadtviertel schien ihm gänzlich unbekannt zu sein. Dort hinter ihm lag das Medusentor, jenseits die Agora. Sein Blick blieb an einem Bauwerk hängen, das ihn in seiner Fremdheit eigenartig anrührte. Dergleichen hatte er bisher in keiner anderen Stadt bemerkt. Bestimmte Bauwerke übten eine seltsame Anziehungskraft auf ihn aus. Viele, das mußte er zugeben, lösten in ihm keinerlei Regung aus und ließen ihn völlig kalt. Das Amphitheater Flavium, dieser titanische Protzbau der drei flavischen Kaiser Vespasian, Titus und Domitian, dieser steingehauene Anspruch auf Allmacht, erweckte in ihm nur ein höhnisches Lächeln wie über einen Zwerg, der vorgibt, ein Riese zu sein. Das bescheidene, von Marcus Agrippa zu Augustus' Zeiten erbaute und allen Göttern geweihte Heiligtum, Pantheon, erregte seine Anteilnahme. Bestimmt hatten seine Beziehungen oder Nichtbeziehungen zu Bauwerken immer mit menschlichen Begegnungen, die dort stattfanden, zu tun und nicht mit irgendwelchen imaginären Eingebungen, spottete er über sich selbst. Das Pantheon liebte er aus einem erklärlichen einfachen Grunde: Dort ging er mit Servilia und Marcus, als dieser noch ein kleiner Junge war, gerne spazieren. Er seufzte, dachte er an die vergangenen glücklichen Stunden. Servilia war bereits viele Jahre tot. Er gäbe einiges dafür her, könnte sie, die die schweren Jahre mit ihm getragen hatte, nun den Triumph, den Triumph der Besiegten, miterleben. Und Marcus war inzwischen erwachsen und würde selbst bald Kinder haben. So verrann die Zeit …
»… ein Teil unserer Zeit wird uns entrissen, ein anderer unbemerkt entzogen, ein dritter wieder zerrinnt uns … Was von unserer Lebenszeit hinter uns liegt, hat schon der Tod.«

O weiser Seneca, wie wahr, nur allzu wahr sind deine Worte: Was hinter uns liegt, hat schon der Tod.
In sein Sinnen vertieft, hatte er seine Schritte zum Treppenaufgang gelenkt, der, beidseitig von schweren Quaderpfeilern flankiert, eine Säulenhalle unterbrach. Lucius nahm seine Umgebung bewußt wahr, indem er die Stufen zählte. Er mußte lächeln, denn seine Schwester und er mühten sich als Kinder in dieser einfachen Mathematik, die meistens im Streit endete.
Elf Stufen zählte Lucius. Ein breites Tor, das einen Spalt offenstand, durchschritt er und kam auf einen ausgedehnten Platz, der auf drei Seiten von Säulenhallen begrenzt wurde und auf der vierten, der dem Eingang gegenüberliegenden Seite, von einem auf einer Anhöhe thronenden Tempel.
Versonnen ruhten seine Augen auf dem Bauwerk, wanderten die drei Absätze empor zum Portikus. Beim Betrachten der acht korinthischen, monolithisch gearbeiteten Säulen, die vor der Türwand der Cella, des Allerheiligsten, wuchteten und auf ihren Kapitellen und dem aus Architrav, Rankenfries und Zahnschnittgesims bestehenden Gebälk den Giebel trugen, fiel ihm eine Sentenz des Apollonius ein: Die Baukunst ist wie ein Buch, man vermag daraus die Kraft und den Geist der Menschheit in der jeweiligen Zeit herauszulesen, auch ihre Torheiten, Eitelkeiten und ihre Hybris. Auch dieser Tempel war steingewordene Idee, steingewordener Götterglaube. Ein leichter Wind wehte über den Platz. Er kam von den grün sich im Hintergrund abzeichnenden Hängen des Koressos. Nur wenige Besucher weilten zu dieser Stunde im Tempelgeviert. Einige betraten, ohne zu verweilen, das Innere.
Wessen Idee war hier zu Stein geworden? Doch bestimmt nicht die der Erbauer dieses Tempels. Denen, die mit ihren Händen, unter den Peitschenschlägen der Aufseher Tag für Tag hier schufteten, waren die Idee und der Kult gleichgültig. Sie waren froh, wenn der Abend hereinbrach und die Schinderei für ein paar Stunden vorüber war. Wieviel Not, Schweiß, Tränen und Tote mögen Begleiter des Bauens gewesen sein?
Diese Säulen, dachte Lucius, etwa fünfzig Fuß hoch, – welch ein Gewicht – vom Steinbruch hierher zu bringen und dann aufzurichten, die Kapitelle und das wuchtige Gebälk dazu. Und wozu? Damit irgendwelche Priester, Statthalter und sonstige Herrscher ihren Traum von den Göttern oder den ihrer eigenen Göttlichkeit in die Unsterblichkeit gehämmert sahen. Diese Wucht und zugleich Eleganz des Tempels, dessen Geheimnis eine verschlossene doppelflüglige Tür verbarg, bildeten zusammen einen nicht zu ergründenden geheimnisvollen Zauber, dem sich Lucius nicht zu entziehen vermochte.
»Edler Soranus, der Tempel des Serapis hat dich in seinen Bann geschlagen.«
Eine tiefe Stimme riß ihn aus seinen Betrachtungen. Er wandte sich um und sah dem Juden Jochai ins narbige Gesicht.
»Verzeih, daß ich dich gestört habe.«

Das Serapeum also war dieser Tempel. Er hatte bereits gehört von dem geheimnisvollen Kult um den ägyptischen Gott, der Jupiter, Helios und Fruchtbarkeitsgott in einem war.
Jochai trat näher zu Soranus, neigte sich an dessen Ohr und flüsterte, während zwei durch weiße Gewänder vermummte Gestalten vorüberschritten: »Der Serapiskult ist ein Mysterienkult, und es ist für Uneingeweihte lebensgefährlich, dort in den Tempel eindringen zu wollen.«
Soranus nickte und sah, wie die Vermummten hinter der doppelflügligen Tür verschwanden.
»Durch Zufall«, fuhr Jochai leise fort, »habe ich einmal das Schauspiel der Serapis-Verehrung erlebt. Es war faszinierend und gespenstisch zugleich. Du mußt dir diesen Tempelplatz vom Licht der untergehenden Sonne bestrahlt vorstellen, die dort drüben«, er deutete in Richtung des Hafens, »in der Ägäis versinkt. Der Platz hier ist gefüllt von den Serapis-Gläubigen. Mit einemmal öffnen sich die drei kleinen Türen, und die Tempeldiener treten mit brennenden Fackeln heraus. Danach öffnet sich die große Tür und gibt den Blick auf die geheimnisvoll erleuchtete Statue des Gottes frei. Unter den erregenden Klängen des Sistrums und anderer Musikinstrumente tritt die Priesterin in das flackernde Fackellicht zwischen den Säulen. Sie singt Lieder von dem sich ewig wiederholenden und geheimnisvollen Werden und Vergehen des Gottes und von den Mysterien seiner Lehren. Inzwischen, Soranus, mußt du dir den Tempelplatz bereits vom Blaudunkel der ephesischen Nacht eingehüllt denken. Die Priesterin inmitten des Fackelscheins und das seltsame Licht des Gottes aus der Cella ... Dann wendet sich die Priesterin langsam um und kehrt in den Tempel zurück. Hinter ihr werden die Tore geschlossen ...«
Interessiert hatte Lucius den Worten des Juden gelauscht, die so anschaulich die Zeremonie geschildert hatten, daß er sie vor sich sah, als hätte er sie selbst erlebt. Dieser Jude, den er bisher nur schweigend und verschlossen erlebt hatte, redete mit wohlgesetzten Worten wie ein Dichter.
»Kommst du oft hierher?«
»Manchmal. Doch heute bin ich deinetwegen hier, Soranus.« Lucius staunte.
Nach der Verhandlung, als er, Soranus, vom Prätor festgehalten wurde, sei Propinquus zum Statthalter gegangen und von diesem auch empfangen worden, berichtete der Jude. Carminius Vetus tobte, als er von den Vorfällen erfuhr und Propinquus mit einer Beschwerde bei Kaiser Nerva drohte. Dann ließ er Varro rufen und befahl, den freigelassenen Hermodoros zu suchen. Schließlich entschuldigte sich Vetus für das Versehen.
»Versehen!« höhnte Soranus, »das glaube, wer wolle.«
Jochai bestärkte Lucius in seinem Zweifel. Langsam verließen sie den Tempelplatz und schlenderten zur Agora. Der Lärm war verebbt, die Marktzeit zu Ende. Die Epheser pflegten ihre nachmittägliche Ruhe zu halten.

Schweigend liefen der Römer und der Jude nebeneinander. Lucius folgte Jochai, der den Weg bestimmte. Zwischen dem großen Theater und den Scholastikthermen kroch eine krumme schmale Gasse bergan. Oberhalb des Theaters verlief sie ein Stück parallel zur Magistrale, um dann im scharfen Knick sich weiter nach oben zu schlängeln. In bestimmten Abständen unterbrachen Stufen die Gasse. Manchmal mußten Lucius und Jochai sich an die Wände der den Weg säumenden Hütten drücken, um keuchende Lastträger vorüberziehen zu lassen. Die Kästen und Säcke drückten die Schultern der Träger weit nach vorn, so daß sie bei dem steilen Anstieg der Gasse beinahe mit dem Kopf und der Brust den Boden berührten. Die Hände waren rücklings in die Lasten verkrallt. In der schmalen Gasse gelang es dem Antreiber nicht, seine Peitschenkünste zu entfalten. Schnaufend stapfte er hinterdrein und trieb ab und an die Träger mit Schreien zu größerer Eile.

Ziemlich am Ende der Gasse, hoch über Ephesos, verhielt der Jude seinen Schritt, zeigte auf ein schmales Haus und sagte, daß er hier seine Bleibe habe und Lucius Soranus bitte, sein Gast zu sein.

Eigentlich hatte er nach Hause gehen wollen, denn allzu lange schon hielt er sich nach der leidigen Verhandlung trödelnderweise in der Stadt auf, ohne etwas zu bezwecken.

Und jetzt diese Einladung. Ablehnen durfte er sie nicht, denn dies wäre eine Beleidigung für den Juden gewesen. Er sah die dunklen Augen des Steuermanns bittend auf sich gerichtet und nickte zustimmend. Jochai wartete, daß Soranus das Häuschen betrete. Doch der war gefangen von dem Blick, der sich von hier, der halben Höhe des Pion, hinunter auf die Stadt bot. Seine Augen nahmen das Bild des Hafens auf, das Meer, das glatt sich in die Ferne weitete. Lucius kniff die Augen zusammen, um genauer zu erkennen, was da in der Stadt vorging.

Jochai, der die Bemühung des Römers bemerkte, entfernte Dinge genauer zu betrachten, bat ihn, in das Haus zu kommen, da der Blick vom Dach besser sei.

Um sich von der Anstrengung des Fernblicks zu entspannen, schweifte der Blick Lucius' unwillkürlich auf das Haus zurück, das aus grauen wuchtigen Steinen wie ein Klotz am Berghang klebte und mit diesem gleichsam verwachsen schien. So klein er es beim ersten Betrachten empfunden hatte, erwies es sich nun doch nicht. Es besaß sogar ein Obergeschoß.

Lucius trat durch die Tür. Das Erdgeschoß bestand nur aus einem Raum, der aber unterteilt war, zwar nicht durch eine Mauer, sondern ein höher gelegener Absatz, eine Art Bühne, hob sich ab von dem ebenerdigen Teil des Raumes. Auf dem unteren Teil spielten zwei Knaben mit hölzernen Figuren. Sie unterbrachen sofort ihr Spiel, als Jochai mit Lucius eintrat. Einer sprang auf und klammerte sich an den Juden, ließ dabei den mißtrauischen Blick nicht von dem Fremden.

»Andreas, begrüße unseren Gast, den edlen Lucius Barea Soranus.«

Widerwillig gehorchte der Junge.

Lucius, dem dies nicht entgangen war, fragte Jochai, ob der Junge ihn nicht möge.
Ehe Jochai, sichtlich verlegen, eine Antwort fand, stieß der Junge hervor, daß er Griechen und Römer nicht leiden könne, da sie böse und Feinde der Juden seien. Seine Stimme bebte vor Haß.
»Nicht wahr, Lukuas«, wandte er sich dem anderen Knaben Zustimmung heischend zu.
»Pfui, Andreas!« wies ihn der Vater zurecht.
Der andere Junge, den Jochai als den Sohn seines Nachbarn Eleasar vorstellte, musterte Lucius unverhohlen, doch mehr mit Neugier als Haß.
»Andreas, nicht alle Griechen und Römer sind böse. Und bedenke, auch unter den Juden gibt es Schurken. Dein Bruder Simon hat dir das schon oft zu erklären versucht.«
»Pah«, machte der Junge bei der Nennung des Namens Simon, dann ergriff er ein Holzschwert und schwang es kraftvoll hin und her, »Simon, mein Bruder, ist ein verweichlichter Schriftgelehrter. Ich werde ein Krieger wie König David und mein Großvater Malachias.«
»Andreas«, sagte Lucius sanft, wobei er dem Jungen das Schwert aus der Hand nahm und es selbst mit der Rechten schwang. »Wenn ihr wollt, unterrichte ich euch in der Kunst des Schwertkampfes, damit ihr später euch gegen böse Menschen, egal ob es Römer, Griechen, Parther oder Juden sind, verteidigen könnt. Auch mir haben Römer viel Böses angetan, haben mich verfolgt, wollten mich töten, erschlugen meine Frau. Griechen verrieten mich. Andere Römer und andere Griechen retteten mich.«
Die beiden Knaben starrten entgeistert den Fremden an, der ihnen erklärte, wie man ein Schwert hielt und Hiebe austeilte.
»Zu uns Juden sind sie aber immer böse, das sagt auch meine Mutter.« Andreas wandte sich an die Frau, die bisher unbemerkt im hintersten Winkel des erhöhten Raumteiles gesessen hatte und nun die Stufen herabkam. Lucius sah ein sanftes Gesicht, das von einem blauen langen Tuch eingerahmt war.
»Verzeih, Römer, die Rede eines Kindes«, bat sie leise.
»Wenigstens ist er kein Duckmäuser«, sagte Lucius lächelnd.
Jochai bat ihn, mit hinauf auf das Dach zu kommen. Der Jude hatte nicht übertrieben. Unter ihnen lag die Stadt der Artemis im spätherbstlichen Sonnenschein. Ein schöner Anblick. Lucius umfaßte mit einem Blick die ganze Stadt. Nach einer Weile erst merkte er, daß der Jude nicht mehr neben ihm stand. Er wandte sich um und sah Jochai vor einem kleinen Tisch, der mit Speisen und Getränken gedeckt war. Lucius mußte lächeln, denn er verspürte Hunger. Mit einer Handbewegung bat ihn Jochai, auf der kleinen Bank Platz zu nehmen. Lucius setzte sich und aß von dem kalten Lamm, den eingelegten Oliven und trank den verdünnten Wein. Während Lucius mit Appetit die Speisen verzehrte, nahm der Jude nur

kleine Bissen zu sich. Plötzlich begann Jochai, sein Leben zu erzählen. Lucius unterbrach das Essen und starrte gebannt in das narbige Gesicht. Er sah alles bildhaft vor sich: Das brennende Haus in Jerusalem, den fünfjährigen Jungen, der weinend die starre Hand seiner toten Mutter umkrampfte. Den Vater, der den Knaben von der Toten wegriß. Die letzten Stunden auf dem Tempelberg, der Vater Jochais, Malachias, und eine Handvoll Männer in zerhauenen Brustpanzern, blutbesudelt, mit Speeren, Schwertern und Steinen die Angreifer abwehrend, bis die gepanzerte Übermacht Roms den letzten Verteidigern auf dem Berge Zion ein gnadenloses Ende bereitete. Er, Jochai ben Malachias, wurde wie ein Stück Vieh von den Siegern auf dem Sklavenmarkt verhökert. Ein alter griechischer Arzt kaufte ihn. Zuerst hatte der Grieche den kleinen Juden geschlagen, um dessen Widerstand zu brechen. Dann brachte er ihm Kenntnisse der Heilkunst bei. Schließlich, Jochais verzerrte Züge lockerten sich, fand er bei dem alten Arzt sogar Nachsicht und Güte. Er durfte, als der Grieche krank und schwach wurde, sogar die Behandlungen der Patienten übernehmen. Eines Tages lag der griechische Arzt tot auf seinem Lager. Ein Bruder tauchte auf, ein Kaufmann aus Cyrene und dessen Sohn aus Alexandria. Sie beerbten den Arzt. Auch Jochai gehörte zum Erbgut. Nun begann für ihn die Hölle. Geschlagen wurde er, in ein dunkles Loch voller Ratten und Ungeziefer gesperrt. Mit dem Lotterleben sei es nun vorbei, jetzt werde gearbeitet, verhöhnte der Kaufmann Jochai. Sein Bruder, der Arzt in Judaea, sei ein Versager gewesen, da er kein anständiges Erbteil hinterlassen hätte.

»Vom frühen Morgen bis spät in die Nacht schleppte ich Ballen, Säcke und Kisten. Dann mußte ich in einer Mühle das Rad drehen. Zudem gab es wenig Essen, das wenige war verschimmelt. Dafür Schläge, Schläge und abermals Schläge. Meine Lage wurde schier unerträglich, so daß ich zu fliehen versuchte. In der Wüste, ohne Nahrung und ohne Wasser wurde ich aufgegriffen. Man quälte mich, folterte mich. Der Sohn des Kaufmanns brachte mir mit einem Dolch diese Wunde bei.« Jochai deutete auf die Narbe.

»Edler Soranus, ich habe den alten Arzt am Anfang gehaßt, als er mich schlug. Doch er tat es, weil ich verstockt war und nichts lernen wollte. Der Bruder und dessen Sohn aber, denen ich gehorchte, weil ich keine andere Wahl hatte, quälten mich grundlos und weideten sich an meinen Schmerzen. Stell dir vor, wie vertiert man sein muß, einem anderen Menschen, sei er auch ein Sklave, einfach das Gesicht zu zerschneiden. Diesem Peiniger habe ich nicht vergeben. Noch lebt er in Cyrene. Eines Tages reise ich nach Cyrene und dann ...« Jochai hob den Blick zum Himmel, keuchte, schlang die Hände ineinander.

Nur einen Augenblick dauerte Jochais Haßausbruch. Ruhig, als wäre nichts geschehen, nur die Narbe, die feuerrot glühte, zeugte noch davon, fuhr er in seiner Erzählung fort:

Ein römischer Arzt in der Nachbarschaft habe von der Sache erfahren und die un-

1 Porträt des Kaisers Trajan

2 *Plotina, die Gattin Trajans*

3 *Märkte des Trajan. Das Hauptgebäude umfaßt sechs Stockwerke mit mehr als 150 Tavernen*

4 *In den einzelnen Etagen des Trajanmarktes befanden sich Geschäfte, die den Basarstraßen des Orients ähnelten*

behandelte Wunde verbunden. Da bereits mehr als sechs Stunden vergangen waren, heilte der Schnitt schlecht, und diese häßliche Narbe entstand. Der Grieche verkaufte mich dem Römer für einen Höchstpreis, er lobte meine Kenntnisse auf dem Gebiete der Heilkunst, nur bösartig und widerborstig nannte er mich. So machte der Kaufmann ein großes Geschäft statt eines Verlustes, denn eigentlich sollte ich ans Kreuz geschlagen werden, die Strafe für ungehorsame Sklaven. Dieser Römer, ein echter Anhänger Epikurs und seiner Lehre, hatte zwei kostspielige Leidenschaften: Frauen und Wetten. So blieb es nicht aus, daß die Gläubiger sein Haus ständig belagerten. Bei Nacht flohen wir aus Cyrene. Über Antiochia, Alexandria erreichten wir Ephesos. Mein Herr hatte wieder Geld und kaufte für mich eine Frau. Nach einem Jahr wurde unser Sohn Simon geboren. Wir sollten viele Kinder zeugen, ermunterte uns der Schüler Epikurs, einmal bereite es Vergnügen, und zum anderen brächte es ihm Gewinn. Jedoch Jahwe fügte es anders. Drei weitere Kinder starben. Unser Herr wettete und wettete, total verschuldet hätte ihm die Schuldhaft gedroht, da rettete ihn Cassius Asclepiodorus. Er bezahlte die Schulden des Römers, gab ihm zudem ein Reisegeld und erhielt dafür uns – mich, meine Frau und unseren Sohn Simon. Als Arzt brauchte mich Cassius nicht, so ließ er mich zum Seemann ausbilden. Dann gab er uns die Freiheit. Unser Sohn Andreas ist vor fünf Jahren in Freiheit geboren worden. So, nun kennst du meine Geschichte«, schloß der Jude leise seinen Bericht.

Lucius legte seine Hand auf den Arm des Juden und drückte so sein Mitgefühl aus. Dankbar nickte Jochai Lucius zu.

»Deine Geschichte, die mir Cassius bereits erzählte, ist auch voller Leid und Enttäuschungen«, sagte er.

Dann schwiegen beide. Lucius trank gerade einen Becher Wein, als plötzlich vom Dach des Nachbarhauses ein gellender, furchtbarer Schrei einer Frau herüberhallte und die Stille zerriß: »Gott Israels, Gott Israels, Jahwe! Wie lange noch?«

Beide fuhren erschreckt von der Bank auf und blickten hinüber zu dem Haus, das, durch einen Garten getrennt, ungefähr hundert Fuß von Jochais Eigentum entfernt, ebenso an den Berghang gebaut war.

Ein Bild, ähnlich einer griechischen Tragödie, fesselte ihren Blick. In den Strahlen der schräg einfallenden Nachmittagssonne stand eine ganz in Weiß gekleidete Frauengestalt auf dem Dach, die Arme zum Himmel erhoben und schrie ihre ganze Qual zu Gott empor, zu Jahwe, zu Adonai, dem stummen Gott der Juden.

Neben ihr stand ein sechs- bis siebenjähriger Knabe, klammerte sich weinend an die Mutter. Tiefschwarz hing das Haar der Unbekannten herab, in seltsamem Kontrast zum weißen Gewand. Jetzt senkte sie die Arme, strich dem Kind übers Haar. Nun schien sie die beiden Beobachter auf dem Nachbardach bemerkt zu haben, blickte zu ihnen hin. Angst und Schrecken standen in ihrem Gesicht.

Lucius fuhr bei diesem Blick zusammen. Bei allen Göttern, wo hatte er dieses

schöne Antlitz bereits gesehen? So ein Gesicht vergaß man nicht. Die Weißgekleidete und der Junge verließen das Dach. Lucius starrte noch immer gedankenversunken hinüber. Dieses Gesicht ... diese tiefschwarzen Haare ... diese Schönheit. Eine Jüdin war es, denn sie rief diesen Judengott an. Lucius' Gedanken arbeiteten fieberhaft. In Judaea hatte er nur einmal und kurz geweilt ... Wo hatte er diese Jüdin gesehen? Es mußte viele Jahre zurückliegen. Und doch, er hatte auf seiner Flucht manches schöne Gesicht gesehen.

»Heureka«, rief er erfreut aus, denn er hatte es gefunden, so ein Gesicht hatte er nur bei einer Frau gesehen. So ein Gesicht prägte sich unter Tausenden ins Gedächtnis: Mogontiacum – die Geliebte Saturnins und spätere Gattin Glabrios war es, Mikal.

»Jochai, ich kenne diese Frau, es ist Mikal.«

Jochai ben Malachias erschrak.

»Du brauchst nicht zu erschrecken, diese Frau hat nichts zu befürchten, Domitians Zeiten sind vorbei.«

»Das hat man an Propinquus bemerkt«, erwiderte der Jude bitter.

»Jochai, ich muß dieser Frau helfen, das bin ich Lucius Saturninus und Manius Glabrio schuldig, denn beide retteten mir das Leben. Ist sie etwas – verwirrt?«

»Ja, sie leidet unter Wahnvorstellungen, die sich oft in diesen Schreien Luft machen. Es hat sich bereits gebessert. Anfangs, als sie mein Freund Eleasar aufnahm, hockte sie ständig wie ein verängstigtes Tier im Dunkeln und sprach kein Wort.«

»Sie muß ihre Ansprüche in Rom bei Nerva geltend machen, sie erhält Entschädigung für das von Domitian sequestrierte Aciliervermögen. Sie weiß es bestimmt nicht. Ich werde mit ihr sprechen und ihr helfen.«

Jochai schwieg. Was brachte es für einen Nutzen, wenn Römer sich in jüdische Geschicke einmischten? Wohl keinen, dachte er voller Zweifel. Aber konnte er es dem Römer wehren? Nein! Und vielleicht erreichte dieser Soranus etwas für die arme, schwer vom Schicksal gestrafte Mikal. Es wäre ihr und ihrem Sohn zu gönnen.

»Diese Frau und ihr Sohn haben einen rechtmäßigen Anspruch auf das Erbe Glabrios. Was in meiner Macht steht, werde ich tun, um ihr zu ihrem Recht zu verhelfen.«

Hoffentlich, edler Barea Soranus, rufst du damit nicht finstere und böse Mächte auf den Plan, die dieses Erbe bereits unter sich geteilt haben und mit allen Mitteln versuchen werden, es zu behalten, durchfuhr es Jochai plötzlich, doch er behielt seine Bedenken für sich.

»Jochai, nun leb wohl, vielen Dank für deine Gastfreundschaft. Ich muß nun gehn. In zwei Tagen sehn wir uns wieder, ich begleite euch nach Antiochia.«

IX

Lucius richtete sich in den Fellen auf und lehnte den Rücken an die Wand. Ein leichter Schauder hatte ihn gepackt, er erinnerte sich nicht mehr, welcher Traum ihn im Schlafe heimgesucht hatte, aber er spürte, daß er sich durch seine Reise nach Antiochia in eine Sache verstrickt hatte, die nicht ungefährlich war. »Ich sollte mich nicht einmischen, ich hätte nicht mit nach Syrien reisen sollen«, murmelte er und öffnete die Augen.

Fahl drang das Morgenlicht durch das kleine Fenster. Er starrte in das Lichtband und fühlte Unbehagen, dachte er an die Fahrt nach Antiochia. Curiatius Maternus, der Statthalter der Provinz Syria und der beste Soldat des Imperiums, hatte bei Lucius nachhaltigen Eindruck hinterlassen, ein Mann mit dem Charisma eines Saturninus, doch nicht mit dessen Energie und Ehrgeiz, eher zurückhaltend, vielleicht etwas zu zaudernd und eine Spur zu gelassen. Doch als Nachfolger Nervas bestimmt dem Imperium zum Segen gereichend, einer, der keine militärischen Abenteuer suchte, um sich auszuzeichnen. Ein angenehmer und sympathischer Mann ohne Hochmut. Fürwahr ein würdiger Imperator! Nun vermochte er Veiento und Propinquus zu verstehen, daß sie alles einsetzten, damit Nerva diesen verdienstvollen Mann näher an sich band. Ganz uneigennützig handelten sie dabei nicht, denn wurde Maternus Nervas militärische Stütze und vielleicht sogar der Nachfolger, dann blieben sie nicht ohne Einfluß auf die Macht.

Was Propinquus und Maternus in Antiochia im alten Seleukidenpalast auf der Orontesinsel noch alles aushandelten, wußte Lucius nicht und wollte es auch nicht wissen. Propinquus war noch selbigen Tages mit dem letzten Schiff vor Einstellung der Schiffahrt nach Rom abgereist, die Antwort des Statthalters an Kaiser Nerva und Veiento schriftlich oder mündlich mit sich führend. Auf alle Fälle ein Bote des Schicksals, falls er seine Botschaft zu überbringen in der Lage sein würde. Und hier begann bei Lucius sich erneut Angst zu regen. Vielleicht waren wieder Mörder unterwegs und lauerten Propinquus auf wie hier in Ephesos. Ein Hahn krähte in der Nachbarschaft, einmal, zweimal, mehrmals und kündigte den Anbruch des Tages an.

An die Wand gelehnt lauschte Lucius. Er hörte Türen sich öffnen, den Lärm auf der Gasse. Ephesos erwachte.

Das Morgenlicht drang heller durch das Fenster. Er sprang auf, verließ den Schlafraum. Plötzlich verhielt er den Schritt. Hatte er geträumt, oder hatte er Stimmen vernommen? War nachts jemand in das Haus eingedrungen? Mit einem Ruck riß er die Tür auf und sah mit Staunen Lakotris einem weißhaarigen Alten mit langem Bart und fast schwarzen Augen das Morgenmahl bereiten.

»Apollonius, endlich«, rief Lucius freudig und lief auf den Greis zu, ergriff dessen knochige Hände und drückte sie fest, fragte, wann er gekommen sei.

»Wie ein Dieb in der Nacht«, lächelte der Alte sanft.

Wo Apollonius herkäme, wollte Lucius wissen.
Der Alte meinte, das sei eine sehr lange Geschichte. Lucius verstand. Der Tyaneer hielt den Zeitpunkt für ein Gespräch noch nicht gekommen. So zog sich Lucius zurück, um sein Bad zu nehmen und sich umzukleiden.
Mit Apollonius, schien es Lucius, war eine spürbare Veränderung vor sich gegangen. Das Äußere war etwas vernachlässigt, auch fand er ihn müde und abgespannt. Die Strapazen der weiten Reisen hinterließen eben Spuren.
Als Lucius wieder in den Wohnraum trat, hielt ihm Apollonius ein Bündel Schriftrollen entgegen und sagte nur: »Lies das!«
Befremdet blickte Lucius den Alten an, dann Lakotris. Er glaubte, Besorgnis in ihren Zügen zu erkennen.
Apollonius zog sich ohne Ankündigung in einen der Nebenräume zurück.
Er wirke sehr verändert, meinte Lakotris. Lucius bejahte und schlug mit dem Rollenbündel an die Sessellehne. Über das knallende Geräusch erschrak er. Ob er dies alles sofort lesen solle, fragte er Lakotris. Sie meinte, unbedingt, denn bestimmt hielte es Apollonius für besonders wichtig und würde nach Lucius' Meinung fragen. Leicht verstimmt entrollte Lucius das erste Pergament. Er verspürte gerade jetzt nicht die geringste Lust, irgendwelche philosophischen Abhandlungen zu lesen, vielmehr hätte er lieber mit dem Alten über dessen Reisen und Erlebnisse in der letzten Zeit gesprochen und bei ihm Rat eingeholt. Statt dessen sollte er lesen.
Ein griechischer Text. »Alexander und Caesar« stand in dicken Buchstaben geschrieben. Darunter in kleineren Buchstaben: »Lebensbeschreibungen von Plutarchos aus Chaironeia«.
Mißmutig begann er zu lesen:
»Da ich in diesem Buche das Leben des Königs Alexander und des Caesar, von dem Pompeius gestürzt worden ist, beschreiben will, so darf ich bei der Menge der vorkommenden Taten weiter nichts zum Eingange sagen, als daß ich meine Leser ersuche, es mir nicht übel auszulegen, wenn ich nicht alle die berühmten Begebenheiten genau und umständlich erzähle, sondern die meisten nur kurz berühre. Denn ich gebe Lebensbeschreibungen, aber keine Geschichte. Aber in ihren glänzenden Taten und ihren blutigen Gefechten und großen Schlachten zeigen sich ihre Tugenden oder Laster und verrät sich ihr Charakter ...«
Gebannt las Lucius weiter. Die Schrift begann ihn zu fesseln. Las von Alexander und seiner Herkunft:
»Alexander nun kam zur Welt am sechsten Tage des Monats Hekatombaion, den die Makedonier Lous nennen, an eben dem Tage, an welchem auch der Tempel der Artemis zu Ephesos in Asche gelegt wurde, worüber Hegesias von Magnesia eine so frostige Bemerkung anbringt, daß sie durch ihre Kälte jede Feuersbrunst leicht hätte löschen können. Er sagt nämlich, es sei kein Wunder, daß der Tempel abgebrannt wäre, weil Artemis eben bei Alexanders Geburt als Hebamme hätte zu

tun gehabt. Die Magier, die sich damals in Ephesos befanden, hielten dieses Unglück für das Vorzeichen eines anderen Unglücks und liefen durch die Stadt, indem sie sich ins Gesicht schlugen und laut schrien, dieser Tag habe ein großes Verderben und Unheil für Asien zur Welt gebracht.«
Belustigt lachte Lucius auf. Dann las er weiter, begleitete Alexander nach Theben, amüsierte sich über die Begegnung mit Diogenes von Sinope, der in Korinth im Kraneion in der Sonne lag und zu dem Makedonier gewandt, der ihn gefragt hatte, wie er ihm dienen könne, nur lakonisch antwortete: »Geh mir nur ein wenig aus der Sonne.« Worauf Alexander gesagt haben soll: »Wahrlich, wenn ich nicht Alexander wäre, so möchte ich wohl Diogenes sein!« Köstlich, einfach köstlich, dachte Lucius und folgte Alexander weiter nach Gaugamela, nach Issos, an den Hydaspes und zurück nach Babylon.
»Babylon«, formten seine Lippen, nochmals »Babylon«. Wie das klang ... Babylon ... wie Macht, Sünde und Hybris. Und dann der absurde und zu frühe Tod des Mannes, der die Welt unterworfen hatte, vor dem alle Potentaten einst zitterten. Unbegreiflich. Lucius träumte ... Ein raschelndes Geräusch ließ ihn hochschrecken. Die Rollen waren seinen Händen entglitten und auf den Boden gefallen.
Lakotris, die schon zweimal unbemerkt ins Zimmer getreten war, aber den Lesenden nicht zu stören wagte, hob die Pergamente auf, rollte sie zusammen und legte sie verschnürt auf den Tisch. Sie forschte in seinem Gesicht, das ihr seltsam gerötet schien. Dann sprach Lucius, ohne von ihr gefragt worden zu sein, sprach von der Faszination, die von diesem Werk des Plutarch ausging. Man lebe in Alexander, identifiziere sich mit ihm, leide mit an seinen Wunden, genieße und siege mit ihm und sei mit ihm – im Recht. Alexanders Feinde seien auch seine, Lucius' Feinde. Man sterbe mit Alexander in Babylon.
Den Caesar lese ich morgen, nahm er sich vor, nein, besser den Alexander nochmals.
Plutarchos aus Chaironeia ... Chaironeia – Kam nicht Apollonius aus dieser Stadt in Böotien? Er entsann sich, der Tyaneer war bei diesem Plutarch zu Gast gewesen und hatte diese Schrift unmittelbar aus den Händen des Verfassers empfangen.
Lucius schnürte die erste Rolle nochmals auf und las zum zweiten Male. Apollonius, der leise den Raum betrat, betrachtete lächelnd den Lesenden. Zu Lakotris gewandt sagte er, daß er seinen Büchern ebensolche Leser wünsche wie dem »Alexander« des Plutarch. Der Weise aus Tyana setzte sich. Seine dunklen Augen ruhten fragend auf Lucius.
»Phantastisch!«
»Phantastisch? Bloß phantastisch?« fragte Apollonius. »Nein, Soranus, mehr noch, einzigartig in seiner Faszination und« – leise und kaum verständlich murmelte er das letzte Wort – »gefährlich!«

Er bat Lucius, ihm seine Gefühle bei der Lektüre der Alexander-Geschichte zu schildern.
Lucius dachte nach. Lakotris verließ währenddes das Haus, um auf die Agora zu gehen, da es bald Mittag wurde. Lucius beachtete es nicht, da er zu sehr im Banne des Gelesenen stand.
»Nun!« drängte der Alte.
Lucius zögerte, fand für seine Gefühle nicht die richtigen Worte, die vor Apollonius Bestand haben könnten, war er doch kein Literat, kein Philosoph und kein Geschichtsschreiber.
»Mein Gefühl«, sagte er zögernd, »besteht einfach aus Anteilnahme am Schicksal Alexanders. Beim Lesen litt ich mit Alexander, triumphierte mit ihm, und manchmal dachte ich«, es klang verlegen, »ich selbst sei es, der bei Gaugamela, am Granikos …«
»Genug«, unterbrach ihn der Alte kurz und barsch.
Hatte er etwas Falsches gesagt? Es war nicht leicht, mit einer Meinung vor Apollonius zu bestehen.
»Dachte ich es mir doch: Die Schrift ist gefährlich, äußerst gefährlich. Man sollte sie vernichten.« Apollonius erhob sich, nahm die Rollen und tat so, als wollte er

in die Küche gehen, um die Pergamente in die Glut zu werfen. Besann sich aber, kehrte zurück, sank schwer in den Sessel. »Ich werde Plutarch meine ehrliche Meinung über sein Werk schreiben, er wird zwar verletzt sein, aber schließlich bat er mich um mein Urteil.«

Vorsichtig wagte Lucius zu fragen, womit die Schrift die Ungnade verdient habe.

Des Tyaneers Augen begannen zu funkeln.

»Das fragst du noch, Soranus, wenn bereits du dich mit Alexander identifizierst, du, ein kühler, bescheidener Mann, ohne Ehrgeiz, ohne Machtgelüste. Wie soll dann erst diese Schrift auf ehrgeizige und machtbesessene Männer wirken, die zudem noch Machtmittel in den Händen haben, Legionen zum Beispiel oder ein Staatsamt?«

Der Alte erhob sich mit einem Ruck aus dem Sessel und durchmaß mit eiligen Schritten den Raum, schwenkte dabei die Rolle wie einen Feldherrnstab in der Rechten.

»Jeder will Alexander sein, nach dem Osten ziehen, die römischen Grenzpfähle in immer entferntere Gegenden versetzen. Weißt du, was das heißt: Krieg, Blut, Flammen, Elend, Tote, Verstümmelte, vergewaltigte Frauen ohne Männer, Kinder ohne Eltern, Hunger, Verrohung, Pestilenz, Not und Tränen. Ich, Apollonius, sage: Wer die Schrift des Plutarch in dieser jetzigen Form liest und Ehrgeiz und Macht besitzt – der führt Krieg, um Weltbeherrscher wie Alexander zu werden.

›Ein wahres Elend, der verdammte Krieg‹, sagte bereits Aristophanes, und ich habe dem nichts hinzuzufügen, als Anhänger der Lehre des Pythagoras hasse ich jede Art von Blutvergießen, sogar Tieropfer sind mir verhaßt und aufs tiefste zuwider. Diese Schrift muß ich ablehnen, weil sie den Kampf, den Krieg, die Eroberung und die Ruhmsucht verherrlicht. Wäre sie schlecht geschrieben, wäre die Gefahr geringer, aber da sie glänzend und vom Stil her meisterhaft geschrieben ist, fordert sie direkt zur Nachahmung auf und setzt der Unmäßigkeit und dem Hochmut ein Denkmal. Nichts von der Qual der Gemarterten, der Erschöpften, die in der Wüste vor Durst starben – nichts vom elenden Ende des Makedoniers in Babylon, vom Übermaß des Weibergenusses und des Weines. Nur Heldengesang.«

Der Alte schwieg. Nach einigen Augenblicken des Beruhigens sagte er leise: »Lucius, vielleicht hältst du meine Meinung für übertrieben, aber ich kann von ihr nicht abrücken: Von diesem Werk des Plutarch geht Gefahr aus!«

Übertrieb er nicht doch ein wenig? Hieße das nicht, den Wert der Literatur, des geschriebenen Wortes zu hoch veranschlagen? überlegte Lucius. Der Tyaneer ließ ihm jedoch wenig Zeit zum weiteren Nachdenken.

»Die Gefahr dieses Werkes besteht darin«, fuhr Apollonius fort, »daß Plutarch mit ihm bewußt zum Sänger des Krieges geworden ist. Er verherrlicht und rechtfer-

tigt Alexanders Wahn, denn es war nicht mehr als ein Wahn, ein Wahn der Macht. Alexander brachte dem barbarischen Osten griechische Kultur. Aber ist denn griechische Kultur ein Segen für den Osten und bedarf es ihrer dort? Bringt sie den Menschen höhere Weisheit und größeres Glück?«
Apollonius blickte versonnen vor sich hin. Seine Stimme wurde weich, ja verträumt, und hatte jedwede Schärfe verloren, als er fortfuhr: »Glück? Nein! Mit Gewalt und Krieg bringt man kein Glück. Wäre Alexander friedlich gekommen, hätten sich die Bewohner des Ostens freiwillig und aus Vernunft bestimmten Ideen des Westens nicht verschlossen – nur so kann eine fruchtbare Vereinigung von Ideen erfolgen, wobei sich das Entwickelnswerte vermischt und sich zu einer höheren Einheit verbindet, das Unbrauchbare, das Unverdauliche wird ausgestoßen wie Unrat. Aber mit Krieg – niemals! Selbst dann nicht, wenn die Ideen der griechischen Welt denen der östlichen Welt überlegen sein sollten, was aber nicht der Fall ist. Ich war viele Jahre im Osten, wo ich Gelegenheit hatte, bei Jarchas die tiefere Weisheit zu studieren, eine Weisheit, die näher den Urgründen des Seins ist als unsere griechisch-römisch nüchterne Denkweise. Dort in Indien gilt der Mythos noch viel, und Mythen sind Zeugnisse für eine enge Bindung von Mensch und Numen. Diesen Leuten wollte Alexander mit Gewalt griechische Kultur bringen? Mit schlechten Mitteln kann man Gutes, wenn es das sein sollte, nicht erreichen! Das ist meine Meinung, Lucius, die Meinung eines alten Mannes, der viel gesehen und erlebt hat und dem die Gnade zuteil wurde, manches begreifen und denken zu können, was den meisten Menschen versagt blieb. Vielleicht verstehst du heute noch nicht alles, was ich sage, doch, dessen bin ich sicher, eines Tages wirst, nein mußt du mich verstehen, aber das wird ein bitteres, ein zwangsweises Verstehen, ein Verstehenmüssen sein, denn dann sind die Früchte dieser Saat«, seine Hand mit der Pergamentrolle fuhr wie ein Schwertstreich durch die Luft, »unheilvoll aufgegangen, und der ganze Osten steht in Flammen!«
Betroffen hatte Lucius den Alten angehört. Ganz vermochte er sich den Gedanken des Weisen nicht zu entziehen, außerdem verehrte er Apollonius. Aber so düster sah er die Dinge nicht. Zaghaft wagte er zu fragen: »Apollonius, erhöhst du nicht den Wert des geschriebenen Wortes, überschätzt du nicht die Wirkung der Literatur?«
Der Alte strich sich mit der Linken durch den Bart. Dann wiegte er den Kopf ein paarmal hin und her.
»Mag sein«, antwortete er bedächtig, »jeder Mensch kann irren, im Irrtum verharren wird nur der Unsinnige, sagte euer Cicero; aber Irrtümer können tödlich sein, und Ciceros Irrtum war tödlich. Denke einmal daran, wie hoch das geschriebene Wort in Rom veranschlagt wird. Menschen wurden dafür zu Tode gebracht: Arulenus, Priscus, Senecio und Celer. Für Mächtige sind literarische Zeugnisse von unschätzbarem Wert: einmal als geistige Rechtfertigung ihres Tuns, als eine Art heilige Schrift, und zum anderen äußert sich im Geschriebenen auch Gegner-

schaft. Das ist die Macht des Wortes! Plutarch besitzt diese Macht und handhabt sie meisterlich – seine Worte sind verführerisch, für bestimmte Menschentypen wie Sirenengesang, obwohl es Plutarch nicht will, das weiß ich genau, er wollte lediglich Alexander der Vergessenheit entreißen, angeregt durch ein Denkmal in Chaironeia, das dort einst zu Ehren des Sieges der Makedonen über die Thebaner errichtet wurde.«

»Nein, Apollonius, dann dürfte nichts mehr geschrieben werden.«

Der Alte sagte ernst: »Nichts, was den Krieg, den Kampf und jedwede Art von Gewalt verherrlicht.«

»Aber wie steht es mit dem Kampf und dem Krieg, der den Menschen durch das Böse aufgezwungen wird? Diese Männer und Frauen begehen auch blutige Taten, zum Beispiel die Verschwörer, die Domitian töteten?«

»Ich als Pythagoreer lehne jedes Blutvergießen ab. Was wir brauchen, ist ein Ordnungsprinzip der Macht nach den Gesetzen der Harmonie des Pythagoras auf der Grundlage der Vernunft, der Mathesis und der göttlichen Zahlenordnung. Ich habe diesen Gedanken fortgeführt in meiner Pythagorasschrift, in der ich vor allem den verderblichen Einfluß des Hasses und seine Überwindung beschreibe. Doch nun wollen wir von persönlichen Dingen sprechen. Erzähle mir von dir, deinen Erlebnissen in Rom, von deinem Sohn und von meinem Freunde Nerva.«

Endlich, dachte Lucius, bei dem Gerede um die Schrift des Plutarch, des kleinen Archonten und Priesters aus Böotien, die letzten Endes nur für Schriftsteller und Gelehrte ein Thema darstellte – denn wer sollte sie sonst lesen und sich durch sie inspirieren oder verführen lassen, wenn nicht sie –, hatte man noch kein persönliches Wort gewechselt. So interessant die Alexanderschrift zu lesen war, eine Gefahr, so fand Lucius, bildete sie nicht. Apollonius war gealtert und in seinem Denken festgefahren, nicht mehr wandlungsfähig, dachte Lucius, ein Vorrecht des Alters, das man dulden sollte. Aber liebenswert blieb der Tyaneer, wenn er auch in Lucius' Augen ein wenig von seinem Glanz eingebüßt hatte.

Nun hörte der Alte andächtig zu, als Lucius von Rom, von Nerva und dessen Nöten berichtete.

»Ich freue mich, daß dich die Moiren gut geleitet haben und daß du in meiner Tochter einen Menschen gefunden hast, der dich auf deinem weiteren Weg begleiten wird. Auch für Lakotris freue ich mich, nun kann ich in Ruhe sterben, da ich sie versorgt weiß.«

»Dich wollte man ermorden?« fragte Lucius, als er Apollonius vom Sterben sprechen hörte.

»Ja, eine traurige Geschichte, die wieder meine Theorie vom unseligen Einfluß des Ehrgeizes, der letztlich in Haß endet, bestätigt. Der Anstifter war mein ehemaliger Verehrer und Schüler Euphrates von Tyros, der mir meinen Einfluß neidete. Voller Geltungsdrang wandte er sich von mir ab, warb um meine Schüler und wollte mich verdrängen, indem er selbst eine Schule gründete. Doch der Erfolg blieb seinem Bemühen versagt. Im Gegenteil, seine Schüler kamen zu mir. Er ertrug diese Niederlage nicht. Sein Neid schlug in Haß um. Zunächst verleumdete er mich als Gaukler, Zauberer, Magier und Betrüger. Sogar so weit ging seine Bosheit, daß er mich mehrfach in Rom denunzierte. Nur Casperius Aelianus hab ich es zu verdanken, daß daraus kein Prozeß entstand.«

»Aelianus, der *Praefectus praetorio*?« fragte Lucius erstaunt.

Apollonius lächelte und sagte, was Aelianus auch immer für ein Mensch sei, er habe ihm nur Gutes zu verdanken.

Eigenartig sind Menschen wie dieser Prätorianerpräfekt, dachte Lucius. Nerva, den Freund des Apollonius, bedroht und tyrannisiert er, dem Tyaneer half er. Der Geist der Menschen mußte wohl einen Schaden aufweisen, anders konnte es nicht sein.

»Die Krönung der Bosheit des Euphrates«, fuhr Apollonius nach der Unterbrechung fort, »bestand darin, daß er Mordbuben auf mich hetzte. Als ein Giftanschlag mißlang, sollten mich Bassos aus Korinth und Praxiteles aus Chalkis mit dem Schwert umbringen.«

Der Alte unterbrach, trank einen Schluck Wasser, als wollte er damit die Ungeheuerlichkeit hinunterspülen.

»Diesen Euphrates sollte man …«

»Laß nur, Soranus, die Moiren und das Numen haben meinen Tod nicht, noch nicht, gewollt. Dieser Euphrates ist durch sich selbst gestraft, durch seinen schlechten Charakter. Das ist das Gute, daß die Bösen meistens mit sich selbst gestraft sind, denn Bosheit und Haß sind schlechte Ratgeber und schlimme Weggefährten. Mit Euphrates, das weiß ich, nimmt es dereinst ein schlechtes Ende. Doch mehr als alles dieses beunruhigt mich das Schicksal meines Freundes Nerva.«

Apollonius schloß die Augen. Sein Körper zitterte leicht.

Jetzt hat er wieder eine seiner Visionen, dachte Lucius und gestand sich, daß ihn das nicht mehr so beeindruckte wie das erste Mal.

»Nerva, Imperator Nerva«, murmelte der Alte, »das Numen und die Moiren geben dir die Fäden Roms in die Hand. Nun hast du eine Entscheidung frei, die Moiren lassen dich gewähren, du kannst wählen, das Unvernünftige wird das Richtige sein und das scheinbar Vernünftige das Falsche. Deine Wahl, Nerva, wird Folgen haben … Ich sehe Krieger, Siegeszüge, Feste und viele, viele Jubelnde, aber dann …«

Apollonius schrie auf, laut und durchdringend. Lucius fröstelte. Nun wurde ihm doch seltsam zumute.

»Flammen in der Dunkelheit … Flammen …

Wenige stehen abseits, sie bestellen den steinigen Acker mit ihrem Schweiße und netzen ihn mit ihren Tränen … sie sind stumm und fern den Jubelnden.

Die Sonne bricht durch die Dunkelheit, die Flammen verlöschen, starker Wind vertreibt den Rauch –
O armer Nerva, du benötigst Kraft und noch mehr Mut – du kannst wählen, den Weg des Pythagoras oder den Alexanders, den Plutarch aus dem Hades holte ...«
Ein stärkeres Zittern schüttelte den Tyaneer.
Plötzlich schrie er auf, seine Stimme wurde schrill: »Nerva, halt ein – tu es nicht – nein, nein ...«
Apollonius sackte in sich zusammen, das Haupt fiel entspannt und kraftlos auf die Brust. Lucius sah Schweißperlen auf des Alten Stirn.
Langsam reckte sich Apollonius wieder im Sessel auf.
Sein Gesicht glich dem eines Toten. Wächserne Blässe auf den hageren Wangen und der schweißigen Stirn. Der Alte sollte derartige Versenkungen unterlassen, denn er bezahlt sie immer mit einem Stück Leben. Was nutzte das Wissen um künftige Dinge, wenn man den Moiren, die Spindel, Maß und Schere hielten, doch nicht in den Arm fallen konnte? Es geschah, wie es geschehen mußte, ob man davon Kenntnis hatte oder nicht.
Ob Nerva wirklich die Wahl hat? Ob die eine Entscheidung Glück und die andere Flammen brachte, wer wagte dies zu behaupten? Erst später würde man darüber klug reden können.
»Es steht nicht gut um Rom und um die Welt«, sagte Apollonius.
»Stand es je gut um die Welt?« fragte Lucius skeptisch.
Apollonius nahm von diesem Einwand keine Notiz. »Das Imperium ist am Scheidewege – die Furien sind bereits unterwegs ... Doch nun fühle ich mich müde. Sage Lakotris, daß ich nicht mit zu Abend esse.«
Der Alte ging. Lucius, der ihm nachsah, hatte das Gefühl, daß die hohe Gestalt leicht schwankte. Auch er verspürte Müdigkeit nach der anstrengenden Unterhaltung.
Daß die Philosophen und Schreibenden immer übertreiben müssen, dachte Lucius, als er die Schrift Plutarchs erneut zur Hand nahm und darin las. Er schüttelte den Kopf, denn für vernünftige Menschen bedeutete diese Alexandergeschichte keine Gefahr; für Besessene vielleicht, doch die brauchten keinen Plutarch, um die Welt in ein Schlachthaus zu verwandeln. Tiberius, Caligula, Nero und Domitian hatten Plutarch nicht gelesen und ... Lässig warf er die Rolle zu den anderen auf den Tisch.

X

Nachdem die Schar der Klienten abgefertigt war, hatte nun auch der letzte Gast, kein Klient, sondern der ehrenwerte Senator und gewesene Legat von Lykien und

Pamphylien, Domitius Apollinaris, den Palast des Ostorius Sabinus verlassen. Der Hausherr schmunzelte, denn es war ein guter Morgen gewesen, vor allem des letzten Gastes wegen.

»Warum straft Rom die verfluchten Parther nicht endlich einmal«, hörte er die erregte Stimme des Apollinaris nachklingen, »diese Räuber, diese Verbrecher, sie sind Roms Erbfeind seit eh und je, wann werden sie endlich einmal bestraft. Die gesamte Karawane mit meinen Waren haben sie geraubt. Findet sich denn niemand, diese Unmenschen von der Erde zu tilgen?«

Ostorius hatte sich diese Tirade in Ruhe angehört und abgewartet. Richtig, nach den Vorreden kam Apollinaris auf den Grund seines Besuches zu sprechen: Geld. Der ehemalige Legat war nach den Verlusten nicht liquide. Fast hätte ihn Ostorius gefragt, warum er, Apollinaris, nicht eine Anleihe bei seinem politischen Gesinnungsfreund Veiento aufnähme, unterließ es aber, als der Gast ein lohnendes Angebot unterbreitete. Für ein Jahr bot Apollinaris das Einkommen einer Ziegelei und eines Steinbruchs als Zins und als Sicherheit an. Ostorius Sabinus rechnete und – schloß das Geschäft ab. Ein gutes Geschäft, dachte er, das ich richtig zu nutzen weiß. Sofort hatte er seinen Sekretär beauftragt, die notwendigen Sklaven von seinen Ziegeleien und seinen Steinbrüchen in die für ein Jahr geliehenen zu transportieren, um diese bis zum letzten auszubeuten.

Zahlen schwirrten durch sein Gehirn, addierten sich und verdichteten sich zu Geld, zu viel Geld.

Ein Sklave steckte den Kopf durch den Vorhang und meldete Claudia Ostoria.

Aufmerksam betrachtete er seine Tochter. Sie strahlte in makelloser Schönheit. Bestimmt wird es ein Knabe, Ostorius dachte an den alten Volksglauben, denn sieht eine Schwangere gut aus, trägt sie einen Jungen unter dem Herzen, sieht sie zerknittert und picklig aus, wird es ein Mädchen, denn zwei Schlangen, so die bösartige Deutung, vertragen sich nun einmal nicht. Befremdend war der leidende Zug, der sich um ihren Mund zeigte.

»Dein Mann ist wahrhaft ein Glückspilz«, begann er zu scherzen, »er reist einmal nach Brundisium, und schon führt ihn der Zufall mit einflußreichen Männern zusammen: Palma und Celsus. Bestimmt, wenn er es versteht, die Bekanntschaft richtig auszubauen, kann ihm daraus eines Tages Vorteil erwachsen.«

»Vater«, sagte sie flehend, »kannst du auch einmal an anderes denken als an Vorteil, Beziehungen, Geschäfte und Aufstieg? Kannst du nicht endlich den Zwist mit Marcus begraben?«

Er hob hilflos die Schultern.

»An mir soll es nicht liegen. Dein Mann weicht mir doch aus und behandelt mich in meinem eigenen Palast wie einen Fremden.«

Ostorius Sabinus gestand es sich ein, daß dieser Soranus nicht gerade der Schwiegersohn seiner Träume war, aber es hätte schlechter kommen können. Irgendwie fühlte er sich ihm doch verpflichtet, da er Claudia das Leben gerettet hatte und

diese ihn liebte. Noch schlimmer, wenn Marcus Soranus eine andere Frau genommen hätte, dann wäre die Entschädigung, die er, Sabinus, für das alte Unrecht zu zahlen hatte, weg gewesen. So blieb das Geld in der Familie. Eigentlich ein großes Glück. Also mußte man mit dem Schwiegersohn ins Einvernehmen kommen.
Als er ihr bekümmertes Gesicht mit Tränen in den Augen sah, da versprach er, daß er den ersten Schritt tun würde.
»Danke, Vater«, sagte sie leise und ging.
In ihrem Cubiculum setzte sie sich in einen bequemen Sessel, nahm einen Spiegel von dem Frisiertisch und betrachtete sich eingehend. Claudia war mit ihrem Aussehen zufrieden. Die Haut war glatt und faltenlos, die Zähne weiß, nur zwei Lükken ziemlich weit hinten und nicht zu sehen, die Augen voller Glanz. Nun legte sie sich auf den Lectus, strich sich über den gewölbten Leib und lächelte.
Sein Kind und ihr Kind!
Was bedurfte es mehr zum Glück?
Manchmal, ganz plötzlich überfielen sie Alpträume und verursachten schlimme Ängste. War Marcus nicht zu Hause, befürchtete sie immer, daß ihm etwas zugestoßen sein könne. Als er mit Clodius seinen Vater nach Brundisium brachte und später als vorgesehen zurückkehrte, hatte sie vor Unruhe keine Nacht ein Auge zugetan. Dann überfiel sie plötzlich Furcht, daß bei der Geburt Komplikationen auftreten könnten, die ihr und dem Kinde schaden würden.
Marcus schalt sie, sich nicht unnütz zu erregen, sondern die Sache in Ruhe abzuwarten, dann brach sie vor Selbstmitleid in Tränen aus.
Unbemerkt war Marcus eingetreten. Zärtlich sah er nach seiner Frau, setzte sich neben sie und streichelte ihre Arme. Sein Blick suchte ihre Augen, die ihm entgegenleuchteten. Er drückte einen Kuß auf ihre Lippen.
»Marcus«, flehte sie, »erfüllst du mir einen Wunsch?«
»Jeden.«
»Versöhn dich mit meinem Vater!«
Sein Gesicht verschloß sich.
»Bitte.«
Er sprang auf, lief auf und ab. Die Kehle war ihm plötzlich wie zugeschnürt, als er ihr gequältes Gesicht sah.
»Claudia, gib mir noch etwas Zeit. Die Wunde ist noch zu frisch für eine Versöhnung. Dein Vater hat mich zu sehr gedemütigt.«
Lautlos weinte sie, hartherzig und gefühllos sei er zu ihr, der Mutter seines Kindes, beschuldigte sie ihn.
Sanft versuchte er, sie an sich zu ziehen, doch sie stieß ihn von sich.
»Claudia«, bat er, »gib mir Zeit, dann werde ich mich mit Ostorius versöhnen, ich verspreche es dir.«
»Nein, jetzt«, beharrte sie.

»Beruhige dich, laß mich's heute noch bedenken.«
»Geh und komm erst zurück, wenn du dich mit meinem Vater versöhnt hast!« schrie sie.
Marcus erschrak, denn so hatte er sie bisher nur einmal erlebt, damals, als er ihr die Schrift Egnatius Celers gebracht hatte. In diesem Moment litt er unter ihrem Zorn. Sie tat ihm Unrecht, das er nicht verdient hatte.
Unmut erfaßte ihn über ihr Verhalten. Er war nicht mehr ihr Schreiber, den sie so abkanzeln konnte.
Abrupt und grußlos verließ er ihr Cubiculum. Zu Clodius würde er gehen, sich betrinken und über Nacht wegbleiben, beschloß er in seinem Groll.
Ein Gefühl grenzenloser Verlassenheit überkam ihn. Es ist furchtbar, dachte er verbittert, ich bin reich, habe eine schöne Frau und bin einsam.
Naßkalt schlug ihm die Luft entgegen, als er den Palast verließ. Ohne Ziel schlenderte er zunächst durch die Straßen und gelangte aufs Forum. Trotz des unfreundlichen Wetters fehlte es nicht an Passanten, Sänften und Lärm. Marcus nahm es nur wie durch einen Schleier wahr. Teilnahmslos ging er durch die Menschen und bedauerte sich. Unverstanden von der eigenen Frau, dachte er voller Bitterkeit.
»Soranus«, hörte er seinen Namen rufen.
Eine weibliche Stimme war es.
»Soranus«, klang es nochmals.
Hatte er sich verhört? Seine Augen suchten die Ruferin. Winkte dort nicht ein Arm aus der Sänfte? Langsam folgte er dem Wink.
Eine junge hübsche Frau mit dunklen Augen, dunkelblonden Locken, leicht gebogener Nase, hohen Backenknochen und einem vollen Mund, der sich lächelnd öffnete, blickte ihn an.
»Soranus, erkennst du mich nicht mehr?«
Marcus dachte angestrengt nach, kannte aber das Gesicht nicht.
»Hier«, die Unbekannte strich die in die Stirn fallenden Locken zurück und machte so eine kleine Narbe sichtbar.
»Bedaure«, sagte Marcus, »ich kann mich nicht erinnern.«
»Es scheint meine Tragik zu sein, keinerlei Eindruck bei Männern zu hinterlassen«, sagte sie, »also muß ich mich selbst in Erinnerung bringen: zwischen Aquilonia und Beneventum ...«
»Cornelia«, rief Marcus überrascht und schlug sich an die Stirn, »doch damals sahst du ganz anders aus, nicht so –« Er zögerte verwirrt, schön hatte er nicht sagen wollen, denn das war sie nicht, anziehend wäre richtig.
»Verziehen«, sagte sie, ohne auf sein letztes Wort zu warten, »hast du einen Moment Zeit?«
Er bejahte.
»Steig ein!«

Er spürte ihre Wärme und fühlte so etwas wie Geborgenheit.
»Mein Bruder wird sich freuen und auch Ennia.«
»Dein Bruder?« fragte er mißtrauisch.
»Ja, damals war er erregt.«
»Und was sagt dein Mann?«
»Ich habe keinen. Er ist tot.«
»Es tut mir leid. Kannte ich ihn?«
Sie antwortete nicht. Schweigend saßen sie nebeneinander, bis die Sänfte plötzlich hielt.
Cornelia stieg aus, und Marcus folgte ihr. Als sie neben ihm stand, wunderte er sich, wie groß sie war. Beinahe größer als er. In Beneventum hatte sie ihm nicht gefallen, aber heute fand er sie anziehend.
Sie führte ihn ins Haus. Ein Sklave nahm die Mäntel ab. In einem behaglichen kleinen Raum hieß sie ihn warten. Sein Blick schweifte über die Wände, die Möbelstücke. Alles war einfach und zweckmäßig, kein zur Schau getragener überflüssiger Pomp. Alles schlicht, aber geschmackvoll.
Der Legat Publius Celsus stand plötzlich im Raum, hochgewachsen, mit einem ovalen Gesicht, eng zusammenliegenden Augen, einer dünnen und gebogenen Nase, das Haar tiefschwarz und glatt am Kopf anliegend. Militärische Exaktheit las Marcus aus diesen Zügen und den Hang zum Befehlen und die Forderung nach unbedingtem Gehorsam.
Mit stechenden Augen musterte er den Gast.
»Ah, Soranus«, sagte er lässig und von oben herab, »behalte Platz, ich muß gleich wieder gehen, denn ich habe wenig Zeit.«
Beide schwiegen.
»Ich habe dir zu danken. Hier«, er drückte Marcus, ehe dieser wußte was geschah, einen Beutel in die Hand und wartete auf eine Geste des Dankes.
Marcus mußte an sich halten, um diese Unverschämtheit nicht mit einer gleichen zu beantworten.
Er knallte den Beutel auf den Tisch, daß es krachte.
»Bezahlst du das Leben deiner Frau und deiner Schwester mit einem Beutel Geld, Celsus?« fragte Marcus scharf, wobei es um seinen Mund zuckte.
»Ah, man ist stolz, und glaubt, einen Celsus brüskieren zu können.«
In Marcus ballte sich der Zorn zusammen. Am liebsten hätte er diesen Celsus gezüchtigt, doch beherrschte er sich Cornelias wegen.
Mit hochmütig zornigem Blick verließ ihn Celsus.
Welch eine Unverschämtheit und Menschenverachtung, dachte Marcus wutentbrannt.
Da trat Cornelia ein.
»Mein Bruder war hier?«
Er nickte und deutete auf den Beutel.

»Er hat dir doch nicht etwa Geld geboten?«
»Doch«, sagte Marcus erregt.
Cornelia schüttelte den Kopf und bedauerte, daß ihr Bruder in seinem Hochmut kein Gespür für andere Menschen hätte. Sie versuchte sein Verhalten zu entschuldigen. Doch Marcus war verstimmt. Durfte man ihn so beleidigen? Ihn wie einen Dienstboten mit einem Beutel Münzen abspeisen? Nein! Zerstreut nur folgte er dem Gespräch. Im Innern fraß die ihm angetane Beleidigung wie ein Geschwür und verdarb ihm die Laune und zerstörte die Freude des Wiedersehens. Bald verabschiedete er sich.
»Leb wohl«, sagte Cornelia, »vielleicht sehen wir uns einmal unter besseren Umständen wieder. Ich reise bald nach Germanien. Sollte dich der Weg einmal nach Mogontiacum führen, dann sei mein Gast.«
Verwirrt trat Marcus den Rückweg zu Fuß an.
Dieser Celsus, dieser unverschämte Mensch …
Als er in den Palast trat, sah er Ostorius im Atrium sitzen. Offenbar hatte er auf ihn gewartet.
Ostorius Sabinus räusperte sich.
»Machen wir's kurz«, begann Sabinus, »ich weiß, daß es zuviel verlangt ist, von dir Freundlichkeit, nach all dem, was zwischen unseren Familien gewesen ist, zu verlangen.«
Marcus ahnte, was Sabinus wollte.
»Du sagst es.«
»Doch um Claudias und ihres Zustandes willen sollten wir eine Art Übereinkunft treffen.«
»Und wie stellst du dir diese vor?« fragte Marcus müde.
Sabinus erhob sich und trat dicht an seinen Schwiegersohn heran. Zum ersten Mal sah Marcus die untrüglichen Zeichen des Alters in diesem Gesicht.
»Wir sollten beide zu Claudia gehen und ihr unsere Versöhnung zeigen«, bat Sabinus.
Marcus konnte sich über ein derartiges Ansinnen nicht einmal empören, denn zu viel hatte er heute schon hinnehmen müssen. Er verstand nicht, was andere Menschen ihm, gerade ihm, so zumuteten. Glaubten alle, er sei so dickfellig und unverletzlich, daß man ihn dauernd beleidigen und verletzen durfte? »Wir … wollen ihr also gutes Einverständnis vorspielen?«
»Ja, ich bitte dich.« Sabinus' Ton klang flehend. »Nicht um meinetwillen, sondern um Claudias und des Kindes willen bitte ich dich. Mich magst du ruhig weiter mit deinem Haß verfolgen. Außerdem verspreche ich dir, daß wir uns so wenig wie möglich sehen. Claudia leidet unter unserem Zwist.«
Ich bin auch empfindlich, fraß in Marcus die Bitterkeit, aber bei mir nimmt keiner Rücksicht und fragt, ob ich verletzt sein könnte. Was nützt es, dachte er resigniert, wenn ich zu Hause den stolzen und prinzipienfesten Menschen bewahren

möchte und draußen muß ich mich ohne Genugtuung beleidigen und erniedrigen lassen. Warum soll ich nicht nachgeben, wenn es dem Menschen, der mich liebt, Freude bereitet.

»Gut, ich bin einverstanden«, sagte er.

Ostorius atmete auf.

Als sie gemeinsam zum Obergeschoß die Treppe hinaufstiegen, fragte Marcus, mehr, um irgend etwas zu sagen als aus echtem Interesse, Sabinus nach Celsus und dessen Schwester.

»Celsus ist ein ehrgeiziger Mann, der es noch weit bringen wird. Seine Schwester Cornelia ist eine bemerkenswerte Frau, die viel Schweres in ihrem Leben erduldet hat, aber immer den Kopf oben behielt.«

»Wieso?« fragte Marcus und fand seine Frage selbst töricht.

»Ihr Mann wurde hingerichtet.«

»Von Domitian?«

»Nein, Domitian hat nicht alle hinrichten lassen. Von Nerva.«

»Unsinn«, widersprach Marcus.

»Doch, denn ihr Mann hieß Petronius Secundus.«

Betroffen hielt Marcus auf der vorletzten Stufe inne.

Petronius Secundus war Cornelias Gatte gewesen, den Nerva der Rache der Prätorianerpräfekten opfern mußte.

»Willst du auch den Namen ihres zukünftigen Mannes wissen? Aulus Cornelius Palma.«

Diese letzte Mitteilung machte Marcus betroffen. Er vermochte es nicht zu erklären, doch sie traf ihn schmerzlich.

Inzwischen waren sie vor Claudias Cubiculum angelangt.

»Also«, sagte Sabinus verlegen, »mit freundlichem Gesicht in die Höhle der Löwin.«

Untergehakt betraten sie Claudias Zimmer.

Mundus vult decipi – Die Welt will betrogen werden, dachte Marcus und verspürte einen leicht bitteren Geschmack im Munde.

XI

Immer dichter wallte vom Tiber der Nebel über die Stadt. Gleich einem gefräßigen Raubtier verschlang er Gärten und Bauten, Straßen und Plätze.

Fackeln kämpften mit dem Grau des Novembernachmittags, doch zu mehr als Lichtpünktchen reichten ihre blakenden Flammen nicht aus. Sänftenträger und Maultiertreiber gaben sich Zeichen durch lautes Rufen.

Die Sänfte des Präfekten Casperius Aelianus strebte, vom Palatin kommend und das Velabrum überquerend, dem Vicus Iugarius zu. Mißmutig versuchte Aelianus

mit zusammengekniffenen Augen, die Dunkelheit zu durchdringen. Je näher man dem Tiber kam, desto dichter ballte sich der Nebel zusammen. Der Präfekt haßte Sänften. Sie bewegten sich für ihn, den Unsteten und stets in Eile sich Befindenden, viel zu langsam. Heute hatte er auf seinen Schecken verzichtet, einmal des Nebels wegen und zum anderen wegen eines gewissen Unwohlseins, das ihn seit Tagen peinigte. Und nun noch die dringlich gehaltene Botschaft seines Freundes Crassus, ihn schnellstens und möglichst unauffällig zu besuchen. Der Nebel kam der zweiten Bitte entgegen.
Aelianus spähte hinaus. Ließ sich aber gleich wieder in die Polster zurückfallen, denn man war noch nicht in der Nähe des Porticus Octavii und des Pompeiustheaters angelangt, zwischen denen das Haus des zweiten Präfekten lag.
Plötzlich ruckte die Sänfte und stand. Die Träger schrien und fluchten laut. Andere Schreie vermischten sich mit den ihren. Wütend wollte Aelianus hinausbrüllen, als die Sänfte ihren Weg fortsetzte. Endlich, für den Präfekten nach einer Ewigkeit, stand er im Atrium der Villa des Crassus. Seine Augen maßen die Länge des Raumes entlang der Mosaiken im Marmorfußboden, auf dem sich die Flammen der Lampen widerspiegelten. Schwere Samtvorhänge bedeckten die Eingänge. Alles atmete Reichtum und Tradition. Immerhin war Calpurnius Licinius Crassus ein Nachkomme des großen und berühmten Triumvirn zu Caesars Zeiten, des Marcus Licinius Crassus, des Siegers über Spartacus, der aber schließlich in Carrhae ein schmähliches Ende durch einen Hagel parthischer Pfeile nahm.
Eine der Portieren öffnete sich. Crassus, ein zur Fülle neigender Herr mittlerer Größe mit rundem Gesicht und beginnender Glatze, schritt auf seinen Gast zu. Sein Gang wirkte trotz der Korpulenz nicht etwa träge, sondern energiegeladen und federnd.
Er lächelte, ein weiches, fast weibisches Lächeln, als er Aelianus in die Betrachtung des Spieles von Licht und Schatten auf den Wänden und dem Fußboden vertieft sah.
Mit heiserer Stimme begrüßte er Aelianus.
»Du bist wieder gesund?« fragte dieser statt einer Begrüßung.
»Nur eine kleine Unpäßlichkeit«, meinte der Dicke lächelnd, »als Folge meiner Unmäßigkeit in den Genüssen des Lebens.«
Verstimmt hörte ihn Aelianus an. Crassus, dem dies nicht entging, ließ dem Präfekten durch einen Sklaven Helm, Schwertgehenk und Mantel abnehmen. Dann führte er seinen Gast in ein kleines Gemach und bot ihm einen Platz in einem bequemen Sessel an. Er selbst ließ sich auf einem Liegepolster nieder.
»Propinquus ist aus Antiochia zurück«, sagte er zu dem Präfekten.
Aelianus fuhr hoch, als hätte eine Natter ihn gebissen. »Nicht möglich«, entfuhr es ihm.
Das freundliche und gutmütige Gesicht des Crassus wurde hart. Er reckte das Kinn vor, das plötzlich alle Rundlichkeit verlor und kantig aussah.

»Du hast richtig gehört: Propinquus ist nach Rom zurückgekehrt.«
»Ich kann das nicht glauben, denn auf Varro ist Verlaß. Es sei denn, Propinquus hat ohne Zwischenlandung in Ephesos Antiochia direkt angesteuert.«
Ein höhnisches Lachen antwortete ihm.
Aelianus trat an die Wand, lehnte sich dagegen, als suchte er eine Stütze, dann schlug er mit der rechten Faust in die linke Handfläche, daß es laut klatschte.
Crassus musterte belustigt den aus der Fassung geratenen Präfekten, der laut auf Varro schimpfte.
»Unser Geld und kein Äquivalent dafür.«
»Mein Geld«, unterbrach Crassus lakonisch.
»Was sollen wir tun? Uns fehlen die Kenntnisse über die Vereinbarungen von Veiento und Maternus.«
»Die Vereinbarungen lassen sich unschwer erraten. Schlimmer ist, daß Propinquus noch in diesem Jahr zurückgekehrt ist. Hätte Varro ihn länger in Ephesos aufgehalten, dann wäre Propinquus erst im Frühjahr mit dem Beginn der Schifffahrt wieder nach Rom gekommen, und wir hätten bis dahin einen guten Vor-

sprung gehabt. Nun sind wir im Nachtrab, und Nerva vermag uns tüchtig zu ärgern, denn mit dem Beistand des Statthalters von Syrien und vier Legionen läßt sich selbst für einen schwachen Kaiser trefflich argumentieren.«
Die Faust klatschte wieder in die Handfläche.
»Wir verfügen über die Garde«, erwiderte Aelianus, »ehe Maternus seine Legionen von Syrien nach Italien verlegt, ist Nerva bereits erledigt.«
Crassus musterte den Präfekten mit kaltem Blick. Ob er denn im Ernst daran glaube, daß die Spanier unter Sura und Attianus tatenlos zusehen würden, wie die Garde die Macht an sich risse?
»Niemals«, fuhr Crassus fort, Bitterkeit in der Stimme, »wird Sura das zulassen, sondern ganz schnell diesen Trajan, den sie am Bändel halten wie Kinder einen Spielzeugsoldaten, nach Rom marschieren lassen. Und der verfügt als Statthalter beider Germanien ebenfalls über vier Legionen, die aber früher in Rom sind als die aus Syrien. So, mein Aelianus, stehen die Dinge, wenn man sie kalt und nüchtern betrachtet.«
Crassus bat Aelianus, sich wieder zu setzen. Leise, fast unhörbar, als fürchtete er in seinem eigenen Hause Lauscher, flüsterte er: »Wir können mit unserer Macht zur Zeit nur Destruktives erreichen, das heißt, wir können den alten Nerva in die Enge treiben und ihn dann entthronen, doch was hätten wir davon? Nichts! Wir haben keinen geeigneten Mann, den wir auf den Schild heben können. Du und ich«, er lachte, »kommen als Kaiser nicht in Frage, dazu haben wir uns zu sehr kompromittiert mit dem erzwungenen Todesurteil gegen Norbanus und Secundus und unserer zur Schau gestellten Treue zu Domitian. Das war ein großer Fehler. Man hätte sich damals gleich mit umstellen und in das Damnatio-Gebrüll einstimmen sollen. Die Flavier waren weg, Rom war ihrer überdrüssig. Und wir Dummköpfe versuchten am Gestrigen, am Verhaßten festzuhalten ...«
»Nein, Crassus, ich kann dir nicht zustimmen. So darf man sich nicht anpassen, man muß Prinzipien haben. Unser Prinzip war die Treue zu Domitian.«
Ach, dieser Narr, belustigte sich Crassus heimlich, der verstand wirklich nichts von Politik.
»Das Todesurteil gegen Norbanus und Secundus hast du Nerva damals in der Kurie unterzeichnen lassen«, wagte Aelianus den Vorwurf zu entkräften.
»Natürlich trifft mich die gleiche Schuld, ich gestehe es. Der Mord an Domitian empörte mich zu sehr. Lassen wir das, aus Fehlern sollte man lernen. Meiner Meinung nach dürfen wir in der jetzigen Lage unsere Treue zu Domitian nicht mehr wie ein Götterbild vor uns hertragen, sondern ihn auch – verdammen.«
»Niemals«, brauste Aelianus auf, »alles verlange von mir, nur das nicht.«
»Gut«, Crassus lächelte hinterhältig, »statt der *damnatio* Domitians verlange ich von dir den Kopf des – Apollonius!«
Der Präfekt sprang auf, sein Gesicht verfärbte sich vor Wut. »Du bist ein Teufel, Crassus«, schrie er, »ich hätte dich in der Verbannung verfaulen lassen sollen.«

Der Nachkomme des Triumvirn lächelte noch immer.
»Aber, Casperius, beruhige dich, es war doch nur ein Scherz. Wir beide sitzen in einem Boot. Du sollst weder Domitian verdammen noch deinem Heiligen aus Tyana ein Haar krümmen. Wir müssen jetzt andere Dinge ins Auge fassen. Vorhin habe ich dir bereits erklärt, daß wir mit Nervas völliger Entmachtung nichts gewinnen. Täten wir es trotzdem, dann würde ein Bürgerkrieg wie zu Zeiten des Marius und Sulla ausbrechen. Die Rheinlegionen würden, natürlich unter Regie von Licinius Sura und Attianus, Trajan zum Kaiser ausrufen, die syrischen Legionen Curiatius Maternus unter Regie von Veiento. Beide Kaiser marschierten dann nach Rom. Aber alle hätten eines gemeinsam: nämlich unsere Vernichtung, weil wir beiden im Wege stünden. Beide hätten ein Motiv, den rechtmäßigen Herrscher zu rächen. Den Vorteil hätte dann nur der, den Nerva schon vorher um Hilfe gebeten hat. Zur Zeit läge dieser Vorteil also auf seiten des Maternus.«
Die Wut des Aelianus auf Crassus wich echter Bewunderung über dessen politischen Scharfblick.
»Was bleibt uns zu tun übrig?«
»Wir müssen uns einer Seite anschließen, besser noch, einer Seite versichern, denn schließlich verkörpern wir mit der Garde eine Macht, ohne die nichts geht. Wenn wir dann so gefestigt sind und einen uns ergebenen Mann zum Princeps küren können, sind wir imstande, uns dieser Helfer zu entledigen.«
Aelianus dachte angestrengt nach. Wem sollte man den Vorzug geben? Die eine Gruppe war bisher noch nicht in Erscheinung getreten, die andere um Veiento um so mehr. Und gegen die hatte man sich bereits entschieden, weil diese den Kaiser stützen wollte, den sie, Aelianus, Crassus und die Garde, demütigten und terrorisierten. Also war der Würfel bereits gefallen. Der Präfekt trug seine Gedanken dem Freund vor.
»Gut, mein Casperius, du lernst schnell. Des weiteren ist Maternus der Gefährlichere, weil der Fähigere. Er ist der beste Soldat des Reiches und der mit den meisten Verdiensten. Wir können ihn nicht stützen, selbst wenn wir einsähen, daß er der Bessere für Rom wäre, was er zweifellos ist, schon aus dem Grunde nicht, weil er Nervas Rache an uns vollziehen müßte. Der alte Herr haßt uns für die Schande, die er durch uns auf sein Haupt laden mußte. Er hat nur einen Wunsch, unsere Köpfe auf dem Forum aufgespießt zu sehen! Also Trajan! Dieser farblose Musterschüler ist nur eine Puppe, doch er hat fähige Köpfe, die diese Puppe zum Tanzen bringen: Sura und Attianus. Auch Sabinus hat sich diesem Klüngel angeschlossen. Und, mein Aelianus, wo Sabinus ist, dort laß dich getrost nieder. Wir dürfen nur nicht verpassen, wenn Sabinus abspringt, denn dann ist Gefahr im Verzug.
Wenn Sura und Attianus die Macht an sich gerissen haben, dann, mein Casperius, müssen wir handeln. Ihrer Puppe bieten wir uns als neue Helfer an; er, ohne zu wissen, was zu tun ist, ohne Erfahrungen, wird die Hilfe annehmen.

»Du bist ein Genie, Crassus.«
»Was ist ein Genie ohne Schwert? Nichts! Deshalb bedarf ich deiner als meines treuen und starken Schwertes.«
Geschmeichelt winkte der Präfekt ab. Doch leise Bedenken regten sich in ihm. »Calpurnius, nehmen wir einmal an, Sura ist gar nicht der mächtige und schlaue Mann, für den du ihn hältst, sondern der, der er jetzt scheint: ein liebenswürdiger, bescheidener Mensch, der sich freut, überhaupt so hoch gestiegen zu sein, und dem vor weiterem Aufstieg schwindelt? Kurz und gut, an wen sollen wir uns halten, wenn Sura nicht der Kopf der spanischen Partei ist?«
Crassus warf einen schrägen Blick zu Aelianus. Unberechenbar dieser Mensch, dachte er. Ob dieser Aelianus sich verstellte? Ob er seine Einfalt nur spielte? Crassus versuchte sich gegen das plötzlich aufkommende Mißtrauen gegenüber seinem Freund zu wehren, doch vergeblich, wenn es um Macht ging, hörte die Freundschaft auf, sofort brauchte man einander nicht mehr und glaubte, allein den Lorbeer ernten zu können. Ich werde ein Auge auf ihn haben müssen. Eine wichtige Sache wollte er Aelianus anvertrauen, doch unterließ er es nun lieber.
Ungerufen trat plötzlich ein Sklave ins Zimmer. Ärgerlich über die Störung, wollte ihn Crassus zurechtweisen, doch der Sklave trat keck an seinen Herrn heran und flüsterte ihm etwas ins Ohr. Aelianus, der nicht verstand, was der Sklave seinem Herrn sagte, beobachtete dafür dessen Mienenspiel. Crassus' Gesicht veränderte sich: zunächst zog er die Unterlippe durch die Zähne, fest biß die obere Zahnreihe auf die Lippe, sein rötliches Gesicht verfärbte sich, der Atem fing an zu keuchen. Was erregte Crassus so? Mit einem Befehl schickte der Hausherr den Sklaven fort.
»Weißt du, wer uns heute noch die Ehre seines Besuches gibt?«
Aelianus hob die Schultern.
»Quintus Varro aus Ephesos.«
»Der Versager wagt sich hierher? Der ist wohl verrückt geworden, dich jetzt zu besuchen. Wenn das jemand bemerkt hat!«
»Niemand hat mich bemerkt, Präfekt«, kam Varros Stimme von der Tür her. »Den Versager wirst du mir abbitten, wenn ich dir meine Geschichte erzählt habe.«
»Du siehst mich voller Spannung deiner Geschichte harren«, sagte Aelianus.
Man solle ihn sich doch rechtfertigen lassen, versuchte Varro zu beschwichtigen.
Crassus bot dem neuen Gast einen Platz an, ließ Speisen und Getränke auftragen und bat dann um Varros Bericht. In allen Einzelheiten erzählte er die Geschichte und wie er noch als Prätor unter Mißbrauch seines Amtes die verfahrene Sache zum Guten habe wenden wollen, aber dieser Propinquus mit einem kaiserlichen Schreiben doch die besseren Karten gehabt hätte.
Aufmerksam hörte Crassus die Geschichte an, Aelianus dagegen spöttisch grinsend. Varro, dem dies nicht entging, schwor im Innern, es diesem aufgeblasenen

Präfekten bei Gelegenheit heimzuzahlen, und diese Gelegenheit war ja nicht fern.
»Also vier kräftige Seeleute, berüchtigte Schläger, vermochten nicht, einen unbewaffneten Tribunen so außer Gefecht zu setzen, daß er unmöglich an eine Weiterreise denken konnte? Waschweiber waren das!«
»Aelianus, ich wünsche dir, daß du diesen vier Waschweibern einmal nachts, unbewaffnet und ohne deine Garde in die Hände fällst«, entgegnete ihm scharf Varro.
»Dann sind Propinquus und dieser Jude – Helden«, folgerte der Präfekt, »gib doch zu, Varro, du hast eine Schlappe erlitten.«
Nun biß sich Varro verlegen auf die Lippe und fand keine Antwort. Crassus forderte ihn auf, zu Ende zu berichten. Als der Name Soranus fiel, horchte der Präfekt auf. Dieser ehemalige Fechtmeister, der unter dem Namen Rosanus einst in der Garde gedient hatte, stand also auch auf der Seite dieses Maternus? Natürlich, dachte Aelianus, wie konnte es anders sein! Dieser Mensch mit seiner Flucht hatte ihm damals viel Ärger bereitet.
»Diesen Soranus solltest du nicht unterschätzen«, sagte er zu Varro.
»Keine Angst, mit dem habe ich noch eine alte Rechnung zu begleichen.«
»Wie bist du überhaupt von Ephesos jetzt im November, wo kein Schiff die Überfahrt wagt, nach Rom gelangt?« begehrte Crassus zu wissen.
»Ich kenne einen Kapitän, der wagt es immer. Ich mußte euch unbedingt die Geschichte erklären, damit ihr weitere Schritte unternehmen könnt.«
»Wir erfuhren deine Niederlage bereits durch Propinquus' Ankunft«, höhnte Aelianus.
Varro überhörte den Spott und bat Crassus um weitere Anweisungen. Der forderte weiter nichts, als zu beobachten und rechtzeitig zu melden und eine Verbindung von Rom nach Antiochia, so es in Varros Möglichkeiten stünde, mit allen Mitteln zu verhindern. Aelianus glaubte zu träumen, als Crassus Varro einen mit Münzen gefüllten Lederbeutel überreichte. Für das Versagen auch noch Lohn? Er verstand den Freund nicht.
Wann er wieder abreise, begehrte Crassus zu wissen, und wo er Quartier genommen habe.
Die Rückreise erfolge morgen schon, antwortete Varro, und Unterkunft habe er in dem Hause seines früheren Vorgesetzten Mestrius Florus, der als Privatmann kaum mehr Rom besuche und dessen alter Haushüter ihm immer Unterkunft gewähre. Die Auskünfte schienen Crassus zu befriedigen. Er hielt Varro, als dieser zum Aufbruch drängte, mit keinem Wort zurück.
Auch Aelianus wünschte unter Aufbietung all seiner Beherrschung dem Gast glückliche Reise.
Als beide Präfekten, allein geblieben, sich anblickten, dachten sie das gleiche.
Aelianus sprach es aus: »Eine miese Ratte.«

»Ja, doch wir benötigen sie und müssen das teuer bezahlen. Nicht auszudenken, wenn dieser Varro die Front wechselte, dann ...«
Crassus' gestreckte Hand beschrieb eine Bewegung längs des Halses.
Aelianus fröstelte. »Daß man auf solche Kerle angewiesen ist«, klagte er.
»Beim Spiel um die Macht sind das die wichtigsten Figuren, denn sie bewirken viel und sind die Kraft, die des Pendels Richtung bestimmen. Hat das Pendel ausgeschlagen, sind sie nicht mehr vonnöten. Wenn sie dann nicht die nötige Einsicht haben, schnell und bescheiden zu verschwinden, entledigt man sich ihrer. Diese Figuren besitzen meist die Dummheit, sich zu überschätzen. Sie fordern dann von dem, dem sie durch ihre dunklen Streiche zur Macht verhalfen, eine Teilhabe an der Macht. Das ist ihr Ende. Man liebt den Verrat, aber nicht den Verräter.«
Schauder faßte Aelianus bei solch kalten Überlegungen über die Macht. Plötzlich schnürte ihm Angst die Kehle zusammen. Wie, wenn eines Tages jemand darüber befand, daß er und Crassus auch nur solche Figuren waren?
Schnell schob er diesen Gedanken beiseite. Sie kamen nie in die Rolle solch kleiner Handlanger, sie nicht, denn dazu standen sie zu hoch. Sie würden den neuen Princeps küren und sich solcher Figuren wie Varro entledigen.
Noch auf dem Heimweg durch das nebeldunkle Rom kamen ihm Bedenken. Wenn Crassus' Plan irgendeine nicht bemerkte Lücke hatte und nicht gelang, dann würde man mit ihnen ebenso verfahren, wie sie es eines Tages Varro zugedacht hatten.
Doch wer sollte sie zur Rechenschaft ziehen? Er kannte nur einen: Maternus. Und daß dieser es nie würde tun können, dafür mußten sie sorgen.

XII

Helena rekelte sich auf ihrem Bett aus Zedernholz. Sie reckte sich vorsichtig, hielt dabei die Augen geschlossen. Langsam wurde ihr kühl. Sie zog die federleichte schneeweiße Decke über ihren nackten Körper.
Helena lächelte. Leicht tastete sie mit dem linken Arm das Bett ab, seufzte, als sie die Stelle neben sich leer fand. Richtig, entsann sie sich, Attianus erwartete Besuch, aber nachher würde er sofort wieder zurück ins Bett kommen.
Langsam öffnete sie die Augen. Auf dem blauen Vorhang, der ihr Cubiculum vom Balkon trennte, spielten Schatten. Mit weitgeöffneten Augen verfolgte sie den Wechsel von Hell und Dunkel. Sie schloß die Augen, preßte die Hände vors Gesicht. Vergebens, die Bilder aus der Vergangenheit wichen nicht. Helena sah ihre Vergangenheit als Dirne im Hause ihres Onkels in Corduba vor sich, in das sie nach dem frühen Tod ihrer Eltern mit fünfzehn Jahren gekommen war. Schön war sie gewesen, zu schön, um keine Begierde zu erwecken. Der Bruder der eigenen

Mutter und dessen Sohn nahmen sie mit Gewalt, an einem Novemberabend wie diesem. Brennende Fackeln draußen im Hof warfen ebensolche Schatten wie heute abend auf den Vorhang, deshalb kamen ihr wohl die lebendigen Erinnerungen an damals.
Ihr Onkel und sein Sohn zwangen sie, sich in dem Freudenhaus, das ihnen gehörte, zahlenden Männern hinzugeben.
Helena begann zu schluchzen. Furchtbar, Tag für Tag immer die gleiche gedanken- und gefühllos erlebte Hingabe, bis zur Ermattung, bis zum Ekel. Nie hatte sie damals geglaubt, daß ihr die körperliche Liebe einmal Freude bedeuten würde, bis ein Mann kam, der netter war als alle anderen. Er versprach ihr, sie aus der Hölle des Dirnendaseins zu befreien. Eines Tages kam er nicht wieder. Verzweifelt und stumpf hatte sie sich damals in ihr Schicksal gefügt und wartete nur auf den günstigen Augenblick, um ihrem Leben ein Ende zu setzen. Doch sogar dazu hatte die erzwungene und verhaßte Tätigkeit sie zu müde gemacht. So lebte sie dahin, bis er, Attianus, kam.
Er schlief mit ihr, bezahlte … und war ihr verfallen. Eines Tages forderte er sie auf, es nie wieder mit einem fremden Manne zu treiben. Der Onkel und sein Sohn lachten dem komischen Fremden mit dem düsteren Aussehen ins Gesicht und meinten, das könne er haben, denn in ihrem Hause respektiere man die Wünsche der Kunden, er brauche nur die durch die anderen Gäste entgangenen Einnahmen mit zu übernehmen.
Attianus tat es. Und mehr noch, er kleidete sie ein, unternahm mit ihr Ausfahrten in die Umgebung. Der Onkel ließ sich dafür gut bezahlen. In seiner Gier wollte er mehr. Er ließ durch gedungene Halunken erkunden, wer der Fremde war. Als er erfuhr, daß Attianus einer wohlhabenden Familie des zweiten Adels entstammte, heckte er zusammen mit seinem Sohn einen teuflischen Plan aus.
Mit Ekel und Schauder dachte Helena an soviel menschliche Verworfenheit zurück. Mit ihrer, Helenas Hilfe gedachten sie Attianus um sein gesamtes Vermögen zu bringen. Sie warnte ihn. Der Onkel schlug sie und sperrte sie in eine finstere Kammer, als sie ihm ihre Hilfe bei diesem Schurkenstreich verweigerte. Was dann geschah, wußte sie nicht mehr zu sagen. Sie hörte Lärmen, Waffengeklirr und Geschrei im Hause. Dann Totenstille. Jemand rief ihren Namen. Kurz nachdem sie geantwortet hatte, wurde die Tür aufgerissen, es war Attianus.
Helena lächelte, dachte sie daran zurück, denn von diesem Augenblick an wurde ihr Leben anders, lebenswert. Attianus nahm sie mit in seine Heimatstadt Italica und heiratete sie. Niemals sprachen sie über die Vergangenheit. Vom Bruder ihrer Mutter und dessen Sohn hat sie nie wieder gehört.
Nun lebte sie glücklich hier in Rom. Glücklich? Helena schloß die Augen. Sie besaß alles, was das Herz begehrte. Nur eines war schmerzlich, daß sie und Attianus keine Kinder haben konnten, und manchmal verspürte sie Angst, daß die Schatten der Vergangenheit sie einholen könnten. Liebte sie Attianus? Ja, sie liebte

ihn. Verdankte sie doch alles nur ihm allein. In letzter Zeit arbeitete er nahezu ununterbrochen, ließ sie viel allein, wie heute abend. Helena seufzte. Hatte er ihr doch versprochen, daß er, sobald bestimmte Dinge erledigt wären, sich wieder mehr um sie kümmern würde. Jetzt müsse sie Verständnis haben.

Eines Tages sah sie auf dem Forum den Mann wieder, der vor Attianus als einziger nett zu ihr gewesen war und nicht nur seine animalischen Gelüste für sein Geld befriedigen wollte. Er nickte ihr freundlich zu.

»Du bist Helena aus Corduba«, sagte er. »Ich weiß, du wirst böse sein auf mich, daß ich mein Versprechen nicht eingelöst habe. Doch ich wurde damals über Nacht abkommandiert. Ich werde es heute einlösen.«

»Nicht mehr nötig«, antwortete sie ihm schnippisch. »Ich bin heute die Frau des Caelius Attianus.«

»Verzeihung«, sagte er daraufhin resigniert, »ich habe mich geirrt, es muß wohl eine andere Frau sein, die ich meinte.«

Sie hatte noch lange über diese Begegnung nachdenken müssen. War es Takt, daß dieser Mann dann tat, als hätte er sich geirrt, oder war es Spott? Sie wußte es nicht zu sagen.

Da erklangen vor ihrer Tür schwere, ihr wohlbekannte Schritte. Attianus betrat das Zimmer seiner Frau, trat an ihr Bett, ließ sich auf der Kante nieder, ergriff ihre Hand, zog sie empor. Von ihren Schultern rutschte die weiße Decke und gab ihre Brüste frei. Attianus zog sie an sich, küßte ihre vollen Lippen, seine Hände streichelten ihren Nacken.

»Es wird heute spät werden. Sura wartet bereits unten.«

Enttäuscht verzog sie den Mund.

»Ich kann es nicht ändern«, sagte er schuldbewußt, als er bereits in der Tür stand.

»Du scheinst deine Frau sehr zu lieben«, empfing Licinius Sura Attianus, als dieser den kleinen behaglichen Raum betrat.

»Lieben? Der Ausdruck ist zu milde, ich bin ihr verfallen.«

Licinius Sura vermochte ein Gefühl des Neides nicht zu unterdrücken. Alle, dachte er bitter, haben Glück in der Liebe, nur mir bleibt es versagt.

»Caelius, du hast mir nie etwas über Helena erzählt. Ich entsinne mich, eines Tages brachtest du sie nach Italica mit, nahmst sie zur Frau. Woher du sie hattest, wer ihre Eltern waren – alles ließest du im Dunkeln.«

Der Hausherr lächelte.

»Dort soll es auch bleiben. Helena ist ein Geschenk der Götter an mich. Außerdem gibt es da nichts zu berichten – sie war ein elternloses Kind, dessen ich mich annahm.«

Sura fragte indes weiter nach Einzelheiten. Attianus hatte alle Mühe, nichtssagende Antworten zu geben, und war froh, als es ans Tor pochte.

»Das wird er sein.«

Licinius Sura erhob sich, um sich hinter einem Vorhang in einem Nebengemach zu verbergen.
»Der Lauscher an der Wand ...«, rief ihm Attianus spöttisch nach.
Suras Hände ertasteten im Dunkel eine Sitzgelegenheit. Er setzte sich und wartete. Es dauerte nicht lange, bis er die Stimme des Gastes vernahm, der sich über das schlechte Wetter in Rom beklagte. Danach klapperten Gläser.
»Deine Rückreise kann bereits morgen erfolgen. In aller Frühe bringt dich ein Reisewagen zum Hafen, wo dein Kapitän dich erwartet. Doch nun berichte, wie deine Begegnung mit den Herren Präfekten verlief!«
»Nicht ganz erfreulich«, hörte Sura Varro sagen. »Aelianus hat mich dauernd verspottet, einen Versager genannt und mich ob meiner Reise nach Rom beschimpft.«
»Du bist ja auch nicht seinetwegen allein gekommen«, lachte Attianus, »doch was haben sie für Pläne?«
»Was sie im einzelnen wollen, das weiß ich nicht, doch eines ist ihr Ziel: eine Verbindung von Nerva mit Maternus unter allen Umständen zu verhindern. In einer Allianz dieser beiden sehen sie eine echte Gefahr.«
Wir auch, dachte Licinius Sura.
»Und was sollst du weiter unternehmen?«
»Die Präfekten über alle Dinge, die unmittelbar oder mittelbar damit zu tun haben, informieren, einige Leute in Ephesos beobachten ...«
»Welche?«
»Parteigänger des Maternus, Cassius Asclepiodorus, seinen Steuermann, einen Juden, und vor allem Lucius Barea Soranus.«
»Gut, das kannst du guten Gewissens weiter tun. Mich informierst du, was die Präfekten im Sinn haben. Eines Tages werde ich für dich eine besondere Verwendung haben.«
»Und vergißt du dein Versprechen nicht, Attianus?«
»Nein, wenn du mir die Treue hältst, werde ich mich dafür verwenden, daß das Urteil gegen deinen verstorbenen Vater aufgehoben wird und du zumindest einen Großteil der konfiszierten Güter in Cyrene wiedererhältst.«
»Danke, mein Attianus, dafür werde ich alles tun, was du verlangst.«
»Schon gut. Hier noch etwas Geld. Nun leb wohl und gute Reise, Varro.«
Sura vernahm den harten Tritt der genagelten Stiefel.
»Noch etwas, Varro, wobei du uns helfen kannst: Solltest du in Ephesos eine Jüdin namens Mikal und ihren Sohn, den etwa sechsjährigen Manius Glabrio, entdecken, dann scheue keine Mittel, diese beiden mir zu überantworten. Denn damit könnte ich Nerva einen großen Dienst erweisen.«
»Ich werde ganz Ephesos nach den beiden durchsuchen lassen, und wenn sie sich dort verborgen halten, werde ich sie finden.«
Dem Lauscher klopfte das Herz, als er den Namen vernahm.

»Du kannst aus deinem Versteck kommen«, hörte er Attianus sagen.
»Nun, was denkst du darüber?«
Sura gab keine Antwort. Er durchmaß mit großen Schritten den Raum – sieben Schritte in der Breite, zehn in der Länge. Ob dieser kleine Raum, unmittelbar neben dem Atrium gelegen, wohl vor dem Brande und dem Wiederaufbau durch Attianus das Arbeitszimmer des Herennius Senecio gewesen war, in dem er sich mit der Lebensbeschreibung des Priscus um seinen Kopf geschrieben hatte, durchfuhr es plötzlich Sura. Ob sie sich, Attianus und er, durch ihre Pläne auch um den Kopf brachten? Wer wußte es? Und wenn, dann waren die Moiren eben gegen sie. Um sein Leben, dachte Sura bitter, war es im Grunde nicht schade, denn ein Leben ohne Liebe ist eigentlich keines. Attianus dagegen hatte viel zu verlieren.
Attianus redete auf ihn ein. Es dauerte eine Weile, bis es in das Bewußtsein Suras drang, daß er angesprochen war. Er legte dem Freund die Hand auf den Arm und suchte die Augen in dem blassen Gesicht.
»Er ist von unschätzbarem Wert für uns, weil er uns gleich über zwei Gruppierungen informiert. Ich glaube auch, daß er uns nicht verrät, da du ihn in der Hand hast. Wie verhielt sich die Sache mit seinem Vater?«
»Der alte Varro war in der Provinz Creta-Cyrene Verwaltungsbeamter unter dem Statthalter Primus Helvius. Dabei hat er einiges mehr in seine Tasche fließen lassen, als ihm zukam. Noch unter Domitian wurde der Prozeß eröffnet. Der alte Varro wurde aus dem Staatsdienst entlassen und seiner Güter für verlustig erklärt. Darüber hat er sich so gegrämt, daß er starb.«
Sura nahm seine Wanderung wieder auf und durchmaß mit großen Schritten das Zimmer.
Irritiert beobachtete ihn Attianus.
»Attianus«, sagte er plötzlich, und seine Stimme klang metallen, »wir haben keine Zeit zu verlieren. Wir müssen nun handeln, falls wir auf Nervas Nachfolge noch irgendeinen Einfluß ausüben wollen. Nerva ist gesundheitlich und auch geistig in keiner guten Verfassung. Er leidet an Angstzuständen, deren Ursache die Präfekten sind. Also sucht er eine Kraft, die den beiden Einhalt gebieten kann. Gefunden hat er diese Hilfe in Maternus. Das Dumme ist nur, daß Propinquus noch vor Wintereinbruch nach Rom zurückkehrte mit dem Versprechen des Statthalters, Nerva zu unterstützen. Das war von Varro, da hat Aelianus recht, ein böses Versagen, denn dadurch gewinnt Maternus Zeit. Was wird er tun? Mobilisiert er seine Legionen und marschiert im Frühjahr nach Rom, von Nerva gerufen? Dann fegt Maternus die Garde hinweg, Nerva dankt ihm und erhebt ihn zu seinem Mitregenten und Nachfolger. Und wir …«
»… werden geköpft!«
»Unsinn, Attianus, warum sollte man uns köpfen. Wir haben uns politisch überhaupt nicht exponiert, wir gelten als gute Kaiserdiener. Niemand weiß von unseren Absichten. Nein, wir bleiben bedeutungslos im zweiten Glied und entfernt

vom Mitspracherecht. Wir müssen dann tun, was Maternus und Veiento von uns verlangen. Vielleicht für dich einen Legatenposten in Britannien, für mich eine Statthalterschaft am Pontus Euxinus bei den Barbaren, dort, wo einst der geniale Ovid auf Befehl des Augustus vor Langeweile dahinsiechte. Bei allen Göttern«, Suras Stimme wurde schrill, »wir müssen handeln, sonst sind für uns alle Vögel fortgeflogen. Maternus darf im Frühjahr nicht nach Rom kommen. Das müssen wir verhindern.«

»Aber wie?«

»Die erste Möglichkeit ist die: Trajan mobilisiert und zieht vor Maternus nach Rom. Nun erhebt sich die Frage, ob mein angeheirateter Vetter bei all seinem Ehrgeiz da mitmacht. Immerhin ist es ein Staatsstreich und Hochverrat. Bei einem Sieg über Maternus spräche dann zwar niemand mehr davon, denn Sieger sind immer im Recht, aber der Sieg ist nicht gewiß. Bei allem Respekt vor Trajans Feldherrenkunst wage ich zu bezweifeln, daß er einem Maternus gewachsen ist. Also diesen Weg nur im Notfalle.

Besser scheint mir ein anderer Weg. Wir müssen versuchen, Maternus in den Augen Nervas herabzusetzen. Weiterhin müssen Aelianus und Crassus massiert Nerva bedrohen und dann, ja dann, mein Attianus, bleiben nur noch wir als Trost und Hilfe des alten Kaisers übrig. Doch jetzt muß einer von uns nach Germanien. Ich dachte, von Trajan Botschaft zu erhalten, denn ich habe ihm natürlich in aller Vorsicht die Lage erklärt und von ihm einen Standpunkt gefordert, und, mein Attianus, wenn Trajan sich gänzlich abgeneigt zeigt, dann können wir alles vergessen und huldigen am besten gleich, ehe es andere tun, dem neuen Princeps Maternus.«

»Das ist ein Scherz, Lucius«, wagte Attianus zu zweifeln, »wir könnten auch mit anderen Mitteln nachhelfen.«

»Nein, das möchte ich auf keinen Fall. Kein Blutvergießen und möglichst keine Gewalt. Das Volk, mein Freund, hat ein feines Gespür für solche Dinge. Durch ihre Todesurteile haben Aelianus und Crassus viel verdorben. Und Nerva ebenfalls – man opfert nicht seine Freunde, denen man die Macht verdankt. Denn wer sollte dann noch helfen? Nein, lieber läßt man sich selbst töten. Ich bin davon überzeugt, wäre Nerva standhaft geblieben, zumindest Crassus hätte auf das Urteil verzichtet. Seither verachten die Prätorianer den Kaiser. Deshalb, Attianus, kein Blutvergießen, es muß alles legal geschehen.«

»Manchmal, Lucius, könnte ich dich für einen Träumer halten, wenn ich nicht besser wüßte, daß alles, was du tust, eiskalt berechnet ist und seinen Sinn hat.«

Sura lächelte.

»Ein Träumer zu sein«, sagte er leise, »was ist daran so schlecht? …

Sollte in den nächsten Tagen kein Bote aus Germanien ankommen, dann schicke ich nochmals eine Botschaft an Trajan. Ich habe gedacht, dem jungen Soranus damit ein Zeichen unseres Vertrauens zu geben.«

»Nun gehst du aber zu weit, Lucius«, erregte sich Attianus, »der Vater ist auf der Seite des Maternus, und du willst ...«
»... dem Sohn eine Chance geben. Ein Soranus auf der Gegenseite ist schon zuviel. Obwohl ich noch nicht so recht überzeugt bin, daß der alte Soranus ein Parteigänger von Veiento ist. Man muß um jeden Menschen ringen, es sei denn, er stünde mit Haß und echter Feindschaft dir gegenüber, und ihm eine Möglichkeit geben, sich uns anzuschließen. Ich habe sogar Veiento noch nicht aufgegeben«, spöttelte Sura.
»Jetzt scheinst du mir doch jegliches Maß verloren zu haben«, ereiferte sich Attianus, »das Haupt der Gegenseite für uns gewinnen zu wollen, daß ich nicht lache.«
»In der Politik ist, wie im Leben, alles möglich. Politik ist Kunst und nicht nur Gewalt und Waffenrasseln, im Gegenteil, das Waffengeklirr ist ein Zeichen der Ohnmacht. Wahre Politik ist die Kunst des Möglichen mit überlegenen geistigen Mitteln.«
»Also, ich bin gegen den jungen Soranus als Boten zu Trajan.«
»Und ich dafür«, widersprach Sura lässig, »verstehst du denn nicht, daß wir einen begeisterungsfähigen und waffengeübten Mann wie diesen Marcus Soranus brauchen. Du warst nicht mit im Amphitheater, als dieser Junge mit dem Schwert gegen den Schlagetot Balbus, der die Gegner im Dutzend fällte, antrat. Und warum, Attianus? Du wirst das bestimmt verstehen – aus Liebe. Mit dem Schwert erkämpfte er sich die Tochter des Sabinus. Das hättest du erleben sollen, es war wie eine Tragödie von Sophokles. Stell dir vor, wir gewinnen diesen Menschen, dann haben wir einen Kämpen, der sich für uns in Stücke hauen läßt.«
Attianus hielt es noch für verfrüht, Soranus solches Vertrauen entgegenzubringen.
Doch Sura ließ sich nicht davon abbringen.
Leicht unwillig wollte er sich gerade verabschieden, als es mehrmals dumpf an das Tor trommelte.
Erstaunt blickten sich beide an. Zu solch später Stunde?
»Zu Lebzeiten Domitians«, warf Sura spöttisch ein, »hätten wir uns keine Gedanken zu machen brauchen, da wäre eindeutig gewesen, was die Stunde geschlagen hat.«
Der Nomenklator schlürfte herein und meldete Avidius Nigrinus aus Germanien für Licinius Sura an.
»Beim Jupiter, Caelius, das ist der Bote von Trajan. Dieser Tag ist voller Überraschungen.«
Der Angemeldete trat in den Schein der Lampen. Sura sah in ein schmales wettergerötetes Gesicht. Nigrinus' Stirn war hoch, die Brauenlinien lagen leicht hervortretend über tiefen Augenhöhlen, aus denen ein blauer Blick hervorlugte. Die stark gebogene Nase und der schmallippige Mund gaben ihm ein kühnes Ausse-

hen. Das Haar, schwarz und glatt nach vorn gekämmt, lichtete sich trotz des jugendlichen Alters bereits an beiden Schläfen. Das kommt vom dauernden Helmtragen, dachte Lucius Sura, als er die dünn werdenden Stellen im Haar entdeckte. Über der wollenen Reisetunika trug der Ankömmling einen schwarzen pelzgefütterten Soldatenmantel.

»Ich habe eine Botschaft für den Senator Lucius Licinius Sura.«

Nigrinus fingerte umständlich in seinem Mantel herum und brachte endlich ein zerknittertes Schreiben hervor.

Mit zitternden Fingern entfaltete es Sura und las. Das Schreiben war ohne Anrede und ohne Unterschrift. Es lautete:

»Der Überbringer dieses Schreibens besitzt mein volles Vertrauen, so als wäre ich selbst gekommen. Als Antwort auf Deine Botschaft vom 20. Oktober teile ich Dir mit, Du kannst über mich verfügen. Erwarte mit Überbringer des Schreibens nächste Anweisungen.«

Lächelnd gab Sura das Schreiben an Attianus.

Der Hausherr las, ja das war Marcus Trajanus, kurz, bündig, vorsichtig, kein Name, kein Ort und doch eindeutig.

»Was aber, wenn du ein Schurke bist«, sagte er zu Nigrinus gewandt, »und den richtigen Boten ermordet hast?«

Nigrinus maß Attianus mit einem Blick ungeheurer Verachtung. Er hielt es nicht einmal der Mühe wert, darauf zu antworten.

»Schon gut, war nur eine vorsichtige Frage«, entschuldigte sich Attianus. Beide blickten sich durchdringend an, als ahnten sie, daß ihr Schicksal einmal eng verknüpft sein würde.

»Hast du ein Quartier in Rom?« fragte Sura.

»Ja.«

Sura drängte zum Aufbruch.

Attianus atmete auf. Ein anstrengender Tag. Ob Helena ihn noch erwartete? Er glaubte es nicht. Er fluchte leise vor sich hin. Wegen dieses Sura und seines … hatte er sich um einen schönen Abend mit Helena gebracht. Manchmal fragte er sich, ob diese Aufregungen, in die ihn Sura immer mehr hineinzog, sich eines Tages überhaupt auszahlen würden. An einem Tag wie diesem verspürte er den Drang, sich zurückzuziehen und nur das Leben zu genießen. *Beatus ille, qui procul negotiis* – Glücklich jene, die fern von den Geschäften sind.

XIII

Gallus Fabricius Veiento stützte mit der Linken das kantige Haupt – richtete sich bequem auf dem Lectus ein und ließ seinen Blick über die Gäste schweifen. Es war ein erlesener Kreis, den er geladen, und die Anzahl entsprach der römischen

Sitte, für ein Gastmahl nicht weniger als die Zahl der Parzen – drei – und nicht mehr als die Zahl der Musen – neun – zu laden. Genau dazwischen lag die Zahl von Veientos Gästen, seinen Freunden und Vertrauten.
Der Senator lächelte seinem zur Rechten liegenden Freund Domitius Apollinaris zu, dessen mit schwarzen Haaren bedeckte Hände einer der Tänzerinnen, die er auf seine Liege gezogen hatte, unter das Gewand fuhren. Die Kleine warf den Kopf in den Nacken und schmiegte sich an ihn, wobei sie gurrende Laute wie eine Taube ausstieß.
Plötzlich richtete sich Apollinaris auf und fragte, zu Veiento gewandt, warum er sich eigentlich so abmühe, um den Maternus zum Nachfolger Nervas zu machen, der Wein bessere sich damit um nichts und die Mädchen verschönerten sich auch nicht. Und ob die Geschäfte besser gingen …
Veiento warf ihm einen verächtlichen Blick zu und sagte: »Damit du, Apollinaris, all das Angenehme behalten und in Ruhe ohne Angst genießen kannst und deine Karawanen nicht mehr in Parthien geplündert werden!«
Der Zurechtgewiesene glotzte aufgestört aus seiner Trunkenheit, nahm dann sein Spiel mit dem Mädchen wieder auf.
Veiento wandte sich zu Propinquus, der zu seiner Linken lag und den Tänzerinnen zuschaute, sich ab und an eine vorbeitanzende griff und sie küßte.
Alle amüsieren sich, finden Freude am Essen und Trinken und vor allem an meinen Tänzerinnen, dachte Veiento. Seine Tänzerinnen hatten ein Vermögen gekostet und waren die Attraktion seiner Gastmähler. Keiner, auch nicht der ehrbarste und treueste Liebhaber und Ehemann, widerstand den verführerischen und verlockenden Wesen. Und alle plauderten in den weichen und liebkosenden Armen.
Nur ich, dachte Veiento bitter, finde keine Zerstreuung mehr bei Frauen, hin und wieder, wenn die Natur ihr Recht verlangt, doch als höchstes Vergnügen empfinde ich die Sinnenlust nicht mehr. Auch meine Lustknaben erregen mich nicht mehr. Alle Vergnügungen sind schal geworden wie abgestandener Wein. Vielleicht habe ich in meinem Leben zuviel genossen und bin übersättigt, versuchte er seine Genußunfähigkeit zu ergründen.
Nur noch eine Beschäftigung bereitete Vergnügen, nämlich das Spiel mit den Menschen und ihren Schicksalen, auch Politik genannt. Bisher stets nur Handlanger der Macht im zweiten Glied, gelüstete es ihn danach, Macht einmal selbst auszuüben, mit seinem Kopf die Geschicke des Imperiums zu lenken. Das Schnipsen eines Fingers setzte Legionen in Bewegung, ließ riesige Bauten entstehen, Aquädukte und Brücken sich über einsame und menschenleere Täler spannen und neue Ansiedlungen aus den undurchdringlichen Wäldern im Barbarenland wachsen – alles, alles nur auf sein Geheiß. Und der Kaiser Curiatius Maternus fragte bei jeglicher Entscheidung ihn, Gallus Fabricius Veiento, ob er das und jenes tun solle.

Veiento schloß die Augen, wälzte sich auf den Rücken und träumte den Traum der Macht. Endlich einmal ganz oben sein, keinem Menschen Rechenschaft schuldig über das Getane, was man tat, war richtig – über sich nur die Götter, die stummen und ohnmächtigen Wesen, an die er nicht glaubte.

Die Macht glich Medusa. Wer einmal in ihr Antlitz gesehen, der vermochte den Blick nicht mehr zu wenden, er mußte ihr folgen und war – verloren.

Und er, Veiento, hatte in dieses Antlitz geblickt, als er keine Freude und keinen Genuß mehr am normalen Leben fand. Ergo, dachte er lächelnd, ist der Wille zur Macht ein Ausgleich für die Leere und die Unfähigkeit, mit dem Leben etwas Vernünftiges anzufangen. All das kam bei ihm erst mit zunehmendem Alter, ergo war Macht ein Ersatzliebesspiel für impotente, alte Männer.

Er lachte laut auf und drehte sich zur Seite. Sein Lachen war in dem lärmerfüllten Trubel untergegangen. Aber es ist doch tatsächlich so – der Hang zur Macht ist unnormal und wirklich nur ein Ersatz, ein Berauschen. Denn was hatte man davon, setzten sich Tausende von Legionären auf einen Wink in Bewegung? Man hatte das Gefühl, im Mittelpunkt der Welt zu stehen und unersetzlich zu sein, einmalig und …

Er begriff den Widersinn, fühlte aber, daß er von dem Spiel, das nun schon kein Spiel mehr war, nicht würde lassen können. Er, Veiento, brauchte als Krönung seines Lebens das Gefühl, einen Kaiser gemacht zu haben. Aber nicht um das Gefühl allein ging es, nein, er wollte seinem alten Freund Nerva, der ohnmächtig den Launen der Prätorianer ausgeliefert war, wirklich helfen, und wenn dabei Begeisterung, Lebensgefühl und Befriedigung abfielen, dann war es gut für alle.

Nerva mußte unter allen Umständen geholfen werden. Nicht nur vor den Prätorianern, sondern auch vor dem sich mausernden spanischen Klüngel, der nicht ruhte, sondern emsig arbeitete, Kontakte nach Germanien knüpfte und auch im Senat nach Anhang suchte. Dieser Sura, dachte Veiento, war zwar noch keine echte Gefahr, doch er konnte es in absehbarer Zeit werden.

Der Senator zuckte zusammen. Sein Majordomus, dem er es überlassen hatte, das Gastmahl wie immer auszurichten, klopfte mit dem Stock auf den Boden und kündigte den Dichter Martial an. Die Tänzerinnen verschwanden aus der Mitte und kuschelten sich irgendwo bei den Gästen an.

Martial, staunten alle, der Hofdichter Domitians, der den Herrn und Gott in seinen Versen angebetet hatte, lebte also auch noch in Rom? Man munkelte, Nerva habe ihn aus Rom verbannen wollen, aber Martial bat um die Gnade, in seinen spanischen Heimatort Bilbilis in Hispania Tarraconensis zurückkehren zu dürfen. Der Heimreise stand bisher der Mangel an Geld für die Reise entgegen. Aus diesem Grunde mußte Marcus Valerius Martialis solche Aufträge annehmen, die er als Hofpoet vor wenigen Monaten noch als Zumutung, vielleicht sogar als Beleidigung zurückgewiesen hätte.

Heute betrachtete er es als höchste Ehre und Gnade, zu den Gastmählern bei rö-

mischen Senatoren und Rittern den angetrunkenen Gästen mit seinen lasziven Versen Freude zu bereiten.
Er machte keine gute Figur, der ehemalige *Poeta laureatus*, wie er abgemagert und mit abgewetztem Gewande seine Verse vortrug:

»Meistens pflegen die zu spröden
Mädchen Männer anzuöden,
aber auch die zu bereiten,
tun's zuzeiten.
Flora läßt mich mit Behagen
hundert Male ›Bitte‹ sagen –
Wenn sie dann die Glieder spreizt,
zeigt sich meines überreizt;
Paula stöhnt zwar bald ihr ›Bitte!‹
aber streckt zu weiterem Ritte
sie noch immer ihre Glieder,
streckt sich meines nicht schon wieder.
Darum lautet meine Bitte
an die Damen dieser Welt:
Sorgt, daß eure süße Mitte
ihrerseits die Mitte hält!«

Gelächter antwortete Martial, der sich dankbar verneigte, einen ihm gereichten Pokal entgegennahm und ihn in einem Zug leertrank. Dann forderte man ihn auf, weitere Proben seiner Kunst zu geben. Unter Beifall deklamierte er seine frivolen Verse. In einer Pause fragte Fulvius Gillo, ein kleiner Mann mit einem Gesicht wie ein Äffchen, ob er sich von dem Poeten bestimmte Verse zum Vortrag wünschen dürfe, er bezahle dafür zusätzlich. Veiento bejahte. Auch der Dichter hatte keine Einwände. Lächelnd bat Gillo um die Verse, mit denen Martial den Kaiser Domitian bei Festessen zu begrüßen pflegte. Der Dichter erschrak. Daß man ihn an diese, seine Schande erinnerte, die er gerne ungeschehen gemacht hätte, sofern es irgendwie möglich war, fand er beleidigend. Er bat Gillo, ihm dies zu erlassen. Doch der Affengesichtige bestand darauf.
Im Saale herrschte Schweigen.
Leise, mit zitternder Stimme, gegen Tränen ankämpfend, sprach Martial die Verse:

»Siehe, da ist Gott,
da ist er, vom Vater im Himmel
eingesetzt mit der Vollmacht,
auf glücklicher Erde
zu herrschen.«

Schluchzen erstickte die letzten Worte. Martial bedeckte das hagere Gesicht mit beiden Händen.

»Bravo, Martial«, unterbrach Gillo die peinliche Stille, »hier dein Lohn.« Er warf eine Goldmünze auf den Boden. Doch Martial hob sie nicht auf. Mit heiserer Stimme bat er, gehen zu dürfen. Veiento nickte.
»Fulvius Gillo«, sagte er scharf, »das war nicht gut, so demütigt man einen bereits gestraften Menschen nicht.«
Der Kleine wand sich verlegen. Schließlich rang er sich eine Entschuldigung ab und versprach, seinen Verwandten Plinius Secundus, der ein Verehrer Martials sei, dahingehend zu beeinflussen, daß er diesem die Reise in die Heimat bezahle.
Nach diesem unerfreulichen Zwischenfall vermochte keine freudige Stimmung mehr aufzukommen. Das Festmahl war getrübt. Leicht verstimmt verabschiedeten sich die Gäste. Gillo bat nochmals um Entschuldigung.
Veiento schickte die Tänzerinnen weg und blieb mit Propinquus allein.
»So sind die Menschen«, sagte er, »aus dem Nichts und für nichts müssen sie einander quälen. Dabei war diese Sache harmlos. Aber man quält sich noch schlimmer. Furchtbar.«
Propinquus starrte schweigend vor sich hin.
»Nun zu anderen Dingen. Du sagtest mir, daß Curiatius Maternus Nerva und uns helfen will, doch nicht mit ehrlicher Begeisterung?«
»So ist es.«
»Und warum? Früher ließ er sich entflammen, mitreißen.«
»Vielleicht das Alter und dann der Ärger mit seinem Sohn. Der junge Maternus ist nicht ganz so geraten, wie der Vater es gerne hätte.«
»Es ist selten, daß die Kinder alle Wünsche und Vorstellungen der Eltern erfüllen.«
»Bei Maternus' Sohn sieht es wirklich nicht gut aus. Er hat fragwürdige Freunde, syrische Fürsten, die ihn in alle Laster des Morgenlandes einweihen. Weibergeschichten, Wetten, Schulden, dunkle Geschäfte mit Sklaven und anderen Dingen. Das bereitet Maternus große Sorgen.«
Diese Haltung des Maternus beunruhigte Veiento. Ein künftiger Kaiser, der das Amt ohne Schwung und Begeisterung übernahm, gab kein gutes Beispiel. Aber andererseits, versuchte er sich zu beruhigen, ließ ihm dies vielleicht einen größeren Handlungsfreiraum. Man mußte abwarten.
»Aber er unterstützt uns?«
»Natürlich. Sofort, wenn der Befehl ergeht, setzt er die Legionen in Marsch.«
Die beiden Männer fanden kein Gesprächsthema mehr an diesem Abend und wünschten sich angenehme Ruhe.
Veiento, der keinen Schlaf fand, grübelte darüber nach, was seine Wünsche vereiteln konnte. Eigentlich nichts, nur Nervas offizielle Anerkennung des Maternus als Mitregent fehlte noch. Die zu erlangen war schwierig, weil sich der Alte so unentschlossen und zaudernd verhielt. Bedrängte ihn Aelianus, dann würde er es

gleich tun, schlief er wieder einmal gut, dann glaubte der Kaiser an seine eigene Kraft. Den richtigen Moment durfte man nicht verpassen, sonst war das Spiel aus.

XIV

»Kein gutes Omen für das Jahr der Konsuln Coccejus Nerva und Verginius Rufus, wenn einer bereits bei der feierlichen Amtseinführung vor dem kurulischen Stuhl zu Fall kommt. Es war fast rührend zu sehen, wie die beiden alten Männer dahinschlichen, Rufus nach seinem Stolpern auf Nerva gestützt«, sagte Licinius Sura, wobei er sein schmales Gesicht Caelius Attianus zuwandte. Der Freund meinte nur lässig, daß die Tage Nervas gezählt seien, und fragte im gleichen Atemzug nach den Geschehnissen der letzten Wochen, da sie sich kaum gesehen hatten.
Unwillig berichtete Sura über die Senatssitzung, wo über die zu zahlenden Kontributionen an die Daker eine heftige Diskussion entbrannt war und nochmals den Haß auf Domitian entfacht hatte. Einige Senatoren hatten kategorisch gefordert, die Zahlungen einzustellen. Dann überziehen die Barbaren Rom mit Krieg, denn diese Gelder an Decebal waren der Preis für den Frieden, hatten andere argumentiert. Die Donaugrenze sei der schwache Punkt, an dem das Imperium verwundbar wäre, doch könne man dort im Augenblick keine kriegerischen Verwicklungen brauchen, später einmal müßte das Problem grundlegend gelöst werden, hatte der alte Tettius Julianus gerufen, und für einen Frieden an der Nordostflanke müsse man eben bezahlen.
»Unmöglich«, rief Attianus empört, »das mußt du dir vorstellen, Rom, die Herrin der Welt, zahlt einem kleinen Barbarenvolk Kontributionen, damit es das Imperium in Frieden läßt. Eine Schmach ist das.«
Sura lächelte über den Eifer des Freundes. »Mein lieber Caelius, diese Angelegenheit ist vorläufig belanglos beziehungsweise dient uns zum Vorteil, da sie die Unzufriedenheit erhöht und die Notwendigkeit, einen Mitregenten für Nerva zu suchen, verstärkt. Und da bin ich sicher, dieses leidige dakische Problem schafft uns Trajan schnell vom Halse. Er hat einmal mir gegenüber geäußert, daß er so ähnlich wie du empfinde. Diese dakische Sache würde uns auch Maternus abnehmen, also kein Grund, darüber auch nur ein Wort zu verlieren. Doch ehe ich es vergesse, der Senat hat ein Gesetz verabschiedet, das die dynastische Erbfolge verbietet. Der Kaiser muß einen Nachfolger adoptieren, den der Senat bestätigen muß. Nerva ist endlich in Zugzwang und muß sich früher oder später entscheiden.«
Attianus warf stirnrunzelnd ein, daß er befürchte, Nerva habe sich schon entschieden. Das stellte Sura entschieden in Abrede, denn noch habe er, der Kaiser, offiziell die Ernennung des Maternus nicht verkündet. Freilich, bemerkte er, der

Name des Maternus sei im Kabinettsrat häufig im Gespräch, beinahe zu häufig. Doch vor Beginn der Schiffahrt im Frühjahr sei nichts zu befürchten, da Propinquus nicht eher nach Antiochia zurückreisen könne. Und bis dahin sei besagter Propinquus in guter Obhut.
Wie er das verstehen solle, fragte Attianus.
»Ganz einfach, mein neuer Freund Aelianus überwacht ihn.«
»Dein neuer Freund Aelianus?«
»Du warst doch so freundlich, uns bekannt zu machen. Das habe ich genutzt, und nun arbeiten Crassus und Aelianus für uns, nein, besser mit uns gemeinsam gegen unsere ...« Sura lachte, »mir fällt kein Wort ein. Feinde ist falsch, Gegner ist nicht ganz richtig, denn Veiento und seine Getreuen sind nicht unsere Feinde und Gegner, sondern sind Leute, deren Machtergreifung uns nicht ganz gelegen käme.«
»Deine Formulierungskünste, Lucius, sind vortrefflich. Doch mich interessiert, wie du den Aelianus, der mir zwar verbunden ist, aber dir doch zunächst ein Fremder war, ins Netz gelockt hast.«
»Zunächst, mein Caelius, nützte mir deine Empfehlung und vor allem, daß wir befreundet sind. Aelianus ist eitel, selbstgefällig, möchte gerne Ruhm und Lob ernten. An diesen Punkten habe ich ihn gepackt. Damit hatte ich den Schlüssel gefunden, um schrittweise sein Inneres zu erschließen. Als ich wußte, was er fürchtete und was er für Wünsche hegte, schlug ich hart zu. Zunächst malte ich ihm aus, und das war nicht schwer, was mit ihm geschähe, machte Nerva den Maternus zum Mitregenten. Da kam er mir entgegen, indem er bekannte, daß sein Leben dann keine Sesterze mehr wert sei, da Nerva ihm nie verziehe und nur nicht stark genug sei, ihn abzulösen und zu strafen. Dann ging alles wie von selbst. Aelianus schwor mir, alles zu tun, um die Verbindung Rom–Antiochia zu verhindern. Er gestand mir, dies schon einmal vergeblich versucht zu haben. Kurz und gut, er läßt Propinquus und Veiento nicht mehr aus den Augen und überwacht alles, was nach Syrien und von Syrien nach Rom unterwegs ist, und informiert mich postwendend darüber.«
Attianus vermochte sein Erstaunen nicht zu verbergen. »Aber«, wagte er einzuwenden, »gekostet hat die Sache wohl einiges?«
»Wenig nur«, erwiderte Lucius Sura, »und zunächst nur Versprechen. Ein kleines Landgut und eine Statthalterschaft für ihn und Crassus, wenn sie gemeinsam, Crassus und er, einen ihnen genehmen Nachfolger Nervas zum Principat brächten.«
»Das ist ein guter Schritt voran«, frohlockte Attianus, »und wie nun weiter?«
Ein hintergründiges Lächeln antwortete ihm. Alles brauchte er Attianus nicht zu offenbaren, dachte Sura, denn manche Dinge, die letzten, die geheimsten und vor allem die abgründigsten, behielt man am besten im eigenen Herzen vergraben. Attianus war zwar ein Freund und Verbündeter, doch auch Freundschaften konn-

ten zu Bruch gehen und zu Feindschaften werden. Und Attianus in seiner manchmal unberechenbaren Brutalität konnte mit derlei Wissen leicht zu einem Sicherheitsrisiko werden.
»Wir müssen Einfluß und weitere Verbündete gewinnen, vor allem müssen wir den Namen Trajan als Gegengewicht gegen den militärischen Ruhm und die Legende des Maternus häufiger ins Gespräch bringen. Wie mir Palma berichtete, hat es vor kurzem ein kleines Scharmützel mit den Barbaren gegeben. Das müssen wir zur siegreichen Schlacht ausbauen, Trajan wahre Wunder an Tapferkeit und Feldherrenkunst vollbringen lassen. Und nun, mein Caelius, kannst du die leidige Sache mit dem Tribut an Decebal für uns noch gewinnbringend verwerten, nämlich in der Form: An der Rheingrenze ist Ruhe und Sicherheit dank der aufopferungsvollen Wachsamkeit eines Marcus Ulpius Trajanus. An der Donaugrenze brauchten wir nur eines, einen Mann wie Trajan.«
Attianus lachte: »Nach deinen Worten könnte man Trajan für einen Heros halten, was er, und du weißt es besser noch als ich, nicht ist. Er ist zwar ein guter Soldat und, man kann es ohne Übertreibung sagen, einer der besten Feldherren Roms, aber ein Wundermann ist er nicht, dazu besitzt er zu wenig oder besser noch eine zu einseitig ausgerichtete Phantasie und geistige Regsamkeit.«
Um so besser für uns, denn dadurch wird er lenkbarer sein, dachte Lucius Sura. Und gerade du, er musterte das bleiche bärtige Gesicht des Attianus etwas verächtlich, mußt einem Trajan mangelnde Phantasie und geistige Regsamkeit vorwerfen, zum Lachen. Dir ist mein Freund Trajan, und da kenn ich ihn wirklich besser, noch immer überlegen. Natürlich ist er kein Philosoph und kein Politiker, doch das wird er unter meiner Führung schon werden. Dieser Attianus! Komisch, daß beschränkte Menschen sich immer überschätzen und über andere erheben müssen.
»Plinius, Tacitus und Julius Frontinus habe ich auch schon halb und halb für uns gewinnen können«, sagte Sura. »Nun hoffe ich, den jungen Soranus vollends zu gewinnen.«
»Vollends gewinnen? Und den wolltest du bereits als unseren Boten nach Germanien senden? Ein Glück, daß Palma noch rechtzeitig erschien und deinen Leichtsinn verhinderte«, kritisierte Attianus.
»Zu Ehren unseres gemeinsamen Freundes Hadrian werde ich an seinem Geburtstage, am 24. Januar, ein Fest geben, mein Caelius, wozu ich dich einlade. Vielleicht kommt Publius Hadrianus auch. Ostorius Sabinus hat bereits zugesagt, aber ob Marcus Soranus mir die Ehre geben wird, ist noch ungewiß, da er seine schwangere Frau nicht allein lassen will. Und, mein Caelius, Soranus hätte mein Anerbieten, jetzt nach Mogontiacum und Colonia Agrippinensis zu reisen, nicht angenommen.«
»Publius kommt nach Rom«, freute sich Attianus.
»Das ist nicht sicher, es liegt in den Händen seines Kommandanten. Außerdem

liegt sein letzter Besuch nicht lange zurück. Wir feiern den Geburtstag auch in seiner Abwesenheit. Doch nun verzeih, ich muß mich meinen Klienten widmen und eine Rede für die nächste Sitzung der Kurie ausarbeiten.«
Attianus verstand und beeilte sich zu sagen, daß er ohnehin gehen müsse, da ihn Helena, die er in letzter Zeit oft vernachlässigt habe, zu einer Ausfahrt in die winterlichen Berge des Albanergebirges erwarte.

XV

Voller Unruhe durchwanderte Marcus Soranus das Atrium. Von den Marmorfliesen hallten seine Schritte wider. Respektlos traten seine beschlagenen Stiefel den Helden, deren Bilder als Mosaik in den Fußboden eingelassen waren, in den Leib und auf das Haupt. Äneas, der Trojaner und Ahnherr der Römer, der den Rutuler Turnus besiegte, wurde in der Nähe des Impluviums von Marcus' Ferse im Gesicht getroffen. Der Wandelnde bemerkte es nicht und achtete auch nicht darauf. Seine Augen hatten keinen Blick für die mit Kostbarkeiten ausgestatteten Räume des Palastes seines Schwiegervaters.
Marcus' Gedanken weilten bei ihr, Claudia Ostoria, die oben in ihrem Cubiculum lag. Bei ihr war ein Arzt und untersuchte ihren Zustand. In letzter Zeit fühlte sich Claudia sehr schlecht. Unwohlsein, Schwindel und Erbrechen wechselten einander ab. Marcus sorgte sich und wollte Gewißheit, ob dies normale Schwangerschaftsübelkeiten waren oder ob Komplikationen vorlagen.
Marcus verhielt seinen Schritt und lauschte. War im Obergeschoß nicht eine Tür geschlossen worden, und waren nicht Schritte zu vernehmen? Alles blieb still. Er nahm seine Wanderung wieder auf. Dabei hüllte er sich fester in sein mit Goldfäden durchwirktes grünes Hausgewand. Er fröstelte, obwohl die Hypocaustenheizung mollige Wärme verbreitete.
Jetzt erklangen Schritte auf der Treppe. Der Arzt, ein Freigelassener und jetzt Klient des Ostorius Sabinus, kam leichtfüßig die Treppe herunter.
»Nun?« fragte Marcus ungeduldig.
Der Arzt war ein Mann, den Marcus nicht mochte, glatt, elegant, das Haar sorgfältig in Locken gelegt, alles in allem ein Geck. Er antwortete geziert, wobei er den zu kleinen Mund spitzte, er habe nichts Beunruhigendes finden können. Eine Salbe zum Einreiben des Leibes habe er der Herrin gegeben. Dann ging er davon.
Marcus eilte nach oben, nahm zwei, drei Stufen mit einem Schritt.
Erschöpft, mit schweißbedeckter Stirn lag Claudia Ostoria in den Kissen. Zwei Sklavinnen betupften das Gesicht.
Sie lächelte beim Eintritt ihres Gatten. »Es ist nichts, mein Lieber, alles in Ordnung, meinte der Arzt«, sagte sie leise.

Vorsichtig nahm Marcus ihre Hand, die sich heiß anfühlte, führte sie an seine Lippen, dann drückte er einen Kuß auf ihre Stirn. Die beiden Sklavinnen, die dem Herrn, als er an das Bett trat, Platz gemacht hatten, standen nun daneben und wußten nicht, ob sie bleiben oder gehen sollten. Besorgt forschte er in Claudias Gesicht. Stand es nicht schlechter, als sie und der Arzt wahrhaben wollten? Wie viele angehende Mütter starben bei der Geburt! Er hatte davon gehört.
Sie gefiel ihm nicht. Ihr langes schwarzes Haar lag wirr und schweißnaß auf den Kissen. Der Blick ihrer hellgrünen Augen schien ihm matt. Die sonst braune und gesunde Haut des Gesichts wirkte fahl, rote Flecken standen auf ihren Wangen.
Ob es ihr auch wirklich gut ginge, fragte er besorgt.
Sie nickte und sagte, daß sie jetzt nur müde sei.
Er verstand, streichelte ihre Stirn, die sich heiß und feucht anfühlte, drückte einen Kuß auf die aufgesprungenen Lippen und verließ das Cubiculum. Vorsichtig schloß er die Glastür hinter sich, ging nachdenklich durch den von Säulen getragenen Rundgang und stieg die Treppe hinab. Ein anderer Arzt mußte her, denn diesem Stutzer traute er nicht.
Er wanderte wieder durchs Atrium und zermarterte sich den Kopf, welchen Arzt er konsultieren könne. Ihm waren einige bekannt, die seit Vespasians Ärzteförderungserlaß in Rom frei praktizierten, doch keinem vermochte er das nötige Vertrauen zu schenken.
Nur einem, dem alten Juden. Die jüdischen Ärzte besaßen einen hervorragenden Ruf, noch besser als die griechischen. Wie hieß er doch, der Alte? Gabriel – Gariel – Gamaliel – richtig: Doktor Gamaliel. Er sah ihn vor sich, den kleinen verwachsenen Mann mit dem langen Bart, in dem sich die verschiedensten Farben mischten, und dem zerknitterten Gesicht und den großen Augen, in denen sich Milde, Weisheit und Trauer, Trauer über die Verderbnis der Menschheit, so seltsam widerspiegelten. Erinnerungen stiegen auf, wurden lebendig und drängend. Octavia sah er vor sich, die schöne Frau und Gattin Saturnins, des Mannes, der Domitian das Fürchten gelehrt hatte – ihr üppiges rotes Haar, ihren Leidenschaft schenkenden Körper. Marcus schwindelte. Er mußte sich an der Wand stützen. Octavia, seine erste wirkliche Liebe, die Frau, die ihn erst richtig zum Manne gemacht hatte. Er seufzte. Und dann das bittere Ende – Aelianus, schon damals Präfekt, verhaftete sie, und um den Peinigungen zu entgehen und ihrem Gatten, der sich in Germanien wider Domitian erhoben hatte, kein Hindernis für seine Entscheidungen zu sein, legte sie, eine gelähmte Frau, vor Domitians Augen Hand an sich.
Niemals, solange er lebte, würde er Octavia vergessen können. Auch seine tiefe Liebe und grenzenlose Zuneigung für Claudia würde diese Erinnerung niemals verschütten können.
Er erwachte aus seiner Reise in die Vergangenheit. Wie war er denn gerade jetzt auf Octavia gekommen?

Richtig, diesmal durch einen Anlaß, der sonst nie seine Gedanken auf die Tote lenkte: durch Doktor Gamaliel. Der Alte hatte ihm Vertrauen eingeflößt. Vielleicht hätte er sogar Octavia zu heilen vermocht.
Diesen Gamaliel mußte er holen. Wo dieser sein Haus hatte, wußte Marcus nicht, doch irgendwo in Transtiber in der Nähe des Janiculus. Bei Clodius würde bestimmt die Lage des Hauses zu erfragen sein.
Mechanisch kleidete er sich an, ohne einen Sklaven zur Hilfe zu rufen. Als er den Palast verließ, hinterließ er bei dem Türsklaven eine Nachricht.
Eine blasse Wintersonne stand tief über dem Aventin und vermochte den Dunst des Januartages nicht zu durchdringen.
Eilig strebte Marcus vom Aventin hinab, rechter Hand den Circus Maximus hinter sich lassend und am Velabrum linker Hand dem Weg folgend, der sich über die Aemiliusbrücke nach Transtiber fortsetzte. Vom Fluß stiegen dünne Nebelschleier auf. Marcus wurde warm vom schnellen Laufen. Nun war er auch schon an der Taverne des Clodius angelangt, die um diese mittägliche Stunde nur von wenigen Gästen besucht war. Einige Händler, Speicherarbeiter und Handwerker saßen in der Schankstube, verzehrten ein bescheidenes Mahl und tranken ihren verdünnten Wein dazu. Durch Marcus' Eintritt ließen sie sich nicht beeindrucken. Eine saubere, dralle Schankmagd, die Marcus noch nie gesehen hatte, stand an der Theke und hantierte mit den Krügen.
Als Marcus zu ihr trat, unterbrach sie die Arbeit und hob ihren Blick zu ihm.
Er sei ein Freund von Clodius und wolle ihn sprechen, sagte er zu dem adretten Mädchen. Sie nickte und verschwand in den Marcus wohlbekannten hinteren Räumen. Er folgte ihr, nicht eben leise mit seinen genagelten Stiefeln. Doch sie wandte sich nicht um. Nun sah er Clodius' breite Gestalt, gebückt an einem Weinfaß die Spannringe prüfend. Das Mädchen tippte ihn an. Mit einem Ruck fuhr Clodius hoch und sah seine Magd und Marcus. Er riß seine dunklen Augen auf, schob das Mädchen zur Seite und wollte Marcus in die Arme schließen, besann sich aber und reichte ihm nur die Hand entgegen.
»Seit wann begrüßt du deine besten Freunde so zurückhaltend?« sagte Marcus mit leichtem Spott. »Komm her, alter Bär!« Dabei zog er den bulligen Schankwirt an der ausgestreckten Rechten zu sich und schloß ihn in die Arme. Der schob Marcus in die andere Stube, drückte ihn auf einen Holzsessel, gab dem Mädchen mit der Hand ein Zeichen. Einen Augenblick später kehrte sie mit zwei Bechern und einer Schüssel voller Gebackenem zurück.
Clodius forderte Marcus auf zuzulangen. Erst jetzt bemerkte dieser seinen Hunger, da er nur ein leichtes Morgenmahl eingenommen hatte, und das lag schon Stunden zurück. Er griff in die Schüssel und nahm ein zusammengerolltes Gebäckstück heraus, staunte über den Wohlgeschmack der mit Teig überbackenen Fleischstücke und aß noch zwei.
»Was ist das?« fragte er Clodius.

»Eine spanische Pastete, eine Spezialität meiner neuen Magd.«
Auf die Frage nach dem Schankmädchen erzählte ihm Clodius, wie er dies arme Ding vollkommen verdreckt, verwahrlost und verängstigt einem alten versoffenen spanischen Seefahrer abgekauft habe. Leider sei sie taubstumm, aber sonst, der ehemalige Gladiator schnalzte mit der Zunge, in jeder Beziehung ohne Fehl und Tadel.
Nun wunderte sich Marcus nicht mehr, daß sie seine Schritte nicht gehört hatte.
Dann mußte Marcus berichten, was sich seit ihrer Rückkehr aus Brundisium ereignet hatte. Marcus gestand ihm seine Besorgnisse. Clodius zog die Stirn in Falten, betrübt darüber, daß er ihm nicht den Weg zu dem jüdischen Arzt zeigen konnte. Enttäuscht lächelnd antwortete ihm Marcus, daß er nun aufbrechen und ganz Transtiber absuchen müsse.
Er erhob sich, ging, begleitet von Clodius, zur Schankstube. Dankend verabschiedete er sich und versprach, bald einmal wieder vorbeizuschauen, wenn mit Claudia alles ausgestanden sei.
Clodius nickte. Marcus zog die Tür auf und war im Begriff, die Taverne zu verlassen, als ihn Clodius zurückrief. Während sein Blick Marcus zur Tür begleitet hatte, sah er einen Gast, der in der letzten Zeit häufig bei ihm des Mittags einkehrte, eine Kleinigkeit aß und dann noch Essen mitnahm. Er wußte, daß es ein Jude war, der in Transtiber wohnte, wo die meisten Juden Roms zu Hause waren. Vielleicht kannte der junge Jude mit dem feinen blassen Gesicht und den schwarzen seidigen Locken den alten Arzt. Als Marcus zu Clodius an die Theke zurückkehrte, zeigte ihm dieser den Juden, der ihm vielleicht Auskunft über den Doktor geben könne. Ein wenig Hoffnung hatte Marcus, als er mit Clodius an den Tisch des Fremden trat. Der junge Mann hob sein zartes Gesicht und hörte aufmerksam erst Clodius und dann Marcus an. Mit leichtem Mißtrauen musterte er Soranus. Ein Römer voller Tatkraft und Energie, dachte der Jude, aber das weiche dunkle, nach vorn gekämmte Haar war für einen Römer ein wenig zu lang, da es bis zur Mitte der Ohren an den Seiten auflag. Die Augen in ihrer seltsamen Mischung von braun und grün kontrastierten in ihrer Melancholie und Weichheit mit dem nicht schönen, aber männlich-markanten Römerkopf.
Ein weicher und verträumter Gelehrter, dachte Marcus, als er den Juden betrachtete, das Gesicht zart und blaß, die Haut so fein und dünn, daß an den Schläfen und an den Wangen blaues Geäder durchschimmerte. Die auf dem Tisch liegenden Hände, schmal und feingliedrig, hatten wohl noch nie den Griff eines Schwertes umfaßt, nie einen Bogen gespannt und nie den Schaft eines Speeres umschlossen. Einen Griffel und ein Buch konnte er sich dagegen gut in diesen Händen vorstellen.
Natürlich kenne er Doktor Gamaliel, jeder Jude in Rom kannte ihn, antwortete der Gefragte in makellosem Latein.

»Kannst du mich zu ihm bringen?« fragte Marcus.
»Ja, ich wohne zur Zeit bei ihm, doch weiß ich nicht, ob ich damit seinen Unwillen errege, denn Doktor Gamaliel fühlt sich nicht wohl.«
»Ich bitte dich, es ist dringend, meiner Frau geht es nicht gut. Nur Gamaliel kann helfen.«
Der Jude lächelte. Es gäbe so viele gute griechische und römische Ärzte in Rom, aber alle wollten Gamaliel, den Juden, sagte er nicht ohne Stolz.
»Gehen wir also.«
Marcus staunte über die Körpergröße des Juden, der ihn um beinahe eine halbe Haupteslänge überragte.
»Viel Glück«, rief Clodius, als sie die Taverne verließen.
Zunächst gingen sie ein Stück schweigsam nebeneinander, dann fragte der Jude, woher ihm, dem Römer, Doktor Gamaliel bekannt sei. Marcus berichtete ihm über die Begegnung im Hause des Saturnin. Das Gespräch stockte.
»Ich bin Marcus Barea Soranus«, er streckte dem Juden die Hand entgegen.
»Simon ben Jochai«, antwortete der Jude und ergriff Soranus' Hand.
Beinahe am Ende der Region XIV, wie Transtiber auch genannt wurde, stand einsam ein von Bäumen und Sträuchern umgebenes Haus. Hinter dem Anwesen erhob sich sanft der Janiculus mit seinen bewaldeten Hängen.
Der Jude betätigte den Türklopfer. Nach geraumer Zeit wurde die Tür geöffnet, und das zerknitterte bärtige Gesicht des Arztes lugte heraus.
Wortlos ließ er Simon und Marcus eintreten und führte sie in ein Zimmer, in dem drei Wände vom Erdboden bis zur Decke hinter vollgeschichteten Regalen verschwanden. Die vierte Wand war mit einem Vorhang bedeckt. Zwei Öllampen verbreiteten warmes Licht.
Doktor Gamaliel mußte erst Schriftrollen von zwei Stühlen räumen, ehe er Simon und Marcus zum Sitzen auffordern konnte.
Simon ben Jochai versuchte, den Besuch zu erklären, doch der Doktor hieß ihn mit einer Handbewegung schweigen.
»Also, Römer, sag an, was kann ich für dich tun?« fragte er.
Marcus, leicht verlegen, berichtete ihm und bat um Hilfe. Jetzt entsinne er sich, sagte Gamaliel, er sei der Sekretär der Gattin Saturnins und deren ... Liebhaber hatte er sagen wollen, vermied aber dieses Wort und ersetzte es durch: deren guter Freund. Er habe der armen Frau vor ihrem Ende viel Freude bereitet, und eine Genesung hätte durchaus im Bereich des Möglichen gelegen, wenn dieses entsetzliche Ende nicht gekommen wäre. Ja, er käme gleich mit, nur ein paar Instrumente und Medikamente müsse er noch einpacken, sagte Gamaliel und verließ das Zimmer.
»Sei bedankt, Simon«, sagte Marcus zu dem jungen Juden, »solltest du einmal Hilfe brauchen, dann wird dir meine Tür nicht verschlossen bleiben.«
Simon schluckte. Solche Worte sprach ein Römer, ein Vertreter der Herren der

Welt, die nur befahlen und nahmen, was sie begehrten? Ein Römer bot ihm für diesen kleinen Dienst seine Hilfe an. Ein Angehöriger des Volkes, das sein Volk blutig unterdrückt, ihm das Heiligste genommen – Jerusalem und den Tempel – seine Großeltern getötet und den Vater versklavt hatte.

Gamaliel erschien in der Tür, ausgehfertig und mit einer ledernen Tasche in der Rechten.

»Ich bin bald zurück, du kannst inzwischen die dort auf meinem Tisch liegenden Schriften Hillels und Schammais lesen, auf daß wir unseren Disput fortsetzen können.«

Marcus nahm Gamaliels Tasche. Der Jude ließ es dankbar geschehen. Dann erzählte er von Simon, wie der Junge plötzlich vor einem Vierteljahr mit seinem Vater bei ihm auftauchte, vermittelt von einem Rabbi aus Ephesos, schließlich habe sich ergeben, daß Simon ben Jochai der Enkel eines seiner Freunde aus Jerusalem war. Jahwe in seiner Vorsehung! Nun wolle der Junge in Rom einiges studieren, mit zwei Rabbis disputieren und dann an die Hochschule nach Jabne in Judaea gehen, wo sich jetzt das geistige Zentrum des Judentums befände, plauderte Gamaliel.

Marcus hörte zerstreut auf des Arztes Rede. Er beschleunigte den Schritt, so daß der Alte Mühe hatte zu folgen und bald außer Atem geriet und notgedrungen sein Erzählen einstellen mußte. Endlich langten sie vor dem Ostorierpalast auf dem Aventin an.

Als Doktor Gamaliel aus dem Zimmer der Schwangeren kam, erwartete ihn Marcus bereits oben in dem säulenbestandenen Rundgang.

»Alles in bester Ordnung, junger Mann. Deine Frau ist erschöpft und neigt zu starker Erregung. Das stellt sich manchmal vor dem ersten Kind bei klugen und sehr sensiblen Frauen ein. Sie sehen Gespenster möglicher Komplikationen vor sich und reden sich derlei Dinge oftmals in dem Maße ein, daß es dann wirklich zu Geburtsschwierigkeiten kommen kann. Bei deiner Frau ist körperlich alles in Ordnung, doch muß sie sich jegliche Erregung fernhalten.«

Marcus versuchte, ins Cubiculum Claudias zu treten, jedoch der Arzt hielt ihn zurück. »Beruhigen, nicht erregen. Sie schläft jetzt. Ihre Sklavinnen sind bei ihr. Eine davon ist in Geburtshilfe ausgebildet.«

Marcus entsann sich, Ostorius Sabinus hatte für viel Geld eine Obstetrix, eine Hebamme, von irgendeinem Senator gekauft, dessen Frau gerade entbunden hatte.

»Beruhige dich, Soranus, es kann, wie es jetzt steht, nichts Schlimmes geschehen. Eine Hebamme ist im Hause, und ich sehe in einer Woche wieder vorbei. Sollte Unvorhergesehenes eintreten, dann hole mich. Noch eines, ich habe es bereits der Hebamme gesagt, die Schwangere nicht mit zuviel Wärme versorgen, sondern ihr auch frische Luft gönnen. Winterluft in Rom ist besser als im Sommer, wenn die Sümpfe ausdünsten.«

»Und wann ist mit der Geburt zu rechnen?«

»In der letzten Januarwoche aller Wahrscheinlichkeit nach.«
Marcus drückte dem Juden ein Goldstück in die Hand, was diesen aber nicht sonderlich beeindruckte. Er murmelte einen Dank. In der Tür drehte er sich nochmals um und rief, Marcus solle sich nicht wundern, falls zwei Kinder zur Welt kämen, denn es spräche vieles dafür.
Marcus, der den Arzt bis ans Tor begleitet hatte, stand wie versteinert. Zwei Kinder – nicht zu fassen! Jetzt mußte er mit Ostorius Sabinus reden. Auch wenn er mit seinem Schwiegervater in Spannung lebte und jede Begegnung möglichst mied, jetzt mußte er zu ihm, um Claudias willen. Schnell durchschritt er den langen Gang, der zum anderen Trakt des Palastes führte.
Ostorius Sabinus saß in seinem pompös ausgestatteten Arbeitszimmer am Tisch über Aktenrollen gebeugt. Marcus zog die schwere mit afrikanischen Edelhölzern überzogene Tür hinter sich zu. Sabinus blickte auf, gespannte Neugier trat in sein müdes Gesicht. Sein Blick musterte Marcus scharf, jedoch nicht unfreundlich. Er bot dem Schwiegersohn einen Platz an. Marcus überbrachte ihm die beruhigende Nachricht, daß bei Claudia kein Anlaß zur Besorgnis bestünde und daß sie wahrscheinlich Zwillinge erwarte. Ostorius Sabinus vermochte seine Freude nicht zu

verbergen. Er lobte den Schwiegersohn für sein Bemühen um den jüdischen Arzt und versprach, seinen Arzt, diesen Gecken, aus seiner Klientel zu entfernen. Zwei Enkelkinder, murmelte er erfreut und dachte dabei, daß dann, wenn zwei Kinder durch den Palast tollten und die großen Gänge mit ihrem Geschrei belebten, die Grenzen nicht nur hier im Palast, sondern auch im Verhalten seines Schwiegersohnes endgültig fallen würden. Gleich darauf überlegte er, welches Geschenk er den Kindern, falls es wirklich zwei sein sollten, als Angebinde in die Wiege legen sollte: eine Ziegelei, ein Latifundium, einen Weinberg? Dies Geschenk würde ihn noch beschäftigen, befürchtete er.

»Ich danke dir, Marcus, daß du zu mir gekommen bist. Und«, fügte er leiser hinzu, »es wird zwischen uns bestimmt noch alles gut werden.«

Schon hatte Marcus die Tür berührt, da rief ihn Sabinus zurück. »Übrigens am 24. dieses Monats gibt Licinius Sura ein großes Fest zu Ehren seines Freundes Publius Hadrianus. Du bist eingeladen.«

»Ich weiß. Dieser Licinius Sura, den ich vor ein paar Tagen bei Cornelius Tacitus traf, sprach mit mir darüber. Für die Gründe meiner Absage hatte er Verständnis.«

»Du hast abgesagt?« fragte Sabinus erstaunt. »Verzeih, Marcus, aber das halte ich für einen unverzeihlichen Fehler. Sura ist einer der kommenden Männer Roms, wenn nicht sogar ›der‹ kommende Mann.«

»Wenn du das sagst, dann glaube ich das unbesehen, denn dafür hast du ein untrügliches Gespür«, erwiderte Marcus spöttisch, »doch tröste dich, dieser Sura und ich, wir fühlten uns vom ersten Augenblick zueinander hingezogen.«

»Tatsächlich?«

»Ja, denn dieser Sura ist ein Mann von Manieren und vor allem ein Mann mit Bildung und Kultur. Weißt du, worüber wir mit Tacitus sprachen? Über Wert und Nutzen der Geschichtsschreibung. Sura hat Celers Schrift gelesen und findet, sie sei ein beachtliches Stück Zeitgeschichte, doch Tacitus solle noch etwas warten mit der Publikation.«

Sabinus war aufgesprungen. Diese Schmiererei des Celer, in der er, Sabinus, so mit Dreck beworfen wurde, wollte dieser Tacitus veröffentlichen? Das mußte verhindert werden.

»Was ist?« fragte Marcus den von seinem Sitz aufgesprungenen Schwiegervater.

»Nichts, nichts«, beeilte sich dieser zu sagen, »nur eine Verkrampfung im linken Bein«, und setzte sich wieder. Mit Celer durfte er dem Schwiegersohn nicht kommen, denn da reagierte er wie ein angegriffener Wolf.

»Also mit Sura stehst du gut? Das ist vernünftig. Was schreibt dieser Tacitus denn jetzt?«

»Irgendeine Schrift über seinen Schwiegervater Agricola.«

Erleichtert atmete Sabinus auf. Zeit gewonnen, alles gewonnen. »Und was besprachst du weiter mit Sura?«

»Er bat mich, ein Tribunat anzunehmen und in dieser Eigenschaft auch hin und wieder nach Germanien zu reisen zu seinem Verwandten Trajan, um gewisse Botschaften des Senats zu überbringen.«
»Und du – hast abgelehnt?« fragte lauernd Sabinus.
»Natürlich nicht, spätestens im Mai reise ich zusammen mit diesem finsteren Menschen Attianus nach Mogontiacum.«
Sabinus verschlug es beinahe die Sprache. Dieser Sura, das ist ein Menschenfänger und -verführer wie kaum ein zweiter, macht meinen Schwiegersohn bei einem beiläufigen Gespräch zu seinem Mann. Ich hätte das niemals geschafft, dachte Sabinus, selbst, wenn ihn das Tribunat gereizt hätte, er wäre der Aufgabe feindlich begegnet und nur aus dem Grunde, weil sie von mir gekommen wäre.
Dieser Sura hat Pläne mit meinem Schwiegersohn, denn ohne Hintergedanken tut der Spanier nichts, aber welche? Er grübelte noch lange, als ihn Marcus längst verlassen hatte. Als uninteressant gab er es nach geraumer Zeit auf, wichtiger war, daß er und Marcus diesmal auf derselben Seite standen. Ein Tag voller angenehmer Nachrichten, freute er sich, als er sein Arbeitszimmer verließ, um sich in seinen Bädern zu entspannen.

XVI

Für Marcus Soranus folgten bange Wochen. Die Schwangerschaft war doch nicht so normal, wie von Doktor Gamaliel vorausgesagt. Eines Morgens riß ihn die erregte Stimme der Hebamme aus dem Schlaf. Er sah in ihre angstgeweiteten Augen und wußte, daß etwas Schlimmes geschehen war. Claudia hatte zwei Krampfanfälle gehabt und fühlte sich ausgesprochen schlecht. Marcus, noch im Nachtgewand, rannte mit bloßen Füßen hinab ins Erdgeschoß. Schrie nach den Sklaven und befahl mit lauter Stimme, sofort den jüdischen Doktor zu holen. Dann hastete er die Stufen empor und trat in Claudias Cubiculum. Der aufgeregten Hebamme bedeutete er, sich zu beruhigen, da der Arzt bald käme.
Er erschrak, als er das Gesicht seiner Frau sah, die apathisch in den Kissen lag, ab und an zusammenzuckte. Merkwürdig aufgedunsen und geschwollen erschien ihm das ganze Gesicht. Er zog einen Schemel an das Bett und ließ sich mit einem qualvollen Seufzer nieder, den Blick unablässig auf Claudia gerichtet. Angst schnürte ihm die Kehle zu. Er vermochte der Hebamme nichts zu sagen, als sie stammelnd eine Frage stellte. Er starrte die Schwangere an. In Gedanken stieß er heiße Bitten an die Götter aus. Er flehte alle Gottheiten an, sogar den Judengott Jahwe.
Die Zeit bis zum Eintreffen Gamaliels dehnte sich zur Ewigkeit. Endlich stand der Erwartete im Zimmer und mit ihm der junge Simon. Gamaliel erklärte dessen Anwesenheit damit, daß er ihm helfen könne, da er ebenfalls medizinisch ausge-

bildet sei und, falls er noch Medizin oder ein Instrument aus seinem Haus benötigte, Simon ihm dieses sofort holen könne.
Dann schob der Arzt Marcus aus dem Zimmer mit den Worten, daß er hier nicht vonnöten sei.
Marcus sank in einen Sessel. Er versuchte, sich die ausgedörrten Lippen mit der Zunge zu befeuchten, doch ihm fehlte der Speichel. Der ganze Mund war ihm wie ausgetrocknet.
Plötzlich stand Gamaliel vor ihm. Marcus sprang auf, ergriff den Juden am Gewand. Das zerknitterte alte Gesicht sah besorgt aus.
»Soranus, du mußt jetzt sehr tapfer sein, denn es steht nicht gut.«
»Du hast mir doch gesagt, daß alles in Ordnung sei«, rief Marcus schrill.
»War es ja auch, bis heute. Die Krankheit, die deine Gattin befallen hat, kommt ganz plötzlich, deshalb nennen griechische Ärzte sie auch Eklampsia, du verstehst genug Griechisch, um zu wissen, daß dies von eklampsis, was hervorblitzen, blitzartig auftreten heißt. Dieses Wort trifft die Krankheit genau, denn sie tritt unvorhergesehen auf wie ein Blitz am azurblauen Himmel. Es handelt sich dabei um eine Schwangerschaftsvergiftung.«
»Vergiftung?«
»Ja, doch kein Arzt kennt bisher die Ursache. Soranus, ich werde alles tun, um das Leben deiner Frau und das der Kinder zu retten. Wir haben Glück, daß der Gebärtag ziemlich nahe liegt, so daß wir sofort die Geburt einleiten können. Wesentlich schlimmer hätte die Sache ausgesehen, wären bis zur Geburt noch acht oder vier Wochen Zeit gewesen. Noch etwas Soranus, Simon und ich müssen hier in deinem Palast bleiben. Ich bitte dich, laß für uns ein Zimmer unmittelbar neben der Kranken frei machen, damit wir immer in ihrer Nähe sind, und stelle uns einige Sklavinnen zur Verfügung, die uns Handreichungen wie Wasserholen oder Tücherreichen abnehmen. Du kannst jetzt nichts tun als warten und dich nicht zu sehr aufregen. Jahwes Wille wird geschehen, ob er uns genehm ist oder nicht.«
Der Arzt verschwand wieder.
Marcus stürzte sich mit Eifer in die Aufgabe, Gamaliels Wünsche zu erfüllen. Das lenkte ihn ab und gab das Gefühl, daß man half. Dem Aufseher über die Haussklaven gab er den Befehl, dem Arzt jederzeit verfügbar zu sein und jeden Wunsch zu erfüllen.
»Was geht hier vor?« fragte unvermittelt eine Stimme neben ihm. Ostorius Sabinus war es.
»Es steht schlecht um Claudia«, preßte Marcus hervor.
Sabinus stand wie versteinert. Sein sonst regloses Gesicht zuckte. »O ihr Götter«, rief er, »arme Claudia.« Er nahm Marcus' Kopf und drückte ihn an seine Schulter, strich ihm über das Haar und flüsterte: »Armer Junge.«
So standen sie eine Weile aneinandergelehnt, beieinander Trost und Halt suchend.

»Marcus, es wird alles gut werden, wir müssen einfach daran glauben. Denke daran, wie du voller Zuversicht warst, als du Claudia gerettet hast. Diese Zuversicht brauchst du jetzt. Die Götter oder die Moiren haben dich Claudia nicht gewinnen lassen, damit nun einfach alles aus sei. Nein, das kann nicht sein, das ergäbe keinen Sinn«, versuchte Sabinus zu trösten.
Vieles in diesem Leben ergab keinen Sinn, dachte er, vor allem dann nicht, wenn man mit Geschick und List sein Leben plante, damit einem nichts oder nur in Maßen Böses und Unangenehmes widerfuhr; doch gegen körperliches Leid war man machtlos. Schlimm war es, wenn Menschen, die man liebte, leiden mußten, ohne daß man es verhindern konnte. An dieser Stelle war ein jeder verwundbar, sogar er, Sabinus. Vielleicht strafen mich die Götter auf diese Weise für meine Tat, die ich am Vater und Großvater des jungen Soranus begangen habe, dachte er erschrocken. Irgendwann muß jeder einmal für seine Untaten bezahlen, auch er, Ostorius Sabinus, sosehr er sich auch bisher den Furien zu entziehen gewußt hatte. Schwankend schlurfte Sabinus durch den langen Gang in seinen Wohnflügel zurück.
Die nächsten Tage wurden Marcus zur Qual. Er schlief kaum, immer wartete er, daß Gamaliel käme und berichtete.
Eines Nachts, gerade als Marcus vor Übermüdung eingeschlafen war, stand Gamaliel vor ihm.
»Marcus«, sagte er, »ich muß heute die Geburt einleiten! Die ganze Zeit habe ich versucht, die Krankheit deiner Gattin einzudämmen, um den Kindern noch Zeit zur Entwicklung zu geben, damit sie lebensfähiger würden. Es ist mir auch gelungen, so eine Art Gleichgewicht zu halten, einmal den Zustand deiner Gattin nicht zu verschlechtern und zum anderen, die Ungeborenen sich entwickeln zu lassen. Von heute an ist das nicht mehr möglich.«
»Dann beginne«, forderte Marcus leise.
»Es ist da noch etwas«, sagte der Arzt zögernd, »du mußt jetzt entscheiden, ob ich im Notfall die Mutter oder die Kinder retten soll!«
Marcus packte eine Falte von Gamaliels Gewand und hielt sie fest, in seinem Gesicht standen Qual und Verzweiflung. »Rette Claudia!« flehte er mit erstickter Stimme. Er zitterte am ganzen Körper. »Was sollen mir Kinder ohne Claudia?«
Gamaliel sah Tränen in Marcus' Augen und sah an seinem Hals den Puls klopfen.
»Du wirst sie retten! Du mußt sie retten!« In seinen Worten lagen Glauben und Angst.
Gamaliel rief nach Simon, der sofort herbeieilte. Der Arzt flüsterte ihm etwas ins Ohr, worauf der Gehilfe nickte und verschwand. Nur einen Augenblick brauchte er, um mit einem Glas wiederzukommen.
Gamaliel hielt das Glas an Marcus' Lippen und befahl zu trinken. Willenlos schluckte Soranus die Flüssigkeit. Einem Sklaven befahl er, den Herrn nicht aus

dem Schlafzimmer zu lassen, ehe er, der Arzt, es ausdrücklich befahl. Gamaliel und Simon halfen Marcus ins Bett zurück, aus dem ihn die nächtliche Kunde des Arztes getrieben hatte.
Dann eilte Gamaliel in das Cubiculum zurück.
An einem Tisch, der mit Krügen, Flaschen, Amphoren und Phiolen bestanden war, mischte Gamaliel in einem kleinen Glas mehrere Essenzen. Eine gelbliche ölige Flüssigkeit bildete sich, die Simon auf einen Wink Gamaliels der Kranken zu trinken gab. Dann ging der Arzt in eine Ecke, kniete nieder, faltete die Hände und betete zum Gott seiner Väter.
Als er die Kranke betrachtete, die ihn mit weit aufgerissenen Augen ansah, lächelte er ihr zu. Claudias verschwollenes Gesicht versuchte das Lächeln zu erwidern, aber es reichte nur zu einer Grimasse. Nun schob Gamaliel die Decke zurück und betastete ihren stark gewölbten Leib, an dem die Muskeln zu zucken begannen. Simon fühlte den Puls der Schwangeren. Die Hebamme hantierte mit einer Wasserwanne.
Doktor Gamaliel tätschelte die Wange Claudias und fragte, ob sie Angst habe.
»Ja, Angst«, keuchte sie.
Das brauche sie aber nicht zu haben, tröstete Gamaliel, er habe ähnliche Fälle schon behandelt, und es sei immer alles gut gegangen.
»Habe Vertrauen und entkrampfe dich«, sagte Simon mit weicher Stimme.
Als die Wehen begannen, schickten Gamaliel und Simon nochmals ein Gebet zu Jahwe, die Hebamme rief Juno Lucina zu Hilfe.
Das harte Ringen mit dem Tod begann. Stunde um Stunde kämpften Gamaliel, Simon und die Hebamme um das Leben.
Die Götter schienen an diesem 24. Januartag gnädig gestimmt zu sein, oder sie schwebten gerade über dem Ostorierpalast auf dem Aventin. Nachmittags um die neunte Stunde gebar Claudia Ostoria zwei Knaben. Kinder und Mutter lebten. Erschöpft, Tränen der Rührung und Freude in den Augen, lagen sich Arzt, Gehilfe und Hebamme in den Armen.
Gamaliel und Simon ben Jochai schickten ein heißes Dankgebet zu Jahwe empor. Die Hebamme rief nach weiteren Sklavinnen, die nach ihren Anweisungen die Kinder und die Mutter versorgen sollten.
Claudias verzerrtes Gesicht entspannte sich, als man ihr die beiden Knaben zeigte. Sie lächelte. Eine Sklavin mußte ihre schwache Hand an die winzigen Leiber der Neugeborenen führen.
»Doktor Gamaliel, ich bewundere dich«, sagte Simon.
Der alte Arzt winkte ab. »Bewundere ihn«, knurrte er nur und deutete nach oben. »Außerdem hat es doch nicht so schlimm ausgesehen, wie ich befürchtet habe.«
Dann verließ er das Cubiculum, um Marcus zu holen. Der junge Vater sprang hoch und drückte den kleinen verwachsenen Juden an seine Brust, daß dieser vor Schmerz aufschrie.

Als Marcus das Cubiculum Claudias betrat, hatte man bereits die blutigen Tücher und Wannen mit dem schmutzig-blutigen Wasser entfernt und das Zimmer für die feierliche Zeremonie vorbereitet.
Er trat an das Bett, an dessen anderer Seite bereits Ostorius Sabinus stand, nahm Claudias Hand, drückte sie an seine Lippen. Dann liebkoste er ihr von ausgestandenen Schmerzen und Anstrengung gezeichnetes Gesicht.
Marcus hatte nun nach römischem Brauch die erste Handlung seiner *patria potestas*, die ihm die unbeschränkte Gewalt des Vaters über die Kinder gewährte, vorzunehmen. Die beiden Knäblein, die nach dem ersten Bad durch die Hebamme am ganzen Körper mit Windeln umwickelt waren, wurden auf eine Decke am Boden gelegt. Marcus hob die Neugeborenen auf und bekundete damit, daß er sie als seine Söhne anerkannte. Seine Söhne ... dachte er gerührt und stolz, als er die beiden weißen, federleichten Bündel mit den roten zerknitterten Gesichtchen emporhob und seinem Schwiegervater übergab. Danach bettete die Hebamme die Kinder in zwei zurechtgestellte Wiegen; sie trat an einen kleinen, extra dafür errichteten Altar, entzündete eine Kerze, legte eine Opfergabe davor und dankte der Juno Lucina, der Göttin, die den Gebärenden beistand.
Jetzt erschien der Oberaufseher über alle Sklaven, gefolgt von den Haussklaven, um der jungen Mutter ihre Glückwünsche zu überbringen.
Ostorius Sabinus ordnete an, daß das Eingangstor zu Ehren der Geburt seiner Enkel zu bekränzen und für alle Sklaven ein Festmahl zu richten sei.
Doktor Gamaliel bat darum, daß alle Besucher die junge Mutter und die Kinder nun verlassen sollten, da diese dringend der Ruhe bedürften, ebenso er und sein Gehilfe und die Obstetrix, die Hebamme.
Zum ersten Male nahmen Marcus und Ostorius Sabinus im Triklinium des Palastes eine Mahlzeit gemeinsam ein. Sie tranken auf das Wohl der Neugeborenen. Ein Gespräch wollte nicht aufkommen, da beide ihren Gedanken über die Ereignisse der letzten Stunden nachhingen.
Der Nomenklator unterbrach das stille Mahl und meldete den Besuch von Lucius Licinius Sura und Publius Aelius Hadrianus.
Erstaunt sahen sich Sabinus und Marcus an. Was hatte das zu bedeuten? Sura gab doch heute ein großes Festmahl, und Sabinus hatte am frühen Nachmittag bereits einen Boten geschickt, der sie beide wegen der Niederkunft Claudias entschuldigte. Ehe sie weiter über die Gründe des abendlichen Besuchs nachdenken konnten, standen die Gäste bereits im Triklinium.
Ostorius und Marcus erhoben sich, um sie zu begrüßen. Die Gesichter der Ankömmlinge waren gerötet, ob vom Weingenuß oder von der winterlichen Kälte, wer wußte es.
Sura begann eine Lobrede auf die Neugeborenen zu halten, deren Abstammung aus solch noblen und bedeutenden Geschlechtern Anlaß zu höchsten Hoffnungen verspreche, sich dereinst für das Gemeinwohl verdient zu machen. Er be-

schwor die Gunst und den Segen aller Gottheiten. Schließlich übergab er als Geschenk zwei kleine goldene Figuren, die die Göttin Fortuna darstellten und als Amulette schädliche Einflüsse von den Kindern fernhalten sollten.
Hadrian, der verlegen neben Sura stand und lächelte, nestelte ein Päckchen auf, sagte aber nichts. Licinius Sura sprach für ihn. Sein Freund Hadrianus, der selbst heute Geburtstag habe, sei glücklich, daß Soranus' Knaben gerade am 24. Januar geboren seien. Er halte das für ein gutes Omen, und deshalb habe er ihn bedrängt, Glückwünsche und ein Geschenk zu überbringen. Dann brachte Hadrian mit seiner tiefen wohlklingenden Stimme auf griechisch, da er diese Sprache dem Lateinischen vorzog, seine Glückwünsche an und versprach, den Knaben in ihrem Leben zu nützen und sie, falls es in seiner Macht stehen sollte, zu fördern. Sein Geschenk an jeden Knaben bestand aus einem kleinen goldenen medaillonartigen Behälter, einer *bulla aurea*, die den Kindern um den Hals zu hängen war und das Amulett enthielt.
Marcus und Ostorius bedankten sich und luden zu einem Trunke ein.
Nur auf ein Glas, meinte Sura, da seine Gäste sie bald zurückerwarteten.
»Einer meiner Söhne soll dir zu Ehren auch Publius heißen, Hadrian«, sagte Marcus begeistert und hob den Becher.
Der Aelier lächelte geschmeichelt und sagte: »Ich nenne ihn Patroklos mit Kosenamen, auf daß er schön, tapfer und treu wie dieser werde.«
»Aber nicht dessen trauriges Ende nehme«, ergänzte Sura, »aber nun, Publius, müssen wir zu unseren Gästen zurück. Ist es möglich, die Knaben kurz zu betrachten?«
Interessiert blickten die Männer in die Wiegen, Hadrian legte die goldenen Medaillons mit den Figuren der Glücksgöttin jedem Kind auf die sie bedeckenden weißen Kissen und murmelte: »Die Götter mögen euch beschützen, vor allem dich, Patroklos, welcher du auch seist von beiden.«
Sura fragte Marcus nach dem Namen des anderen Knaben.
»Marcius, wie mein Großvater, der Statthalter von Asia.«
Um Sabinus Mund zuckte es, als er den Namen hörte.
Beim Abschied versprach Marcus, Licinius Sura und Hadrian zum *Dies lustricus*, dem Tag der Namensgebung, einzuladen. Sura versprach sein Kommen, Hadrian mußte bedauernd ablehnen, da innerhalb so kurzer Zeit – die Namensgebung fände ja schon am 2. Februar statt – sein Kommandant ihn nicht zum zweiten Mal beurlaube, auch nicht oder gerade deshalb nicht, weil er der Großneffe des Feldherrn und Statthalters Trajan sei.
»Sura schätzt dich und hat Pläne mit dir«, sagte Ostorius, als der späte Besuch sie wieder verlassen hatte.
»Ich glaube«, murmelte Marcus, »diese Geste galt eher dir als Lohn für deine Unterstützung Suras. Ich freue mich trotzdem, vor allem über Hadrians Anteilnahme an den Knaben.«

»Es war klug von dir, einen Knaben Publius zu nennen. Doch«, Sabinus zögerte, Verlegenheit spiegelte sich in dem glatten Gesicht wider, »warum mußtest du …«

»Ich weiß, was du meinst, warum ich den anderen Knaben gerade Marcius nennen mußte. Das ist mir einfach so entfahren in diesem Moment. Aber«, seine Stimme klang weich und versöhnlich, »ich bestehe nicht darauf, und wenn es bei dir unangenehme Erinnerungen weckt und du diesen Enkel auf Grund des Namens benachteiligst, unbewußt natürlich, dann schlage mir einen anderen vor.«

»Gaius«, kam es ohne Zögern aus Sabinus' Munde.

»Einverstanden. Trinken wir auf Publius und Gaius.«

Erleichtert trank ihm Sabinus zu, hoffte er doch, daß nun endlich die Schatten der Vergangenheit ins Reich des Vergessens untertauchen und ihn niemals wieder stören würden.

XVII

Praesens Fulvius Rusticus sah auf das blaue, träge dahingleitende Wasser des Orontes. Er beugte sich über den Rand des kleinen Bootes, das ein schwarzer Ruderklave mit vorsichtigen Schlägen, um den Tribunen nicht zu bespritzen, vorwärts trieb. Wehmut faßte Fulvius Rusticus beim Betrachten des Flusses, der fruchtbaren Ufer.

Er mußte Antiochia, die Perle aller Städte, morgen verlassen, um in Spanien seine Quästur anzutreten.

Verträumt richtete er den Blick seiner blauen Augen auf die Stadt an beiden Ufern des Orontes und seufzte.

Antiochia war nicht nur die schönste Stadt, sondern auch die reichste Stadt, in der er je Dienst getan hatte. In jedem Hause floß Wasser aus einer Leitung, eine Annehmlichkeit, die keine andere Stadt des Imperiums besaß. Die von Arkaden eingefaßte große Promenade, die die Stadt in zwei Hälften teilte, fand nirgends ihresgleichen. Die abendliche Beleuchtung der Straßen ließ die Schönheit der Königin der Städte des Ostens auch in der Dunkelheit nicht verlöschen.

Und diese Stadt, in der es bezaubernde Frauen gab, mußte er verlassen. Ein Jammer war es, haderte der Tribun.

Die Bootsfahrt näherte sich ihrem Ziel, dem alten Seleukidenpalast auf der Orontesinsel im Norden der Stadt. Hier war der Sitz des Statthalters der Provinz Syrien.

Praesens Fulvius Rusticus hatte vom Statthalter Curiatius Maternus den Befehl erhalten, heute zur fünften Stunde zur Audienz zu erscheinen.

Warum ihn der Statthalter vor seiner Abreise zu sehen wünschte, vermochte Fulvius Rusticus nicht zu erraten. Hatte sich doch der Statthalter bisher wenig um ihn gekümmert, obwohl er bereits in Mösien unter dessen Kommando gegen die Daker gekämpft hatte. Curiatius Maternus galt als korrekter, aber unnahbarer Vorgesetzter. Ein Mensch der unbedingten Pflichterfüllung und ein Mann mit einem Instinkt für alles Militärische, ein Genie der Kriegskunst.

An der seitlichen Kaimauer brachte der Sklave vorsichtig das Boot mit der Breitseite an eine eingelassene Treppe.

Fulvius Rusticus sprang leichtfüßig die Stufen empor. Die zwei bewaffneten Schildwachen am Hauptportal ließen ihn passieren, nachdem er ihnen den statthalterlichen Befehl unter die Nase gehalten hatte.

Im Vorzimmer des Statthalters tat der Tribun Clemens Dienst, den Fulvius Rusticus flüchtig kannte, da er auch früher schon als Ordonnanz bei Maternus gedient hatte.

Mürrisch versenkte er sich in das Schreiben. Dann erhob er sich, schob die schweren Portieren zur Seite und verschwand.

Als er wieder erschien, winkte er Fulvius. Der schob den von Quasten beschwerten Stoff zur Seite und betrat einen langgezogenen Raum, der in seiner immensen Größe dem eintretenden Tribunen ein Gefühl des Verlorenseins gab. Wertvolle Teppiche dämpften die Schritte. In der Nähe des Fensters, das nahezu die gesamte Schmalseite ausfüllte, saß der Statthalter an einem weitausladenden, mit allerlei Figuren verzierten Schreibtisch.

Curiatius Maternus nickte ihm freundlich zu.

Fulvius Rusticus salutierte.

Der Statthalter wies auf einen Stuhl ohne Lehne.

Steif und in gerader Haltung setzte sich der Tribun auf die unbequeme Sitzgelegenheit.

Jetzt erst hatte er die Möglichkeit, Maternus ins Gesicht zu sehen. Fulvius Rusticus erschrak, als er das gegerbte, von tiefen Furchen durchzogene Gesicht mit den hellen, verquollenen Augen und dem eingekniffenen Mund betrachtete.

Er sieht alt aus, älter als fünfundfünfzig, stellte er fest. »Praesens Fulvius Rusticus, bestimmt wirst du verwundert sein, daß ich dich vor deiner Abreise hierher befahl«, sagte der Statthalter.

Die Stimme klang bei weitem jugendlicher, als Fulvius nach dem Äußeren des Statthalters vermutet hätte. Das war noch immer die metallen schmetternde Kommandostimme von Tapae.

Curiatius erwartete keine Zustimmung, sondern fuhr fort: »Ich mache mir Sorgen um Nerva. Die Nachrichten aus Rom fließen spärlich und sind widersprüchlich. Valerius Propinquus, der als einziger mich mit authentischen Berichten bedienen könnte, kehrt nicht zurück. Ich muß annehmen«, Maternus erhob sich abrupt, drehte Fulvius den Rücken zu und starrte hinaus auf den Orontes, »daß ihm etwas zugestoßen ist.«

Was hat dies mit mir zu tun? fragte sich Fulvius Rusticus. Der Statthalter durch-

maß mit großen Schritten die ganze Länge des Raumes, die Arme auf dem Rükken verschränkt, die Augen zusammengekniffen.
»Fulvius Rusticus«, sagte er, ohne dabei seine Wanderung zu unterbrechen, »du bist ein vertrauenswürdiger Untergebener und ein tüchtiger Soldat, der eigentlich mit seiner Karriere schon weiter sein müßte.«
Bitter stießen Rusticus diese Worte auf, denn sie trafen seinen wunden Punkt.
»Doch du wirst es eines Tages schaffen, zur Spitze zu gehören. Genug davon. Ich befehle dir, nein, ich bitte dich, ehe du nach Spanien reist, um dein Amt als Quästor anzutreten, einen Umweg über Rom zu nehmen, um dort nach Propinquus' Verbleib zu forschen. Du bekommst ein Schreiben an deinen neuen Statthalter Caecilius Classicus, einen guten Bekannten von mir, das deinen verspäteten Dienstantritt erklärt, damit dir daraus keine Nachteile entstehen.«
»Und wenn ich über Propinquus' Verbleib Kenntnis erhalte?«
»Dann schickst du mir einen Boten, einen gewissen Andronikos, der dich nach Rom begleiten wird. Noch Fragen?«
Fulvius Rusticus erhob sich.
»Noch eines«, warf Curiatius Maternus ein, »Clemens wird dir Geld für den Umweg nach Rom geben. Ich hoffe, es wird dir genügen. Nun, leb wohl, die Götter mögen dich geleiten, und«, Maternus' Augen bekamen Glanz, das Verquollene schien verschwunden, »eines Tages werde ich dich nach Gebühr belohnen.«
Der Tribun verließ den Statthalter.
Aus den Falten der Portiere, die das Empfangszimmer zu den privaten Räumen abtrennte, kam ein kleiner dürrer Mann wie ein Geist.
»Nun, Andronikos, hast du alles gehört?« fragte Maternus, der sich an den Schreibtisch gesetzt hatte und in Akten kramte.
Der Grieche nickte unterwürfig.
»Also ist alles klar, du begleitest diesen Fulvius Rusticus nach Rom, besuchst Veiento, Gillo und Apollinaris. Ich will endlich wissen, woran ich bin. Dauernd diese Ungewißheit. Veiento schreibt mir, es stünde alles zum Besten, es sei nur eine Frage der Zeit, daß mich Nerva zum Mitregenten ernennt, um gegen die Prätorianer einen Schutz zu haben. Aber nichts geschieht, Propinquus kehrt nicht zurück ...« Erregt sprang Maternus auf, lief hin und her. »Ich bin doch kein Helfer auf Abruf. Außerdem, ob es so erstrebenswert ist, in dieser etwas verworrenen Zeit Mitregent zu sein, wage ich noch zu bezweifeln. Aber, wenn Nerva und Veiento mich brauchen, helfe ich. Doch diese Ungewißheit lähmt alle meine Schritte. Was soll ich denn tun, Andronikos?«
»Auf alle Fälle die Legionen mobilisieren und eine Flotte seeklar machen«, sagte der Grieche leise.
»Du bist verrückt, ohne Befehl vom Kaiser. Nein, das kann ich nicht, das darf ich nicht, denn das würde in Rom falsch ausgelegt werden. Ich käme in den Ruf eines Coriolan oder eines Sulla oder Catilina.«

Der Grieche lächelte schlau.
»Na und? Einen Sieger richtet man nicht.«
»Schweig! Davon will ich nichts hören«, sagte Maternus barsch. Plötzlich warf er sich in seinen Sessel, bedeckte die Augen mit den Händen.
Als er wieder aufblickte aus dem Schutz der Hände, wirkte sein Gesicht verfallen.
»Wozu das alles, Andronikos? Ich bin alt und fühle mich müde. Warum soll ich für Veiento und Nerva die Kastanien aus dem Feuer holen?«
»Weil es sonst andere tun.«
»Gut, Andronikos, du fährst also morgen mit Fulvius Rusticus nach Rom. Weihe ihn auf keinen Fall in alles ein. Ich schicke den Legaten der Legio IV Scythica, Larcius Priscus, als offiziellen Boten zu Nerva und Veiento nach Rom. Dadurch werde ich dann rein über den Amtsweg informiert, was zu tun ist.«
Der Grieche verzog den Mund.
»Das würde ich nicht tun. Larcius Priscus, dieser Ehrgeizling, wird dir in Rom mehr schaden als nützen. In seinem Geltungsbedürfnis wird er überall seine Verdienste über Gebühr anpreisen. Solche Leute, verspricht man ihnen nur die richtige Belohnung, wechseln die Fronten öfter als die Wäsche.«
Maternus lächelte.
»Du bist ein Schwarzseher. Gewiß, Larcius Priscus ist ehrgeizig, deshalb weiß er, werde ich von Nerva befördert, wozu auch immer, bedeutet dies für ihn ebenfalls Vorwärtskommen. Darum muß er meine Interessen vertreten.«
Dein Wort in der Götter Ohr! Hoffentlich wirst du nicht enttäuscht, dachte Andronikos und verabschiedete sich vom Statthalter, da alles gesagt war, was zu sagen war.
Der Grieche war kaum in dem geheimen Ausgang verschwunden, als der wachhabende Tribun, ohne einzutreten, zwischen der Doppelportiere stehend, laut den Legaten Larcius Priscus ankündigte.
Larcius Priscus, ein Mann von vielleicht fünfunddreißig Jahren, klein und drahtig, mit flinken, nicht stillestehenden Augen, trat ein. Alles an dem Legaten war angespannt, so als liege eine Katze auf der Lauer, um ihr Opfer zu fassen.
Er verbeugte sich respektvoll vor seinem Vorgesetzten.
Maternus bedeutete ihm mit einer Handbewegung, auf dem Hocker, den Fulvius und Andronikos vor nicht langer Zeit verlassen hatten, Platz zu nehmen.
Kurz und knapp erläuterte der Statthalter den Befehl.
Priscus' flinke Augen glänzten vor Triumph. Nach Rom! frohlockte er, bestimmt würde sich dort etwas tun lassen auch für das eigene Fortkommen! Vielleicht brauchte man nicht nach Antiochia unter die Fuchtel des allmächtigen Maternus zurück? Hier kam man nicht vorwärts, solange die Riesengestalt des berühmten und hochdekorierten Curiatius Maternus über alle anderen tüchtigen Beamten und Soldaten ihren Schatten warf.

In Rom, das schwor sich Larcius Priscus, würde er seine Chance suchen und – eiskalt nutzen.
Ein Fehler von dem Alten, dachte er spöttisch, gerade mich zu schicken, doch nun zahlen sich mein unbedingter Gehorsam und meine Fähigkeit, Vorgesetzten niemals zu widersprechen, endlich aus.
Hätte Maternus, der korrekte und loyale Feldherr und Statthalter, in diesem Moment sich mehr Mühe gegeben, in das Denken seines Legaten einzudringen, statt in ihm dieselbe Treue und denselben Gehorsam wie bei sich selbst vorauszusetzen, wäre ihm eine große Enttäuschung erspart geblieben.
Larcius Priscus salutierte und verließ den Statthalter.
Maternus saß und starrte vor sich hin, froh darüber, eine Entscheidung getroffen zu haben, die ihm bald Gewißheit bringen würde, und froh darüber, nichts dem Dienstweg Zuwiderlaufendes getan zu haben. Der Kaiser und Rom würden ihm die gezeigte Loyalität sicher lohnen.

XVIII

Krank und mit Schmerzen im Unterleib und in der Brust schleppte sich Kaiser Nerva von der Senatssitzung in seine Sänfte. Die Entfernung zum Palatin schien unendlich zu sein. Wie ein glühendes Messer stach der Schmerz hinter dem Brustbein. Nerva stöhnte. Endlich war er in seinen Privatgemächern angelangt.
Belonius erschrak, als er das totenbleiche Gesicht mit den schwarzen Rändern um die Augen sah. Er geleitete den Imperator zu Bett und rief nach dem Archiater.
Ein beruhigender und schmerzlindernder Trank wurde dem Kaiser eingeflößt, worauf sich nach einer Weile das verzerrte Gesicht entspannte und die wächserne Starre verschwand. Bald verrieten ruhige Atemzüge, daß er eingeschlafen war.
Ein Poltern vor den Gemächern, laute Kommandorufe, Waffengeklirr und Trappeln vieler Stiefel ließen Nerva erschreckt aus dem Schlummer fahren, in den ihn der Trank seines Arztes gerade versetzt hatte.
Da stand auch schon Casperius Aelianus im kaiserlichen Schlafgemach. Belonius, der ihm den Eintritt verwehren wollte, wurde von dem Präfekten mit einer Armbewegung beiseite geschoben, daß er taumelte.
»Hinaus!« schrie Nerva mit schwacher und sich überschlagender Stimme, »wer gibt dir das Recht, deinen Imperator im Schlafe zu stören?«
»Meine Pflicht«, antwortete Aelianus kalt, »außerdem ist es heller Tag und also Amtszeit.«
»Mir geht es nicht gut«, sagte Nerva leise.
»Dann kannst du eben nicht Kaiser sein«, erwiderte der Präfekt ungerührt.
In Nerva schoß Zorn über diese freche Anmaßung hoch. Ächzend richtete er sich vom Lager auf.

»Also was ist so unaufschiebbar, daß du deinen kranken Imperator stören mußt?«
Casperius Aelianus lächelte spöttisch und trug das Anliegen der Garde vor, die wiederum mehr Sold forderte. Dann legte er Nerva eine Liste mit Namen vor.
»Was soll ich damit?«
»Unterschreiben, daß du ihren Ausschluß aus der Garde billigst und befiehlst.«
Nerva las die Namen. Alles Offiziere, die ihm wohlgesonnen waren und das grausame Spiel ihrer Präfekten, den Kaiser zu terrorisieren, nicht mitmachten und ihn vorher warnten.
Der Kaiser warf die Rolle auf den Boden.
Aelianus zog die Brauen hoch, als verstünde er nicht.
»Ich unterschreibe nicht.«
»Nein?« spöttelte Aelianus. »Gut. Die Auswirkungen deiner Verstocktheit hast du dir selbst zuzuschreiben.« Aelianus wandte sich zum Gehen.
In der Tür drehte er sich nochmals um und meinte, wobei er auf die Rolle am Boden deutete, wenn der Kaiser unterzeichnet habe, könne er ihn das wissen lassen, jedoch nicht später als morgen, sonst sei es zu spät.
Ohnmächtige Wut packte den Kaiser.
Plötzlich meldete Belonius den Senator Veiento.
Den schickt der Himmel, dachte Nerva, der kann mir helfen.
»Gallus Veiento, du mußt mir helfen«, flehte Nerva.
Veiento vermochte ein Lächeln nicht zu unterdrücken, hatte er doch darauf gewartet. Endlich war sie da, die ersehnte Stunde. Er hatte den Präfekten weggehen sehen, hatte schon im Senat des Kaisers schlechten Zustand bemerkt. Alles auf eine Karte setzend, war er auf den Palatin gegangen und zu Nerva ins Schlafgemach. Hier würde heute der Würfel fallen, der über die Nachfolge entschied, wußte Veiento.
»Du weißt, daß ich immer auf deiner Seite bin und dir immer helfe.«
»Schicke einen Boten zu Maternus, ich ernenne ihn zum Mitregenten.«
Veiento glaubte sich verhört zu haben, als er dies aus Nervas Munde vernahm. Er hatte eine Rede mit Argumenten für eine Mitregentschaft Maternus' vorbereitet und sie dem schlechten Zustand des Kaisers angepaßt, vorsichtig, aber zwingend in ihren Schlüssen.
Und nun nahm ihm der Kaiser alles vorweg.
»Ich brauche einen starken Arm, der mich vor den Unverschämtheiten der Gardepräfekten schützt. Länger halte ich diesen Zustand der Ohnmacht nicht mehr aus. Also schicke einen Boten zu Maternus.«
»Ich brauche ein Schreiben mit deinem kaiserlichen Siegel.«
Nerva wollte aufbrausen ob des Mißtrauens Veientos, besann sich aber und rief Belonius. Er diktierte seinen kaiserlichen Befehl, der Maternus zum Mitregenten ernannte.

Veiento wußte noch immer nicht, ob das ein schöner Traum oder nur ein Scherz war.
Nach einer Weile kam Belonius aus der kaiserlichen Kanzlei mit dem gesiegelten Befehl zurück. Nerva hatte seinen Namenszug daruntergesetzt.
Es war geschafft: Maternus war Mitregent Nervas! Alles, worum er gekämpft, worum er gerungen hatte, war heute Wirklichkeit geworden. Der neue Kaiser hieß Maternus!
Nur schnell, den Befehl nach Antiochia und ohne Wissen der Garde. Propinquus muß heute noch aufbrechen.
Während Veiento den Sieg in Gedanken genoß, verließ ein Schreiber der kaiserlichen Kanzlei heimlich den Palatin und eilte schnellen Schrittes zum Palaste des Licinius Sura.
Er verlangte den Senator persönlich zu sprechen, er käme aus der kaiserlichen Kanzlei.
Als ihn Sura empfing, übergab er diesem eine wortgetreue Kopie des kaiserlichen Schreibens.
Den Senator durchfuhr ein schmerzlicher Stich, sein Gesicht verfärbte sich.
Sura mußte sich setzen.
Fassungslos betrachtete ihn der Kanzleischreiber.
Nach einer Weile hatte sich Sura gefaßt.
Mühsam, wie ein alter Mann, erhob er sich. Sein leerer Blick traf den Schreiber, als wäre dieser überhaupt nicht vorhanden. Erst als dieser fragte, ob er gehen dürfe, nahm ihn Sura wahr.
»Gut, sehr gut, diese Botschaft ist wichtig. Du hast ausgezeichnete Arbeit geleistet. Hier, nimm das«, dabei reichte er dem Verdutzten eine pralle Geldbörse, »und informiere mich über jedes kaiserliche Schreiben.«
Der Schreiber nickte und ging eilends davon.
Sura las nochmals den kaiserlichen Befehl.
Es war aus! Er hatte verspielt, hatte das große Spiel verloren. Nun galt es zu retten, was zu retten war. Sollte man Veiento und Maternus bereits huldigen und ihnen die Unterstützung anbieten? »Nein!« schrie er plötzlich und warf in höchster Wut das kopierte Schreiben zu Boden.
Was habe ich nur falsch gemacht, daß Nerva plötzlich Maternus zum Mitregenten erkor?
Er fand keinen Fehler im Kalkül.
Sollte Aelianus, der unberechenbare Präfekt wieder voreilig … Er wagte den Gedanken nicht zu Ende zu denken.
Noch war nichts, aber auch nichts verloren. Eiskalt mußte jede Chance jetzt genützt werden.
Sura ging in seine Bibliothek zurück, aber einen Augenblick später rief er nach einem Sklaven, der daraufhin sofort das Haus verließ.

Nur wenig später wurde Sura Marcus Barea Soranus gemeldet. Freundlich begrüßte ihn der Hausherr.
Marcus bemerkte hinter der zur Schau getragenen Freundlichkeit die Erregtheit Suras, der nervös im Raum auf und ab ging.
»Marcus, ich, nein, ganz Rom ist in einer furchtbaren Situation. Wenn nicht schnell etwas geschieht, wird ein großes Unglück über uns kommen.«
Erstaunt bemerkte Marcus die verfallenen Züge des Freundes. So hatte er Sura, den stets Überlegenen und stets Gelassenen, noch niemals gesehen. Er sah, wie die Hände des Senators zitterten.
»Marcus, du mußt mir helfen. Ich brauche einen verläßlichen Mann, der eine Botschaft sofort zu Trajan bringt. Schnell und noch schneller, wann kannst du reisen?«
Marcus überlegte. Eigentlich kam ihm die Sache sehr überraschend und äußerst ungelegen. Claudia und die Kinder ...
»Bitte, lehne nicht ab«, flehte Sura, »ich kann niemand anders zu Trajan schicken. Ich werde dir dies niemals vergessen.«
Marcus sagte zu.
»Morgen früh reist du ab, zuerst kommst du zu mir, dann bekommst du die Botschaft. Danke, Marcus. Vor Sonnenaufgang morgen.«
Aufatmend warf sich Sura in den Sessel, als Soranus gegangen war. Dies wäre erledigt, käme noch der andere Punkt.
»Mein Gott, wo bloß Attianus bleibt«, fragte er sich voller Ungeduld.
Endlich stand der Erwartete in der Bibliothek.
Kurz und knapp schilderte Sura ihm den Stand der Dinge.
Attianus' bleiches Gesicht wurde noch einen Schein bleicher. Wie eine frisch gekalkte Wand sah er aus. Er mußte sich setzen.
»Aus, alles aus«, murmelte er kopfschüttelnd.
»Nichts ist aus«, schrie ihn Sura unbeherrscht an, »dein blödsinniger Aelianus, dieser ... Narr, hat sich bestimmt wieder nicht beherrschen können, und nun ist Nerva die Geduld ausgegangen, und Veiento war auch zufällig in der Nähe ...«
Attianus schaute zu Sura auf.
»Das wird er mir büßen, der Dummkopf«, knirschte Attianus haßerfüllt.
»Ja, alles zu seiner Zeit, jetzt brauchen wir ihn noch. Er muß die Boten, die die Botschaft nach Antiochia bringen, abfangen, und zwar heimlich, damit es Nerva nicht bemerkt. Bestimmt übergibt Veiento die Botschaft mehreren Männern: Propinquus und auch diesem Larcius Priscus, der offiziell als Gesandter des Maternus bei Veiento ist. Diese beiden muß Aelianus fangen. So, geh und setze Aelianus unter Druck. Er soll die gesamte Garde aufbieten.«
»Propinquus wird in deinen Palast geführt und Priscus zu mir, wenn ihr sie in eurer Gewalt habt.«
Attianus wollte eine Frage stellen, aber Sura wandte sich bereits ab.

Suras Gedanken überschlugen sich. Fieberhaft arbeitete sein Gehirn: Hypothese folgte auf Hypothese, wenn und hätte, wenn und dann wechselten miteinander. Wenn Aelianus Propinquus mit der Botschaft an Maternus abfängt, dann sind wir gerettet. So überlegte er, verwarf, konstruierte Handlungsmodelle, bis sich seine Gedanken verwirrten. Er griff sich mit den Händen an die schmerzenden Schläfen, in denen das Blut hämmerte. Gib auf, gib auf, riet ihm eine innere Stimme, Maternus ist ein guter Imperator …

»Nein«, schrie er, »ich gebe nicht auf.« Erschöpft, keines Gedankens mehr fähig, sank er zusammen. Er mußte wohl eingeschlafen sein.

»Herr.«

Die Stimme erschien ihm bekannt, wenn auch aus weiter Ferne kommend.

»Herr.«

Jetzt rückte sie näher.

»Herr.«

Laut gellte sie in sein Ohr. Sura fuhr hoch. Grausam wurde ihm alles wieder bewußt, was er für einen Augenblick des Fernseins vergessen hatte.

»Herr, Plinius und Ostorius Sabinus warten im Atrium.«

»Endlich! Herein mit ihnen.«

Ohne Umschweife berichtete er ihnen von den Ereignissen der letzten Stunden.

Plinius wurde aschfahl. Ostorius Sabinus verzog keine Miene.

»So ist die Situation. Was können wir tun?« Hart stand Suras Frage im Raum.

»Die kaiserliche Bot … Botschaft da..da..darf nicht zu Maternus«, stotterte Plinius vor Aufregung.

Sura maß ihn mit einem herablassenden Blick.

»Noch hat Nerva die Mitregentschaft des Maternus nicht im Senat verkündet, auch nicht im kaiserlichen Rat.«

Sura stieß einen Pfiff der Überraschung aus. Daß er in der Aufregung selbst noch nicht darauf gekommen war. Dieser Sabinus ist doch ein kluger Kopf, nicht umsonst überlebt er alle Kaiser, das ist keine Frage der Moral und des Charakters, sondern einfach eine Frage der Klugheit, stellte Sura bewundernd fest.

»Richtig, aber kaiserlicher Befehl bleibt Befehl«, wandte Plinius ein, der seine Erregung einigermaßen überwunden hatte.

»Ja, aber, wenn Senat und kaiserlicher Rat nichts wissen und der Befehl als *corpus delicti* nicht mehr beizubringen ist, dann … ist er nie erteilt worden. Und seien wir doch ehrlich, vielleicht hat Nerva seinen Schritt bereits bereut. Er will sich nicht festlegen. Nur weil dieser Aelianus es zu toll getrieben hat, war Nerva plötzlich zu diesem Entschluß gekommen. Aelianus hat unser gesamtes strategisches Konzept gestört, wir müssen nun anders vorgehen«, sagte Ostorius.

»Richtig«, pflichtete ihm Sura bei, »wir müssen jetzt handeln. Dein Schwiegersohn, Ostorius, reist morgen zu Trajan, und der marschiert …«

Ostorius Sabinus lächelte überlegen.
»Gemach, Lucius, als letztes Mittel sollten wir das in Anwendung bringen. Die Legionen mobilisieren: ja; doch nach Rom in Marsch setzen: nein. Nur als äußerstes Mittel. Wir müssen Maternus bei Nerva in ein«, er zögerte, dann fuhr er fort, »nicht gerade günstiges Licht rücken. Wie wäre der Gedanke: Ein Zeuge aus Antiochia beeidet, daß Maternus rüstete und bereits eine Flotte zur Überfahrt nach Italien bereithielte, da er die ewige Unsicherheit um die Mitregentschaft nicht mehr ertrüge.«
»Der Gedanke ist bestechend, aber der geeignete Zeuge ...«, wagte Plinius zu zweifeln.
»... ist bereits gefunden. Gestern traf er aus Antiochia ein.«
Sura und Plinius fuhren wie von einer Viper gestochen empor.
»Wer ist es?«
»Larcius Priscus«, sagte Sabinus.
»Priscus? Der ist doch ein Vertrauter und der Abgesandte des Maternus«, warf Sura ein.
»Irrtum, Larcius Priscus ist ein ehrgeiziger und zu allem fähiger Legat, der gerne Statthalter und, wenn möglich in der Provinz Syrien, werden will.«
»Alle Teufel«, entfuhr es Plinius, »und dafür wäre er bereit, seinen Herrn des Aufstandes und der Usurpation zu bezichtigen?«
»Ja. Er hat allerdings zwei Bedingungen: Einmal die Statthalterschaft in Syrien, und zum anderen will er, daß Maternus nicht getötet wird.«
»Ach, wie rührend, der Schurke hat Herz. Damit will er sein schlechtes Gewissen besänftigen.« Höhnend hatte Plinius die letzten Worte ausgestoßen.
Sura überlegte.
»Woher weißt du das?« fragte er unvermittelt.
»Weil ich mit Priscus sprach. Er hat mir gestern gleich nach seiner Ankunft einen Besuch abgestattet und wohnt bei mir.«
Sura verschlug es fast die Sprache. Die Prätorianer suchten nach dem gestern erst angekommenen Priscus, und er hatte ihn bereits zur Verfügung.
»Hat er schon in Rom mit jemandem gesprochen?«
»Nein! Zum Glück hat er Veiento nicht angetroffen.«
»Bleibt nur noch Propinquus«, murmelte Sura.
Diesen Larcius Priscus schickte der Himmel!
»Ostorius, dieser Priscus wird Statthalter von Syrien, wenn wir die Dinge zu unseren Gunsten gewendet haben. Maternus wird nicht sterben. Ich verbürge mich für beides. Er muß aussagen, daß Maternus aus Ungeduld gegen Nerva putschen will, Fakten müssen her, welche Legion, wie viele Schiffe, wann der Abmarsch und und ... Du weißt Bescheid. Ich verlasse mich auf dich.«
Die Dinge standen mit einem Male gar nicht mehr so schlecht, fand Sura. Nur Propinquus mußte gefunden werden ...

5 *Siegessäule für Kaiser Trajan mit der Darstellung der Kriege gegen die Daker, 113 erbaut. Das Reliefband mißt eine Länge von 200 m mit mehr als 2500 Figuren*

6/7 *Details des Säulenreliefs:*
Darstellung der römischen Donaugrenze mit Wachtürmen, Posten, Blockhäusern und Proviantschiffen

8 *Ansprache des Kaisers an das Heer vor dem ersten Daker-Krieg*

9 *Bau und Befestigung der Straßen*

XIX

Soeben haben ihn die Legionslegaten, Tribunen und Ordonnanzen verlassen. Der Statthalter beider Germanien, Marcus Ulpius Trajanus, rückte den schweren Eichenholzsessel von dem mit Rollen bedeckten Beratungstisch ein wenig ab, um sich bequemer erheben zu können. Nachdenklich trat er ans Fenster und blickte hinab auf den Rhenus flumen, in dessen Wassern sich die Junisonne spiegelte.
Unten im Hafen herrschte zu dieser Vormittagsstunde reges Treiben. Lastträger entluden gerade drei Schiffe, die an den von der hölzernen Uferpromenade wie große Stacheln ins Wasser ragenden Landungsstegen vertäut waren. Schreien und Johlen in verschiedenen Sprachen begleiteten die Arbeiten. Treidelknechte mit angespannten Muskeln, die an den Armen hervortraten und Tauen ähnelten, zogen ein Floß mit Ziegelsteinen beladen an einen freien Steg.
Von dem Getümmel im Hafen und auf dem Fluß wanderten des Statthalters Blicke über die Uferböschung empor zur Stadt.
In Trajan war eine seltsame Unruhe, die ihm seit Tagen Unbehagen bereitete. Der Statthalter erwartete Nachrichten aus Rom. Das Schweigen Suras verhieß nichts Gutes. Die spärlichen Botschaften, die er offiziell erhielt, waren nichtssagend.
Warum schweigt Sura? hämmerte es in Trajans Gehirn. Diese Ungewißheit ließ sich kaum noch ertragen. Er wäre gerne selbst nach Rom gereist, doch ohne kaiserliche Erlaubnis und ohne Befehl wagte der Statthalter diesen Schritt nicht.
Die hochgewachsene Gestalt knickte leicht ein.
Es war zum Verzweifeln!
Trajan schlug mit der Faust auf das marmorne Fensterbrett. Ob in Rom Schlimmes geschehen war, das Sura zum Schweigen verurteilte? bohrte sich die Frage in sein Inneres. Die Gestalt straffte sich und kehrte dem Fenster den Rücken. »Ich halte das hier nicht aus, ich muß hinaus, mich ablenken«, murmelte er vor sich hin.
»Proculus«, rief Trajan.
Der Ordonnanzoffizier trat ein, salutierte mit der geballten Faust und hochgerecktem Arm.
»Du und Gemellus begleitet mich ins Lager und dann ans Nordende der Stadt, wo ich die Bauarbeiten zum Hafen in Augenschein nehmen werde. Pollio wird dich hier vertreten. Hinterlaß eine Nachricht über unseren Aufenthaltsort und den Befehl, daß jeglicher Bote aus Rom sofort dort zu erscheinen habe. Ich werde …, nein, laß den Falben satteln.«
Ein Kämmerer schlich wie ein Schatten herein, brachte den Brustpanzer mit dem aufgeschmiedeten Herakles und half dem Statthalter beim Umschnallen. Trajan befestigte das Wehrgehänge mit dem Kurzschwert und zog den schwarzen Soldatenmantel darüber, den der Kämmerer an den Lederschlaufen des Panzers auf den Schultern befestigte.

Den Helm mit dem langen roten Schweif wies Trajan zurück. Er liebte keine Kopfbedeckungen und Helme schon gar nicht. Selbst in Schlachten kämpfte Trajan barhäuptig zum Ärger und Schrecken seiner Offiziere.

Da er nun grauhaarig ist und daran erkannt wird, hatte ein Legat gespöttelt, bleibt ihm aus Sicherheitsgründen das Helmtragen nicht erspart.

Der Statthalter mußte lächeln. Auch als Grauhaariger würde er keinen Helm tragen, schwor er sich, denn sie sollten ihn erkennen. Ob ich dadurch in der Schlacht mehr gefährdet bin, dachte er, ist eigentlich gleichgültig, denn wenn das Schicksal meinen Fall will, dann mit und ohne Helm.

Das Schicksal. Wie beruhigend klang dieses Wort in ihm fort und ließ die alte Ruhe und Gelassenheit aufkommen.

Als er den Palast verließ und zu den unten an der Treppe mit drei gesattelten Pferden wartenden Begleitern hinabschritt, war die Unruhe der letzten Tage abgestreift wie eine zu eng gewordene Haut.

Der Falbe schnaubte freudig, als ihm Trajan mit der flachen Hand auf die Stirn klopfte.

Mit einem kräftigen Schwung sprang Trajan aufs Pferd und galoppierte in Richtung der Brücke davon. Proculus und Gemellus folgten.

Am Tor des Lagers zügelte Trajan den Falben und ließ ihn in leichten Trab fallen.
Auf der Via principalis, einer der beiden Hauptstraßen des Castrums, verlangsamte der Statthalter den Trab zum Schritt. Prüfend ließ er seinen Blick über die an der Straße gelegenen Häuser der Tribunen schweifen, die in der Glut der Sonne gleichsam verlassen dalagen. Hin und wieder zeigten sich in den Eingängen mit Säuberungsarbeiten befaßte Sklaven. Die Frauen nutzten die Abwesenheit ihrer diensttuenden Ernährer entweder zu Einkäufen in der auf der anderen Seite des Stromes gelegenen Stadt oder versuchten einfach mit Nichtstun die langweiligen Vormittagsstunden totzuschlagen.
Nun trieb Trajan den Falben zu schnellerer Gangart an. Wo die Via praetoria, die zweite Hauptstraße des Lagers, die Via principalis rechtwinklig kreuzte, riß der Statthalter den Falben jäh nach links und folgte der Via praetoria bis zu deren Ende.
Gemellus und Proculus, die Mühe hatten, den Linksschwenk ihres Vorgesetzten rechtzeitig mitzutun, wußten nun, was der Statthalter im Sinne hatte. Dort, wo die Baracken der Legionäre endeten, befand sich ein freies Gelände, das sich von den letzten Bauten bis zur Lagerbegrenzung hinzog. Schindanger nannten die Legionäre den von Blut und Schweiß getränkten, mit Sand bestreuten Boden. Hätte dieser Platz alle Flüche, Verwünschungen und Schmerzensschreie, die hier im Laufe der Jahre ausgestoßen worden waren, festhalten können, wären die Götter im fernen Olymp davon taub geworden.
Noch waren die drei Reiter nicht am Ausbildungsplatz angelangt, als ihnen die wohlbekannten Laute dessen unmittelbare Nähe ankündigten.
Die Schreie wurden nun deutlich vernehmbar. Ein Ausbilder verwendete sein in den Kneipen erworbenes Vokabular, um die Legionäre in ihren Bemühungen um gute Wurf- und Hiebergebnisse zu beflügeln.
Trajan brachte den Falben zum Stehen und nahm mit zusammengekniffenen Augen, da die hochstehende Sonne ihm genau ins Gesicht schien, das Geschehen in sich auf.
Manchmal nickte er zustimmend, manchmal schüttelte er mißbilligend den grauen Kopf.
Unvermittelt schwang sich Trajan aus dem Sattel, und mit langen, hastigen Schritten eilte er in die äußerste Ecke des Ausbildungsplatzes, wo eine Gruppe Legionäre Speere auf eine aus dicken Brettern gefertigte lebensgroße Attrappe einer männlichen Gestalt warf. Auf dem Holzkrieger leuchteten drei rote Kreise, einer an der Stirn, einer am Halse und ein größerer in der Herzgegend.
Die Werfer waren bemüht, einen der Kreise zu treffen. Der Ausbilder quittierte fluchend die Fehlwürfe.
Ein junger Soldat, der gerade mit drei Würfen nur den großen Kreis und diesen auch nur am äußersten Rande getroffen hatte, erregte den Zorn des Centurios.

Ausbilder und Centurio nahmen mit Schrecken die Anwesenheit des Statthalters wahr.
Mit zusammengekniffenen Augenbrauen, zwischen denen sich eine tiefe Furche bildete, maß Trajan die Offiziere. Sein Blick verriet Mißmut. Er winkte dem Centurio und sagte nur knapp: »Ausgangssperre und Soldverkürzung!«
Die Offiziere salutierten.
»Bring mir drei Speere!« befahl er.
Trajan nahm den ersten der drei schweren Wurfspeere, wiegte ihn in der Rechten, strich fast zärtlich mit der Linken über das Holz und prüfte die Spitze.
Inzwischen hatten die Schwertkämpfer auf dem vorderen Teil des Ausbildungsplatzes ihre Übungen eingestellt und waren mit ihren Ausbildungsoffizieren nach hinten gekommen, denn hier war eine Abwechslung zu erwarten. Der Alte, wie Trajan respekt- und liebevoll wegen seiner grauen Haare genannt wurde, wollte etwas vorführen.
Der Statthalter bemerkte nicht, daß sich hinter seinem Rücken ein Halbkreis aus Neugierigen gebildet hatte. Er setzte den linken Fuß vor, umschloß den Schaft, zog den rechten Arm mit dem Speer bis über die Schulter zurück und kniff das linke Auge zu, während das rechte nur den roten Kreis auf der Stirn der Holzfigur wahrnahm. Jetzt ein Ruck, und der Speer schnellte davon. Ein Krachen, dumpf und drohend, die Waffe war dem Holzmann genau in den markierten Punkt auf der Stirn gefahren.
Ein Jubelschrei aus vielen Kehlen ließ den Statthalter hinter sich sehen, wo er die Zuschauer seiner Wurfübung Beifall zollen sah.
Befriedigt und mit einem Lächeln um den schmalen Mund ließ er es geschehen.
Nun nahm er den zweiten Wurfspeer und traf mit diesem genau in den rot markierten Hals.
»Den dritten«, sagte er lässig, »glaube ich mir ersparen zu können«, und ging unter nicht enden wollendem Jubel der Legionäre zu den Ausbildungsoffizieren.
»Toll«, meinte der Centurio, »das ist angeborene Begabung, das kann nicht jeder erreichen.«
»Stimmt«, erwiderte Trajan nun versöhnt und gutgelaunt, »aber mit eisernem Fleiß und viel Übung kann man eurer Stümperei schon beikommen. Ich verlange, daß deine Legionäre von den drei Würfen mindestens zwei voll in den Herzkreis setzen. Wer das nicht erreicht, dem sperrst du den Ausgang zu den Huren und zu den Weinfässern Germaniens.«
Proculus und Gemellus, die ebenfalls den Auftritt ihres Chefs gebührend gewürdigt hatten, blinzelten sich zu.
Als wäre nichts geschehen, schwang sich der Statthalter wieder in den Sattel. Die beiden Begleiter hatten Mühe ihm zu folgen.
Wer weiß, dachte Proculus, der lieber im Palast bei Abwesenheit des Statthalters

die Ruhe des Dienstes genossen hätte, was der Alte heute noch alles unternimmt.
Trajan nahm den Weg nach dem Norden der Stadt, wo längs des Rhenus flumen Legionäre damit beschäftigt waren, Pfähle in den Ufermorast zu rammen, sie mit schweren Stämmen zu verbinden und dann den so entstandenen Holzwall vom Lande aus mit großen Steinen zu stützen. Es sollte auf diese Weise eine Verbreiterung des Uferweges erfolgen, der dann in dieser Mauer als Kai endete.
Interessiert beobachtete Trajan die schwer arbeitenden Legionäre.
Zwei Legionäre, die zwischen den eingerammten Palisadenpfählen gerade die Längsbohlen übereinanderschichteten und bis zu den Hüften im morastigen Wasser steckten, hatten große Mühe, auf den Beinen zu bleiben.
Der Statthalter wollte den Aufseher rufen, daß er den beiden noch einige Männer zur Unterstützung schicken sollte, als ein gräßlicher Aufschrei von unten zu hören war.
Der eingerammte Pfahl war umgeknickt, so daß die aufgeschichteten Stämme nachrollten und die im Morast stehenden Legionäre unter sich begruben.
Trajan sprang aus dem Sattel, rannte die Böschung hinunter, sprang in den Morast und versuchte unter Aufbietung aller Kräfte, das weitere Abrutschen der Stämme zu verhindern. Mit der Schulter stemmte er sich dagegen. Schmerz bohrte sich in den Rücken. Der Statthalter vermochte nicht die Stämme nach oben zu drücken. Langsam schoben sie ihn immer weiter in den Schlamm. Lediglich das Gewicht, das auf den Unterkörpern der Legionäre lagerte, verringerte sich durch Trajans schnelle Hilfe.
»Ich kann nicht mehr«, stöhnte er dabei, nach oben zu blicken vermochte er nicht, das Gewicht der Stämme, das auf seinen Schultern lag und ihn immer mehr krümmte, erlaubte keine Wendung des Kopfes.
Endlich hatten Proculus und Gemellus die Situation erfaßt.
»Ihr verdammten Idioten, warum helft ihr dem Statthalter nicht?« schrie Proculus wutentbrannt und rannte nach unten an das Ufer.
Gemellus scheuchte die Männer, die bisher gar nichts von dem Unfall bemerkt hatten.
Alles eilte hinab, um die eingekeilten Männer und Trajan, der nun fast mit dem Kopf den Morast berührte, aus dieser Lage zu befreien.
Ein staubbedeckter Reiter, der oben ankam und Zeuge des letzten Akts der Rettungsaktion wurde, verfolgte interessiert das Geschehen. Die Legionäre brachten den über und über mit Schlamm bedeckten Statthalter vorsichtig hoch auf die Straße, während die Verunglückten gleich unten behandelt wurden.
Trajan keuchte. Mit Mühe gelang es ihm, den gekrümmten Rücken wieder zu strecken.
»Du bist leichtsinnig, Trajan, wegen zweier Legionäre das Leben zu riskieren«, wagte Proculus zu sagen, »und diese Idioten hätten das nicht einmal bemerkt.«

Der Statthalter, der sich nun wieder zu voller Größe aufgerichtet hatte, die Arme hob, tief durchatmete, den Oberkörper streckte und beugte, die Arme nach hinten schlug und befriedigt feststellte, daß er keinen Schaden genommen hatte, sagte mit einem Lächeln zu Proculus: »Für jeden einzelnen Legionär bin ich verantwortlich, denn sie alle sind mir anvertraut. Jeder muß wissen, daß er in der Not auf seinen Feldherrn bauen kann. Ebenso möchte ich mich auf jeden bedingungslos verlassen können. Für dich, Proculus, war das hoffentlich eine Lehre, wie sich meine Soldaten und Offiziere zu verhalten haben.«
Der so Zurechtgewiesene schwieg beschämt. Gemellus lächelte hämisch, gönnte er doch dem stolzen Proculus diese Lektion. Dem Reiter, der alles mitangehört hatte, war vor Erstaunen sein eigentlicher Auftrag nur noch Nebensache.
Ein Feldherr und Statthalter rettete unter Einsatz seines Lebens zwei unbekannten Legionären das Leben, bei allen Göttern, das war Größe!
Trajan hatte nun den fremden Reiter wahrgenommen. Fragend glitt sein Blick zu diesem empor.
»Ich komme aus Rom«, sagte dieser, stieg vom Pferd, zog aus seinem Mantel eine Schriftkapsel und reichte sie Trajan. »Ich bin Marcus Barea Soranus.«
Der Statthalter wischte seine Hände an dem Mantel ab. Ärgerlich bemerkte er, daß er mehr Schlamm daranschmierte, als er abstreifte.
Proculus rannte davon. Mit einem Eimer Wasser und einem Tuch kehrte er nach wenigen Augenblicken wieder.
Als Trajan sich gesäubert hatte, nahm er die ihm noch immer von Marcus entgegengehaltene Rolle.
Mit hastigen Bewegungen holte er das Schriftstück aus der Kapsel, entrollte es und las den Absender. Trajan atmete auf. Von Lucius Licinius Sura, endlich!
Er las, preßte die schmalen Lippen hart aufeinander. Die steile Falte zwischen den Augenbrauen kerbte sich tiefer. Trajan senkte die Rolle, hob den Kopf und richtete den Blick über Marcus hinweg in eine imaginäre Ferne.
Kurz danach versenkte er sich nochmals in Suras Schreiben. Wie lange er unterwegs gewesen sei, fragte er unvermittelt Marcus Soranus.
»Acht Tage.«
Trajan nickte zufrieden, denn acht Tage waren eine gute Zeit bei einer Strecke, für die man in der Regel mindestens zehn Tage benötigte. Also acht Tage sind vergangen, seit Nerva Maternus zum Mitregenten ernannt hat, rechnete Trajan, ergo konnte der Bote, wenn Sura ihn nicht hatte abfangen können, trotzdem Antiochia noch nicht erreicht haben. Von Rom nach Syrien benötigte man mindestens achtzehn bis zwanzig Tage. Des Statthalters angespannte Gesichtsmuskeln lockerten sich, die Brauen zogen sich nach außen und lösten die steile Falte auf.
»Gut gemacht, Soranus«, sagte Trajan und klopfte ihm leutselig auf die Schulter, wobei eine Staubwolke dem Mantel entschwebte.

Marcus errötete und entschuldigte sich.
Trajan lachte, ein tiefes und herzliches Lachen.
»Schon gut. Sieh mich an, und ich habe keine lange Reise auf staubiger Straße hinter mir. Wir reiten jetzt zurück. Proculus«, dabei deutete der Statthalter auf seine Ordonnanz, »wird sich um dich kümmern und dir im Palast eine Unterkunft anweisen. Ich werde noch heute ein Schreiben an Licinius Sura aufsetzen, so daß du morgen oder spätestens in zwei Tagen zurückreisen kannst. Morgen ruhst du vielleicht noch einen Tag aus, siehst dir Mogontiacum an ...«
Der Statthalter wurde in seiner Rede unterbrochen. Im scharfen Galopp sprengten drei Reiter in blitzenden Helmen und schimmernden Brustpanzern heran. Einer, offenbar der Anführer, sprang vom Pferd, riß den Helm herunter, salutierte und brachte atemlos eine Meldung für Trajan.
Marcus schoß das Blut in den Kopf, er preßte die Handflächen hinter dem Rükken zusammen, hatte er doch in dem Ankommenden den Legaten Publius Celsus erkannt.
Celsus begrüßte nun Gemellus und Proculus. Marcus übersah er, als wäre er nicht vorhanden.
»Das ist Barea Soranus, der Bote Suras«, sagte Trajan zu dem Legaten gewandt, und jener, wobei er sich zu Marcus drehte, sei einer seiner besten Offiziere und Schwertkämpfer, Publius Celsus.
Das Gesicht des Legaten verriet keinerlei Regung. Hochmütig sah Celsus über Marcus hinweg.
Plötzlich lachte Marcus.
»Einer deiner besten Schwertkämpfer?«
Verwundert starrte ihn Trajan an.
»Jawohl, so sagte ich.«
»Gestattest du, daß ich ihn fordere?«
Erstaunen malte sich in den Zügen der beiden Ordonnanzen, Wut in Celsus' Miene, Belustigung in Trajans Gesicht. Der Statthalter liebte Kämpfe, und dieser, dachte er erheitert, konnte lustig werden. Durchdringend musterte er Soranus. Kräftig und sehnig schien er ihm, wenn auch kein ausgebildeter Soldat.
»Du bist leichtsinnig, Soranus, dich mit einem meiner besten Leute messen zu wollen. Nimm deine Forderung zurück, denn ich will nicht, daß einem Vertrauten meines Freundes Sura etwas zustößt.«
»Mit so einem«, stieß Celsus verächtlich aus, »kreuze ich mein Schwert nicht und wenn, dann nur, um es ihm ins Herz zu stoßen.«
Trajan, überrascht über derartigen Hochmut, der zudem voller Haß war, spürte, daß zwischen diesen beiden Männern eine böse Spannung bestand.
»Du wirst mit Soranus fechten, Celsus«, sagte Trajan nicht ohne Schärfe, »und damit nichts Schlimmes geschieht, werdet ihr mit stumpfen Übungsschwertern kämpfen. Morgen zur vierten Stunde auf dem Übungsplatz im Castell.«

Celsus biß sich auf die Lippen, salutierte, schwang sich auf sein Pferd und galoppierte mit seinen Begleitern davon.
Marcus lächelte.
»An deiner Stelle würde ich Angst vor der Blamage haben«, rügte ihn der Statthalter, »denn Celsus weiß sehr gut mit der Waffe umzugehen. Und du? Hast du schon bei den Legionen gedient?«
»Nein.«
Mitleidig streifte Trajans Blick Marcus.
»Du wirst morgen Schläge bekommen, die du dein Lebtag nicht vergessen wirst.«
»Warten wir's ab«, antwortete Marcus keck und war selbst über seine Antwort erstaunt.
Trajan stieg wortlos in den Sattel. Du hast dir's selbst zuzuschreiben, schien sein Blick zu sagen.
Gemellus folgte Trajan, während Proculus Marcus nach der Stadt zurückbegleitete.
»Ich freue mich«, sagte Proculus, »daß du es diesem hochmütigen Celsus so gegeben hast, aber ich bedaure dich auch, denn er wird dich mörderisch zusammenhauen. Du wirst morgen wimmernd im Lazarett liegen. Rom wirst du vor Wochen nicht wiedersehen. Du tust mir leid, Soranus.«
»Danke, Proculus, es tut gut, einen mitfühlenden Menschen hier in Mogontiacum zu wissen.«
»Mein Rat, bitte morgen vor dem Kampf Celsus öffentlich um Verzeihung. Er hat den Triumph, du zwar die Blamage, dafür aber einen heilen Körper.«
»Nein, Proculus, das kann ich nicht. Sei beruhigt, ich werde mich zu verteidigen wissen.«
Inzwischen waren sie am Palast angelangt.
Voller Wonne streckte sich Marcus im Bad aus, ließ sich von dem ihm zugeteilten Badesklaven massieren und ruhte dann. Wenn Celsus hier ist, muß sie auch hier sein, dachte er und verspürte den Wunsch, sie unbedingt wiederzusehen.
Es war hoher Nachmittag, als Marcus nach dem Bad und einem kurzen stärkenden Schlaf und einem Imbiß durch die Stadt streifte. Von Proculus hatte er es mit List herausgefragt, daß Celsus und seine Frau Ennia im Castrum wohnten. Proculus, in der Hoffnung, daß Marcus sich besinnen und bei Celsus um Entschuldigung bitten könnte, hatte ihm den Wohnsitz verraten.
»Nein«, hatte Marcus in gespielter Haltung gesagt, »ich kann nicht. Wenn Celsus' Schwester Cornelia in Mogontiacum wäre, bestünde Hoffnung, denn sie würde uns versöhnen.«
»Sie ist hier«, fiel Proculus prompt auf den Trick herein, »sie bewohnt ein Haus im Westen der Stadt.«
»Ist Cornelius Palma bei ihr?« fragte Marcus klopfenden Herzens.

»Nein, nicht mehr, der reist in Nervas Auftrag irgendwo umher.«
Marcus fiel eine Last vom Herzen.
Nun suchte er das Haus Cornelias. Am Ende einer stillen Straße fand er es, nicht groß, weiß gekalkt; alles in allem ein bescheidenes Haus.
Auf sein Klopfen erschien ein blonder Hüne mit hängendem Schnauzbart.
»Kann ich deine Herrin sprechen?«
»Name!«
»Soranus, ich komme aus Rom.«
Der finstere Riese verschwand. Als er zurückkam, war seine Miene freundlich.
»Die Herrin bittet dich, mir zu folgen.«
Cornelia saß mit einem älteren Mann an einem Schreibtisch. Mit einer Armbewegung entließ sie diesen.
»Marcus Barea Soranus, welch eine freudige Überraschung«, lachte sie und erhob sich.
Er ergriff ihre Hand, drückte sie länger, als eigentlich zur Begrüßung notwendig gewesen wäre.
»Doch gehen wir aus diesem Zimmer, das Arbeit atmet. Du mußt wissen, ich bin in Mogontiacum Geschäftsfrau, denn ich besitze eine Lampenfabrik. Mein Sekretär, den du gesehen hast, hat mir gerade die Abrechnung vorgelegt.«
»Lampen?«
»Ja, Tonlampen, wie du dort auf dem Tisch eine siehst.«
Am besten sei es, meinte Cornelia, sie zeige ihm ihre Lampenfabrik.
Dazu würde kaum Zeit sein, erwiderte er, da er übermorgen wieder nach Rom zurück müsse.
»Und morgen?«
Marcus lächelte verlegen: »Morgen habe ich mit deinem Bruder einen kleinen Wettkampf in der Disziplin Fechten.«
Sie erschrak.
»Das heißt doch nicht etwa, daß du mit ihm kämpfen willst?«
»Genau das heißt es«, antwortete er. Die Angst, die sie um ihn hatte, ließ ihn aufhorchen.
»Ich werde das niemals zulassen«, sagte sie.
»Wir fechten nicht mit scharfen Schwertern«, versuchte er sie zu beruhigen.
»Trotzdem, mein Bruder ist einer der gefürchtetsten Fechter ganz Roms.«
»Und ich der gefürchtetste«, scherzte er.
Ihr Mund zuckte.
»Du kannst es nicht verhindern, der Statthalter hat es angeordnet.«
»Er wird dich furchtbar verprügeln und zum Gespött aller Legionäre machen. Die Schande wird dir nach Rom vorauseilen.«
»Man muß sich im Leben wenigstens einmal schämen und blamieren, sonst wird man hochmütig.«

»Deine Witze, Soranus, werden dir morgen vergehen.«
»Kommst du?« fragte er.
»Ja, damit ich sehe, wie ein größenwahnsinniger Mensch einmal die ihm zustehende Tracht Prügel bekommt.«
»Viel Spaß, Cornelia, hoffentlich kommst du dabei auf deine Kosten. Doch reden wir von anderem.«
Cornelia vermochte indes ihre Unruhe nicht zu verbergen. Das Gespräch, mehr ein verlegenes Plaudern, berührte nur banale Nebensächlichkeiten.
Enttäuscht verabschiedete sich Marcus. Auch Cornelias Gruß wirkte frostig.
Als Marcus im Palast anlangte, fühlte er sich seltsam leer und verlassen. Der Sklave, der nach seinem Begehr fragte, erschreckte ihn. Nach dem Abendessen und einigen dazu genossenen Bechern Wein schlief er sofort ein.
Trajan hatte sich nach seiner Rückkehr in den Palast in seinem Arbeitszimmer niedergelassen und den Wachposten angewiesen, keinen Menschen vorzulassen.
Dann hatte er sich nochmals in Suras Schreiben vertieft. Wort für Wort gelesen, nach verborgenen Inhalten gesucht, denn der kluge Sura verstand es trefflich, das Wichtigste nur in Andeutungen zu sagen.
Nein, hier stand es: Nerva hatte Maternus zum Mitregenten gemacht. Aber Sura versuchte ihn, Trajan, zu beruhigen, daß das Blatt sich bald wenden würde. Was getan werden müßte, wäre die Mobilisierung der Legionen in Germanien.
Trajan warf die Schriftrolle auf den Tisch.
Es schien doch nicht alles so klar zu sein, dachte er, wenn der vorsichtige Sura zu diesem Schritt aufforderte.
Der Statthalter schloß die Augen.
Wann hatte dieser auf ihm wie ein Alpdruck lastende Gedanke, einmal Mitregent Nervas zu werden, eigentlich begonnen, von ihm Besitz zu ergreifen?
Er überlegte. Nach Domitians Tod und der Hinrichtung des Norbanus und des Secundus war es gewesen. Licinius Sura hatte zu ihm damals gesagt, der alte Nerva sei ohne einen erfahrenen Feldherrn als Stütze seiner Macht verloren und nur ein Spielball in den Händen der Prätorianer.
Wer das sein sollte, hatte er Sura gefragt.
»Du«, antwortete dieser.
»Ich?«
»Warum denn nicht? Ich mache dich zu diesem Mann.« Suras Stimme klang hart und bestimmt.
Dieser Gedanke hatte sich in ihm eingebrannt wie ein Mal und seither sein Denken bei Tag und Nacht bestimmt.
Warum eigentlich nicht?
Bin ich nicht ebenso fähig wie diese dekorierten Generale? Nur einer schien ihm überlegen zu sein: Maternus. Schien? Diesen müßte man besiegen, um das Impe-

rium zu gewinnen. Maternus wuchs zum gigantischen Feind, der ihn verfolgte. Ein Mythos war dieser legendenumwobene Feldherr.
Maternus, immer wieder Maternus!
Ich lasse die Legionen marschbereit machen und marschiere gegen Maternus, nicht gegen Nerva.
Hoffentlich wendet Sura die offizielle Anerkennung Maternus' als Mitregent ab. Wenn nicht, ist alles verloren!
Trajan träumte, Maternus in einer offenen Feldschlacht zu besiegen, um ihm, den zur Legende Gewordenen, den Lorbeer zu entreißen und den Mythos zu zerstören.
Diese Präfekten, dachte Trajan klar und nüchtern, nachdem ihm das Traumbild entschwebt war, hatten mit ihrem Schwachsinn alles verdorben.
Der Statthalter ballte die Rechte und schlug mit ihr durch die Luft, als wollte er einen unsichtbaren Feind treffen. Kommt Zeit, kommt Rat, beruhigte er sich, Sura wird schon die Lage klären.
Den Brief an Sura, dachte Trajan mit schlechtem Gewissen, hatte er noch schreiben wollen. Doch dieser Soranus reiste doch erst übermorgen ... wenn er in der Lage sein sollte.
Der Statthalter rang mit sich, ob er diesen lächerlichen Kampf verhindern sollte. Der übermütige junge Herr aus Rom mußte eine Abreibung bekommen. Natürlich würde er, der Statthalter, den ungleichen Kampf abbrechen lassen, ehe Soranus ernsthaft zu Schaden kam. Der Statthalter verließ sein Arbeitszimmer, um das Nachtmahl bei seiner Gattin Plotina einzunehmen.
Ein strahlender Sonnentag stieg über Mogontiacum herauf. Als Marcus mit Proculus auf dem Übungsgelände ankam, war der ganze Platz bereits von Legionären umsäumt. Celsus hatte in seiner Legion lauthals verkündet, daß er einen aufgeblasenen Burschen aus Rom züchtigen würde. Wetten schloß niemand ab, denn der Ausgang des Wettkampfes war gewiß. Nun kam der Statthalter mit Soldaten seiner Garde. Respektvoll öffnete sich ihm eine Gasse.
Der Kampf konnte beginnen.
Marcus und Celsus betraten die freie Fläche inmitten der Menschenansammlung.
Auch Frauen waren zugegen: Offiziersfrauen und Lagerhuren.
Sie war auch da: Cornelia stand mit Ennia direkt in der Mitte.
Ein Centurio prüfte die stumpfen Schwerter.
Celsus musterte Marcus voller Wut.
Trajan winkte. Der Kampf begann.
Sofort stürmte Celsus mit Ungestüm auf Marcus ein. Er wollte den Gang schnell beenden. Marcus' Arm zitterte unter der Wucht der harten Hiebe.
Er verteidigte sich nur, wich zurück, tändelte zur Seite und wehrte ab.
Noch hatte Celsus keinen Schlag anbringen können, was seine Wut nicht gerade besänftigte.

Marcus hatte Celsus bereits fechten sehen, dagegen Celsus ihn noch nicht. Gerade vermochte er wieder einen harten Schlag zu parieren, als Celsus blitzschnell die Klinge zurückriß und ebensoschnell, mit einem Schnippen des Handgelenks, zuschlug. Klatschend traf die Breitseite des Schwerts Marcus' Wange.
Zustimmendes Gelächter der Zuschauer. War es doch wie eine Ohrfeige, die er erhalten hatte. Ehe sich Marcus von dem Schreck erholt hatte, klatschte das flache Metall auf die andere Wange. Noch heftiger als der Schlag vorher. Beißender Schmerz brannte auf, dann rann es warm herab. Die Wucht hatte die Haut platzen lassen.
Jetzt sah es so aus, als könnte Celsus den Gegner nach Belieben verprügeln. Schlag fiel auf Schlag. Marcus blieb nur die Verteidigung.
Celsus trieb ihn über den Platz, höhnisches Gelächter, unflätige Beschimpfungen trafen Marcus schmerzlicher als die Hiebe.
Nun sah er ihr Gesicht, es schien ihm von Qual und Mitleid erfüllt. Vor ihren Augen von ihrem Bruder wie ein dummer Junge verprügelt zu werden, wäre der Gipfel an Demütigung.
Marcus biß die Zähne zusammen, Zorn stieg in ihm hoch. Diesem Laffen, der ihn zutiefst gekränkt und zu Tode beleidigt hatte, würde er den Triumph nicht überlassen, ihn, Marcus Soranus, der Balbus und Regulus besiegt hatte, wie einen Anfänger zu verprügeln.
Bei allen Göttern, was würde Vater dazu sagen? Jetzt, so spürte er, hatte er die schlimmste Angriffswut Celsus' überstanden. Die Schläge wurden schwächer und nicht mehr so gezielt. Celsus hatte sich übernommen.
Mit Routine parierte Marcus die Schläge und schlug zurück. Nun klatschte der erste Schlag an Celsus' Kopf. Der war mehr erstaunt als verärgert. Wieder ein Schlag, den Marcus durch die aufgerissene Deckung landete.
Nun ging ein Raunen durch die Reihen der Legionäre. Auch Trajan packte Staunen. Vor ein paar Minuten hatte er den ungleichen Kampf abbrechen wollen. Nun waren die Rollen vertauscht. Wie dieser Soranus immer wieder die Lücken in Celsus' Deckung fand, wie er Stoß auf Stoß und Hieb auf Hieb am ungeschützten Körper des Legaten anbrachte.
Und nun? Trajan glaubte, nicht recht gesehen zu haben: Ein kurzer Dreh, nur im Handgelenk, Soranus' Schwert wand sich gleich einer Schlange um Celsus' Waffe, ein kurzer Ruck, wieder nur aus dem Handgelenk – der Kerl muß Handgelenke aus Eisen haben, dachte Trajan bewundernd –, und zischend fuhr etwas durch die Luft, um gleich darauf im Sand aufzuklatschen: Celsus' Schwert.
Betretenes Schweigen der zuschauenden Legionäre.
Celsus starrte entsetzt auf Marcus, als wäre er einem Trugbild, einem Mysterium erlegen. Dann brach Celsus in die Knie, erhob sich aber wieder und ging wortlos und gesenkten Hauptes hinaus. Die Legionäre wichen vor ihrem Legaten zurück.

Für Marcus kein Beifall.
Ein Centurio schritt auf ihn zu und sagte: »Toll, wie du den besiegt hast. Doch sieh dich vor, damit hast du dir einen Todfeind geschaffen. Ich bin Marcius Turbo«, wobei er Marcus die Hand reichte, die dieser freudig ergriff.
Ohne Lärm zogen sich die Zuschauer zurück. Nur Trajan, sein Gefolge und eine Frau verblieben am Platz, in dessen Mitte Marcus einsam und verlassen stand.
Langsam ging er zu Cornelia.
Tränen standen in ihren Augen, als sie ein Tuch nahm und damit Marcus' Wange, von der noch immer Blut rann, betupfte. Er nahm ihre Hand und führte sie an seine Lippen.
»Du dummer Junge«, sagte sie zärtlich, »ihr Männer seid alle dumme Jungs, die so ihre Stärke zu beweisen glauben.«
»Ich konnte doch nicht anders«, sagte er leise, »er hat mich zu sehr gedemütigt.«
»Demütigungen zu ertragen, das ist wahre Stärke.« Sie strich ihm über die Wange. Ihre Berührung brannte mehr als die Schläge ihres Bruders. Es war, als bräche in ihm ein Feuer auf.
Er faßte wieder nach ihrer Hand. Sie entzog sie ihm.
»Leb wohl«, sagte sie plötzlich und ließ ihn stehen.
»Bleib«, versuchte Marcus ihr nachzurufen, doch die Stimme versagte ihm den Dienst.
Hilflos hob er die Schultern, als wollte sein gesamter Körper eine Frage stellen, die doch so nicht beantwortbar war. Traurig sanken die Schultern wieder herab. Eine große Hand legte sich auf sie.
Marcus wandte sich um. Er sah in das Gesicht Trajans und glaubte Verständnis in den energischen Zügen zu lesen. »Du hast ihm eine Lektion erteilt. Vielleicht hatte er sie nötig. Einen Freund hast du dir jedoch nicht gewonnen. Und ob es dem Ruf meiner Legionen zuträglich war, wage ich zu bezweifeln. Wer lehrte dich die Kunst des Schwertkampfes bis in die letzten Feinheiten?«
»Mein Vater.«
»Lebt er noch?«
»Ja, in Ephesos.«
Nachdenklich blickte Trajan vor sich hin.
Erst nach einer Weile fragte er plötzlich nach dem Grunde des Zerwürfnisses mit Celsus.
»Ich rettete seiner Frau und seiner Schwester das Leben, und er bot mir dafür – Geld.«
Als wollte er Marcus ins Innerste blicken, richtete Trajan seine grauen Augen auf ihn, um plötzlich mit festem Griff seine Hand zu drücken. Dann wandte sich der Statthalter ab und ließ Marcus stehen.
Marcus stand allein auf dem Übungsgelände, während sich das Hufgetrappel in der Ferne verlor, und fühlte sich allen Menschen sehr fremd.

XX

Er wollte sich vergewissern, wo er sich befand. Nur zögernd halfen ihm dabei seine Sinnesorgane. Ein dumpfer Druck lastete auf seiner Schädeldecke und breitete sich strahlenförmig über den gesamten Kopf aus. Hatte er geschlafen oder war er ohnmächtig gewesen? Vieles war an ihm vorübergezogen, schemenhaft und körperlos, um bald wieder in dumpfer Vergessenheit unterzutauchen.
Valerius Propinquus zwang sich mit all seiner verfügbaren Kraft zum Erinnern. Veiento ... Veiento, ja bei Veiento, entsann er sich, war es gewesen. Eine Lederkapsel mit einem wichtigen Schreiben hatte er erhalten und ...
Der Kopf schmerzte. Unter Mühen brachte er den Oberkörper von der Pritsche hoch, streckte die Beine auf den Fußboden. Propinquus' Blick tastete den Raum ab. Ein winziges Zimmer mit einem kleinen Fenster, zu klein, als daß sich ein Mensch hätte hindurchzwängen können. Ein Tisch, ein Sessel, ein Lectus, eine Schüssel und eine große Amphore.
Propinquus taumelte auf den Tisch zu, ergriff die dort stehende Amphore ... Wasser, ja, sie war mit Wasser gefüllt. Er nahm sie mit beiden Händen, hob sie empor und goß sich das Wasser über den schmerzenden Kopf.
Die Kühle linderte den Schmerz.
Mit tropfnassem Haar legte er sich wieder auf die Pritsche. Mit Veientos Schreiben an Maternus hatte er Rom verlassen ... nach Ostia, richtig, nach Ostia hatte er gewollt ... aber am Abend vor seiner Abreise war Helena zu ihm gekommen. »Helena«, seufzte Propinquus, gewarnt hatte sie ihn vor den Prätorianern, die nach ihm suchten und jeden Moment auftauchen konnten. Alle Straßen, die aus Rom herausführten, waren unter ihrer Kontrolle ... Richtig, überall standen Aelianus' Leute ... Fast hätten sie ihn am Appischen Tor gefangen, aber Fulvius Rusticus, der gerade Rom verließ, hatte durch einen Trick die Prätorianer auf sich gelenkt, so daß er, Propinquus, entkommen konnte.
Und dann, er hatte Rom bereits hinter sich, war man seiner habhaft geworden ... Er hatte sich gewehrt, doch es waren ihrer zu viele ... Plötzlich der Schmerz und dann Dunkelheit. In Propinquus fraß die Erbitterung, daß die Hoffnung seines Lebens, Maternus als Nachfolger Nervas zu sehen, durch sein Versagen zunichte geworden war.
Er bedeckte den Kopf mit beiden Händen. Er schalt sich einen Versager. Plump hatte er sich von den Prätorianern überrumpeln lassen. Alles, einfach alles war umsonst gewesen. Nun hockte er hier gefangen, wußte nicht wo und nicht wie lange. Der Sklave, der ihm die Nahrung brachte und ihn in ein Bad führte, war stumm.
In Selbstvorwürfen brütete Propinquus dumpf vor sich hin. Plötzlich hörte er, wie die Tür sich öffnete.
»Propinquus, steh auf«, rief eine Stimme, die ihm bekannt schien.

Er öffnete die Augen und sah ein bärtiges Gesicht. »Attianus?«
Der Bärtige lachte. »Mich hättest du nicht erwartet.«
Mit einem Ruck fuhr Propinquus hoch. »Warum hältst du mich gefangen? Das wird ein Nachspiel haben.«
»Glaube ich nicht, Valerius Propinquus, denn ihr habt das große Spiel verloren.«
Verdattert blickte ihn Propinquus an. Attianus hatte recht, resignierte er, die anderen besaßen die besseren Würfel. »Was hast du mit mir vor? Willst du mich töten?«
»Propinquus, ich bin doch kein Unmensch. Du wirst nicht getötet, wenn …«
»Wenn?« fragte Propinquus mit belegter Stimme.
»Wenn unser Plan nach Wunsch verläuft. Aber freilassen kann ich dich natürlich noch nicht. Sobald alles in Ordnung gebracht wird, kannst du gehen, wohin du willst. Wir bieten dir sogar an, mit uns gemeinsam …«
»Niemals«, unterbrach ihn Propinquus.
»Auch gut. Doch nun muß ich gehen. Ich wollte nur nach deinem Befinden sehen und mich nach deinen Wünschen erkundigen.«
»Geh und befrei mich von deiner Gegenwart, du Verräter«, stieß Propinquus haßerfüllt hervor.
»Zische, Schlange, zische«, höhnte Attianus, »ohne Giftzahn. Noch einen Wunsch habe ich. Gib mir bitte deinen Siegelring.«
Propinquus ballte die Rechte zur Faust.
»Sei nicht stur, oder willst du, daß ich mir den Ring zusammen mit dem Finger holen lasse? Du hast doch bestimmt in deinem Leben noch Verwendung für den Ringfinger?«
Mit Attianus war nicht zu spaßen, fühlte Propinquus, warum sollte er, wo bereits alles verloren war, noch den Helden spielen und sich den Finger abhacken lassen.
Er zog den silbernen Ring mit einem großen P als Initiale auf einem grünen Edelstein ab und warf ihn Attianus zu, der ihn auffing.
Lächelnd verließ er den gefangenen Propinquus, ließ die Tür verriegeln und eilte über das Peristyl zum vorderen Trakt des Palastes, wo Licinius Sura ihn erwartete.
»Hier«, sagte er und gab Sura den Ring.
»Gut, nun kann das Spiel in die Endphase treten. Begleitest du mich zu Veiento?«
»Das wird nicht nötig sein, zudem ich den Palast nicht verlassen möchte, solange Propinquus hier festgehalten wird.«
»Ich nehme Larcius Priscus und Aelianus mit.«

Gallus Fabricius Veiento erbleichte, als ihm sein Nomenklator den Besuch des

Präfekten Aelianus und der Herren Lucius Licinius Sura und Larcius Priscus ankündigte.
Das hat nichts Gutes zu bedeuten, dachte Veiento. Vielleicht hatte der unberechenbare Nerva seinen vor Wochen schriftlich gegebenen Beschluß, Maternus zu seinem Mitregenten zu ernennen, wieder rückgängig gemacht?
Klopfenden Herzens ging er ins Atrium, wo die drei Männer bereits auf ihn warteten.
Freundlich, mit einem gewinnenden Lächeln, grüßte ihn Sura. Kurz und knapp fiel der Gruß des Präfekten und des Fremden aus.
Er bot ihnen einen Sitz an.
Sura ließ Aelianus den Grund ihres Kommens erläutern.
»Senator Veiento«, begann Aelianus mit ernster Miene, »wir sind einem, nun ja, ich weiß nicht, wie ich es genau und treffend formulieren soll, vielleicht so: einem Staatsstreichversuch auf die Spur gekommen.«
Casperius Aelianus unterbrach seine Rede, um die Wirkung auf Veiento studieren zu können.
Kein Muskel rührte sich in dessen Gesicht.
»Also weiter«, fuhr Aelianus fort, »durch die Wachsamkeit des edlen Larcius Priscus und seine unbedingte Treue zu Kaiser Nerva ist es uns gelungen, den Anfängen zu wehren. Curiatius Maternus hat sich in Antiochia zum Imperator ausrufen wollen, hat die Legionen mobilisiert und will sie nach Rom führen.«
»Nein, das ist gelogen!« Veiento war aufgesprungen und lief durch das Atrium.
Aelianus tauschte mit Sura einen triumphierenden Blick.
»Doch, mein Veiento, Larcius Priscus kann es bezeugen«, bohrte Aelianus weiter.
»Ja«, sagte Priscus, »ich bezeuge es unter Eid.«
Veiento musterte den Fremden, der das Urteil über Maternus und sein eigenes Lebenswerk mit einem lapidaren Satz sprach. »Du bist ein Lügner, und das ist ein Komplott gegen Maternus und mich«, schrie er.
»Du solltest dir in deiner Lage mehr Mäßigung zulegen«, drohte Aelianus.
»Das wagst du mir in meinem Haus zu sagen«, erwiderte Veiento zornig.
»Dein Haus? Wie lange noch«, lachte ihm der Präfekt ins Gesicht, »denn mit dir und deinem Maternus ist es aus, aus, wenn du begreifst, was das heißt, großer Senator und kaiserlicher Rat.«
Veiento schnappte nach Luft. Diese Unverschämtheit des Präfekten, bei allen Göttern, dachte Veiento, sollte es wirklich so sein? Bestimmt, denn woher nahm der Präfekt sonst diese Frechheit.
Sura schwieg zu allem. Noch hielt er seine Zeit für nicht gekommen. Aber eines wußte er, Casperius Aelianus mußte in die Schranken gewiesen werden, wenn nicht heute und morgen, denn noch war er eine wichtige Figur in seinem Spiel, aber eines Tages bestimmt.

»Also, Veiento, bringen wir es hinter uns!« sagte Aelianus hart. »Maternus hat sich gegen Nerva verschworen und die Legionen mobilisiert.«
»Falsch«, wehrte sich Veiento, der seine Fassung zurückgewonnen hatte und das Spiel nicht verlorengab. »Vollkommen falsch, Herr Präfekt«, höhnte er, »wenn ich so noch sagen darf, denn Präfekt bist du am längsten gewesen. Kaiser Nerva hat Maternus zum Mitregenten ernannt.«
Die Wirkung, die sich Veiento erhoffte, blieb aus.
»Das ist eine Behauptung, die du nicht beweisen kannst. Hat der Senat dies bestätigt? Hat der kaiserliche Rat darüber befunden? So wie ich informiert bin, nein. Also du hast keinerlei Beweis.«
Veiento lächelte hochmütig.
»Doch, ein kaiserliches Schreiben, das jetzt schon in Maternus' Händen ist«, spielte Veiento seinen letzten Trumpf aus.
Aelianus lächelte hämisch.
»Irrtum, Veiento, ganz großer Irrtum. Wenn du mit dem kaiserlichen Schreiben dies«, dabei fingerte er nach einer Schreibkapsel in seinem Gewande, »hier meinst, dann ist es nicht in Maternus' Hände, sondern in meine Hände gekommen und der Überbringer auch.« Bei den letzten Worten zeigte er Propinquus' Ring.
Veiento war, als bräche die Welt zusammen. Er erkannte die Kapsel und den Ring. Nun war alles verloren ... Maternus konnte die erhoffte Rettung nicht bringen. Aus, das Spiel um die Macht war verloren ... Er sackte zusammen, schloß die Augen.
Licinius Sura gab Priscus und Aelianus ein Zeichen, worauf diese sich leise erhoben und das Atrium verließen; der Präfekt hochaufgerichtet und mit einem siegessicheren Lächeln um den hochmütigen Mund.
Veiento stöhnte. Die Bitterkeit würgte ihn. Mit einem Male spürte er eine Hand auf der Schulter. Als er aufsah, bemerkte er nur Sura. Von dem Präfekten und diesem Priscus keine Spur. Vielleicht war es nur ein schlechter Traum gewesen?
»Sag mir, Lucius, daß dies alles nicht wahr ist«, flehte er.
»Doch, Gallus, es ist leider nur allzu wahr. Du bist der Komplize eines Aufrührers, und Aelianus hat alle Beweise in den Händen. Doch ich will nicht, daß dir etwas geschieht. Wenn du mir einen kleinen Gefallen tust, werde ich dir helfen, aus dieser unangenehmen Lage herauszukommen und mehr noch. Du wirst keines deiner Ämter verlieren.«
Ungläubig starrte ihn Veiento an. Diesen Sura hatte er unterschätzt. Und nun rächte sich das bitter.
Sura hatte sich erhoben, schritt langsam und bedächtig durch das Atrium, nahm die Schönheit der Wandbilder, den Geschmack der Säulenverzierungen wahr.
»Veiento, bedenke, daß Maternus auch dich betrogen hat, indem er es nicht erwarten konnte, Nervas Mitregent zu werden.«

Veiento dachte nach und konnte sich der Logik von Suras Worten nicht entziehen.
Maternus hätte auf den Brief Nervas warten und nicht eher mobilisieren sollen. Und dann diese Torheit, einen unverläßlichen Legaten zum Mitwisser zu machen.
In diesem Moment empfand Veiento Zorn auf Maternus.
Mit einem untrüglichen Gefühl für Umkehrpunkte im menschlichen Wesen fuhr Sura fort, weiter in die bereits gehauene Bresche in Veientos Verteidigungsmauer zu stürmen. »Mein Gallus, warum sollst du für Maternus' Eigenmächtigkeit büßen? Du bist ein Mann von Größe, warst mein Gegner auf dem politischen Schlachtfeld, denn ich gestehe es, auch ich wollte einen Mitregenten machen. Du hattest und hättest gesiegt, wäre deine Figur nicht so voreilig und übereifrig gewesen. Veiento, sag dich los davon, wirf diese Figur über Bord, wie sie dich über Bord geworfen hat, indem sie nicht auf deine Anweisungen wartete. Ich biete dir eine Chance, wenn du dich von Maternus lossagst. Auch der neue Mitregent Nervas wird sich glücklich schätzen, deine Dienste in Anspruch nehmen zu können.«
Veiento atmete tief. Das klang gut und schien eine Lösung zu sein. Warum sollte er sich jetzt noch für Maternus opfern? Er wußte, er war kein Held, und er wußte auch, daß es nicht lohnte, für Prinzipien Nachteile in Kauf zu nehmen. Sein praktischer Verstand sagte ihm, daß hier eine Chance lag, nach dem verlorenen Spiel um den Besitz der Macht wenigstens an ihr noch teilhaben zu können.
»Was verlangst du?«
Sura, der sich inzwischen wieder gesetzt hatte, zog den Sessel nahe an Veiento heran.
»Nicht viel«, sagte er leise und mit weicher Stimme, »nur, daß du dich vor Nerva für immer von Maternus lossagst, deinen Irrtum bekennst und den Kaiser bittest, seine schriftlich gegebene Ernennung Maternus' zum Mitregenten rückgängig zu machen.«
Warum das? fragte sich Veiento, es war ohnehin alles entschieden. Er fand keine Antwort.
»Darf ich einen Tag Bedenkzeit erbitten?«
»Natürlich. Wenn du dich entschieden hast, dann komme morgen zu mir, denn ich habe für die fünfte Stunde einen Termin beim Imperator.«
Veiento nickte.
Nun hielt es Licinius Sura an der Zeit, sich zu verabschieden.
Am nächsten Tag erschien Gallus Veiento früher als zur verabredeten Zeit bei Licinius Sura.
Kaiser Nerva empfing die beiden Senatoren in seinem Arbeitszimmer. Priscus, Plinius und Belonius waren zugegen. Belonius verließ, nachdem Sura und Veiento eingetreten waren, wortlos den Raum.

Plinius trat als Wortführer auf und entlarvte mit großen Worten das ungeheuerliche Vorhaben des Curiatius Maternus.
Mit unbeweglicher Miene hörte ihn Nerva an.
Dann kam Plinius zu den Indizien seiner Behauptungen.
Larcius Priscus berichtete und beeidete seine Aussagen.
Nerva schwieg.
Dann sprach Veiento mit heiserer Stimme. Kurz und knapp sagte er, was ihm Sura geraten hatte. Manchmal zitterte die Stimme und drohte ganz zu versagen.
Der Kaiser warf ihm einen eigenartigen Blick zu, der Veiento durch Mark und Bein ging, so daß er die Augen senken mußte.
»Gut, ihr habt mir bewiesen, daß Maternus nicht der Mann meines Vertrauens und mein Mitregent sein kann. Nur kann ich nichts mehr tun. Das Schreiben ist bereits in Antiochia, und das Verhängnis muß seinen Lauf nehmen«, sagte Nerva seltsam ungerührt.
»Hier, Imperator, durch Aufmerksamkeit des Präfekten ist das Schreiben nicht nach Antiochia gelangt«, sagte Plinius und reichte Nerva die Schriftkapsel.
Dem Kaiser fehlten die Worte. Casperius Aelianus hatte wieder seine Hand im Spiele. Er nahm die Kapsel, entnahm ihr die Schriftrolle und zerriß sie in lauter kleine Schnipsel, die er dann in die Luft warf.
Alle blickten gebannt den herabrieselnden Papierfetzen nach. Zwei verfingen sich in Nervas Haar und blieben dort haften.
»Nun meine Herren, das wäre es wohl gewesen.« Der Kaiser betrachtete die Audienz als beendet.
Plinius wagte die Frage, wen der Imperator nach der Enttäuschung mit Maternus nun zum Mitregenten erheben möchte. Nerva warf ihm einen zornigen Blick zu, der Plinius verstummen ließ.
Da die Senatoren sich nicht zum Gehen entschlossen, erhob sich der Kaiser und verließ demonstrativ den Raum. Veiento folgte ihm. Betreten blickten sich Plinius und Sura an.
Nach einer Weile verließen auch Sura, Plinius und Larcius Priscus den Raum. Die Partei Veientos hatte den Kampf um die Nachfolge Nervas verloren, aber sie, die Partei um Sura, hatte das Spiel noch nicht gewonnen, so schätzte Licinius Sura die Lage nach diesem denkwürdigen Tag ein.
Man muß endlich zum Ende kommen, sagte er sich, diese Nervenanspannung hielt er nicht länger aus. Trajan wartete auf ein klares Zeichen, so hatte er durch Marcus Soranus mitteilen lassen.

Glühend lag der Sommer über Rom. Die Stadt schien unter der Sonnenglut zu schlafen. Es war, als fürchtete man eine Entscheidung. Nerva erwähnte den Zwischenfall mit keiner Silbe, weder im Kabinettsrat noch bei persönlichen Gesprächen. Einmal noch schnitt Plinius vorsichtig das Thema einer Mitregentschaft an,

doch Nerva wies ihn abermals zurück mit den Worten, daß er sich einmal getäuscht habe und es ein zweites Mal nicht riskieren würde.
Sura ließ die Sommermonate verstreichen, da ohnehin keine Gefahr bestand. Lediglich alle Nachrichten aus Antiochia mußten abgefangen werden, damit der kleine Kunstgriff mit Larcius Priscus nicht ans Licht kam. Aelianus und die Prätorianer schirmten den Kaiser ab, daß ihm nichts davon zu Ohren kam.
Eines Abends gegen Ende September, Licinius Sura hatte sich bereits zur Ruhe begeben, schlug es ans Tor.
Atemlos stürmte Attianus ins Schlafgemach Suras. »Propinquus ist entflohen. Wir haben keine Spur. Wenn es ihm gelingt, mit Nerva zu sprechen oder Antiochia zu erreichen, dann sind wir verloren.«
Der Schreck trieb Sura aus dem Bett. Ziellos wanderte er hin und her. Das war ein böser Fehler.
»Mensch, sag doch etwas!« drängte Attianus nervös.
Sura schwieg und wanderte.
Wenn Propinquus sich zu Maternus durchschlägt ..., er durfte den Gedanken nicht zu Ende denken. Nach dem, was sie für ein Spiel mit Larcius Priscus getrieben hatten, war ihr Kopf keinen Denar wert, wenn ...
»Wie sicher bist du dir mit Aelianus und Crassus?« fragte Sura.
»Für die richtige Belohnung tun sie alles.«
»Versprich ihnen, was sie begehren. Wir müssen handeln. Wenn uns die Präfekten jetzt verraten, dann ist es aus. Attianus, jetzt kommt deine Stunde. Du mußt Aelianus nun von der Leine lassen und ihm unbedingt einschärfen, daß er mir gehorchen muß, sobald ich auftauche. Hast du das verstanden? Und nun höre meinen Plan.«

Nach Mitternacht erst verließ Attianus seinen Freund Sura. Am nächsten Tag weihte er Plinius und Aelianus in den Plan ein.
Während Sura in den nächsten Tagen unsichtbar blieb, wunderte man sich in Rom über die Prätorianer, die aus der Kaserne zum Palatin marschierten.
Dann kam Aelianus' und Crassus' Stunde. Mit all ihren Soldaten riegelten sie den Palatin und den Kaiserpalast ab. Nerva war ein Gefangener seiner Garde.
Aelianus und Crassus bedrohten den alten Kaiser.
»Was wollt ihr denn?« fragte der verzweifelt.
»Wenn du wieder einmal heimlich einen Mitregenten ernennst, wollen wir vorher gefragt werden.«
»Ich werde keinen wieder ernennen«, versprach der Kaiser.
Die Prätorianer lärmten im Palast, als wären sie die Herren.
»Mein Gott, Belonius, nimmt denn diese Qual nie ein Ende?«
Laut klirrten die Schwerter draußen auf dem Gang, die Speere stießen auf den Marmorboden.

»Diese Demütigungen sind für einen alten Mann zuviel, wer mir hilft, der kann alles haben.«
Als Licinius Sura kam, war Nerva bereits so entnervt, daß er nicht einmal fragte, wie Sura die Sperre der Garde durchbrochen habe.
»Imperator, ich will dir helfen. Trajan wartet in Germanien mit vier Legionen, um deine Schmach zu tilgen und die Prätorianer zu strafen. Er hilft dir aus dieser Situation. Er ist ein ehrenwerter Mann und wird dich nicht enttäuschen.«
Ungläubig musterte ihn Nerva.
Das wollte er noch erleben, die Rache an den Peinigern. »Kann er mir helfen, und will er es?« fragte der Kaiser.
»Er kann, er will und wird, Imperator, ich schwöre es bei allen Göttern.«
Aus des alten Kaisers Augen tropften Tränen. Seine Nerven waren am Ende nach den Strapazen der letzten Tage.
Sura redete ihm zu wie einem Kinde, das Angst vor einem bösen Tier hat.
Plötzlich sagte Nerva: »Ich werde Trajan adoptieren.«
Sura stutzte, denn das war mehr, als er hatte erreichen wollen.
»Ich schwöre, daß ich Trajan an Sohnes Statt annehmen und ihn zum Mitregenten und meinem Nachfolger machen werde.«
Sollte er sich dies schriftlich vom Kaiser geben lassen? Sura zögerte. Er kannte Nerva und wußte, war die Gefahr vorbei, dann fühlte der Kaiser seine Kräfte wachsen. Aber der Kaiser hatte geschworen.
»Wirst du es wirklich tun?« fragte er mißtrauisch.
»Ich schwöre es, so wahr ich Kaiser bin. Nur rettet mich aus den Klauen dieses Aelianus und dieses Crassus.«
»Ich und Trajan werden dich retten.«
Der alte Kaiser fieberte, als Belonius ihn zu Bett brachte, nachdem Sura gegangen war.
Die Prätorianer lockerten in den nächsten Tagen bereits den Ring um den Palatin, auch die unmittelbaren Bedrohungen Nervas unterblieben.
Am 28. Oktober des Jahres 850 stieg Kaiser Nerva unbehelligt von der Garde auf das Kapitol und rief vor der versammelten Menge, vor dem Volk, vor Senatoren und Rittern laut und vernehmlich: »Zum Glücke, wie ich hoffe, für den Senat, für das Römische Volk und für mich nehme ich den Marcus Ulpius Nerva Trajanus an Sohnes Statt an!«

XXI

Die Zeit verging, sie verrann, falsch: sie hastete, sie enteilte. Man konnte sie nicht halten und ihr zurufen: Halt, verweile!
Die Zeit schien sich, vor allem in diesem Jahr, fand Marcus Soranus, als er mit

Claudia und Ostorius Sabinus in den Garten hinaustrat, einen schnellen Wagen zugelegt zu haben. Einen Wagen, wie man ihn nur im Circus Maximus mit atemberaubendem Tempo vorbeibrausen sah.
Schweigend schritten sie durch den Porticus in den kleinen, für Kräuter und Gemüse bestimmten Garten, den eine dichte, übermannshohe Hecke zur Straße hin begrenzte. Das warme Licht einer milden Oktobersonne lag auf den Kieswegen und Beeten, von denen der Duft reifer Gewürzkräuter aufstieg.
Claudia und ihr Vater lenkten ihre Schritte in einen von winzigen Buchsbäumen gesäumten Seitenweg. Sie folgten der Kinderfrau, die einen kleinen Wagen schob, in dem die Kinder fröhlich lärmten.
Langsam schlenderte Marcus hinterdrein.
Ja, die Zeit fuhr mit einem schnellen Wagen, der mit zunehmendem Alter immer schneller wurde. Der Kinderwagen, dachte er lächelnd, rollt noch langsam. Aber schließlich und endlich geriet ein jeder unter die Räder der Zeit …
Die Räder der Zeit … Das Bild gefiel ihm. An den Kindern sah er, wie die Räder der Zeit sich ohne Unterlaß vorwärts drehten. Die schwere Geburt, die Angst um Claudia, ihm schien, als wäre es gestern gewesen, als läge das nicht schon ein Jahr zurück. Dann das Bangen um die Neugeborenen, die sich in den ersten drei Monaten nicht so recht entschließen konnten, ob sie auf dieser Welt bleiben oder sie lieber wieder verlassen sollten.
Marcus seufzte, erinnerte er sich dieser Wochen voller Qual. Schweren Herzens hatte er im Juni auf Suras inständiges Bitten die Reise nach Germanien angetreten. Aber erst, als ihm Doktor Gamaliel versicherte, daß keinerlei Gefahr mehr bestünde.
Mogontiacum! Beharrlich kehrte die Vorstellung an diesen Aufenthalt wieder. Er spürte, daß er Cornelia nicht vergessen konnte. Ihre letzten Worte klangen ihm in den Ohren. Angst hatte sie um ihn ausgestanden. Ob er sie je wiedersehen würde, fragte er sich.
Trajan! Ihm war, als wehte ihn mit diesem Mann eine seltsame Schicksalsverbundenheit an, die er nicht zu erklären vermochte. Überhaupt hätte er nicht zu sagen gewußt, was ihm in Mogontiacum widerfahren war.
In dem Moment, als er auf diesem Übungsplatz im Castrum ganz allein stand, mutete ihn die ganze Welt seltsam an.
Er hatte für seinen großartigen Sieg Lob erwartet und Bewunderung erhofft. Und was war ihm zuteil geworden? Von Cornelia Spott und Verachtung, von Trajan eine Mischung von Achtung und Besorgnis.
Als er nach Rom zurückkehrte, harrte seiner eine freudige Überraschung: Vater war aus Ephesos gekommen. Leider nur kurz und ohne die erkrankte Lakotris. Wie hatte sich Vater über seine Enkel gefreut, mehr noch als über das Geschenk, das er ihm mit dem umgebauten Haus des Egnatius Celer gemacht hatte.
Keine rechte Zustimmung fand bei seinem Vater die Parteinahme für Licinius

Sura und Trajan. Mißgestimmt sah Marcus den Vater die Stirn runzeln und hörte ihn sagen, daß er, Marcus Soranus, sich auf der falschen Seite befände.
Entrüstet hatte er dies zurückgewiesen und beinahe einen Streit mit seinem Vater herausgefordert. Achselzuckend hatte Lucius Soranus die Zurechtweisung des Sohnes hingenommen. Und nun gab die Entwicklung ihm, Marcus Soranus, recht: Seit ein paar Tagen war Trajan Sohn, Mitregent und Nachfolger Nervas.
Als er seinen Schwiegervater dazu befragte, hatte dieser ihm nur lächelnd geantwortet: »Es wird Zeit, daß du dich mehr mit Politik beschäftigst. Ich kann dir auf diesem Gebiet noch einiges beibringen. Doch du bist ein gelehriger Schüler, denn du hast dich seit dem 24. Januar, als Sura und Hadrian die Glückwünsche für die Neugeborenen überbrachten, auf die richtige Seite gestellt. Deine Freundschaft zu Sura und Hadrian und das Wohlwollen, das dir Trajan entgegenbringt, sind wichtige Stufen auf der Leiter nach oben. Dein hitziges Temperament hat dir natürlich in der Auseinandersetzung mit Celsus einen bösen Streich gespielt, aber vielleicht wächst Gras darüber. Und nun gehörst du seit dem 28. Oktober zu den – Siegern.«
Zu den Siegern? Marcus lächelte, als er durch den Porticus den Garten verließ und Claudia und Ostorius folgte.
Ein eigenartiges Gefühl verspürte er beim Gedanken, zu den Siegern zu gehören, und nicht gegen – wie bisher –, sondern auf der Seite der Macht zu stehen.

XXII

Als Kaiser Nerva erwachte, spürte er, daß jemand neben seinem Bett stand. Er wußte auch, daß er jetzt noch niemand zu sehen wünschte und versuchte, aus dem Erwachen in den Schlaf zurückzuflüchten in den Traum, den er gehabt hatte. Im Traum hatte er Petronius Secundus und Norbanus leibhaftig vor sich gesehen und mit ihnen gesprochen. Geweint hatte er vor Freude, weil sie beide noch lebten und ihr Blut von seinen Händen genommen war.
Etwas Fremdes stand an seinem Bett. Mit einem letzten Funken Hoffnung, daß sein Traum Wirklichkeit sei, fragte er aus dem Halbschlaf heraus: »Bist du es Petronius? Oder du Norbanus?«
Die Antwort kam unverständlich von einer anderen, aber doch schon gehörten Stimme. Nerva seufzte.
»Herr«, flehte die Stimme, »Herr«, abermals, diesmal drängend, so daß der Kaiser die Augen öffnete. Das Licht schmerzte. In der Brust saß der Husten, der schon so oft anfallartig hervorbrach. Dieses grelle Sonnenlicht. Der Kaiser schloß geblendet die Augen. Schräg von Südosten her einfallend, standen die Strahlen der Oktobersonne im kaiserlichen Schlafgemach und füllten es mit Wärme. Nerva litt. Sein ganzer Körper schmerzte.

Dieses verdammte Jahr 850 hatte mit Schmerzen begonnen und würde mit Schmerzen – oder gar dem Tod – enden. Sein alter Freund Tettius Julianus hatte ihn für immer verlassen. Der Kaiser vermißte den Freund und dessen Rat.
Seither wußte er manchmal nicht mehr, was eigentlich richtig und was falsch war. Kamen die Männer der spanischen Partei, fand er deren Argumente logisch und einleuchtend. Erschien dann Veiento, hatte dieser die glaubwürdigeren Vorschläge.
Aber er, Nerva, hütete sich, einer der beiden Parteien den Vorrang zu geben. Bis er dann nach unerträglichen Beleidigungen durch die Garde Veiento das Versprechen gab, Curiatius Maternus zum Mitregenten zu ernennen.
Und dann, Nerva seufzte, seufzte über die Machtgier der Menschen, kam die große Enttäuschung: Maternus hatte, ohne den schriftlichen Erlaß abzuwarten, sich eigenmächtig zum Nachfolger erhoben und den Versuch unternommen, mit bewaffneter Macht nach Rom zu ziehen, so beeidete es ein Zeuge aus Antiochia. Als sogar Veiento dies bestätigte und sich von Maternus lossagte, verstand Nerva die Welt nicht mehr.
Als aber von Maternus nichts zu hören war und dessen Legionen nicht vor Rom erschienen, erwachte in Nerva ein furchtbarer Verdacht. Jedoch Beweise ließen sich nicht erbringen, daß er, der Kaiser, das Opfer einer Intrige geworden war. Außerdem irritierte ihn Veientos Verhalten.
»Ach, was versteht man von den Menschen«, seufzte er. Schon erwog er, seinen Entschluß wieder rückgängig zu machen und Maternus doch zum Mitregenten zu erheben. Die Garde schien davon Kenntnis bekommen zu haben und meuterte. Nerva zitterte vor Angst und ohnmächtiger Wut, dachte er an die letzten Wochen, als er dann, entnervt und müde der ganzen Rangelei, Suras Drängen folgte und Trajan adoptierte. Nerva steckte die Beine aus dem Bett, saß vorgebeugt da und versuchte, gegen den Hustenreiz anzukämpfen. Mattigkeit meldete sich aufs neue, zuerst in den Beinen, kroch aufwärts und bohrte sich dumpf in die Schläfen.
»Das Alter ist …«, er unterdrückte ein unflätiges Wort.
»Belonius«, sagte er zu seinem Kämmerer, der ihn geweckt hatte und nun auf weitere Befehle wartete, »ist es wirklich wahr, ich habe nun einen Sohn?«
»Ja, Imperator, und keinen schlechten. Marcus Ulpius Nerva Trajanus.«
Nerva nickte. Er hatte also sein Haus bestellt, ob es richtig oder falsch war, würde nicht heute, sondern später entschieden. Lange genug hatte er sich gegen eine solche Entscheidung gewehrt, doch nun hatte die Not sie erzwungen. Die Not? Oder, er konnte sich nicht ganz des Eindrucks erwehren, daß vielleicht einige der Vorsehung nachgeholfen hatten. Sei es wie es sei, zu ändern war nichts mehr. Man konnte nur hoffen.
Ein Hustenanfall erschütterte seinen Körper. Belonius schickte nach dem Arzt. Zwei nubische Sklaven trugen den Kaiser ins Bad. Der Archiator des Kaisers beta-

stete, beklopfte und drehte den nackten Leib seines Herrn hin und her. Nerva mußte tief einatmen, den Atem anhalten, wobei ihn immer Husten überfiel. Der Arzt machte ein bedenkliches Gesicht, was Nerva nicht entging. Mit gelassener Miene und mit Demut nahm er es zur Kenntnis, denn man mußte auch vor dem Arzt Würde bewahren und Kaiser bleiben, obwohl dies schwer war. Schrumpfte man doch, der Körper vor allem, unter den Augen und den Händen des Arztes zu einem Stück Fleisch, dem schadhaften Gefäß für Blut und trübe Säfte.
Der Archiator sprach vom hohen Alter des Kaisers und den zu schwierigen Pflichten. Nerva erhob sich ächzend von der Pritsche und sagte lächelnd: »Bis zum letzten Atemzug wollen wir tätig sein, wollen uns für das Gemeinwohl einsetzen, einzelne unterstützen und auch Gegnern beistehen, und sei's mit zitternder Greisenhand. Wir sind es doch, die keinem Lebensalter eine Ruhepause zugestehen und noch auf's altersgraue Haupt den Helm drücken. Wir sind es, die es mit der rastlosen Tätigkeit bis zum Tode so weit treiben, daß – wenn es irgend geht – nicht einmal der Tod selbst zur Muße-Zeit gehört.«
Der Arzt schüttelte lächelnd den Kopf und meinte, daß er, der Kaiser, eben so leben müsse, wie sein Freund Seneca es empfehle.
»Also wie lange noch?« fragte Nerva.
Der Arzt wand sich verlegen.
Der Kaiser verstand.
Der Tod weilte noch nicht im Raum, aber im Vorzimmer hatte er wieder, wie bereits einmal in diesem Jahr, Platz genommen. Nach dem Bade begab sich Nerva in sein Arbeitszimmer und schrieb mit eigener Hand seinem Sohn in Germanien einen Brief, den er mit dem Satz endete: »Laß meine Tränen die Danaer büßen mit deinen Geschossen!«

XXIII

»... den Marcus Ulpius Nerva Trajanus an Sohnes Statt!«
Immer wieder hämmerten diese Worte Kaiser Nervas im Ohr des Senators Gallus Fabricius Veiento und verursachten Schmerz. Es war, als meißelte sie ein Bildhauer für die Ewigkeit in seinen Kopf. Veiento preßte die Hände auf die Ohren, als könnte er ihnen damit den Zugang versperren. Vergeblich! ... Sohnes Statt ... Trajanus an Sohnes Statt ... dröhnte es.
Der Schmerz steigerte sich, denn jetzt brannte jemand mit einer glühenden Nadel ihm die Worte ins Gehirn.
Veiento schrie auf. Nun wurde es dunkel um ihn, nur der Name TRAJAN stand mit glühenden Lettern in der Schwärze der Nacht. Endlich verlosch auch dieses Menetekel. Der Senator war ohnmächtig geworden.
Als er wieder die Augen aufschlug, sah er zwei Gesichter über sich gebeugt: ein

nichtssagendes männliches, das seines Leibarztes, und ein bezaubernd schönes frauliches, das seiner Lieblingstänzerin Varinia.
Mühsam erhob sich Veiento und bat, ihn allein zu lassen.
Er mußte jetzt allein sein, um Klarheit über die Ereignisse der letzten Monate zu gewinnen.
Krampfhaft versuchte er, sich an alles zu erinnern, jede Einzelheit heraufzubeschwören, um die Stelle zu finden, an der seine Niederlage endgültig besiegelt worden war.
Der Senator verkroch sich gleichsam in sich selbst, sprach kein Wort mit seinen Sklaven, aß und trank kaum, sondern brütete in seinem Gemach vor sich hin.
Varinia, die ihn voller Sorge und Liebe umhegte, fand keine Beachtung.
Die Bilder zogen in aller Deutlichkeit nochmals vorüber: Der Sieg war greifbar nahe gewesen, und dann wie ein Blitz aus sonnigem Himmel die Wandlung des Geschicks …
Der Senator trat ans Fenster und starrte leeren Blicks hinaus. Den Herbstregen nahm er nicht wahr. Er sah Gesichter … Propinquus, der die Botschaft nicht an Maternus überbringen konnte … Plinius, der das Gerücht von der Erhebung des Maternus in die Welt gesetzt hatte … Larcius Priscus, der dies unter Eid bezeugte … Licinius Sura, der ihn auf hinterhältige Weise mit diesem plumpen Trick getäuscht hatte.
Veiento fluchte über seine Torheit. Nein, wie hatte er sich so überrumpeln lassen können. Dieser Sura hatte es tatsächlich vermocht, ihm einzureden, daß Maternus ihn verraten hätte. In Wirklichkeit hatte er, Veiento, Maternus verraten.
Dies war der Punkt der Niederlage!
Armer Curiatius, nie hattest du eine eigenmächtige Machtusurpation vor, sondern wartetest auf den Befehl aus Rom, der nie kam. Der enttäuschte Nerva war am Ende, als dann die Garde meuterte, und suchte Halt, wo er ihn fand. Und er, Veiento, hatte keinen Halt und keine Hilfe mehr zu bieten. Sura bot die Hilfe an, die Nerva sofort annahm.
Das Spiel war verloren … Aber wie? Nicht einmal wie ein Held bin ich untergegangen, wie Saturnin, Senecio oder Glabrio, sondern ganz schäbig und würdelos habe ich meinen Mantel nach dem Winde gedreht, um mich und mein Vermögen zu retten.
»Ich bin ein Versager«, sagte er laut und deutlich. »Ein Kaisermacher wollte ich sein, aus der zweiten Reihe endlich in die erste aufrücken, doch als es ernst wurde, schlotterten mir die Knie.« Wahrscheinlich muß man, fühlte er in diesem Moment, um zur Macht zu gelangen, aus anderem Holze geschnitzt sein. Vielleicht waren die Männer in der ersten Reihe doch nicht so dumm und einfältig wie er, Veiento, gemeinhin angenommen hatte. Sie waren genial, was das auch immer hieß, genial auf ihre Weise, im rechten Moment das Rechte zu tun. Dieser Sura, für den Veiento keinen Haß und nicht einmal Zorn empfand, sondern eher

eine Spur von Neid, gepaart mit Bewunderung, vereinigte in sich all diese Eigenschaften.
»Ich bin ein Versager und habe kein Recht mehr zu leben«, sagte er sich. Dann rief er nach seinem Arzt.
»Folge mir ins Bad und ...«
Die letzten Worte entgingen dem Arzt.
»Warte noch, nein geh, ich laß dich später rufen.« Verwirrt verließ der Arzt den Raum.
Veiento legte sich auf das Polster, stützte das Kinn auf beide Fäuste und starrte vor sich hin. Sollte er wirklich Charons Nachen besteigen und sich die Adern öffnen lassen? Warum? Weil er das große Spiel verloren hatte? War das ein hinreichender Grund?
Er schloß die Augen und sah die höhnischen Gesichter seiner Bezwinger. »Nein«, schrie er plötzlich, diesen Triumph werde ich ihnen nicht gönnen! Entschlossenheit packte ihn wie eine harte Hand. »Habe ich schon schlecht gekämpft, dann will ich wenigstens die Niederlage mit Würde tragen«, schwor er sich.
Mit einem Male fühlte er die Bitterkeit und die Anspannung weichen. Eine leere Gleichgültigkeit ergriff von ihm Besitz. Eine Hand strich über seinen Kopf.
»Schmerzt es sehr?« fragte eine leise Stimme hinter seinem Rücken.
Er fuhr herum, sah in das bekümmerte Gesicht Varinias und sagte leise: »Ja, doch ich hoffe, daß es vorübergeht.« Er ließ es geschehn, daß ihre zärtlichen Finger seine Brust und sein Gesicht streichelten.
»Ich werde dich diese häßlichen Dinge vergessen lassen, Herr.«
Eine angenehme Entspannung bemächtigte sich seines Körpers, all das Verkrampfte, durch äußerste Anspannung seines Willens gewaltsam Unterdrückte, schwand. Ihm war, als würde sein Körper leicht wie eine Feder. Er sah das schöne Gesicht über sich, zog es an sich und küßte die feuchten, verlangenden Lippen. Begehren ergriff ihn, überzog seinen gesamten Körper, ein Verlangen, wie er es seit ewiger Zeit nicht verspürt hatte. Er sehnte sich danach, die selbst auferlegte Einsamkeit zu beenden.
Varinia war überrascht, wie leidenschaftlich er war, als er sie nahm. Er hatte es lange nicht so getan. Ein Jahr mochte es her sein, daß er sie so geliebt hatte.
Woran sein ungestümes Begehren lag, wußte sie nicht zu sagen, aber es schien ihr, als brauche er etwas, woran er sich festhalten konnte. Und wenn jemand ihm das geben konnte, dann sie, Varinia. Sie lag neben ihm und glaubte, Veiento liebe sie wirklich.
Er betrachtete ihren nackten Körper, die langen schwarzen Haare, die zerzaust auf den Brüsten lagen. Sanft schob er die Haare zur Seite, drückte einen zärtlichen Kuß auf ihre Stirn und dachte, daß es auf dieser Welt wohl doch so eine Art Gerechtigkeit gäbe. Er hatte die Macht verloren und dafür die Liebe gefunden.
Ich Tor habe mich umbringen wollen, dachte er lächelnd, weil ich keinen Kaiser

zu machen imstande war. Bei allen Göttern, es gab schönere Dinge im Leben, seine Hand fuhr zart über den ebenmäßigen Frauenkörper.
Als am nächsten Tage Licinius Sura Veiento besuchte, um ihm mitzuteilen, daß er Nachrichten vom Caesar Trajan aus Germanien brächte, saß Veiento mit Varinia beim Mahl. Entgeistert starrte Sura auf die schöne Frau mit dem Myrtenkranz im tiefschwarzen Haar. Ganz in Weiß gekleidet schien sie Sura wie eine Göttin. Veiento, der mit Besitzerstolz des Besuchers Blicke quittierte, legte seine Finger sanft an Varinias Schläfe und streichelte ihre Haut.
Dann entledigte sich Sura seines Auftrags, indem er hastig die Botschaft verkündete, Maternus geschehe nichts, lediglich als Statthalter Syriens sei er abgesetzt und zusammen mit Propinquus in seine spanische Heimatstadt Liria verbannt worden, Veiento erfreue sich der Wertschätzung des Caesar und bleibe weiterhin Mitglied des kaiserlichen Kabinetts.
Mit Erleichterung vernahm Veiento die letzten Worte Suras. Er hatte nach dem Mißlingen des Planes, einen Kaiser auf den Schild zu heben, doch noch rechtzeitig den Schwenk zur siegreichen Partei vollzogen. Keine Tat zum Rühmen, aber eine der politischen Klugheit.
»Auf den glücklichen Ausgang müssen wir trinken, Sura«, sagte Veiento lächelnd und zog seine Geliebte an sich.
Doch Sura konnte an der Freude Veientos nicht teilhaben. Ein Gefühl der Bitterkeit ließ ihn die Einladung ablehnen und sich verabschieden. War das der Tag, den er so erhofft, erträumt, mit allen Mitteln herbeigewünscht hatte? War er, der Kaisermacher, ein strahlender Sieger? Er fragte sich in diesem Moment, ob alles überhaupt einen Sinn hatte. Veiento, der Unterlegene im Kampf um die Macht, hatte Freude am Leben. Und er, Licinius Sura? Ihn widerte plötzlich alles an, denn da gab es keinen Menschen, der sich mit ihm zusammen über diesen grandiosen Sieg hätte freuen können. Er zweifelte sogar, ob er es je entsprechend gedankt bekäme. Veiento hatte die Macht verloren und darüber die Liebe gefunden. Und er, Licinius Sura, hatte zwar die Macht errungen, harrte aber vergeblich der Liebe. Hatte er die Macht wirklich errungen? Oder blieb er nur der geistige Urheber, der Macher, der schon bald nicht mehr vonnöten sein würde?
In diesem Augenblick hätte Sura alles darum gegeben, mit dem Unterlegenen das Geschick zu tauschen. Er schloß die Augen, und das Bild einer Frau stieg vor ihm auf. Es trug die Züge Mikals, der Jüdin. Doch plötzlich verschwammen sie und wurden unkenntlich. Eine andere Frauengestalt schob sich dazwischen und trug die Züge der Geliebten Veientos. Mit Anstrengung versucht Sura das Bild zu verscheuchen, doch vergebens, das Gesicht Varinias blieb.

XXIV

Während der *Consul suffectus* Sextus Julius Frontinus mit markigen Worten die historische Tat des Imperators pries, die dieser mit der Wahl Trajans als Sohn und Nachfolger vollbracht hatte, saß der so Gepriesene in seinem kurulischen Sessel und ließ den Blick über das Halbrund der Sitzreihen schweifen. Das Wortgeprassel des Frontinus über die Weitsicht und Zukunftsträchtigkeit dieser Entscheidung verursachte Nerva leichtes Unbehagen. Gab es doch nur einen Grund, der ihn zur Adoption Trajans gezwungen hatte: Bedrängnis. Und nun schwätzte der Nachfolgekonsul von weltpolitischer und zukunftweisender Tat. Der Kaiser versuchte sich vorzustellen, was Frontinus wohl gesagt haben würde, wäre nicht Trajan, sondern Curiatius Maternus der Mitregent geworden. Schwer zu sagen, denn Frontinus war ein eifriger Parteigänger der Spanier, der sich bisher vorsichtig im Hintergrund gehalten hatte.

Nervas Blick wanderte über die Senatoren. Er versuchte, in den Gesichtern zu lesen. Er las unverhohlenen Triumph und Siegerstimmung in dem glatten runden Gesicht des Plinius, auch in dem sonst abweisenden und finsteren des Cornelius Tacitus standen Erleichterung und Freude geschrieben. Des Kaisers Augen suchten den alten Freund Veiento. Hatte der Kaiser gehofft, Niedergeschlagenheit und Verstimmung zu bemerken, denn Gallus Fabricius Veiento war der einzige und wahre Verlierer, so sah er sich getäuscht. Das kantige Gesicht verriet Gleichgültigkeit und einen Hauch Langeweile. Der Senator, so schien es Nerva, war mit seinen Gedanken nicht in der Kurie, sondern in anderen Gefilden. Die Tiraden des Frontinus erreichten Veiento nicht. Auch Licinius Sura, der rechts neben Veiento saß, schien der Rede nicht gerade aufmerksam zu lauschen. Das schmale Gesicht war von Müdigkeit und Überanstrengung gezeichnet. Manchmal, Nerva sah es mit einem Anflug von Schadenfreude, klappten dem Licinier die Augenlider zu. Das sind Last und Bürde der Macht, Lucius Licinius Sura, der du dich mit allen dir zu Gebote stehenden Mitteln verschrieben hast; Müdigkeit ist der Lohn, nie mehr wirst du ruhig und unbeschwert schlafen, du Kaisermacher, dachte Nerva, doch du hast es so gewollt. Hauptsache, man dankt es dir! Jetzt trafen sich Suras und Nervas Augen, die Blicke verhakten sich. Licinius Sura wandte zuerst seine Augen ab. Nerva rekelte sich bequem in seinem Sessel. Nun, da alle Verantwortung von ihm genommen, obwohl er noch Kaiser war und lebte, taten manche Ehrwürdige Väter schon so, als sei er tot. Die Politik wurde bereits hinter seinem Rücken betrieben. Kuriere reisten ohne sein Wissen nach Mogontiacum. Eilfertig versuchte man, dem neuen Caesar zu huldigen, ihm die Ergebenheit zu beweisen und sich ihm ins Gedächtnis zu loben. Nerva tat, als bemerkte er dies nicht, und ließ sie gewähren. Die Kurie erdröhnte unter dem Begeisterungssturm der Senatoren. Frontinus hatte seine Rede beendet. Er nahm im kurulischen Stuhl neben dem Kaiser Platz, da er den erkrankten Konsul Verginius Rufus vertrat. Beifallhei-

schend suchte sein Blick Nerva. Nerva lächelte und nickte. Frontinus nahm es als Bestätigung und lehnte sich zufrieden und stolz zurück.
Nun trat Plinius vor die Sitzreihen. Verneigte sich vor den Konsuln und den Senatoren. Dann begann er, nur in gewählteren Worten, denn er war ein hervorragender Redner und Stilist, fast das gleiche wie sein Vorredner zu predigen. Nur erlaubte sich Plinius eine Abschweifung, als er den Zorn der Furien über die bösen Kräfte heraufbeschwor, die die Macht unberechtigterweise hatten usurpieren wollen, um Roms zukünftiges Glück unter der gemeinsamen Herrschaft des verehrten Princeps und seines starken Sohnes Trajanus zu verhindern. Nerva wurde bei dieser Parenthese des Plinius hellwach. Auch in Veientos Gesicht glaubte er, Aufmerksamkeit erkennen zu können. Doch als Plinius keine Namen nannte, sank das Interesse wieder leicht ab, sowohl bei Nerva als auch bei Veiento. Gelangweilt ließ der Kaiser die gut formulierten Lobeshymnen über sich ergehen. Der Redner hatte indes noch einen Höhepunkt zu bieten, den er sich bis zum Schluß aufhob. Er verlas einen Brief des Caesar Marcus Ulpius Trajanus an den Senat, worin jener bedauerte, vorerst nicht in Rom erscheinen zu können, da wichtige Aufgaben an den Grenzen des Imperiums ihn aufhielten. Jubel brandete auf, als er die Nachricht Trajans über zwei Siege gegen die Bructerer und die Sueben verlas. Die Senatoren sprangen von ihren Sitzen und begeisterten sich wie im Amphitheater beim Sieg ihres Gladiators und dem Gewinn der Wette. Plinius ließ sie die Begeisterung abreagieren. Als geschulter Redner versuchte er nicht, jetzt weiterzusprechen, denn das hätte die Wirkung dessen, was er noch zu sagen hatte, abgeschwächt. Als der Beifallssturm verebbte, unterbreitete er dem Senat den Vorschlag, dem Princeps und seinem Sohn den Titel Germanicus zu verleihen. Unter tosender Zustimmung nahm die gesamte Kurie den Vorschlag an.
Nerva kniff die Augen zusammen, sein Mund verzog sich leicht spöttisch. Germanicus – er, ein alter, dem Tode naher Mann, der nie eine Legion befehligte, nie an einer Schlacht teilgenommen hatte, wurde als Germanenbezwinger gefeiert! Sein Sohn war tüchtig und ließ auch seinen alten Vater an den Früchten teilhaben. Weiter forderte Plinius vom Senat für Trajan uneingeschränkte Vollmacht für Truppenverlegungen, Lager- und Städtegründungen in den Provinzen. Trajan konnte also tun und lassen, was er für richtig hielt, dachte Nerva, konnte Legionen von Germanien nach Mösien, von Pannonien nach Britannien und so weiter verlegen, ohne erst des Kaisers Zustimmung abwarten zu müssen. Ging das nicht ein wenig zu weit? Konnte man es nicht abwarten, bis er, der Kaiser, tot war? Mußte man ihm die Macht schon jetzt entziehen? Für die, er schickte seinen Blick in die Runde des auch diesem Antrag zustimmenden Senats, bin ich nur noch ein überlebtes Fossil vergangener Tage, über das die Zeit schon hinweggeschritten ist. Die neue Zeit hat in Rom bereits begonnen. Ich muß mich mit dem Sterben ein bißchen beeilen, dachte er voller Sarkasmus.
Der Kaiser fröstelte, als ihn die Sänfte zum Palatin zurückbrachte. Kalter Niesel-

regen schlug sich in winzigen Perlen auf dem Purpurmantel nieder. Er zog ihn enger an den Körper. Ein Glück, dachte er, daß der Mantel zu groß ist. Immer war er es, stets eine Nummer zu groß. Niemals hätte ich mich dazu hergeben dürfen, Princeps zu werden. Nur Bitterkeit blieb zurück. Zuerst Bitterkeit über das Verhalten der Garde, nun Bitterkeit und Enttäuschung über die eigenmächtige Handlung des Senats und der Machtübertragung an den Sohn. Sein Sohn? Der Kaiser lachte bitter, denn er hatte Trajan nur ein- bis zweimal flüchtig gesehen und wenige Worte mit ihm gewechselt. Nur Sura und dessen suggestiver Beredsamkeit, des geschickt inszenierten Spiels mit dem angeblichen Verrat des Maternus und der Meuterei der Präfekten war dieser Schritt zu verdanken.

Am Palasttor salutierten die Prätorianer. Zum Lachen deuchte es Nerva. Seit der Adoption ließen ihn die Prätorianer unbehelligt. Aelianus und Crassus taten, als wäre der Kaiser schon nicht mehr vorhanden. Ihre förmlich, höflich und kalt vorgeführten Ehrenbezeigungen schienen ihm, dem Princeps, schon nicht mehr zu gelten. Kein nächtliches Waffengeklirr, keinerlei Bedrohung, nicht einmal mehr anmaßende und bösartige Bemerkungen und Blicke. Nerva nahm auch dies gelassen hin. Unsicher gemacht hatte ihn nur das Gerücht, daß auch Aelianus und Crassus Verbindung mit Trajan aufgenommen hätten. War er auch in dieser Sache verraten und verlassen? Hatte er doch letztlich Trajan adoptiert, um die Bedrohung durch die Garde abzuwenden und deren endliche Bestrafung zu erreichen. Und nun gab es ein Komplott seines Nachfolgers mit diesen Verbrechern!

Langsam schlurfte der alte Kaiser durch die endlosen Gänge und Säle des Palastes. Bittsteller, Soldaten und Beamte grüßten ihn.

Endlich war er in seinen privaten Räumen angelangt. Belonius nahm den Mantel ab und zog dem in einen Sessel gesunkenen Kaiser die Stiefel aus. Nerva schloß die Augen und lehnte den Kopf zurück an die weiche Polsterung und träumte. Er träumte von Bajae, von dem leisen Hauch, der die Wipfel der Palmen und Pinien bewegte, vom hohen Himmel mit den ziehenden Wolken über ihnen und dem flimmernden Meer zu ihren Füßen ... das Meer. Nerva sah den Wellenschlag des Meeres vor sich, sah die hinter den Schaumkronen untergehende Sonne.

Der Kaiser seufzte. Die Welt war so schön. Warum genoß man nicht das Leben in dieser Schönheit? Statt dessen vertat man die verbliebene Zeit, und die war karg bemessen, mit einem Amt, das nur Qual und Verdruß einbrachte. Warum? Aus Ruhmsucht, einmal römischer Imperator gewesen zu sein und in den Annalen zu erscheinen als der ... Nerva begann zu zählen ... Augustus, Tiberius, Caligula, Claudius, Nero, Galba, Otho, Vitellius, Vespasian, Titus, Domitian – elf waren es – zwölfte Kaiser Roms und der elfte Nachfolger des Augustus.

Der Nachruhm hieß Vergessenheit!

Um des Kaisers Mund begann es schmerzlich zu zucken. Nerva biß die Zähne aufeinander. Belonius brachte ein Glas mit einer milchigtrüben Flüssigkeit und führte es Nerva an die Lippen.

Nach geraumer Zeit sah der Kämmerer an der Miene des Kaisers, daß der Anfall vorüber war.
Nerva öffnete die Augen und erhob sich. In der Tür erschien ein Sekretär und erinnerte leise den Kaiser, daß das Kabinett in der achten Stunde tage.
Belonius warf Nerva einen warnenden Blick zu. Der Kaiser verstand und lächelte.
»Schon gut, Belonius, ich nehme nicht daran teil. Am Vormittag Senatssitzung und nachmittags Kabinettstagung ist wahrlich zu viel für einen alten kranken Mann. Außerdem steht nichts Gravierendes an, was meiner Anwesenheit unbedingt bedarf. Ich bin sowieso nicht mehr maßgebend, denn das Fell des Bären ist schon verteilt. Sura, Veiento oder Sabinus, einer möge den Vorsitz führen, sag das!«
Der Sekretär verließ das kaiserliche Gemach. An der Tür wandte er sich nochmals um.
»Verzeih, Imperator, fast hätte ich dieses Schreiben vergessen.« Er reichte Nerva ein zusammengerolltes Pergament. Der Kaiser warf es unbesehen auf den Tisch und fragte Belonius, woher das Schreiben käme.
»Aus Ephesos von Apollonius von Tyana.«
Ein Ruck streckte den Körper des Kaisers. Belonius reichte ihm das Schreiben, das Nerva mit hastiger Bewegung an sich riß und sofort zu lesen begann.

»Apollonius von Tyana an den Erlauchten Kaiser Marcus Coccejus Nerva, den Gott beschützen möge!
Salve, mein Marcus!
Die Krankheit, o Marcus, die Alter heißt, droht mich zu vernichten. Du weißt, ich war immer ein Mann voller Kraft, der seinen Leib allen Fährnissen und Strapazen des Lebens auszusetzen vermochte, ohne Wirkungen zu spüren. Doch jetzt, mein Marcus, bin ich an dem Punkte angelangt, an dem das Leben zur eingestandenen Niederlage wird. Reisen, Studieren, Lehren und selbst Glauben bereiten keinen Reiz mehr, sondern nur noch Qual und Last. Meine letzte Reise nach Böotien sah mich mit einem Fuß schon in Charons Nachen. Früher war ich frei von Gereiztheit, Ungeduld und Unruhe, jetzt aber entdecke ich in mir die Merkmale eines gehetzten Wesens. Schmerzen und nahezu dauerndes Unwohlsein verdüstern mein Gemüt. Ja, mein Marcus, es gilt sich damit abzufinden, daß unsere Tage dahinschwinden und aller Atem nunmehr ein Hauch ist. Wir Menschen sind während der ganzen Zeit, die man Leben nennt, in einem Gefängnis. Die Seele, an einen hinfälligen Körper gefesselt, duldet vieles und ist allem, was den Menschen betrifft, unterworfen. Es bedarf erst des Alters, um dies richtig zu verstehen. Andererseits, mein Marcus, bringt das Alter auch Zweifel. Mir bringt es Zweifel über die Richtigkeit meiner Lehre vom Numen, dem allesumfassenden Wesen, der allmächtigen Gottheit, die zugleich das Heute, das Gestern, das Morgen und auch das Hier und Dort, das Oben und Unten verkörpert, also sich in der Siebenzahl

manifestiert. Nun, mein Freund, entstehen die Zweifel, denn wie steht mein Numen zum Schicksal, zur Vorbestimmung, zu den Parzen oder wie die Griechen sagen, zu den Moiren? Ist mein Numen in seiner göttlichen Siebenheit allmächtig, dann müssen die Parzen ihm gehorchen. Doch daran hege ich gelinde Zweifel. Ich sehe Dein Lächeln, denn Du hast mein Numen nie anerkannt, Du Sohn der harten, tüchtigen Welteroberer. Vielleicht hast Du recht, und ich habe mich geirrt. Ich befürchte, daß das Numen sich den Moiren beugen muß. Ich bin versucht, dem Äschylos zu glauben: ›Wer aber führt das Steuer der Notwendigkeit? Der Moiren Dreiheit und die wachen Erinnyen – Und also Zeus selbst ist der minder Mächtige? – Dem ihm beschiedenen Lose kann er nicht entfliehn.‹ – Was also die Moiren spinnen, ist so unwandelbar, daß es in Erfüllung gehen muß, so wenig auch damit die äußeren Verhältnisse zusammenzustimmen scheinen. Wenn einem die Moiren ein Königtum zuerkannten, das ein anderer schon hat, und dieser jenen tötete, so würde der Getötete wieder aufleben, um den Beschlüssen der Moiren Genüge zu tun. Doch genug davon, ich selbst muß diese Dinge nochmals bis zum Ende hin durchdenken. Aber mir scheint, daß ich einen guten Ansatz gefunden habe zu dem, was ich Dir noch sagen wollte.
Du standest im Zwang der Entscheidung. Du hast entschieden – anders zwar, als ich Dir geraten haben würde, hättest Du mich gefragt. Doch Du hast mich nicht gefragt. Deshalb bitte ich um Deine Nachsicht, daß ich Dir trotzdem meine Sicht der Sache darstelle. Eine Vision zeigte mir, Du habest die falsche Entscheidung getroffen – Krieg und Flammen wähltest Du, das Schwert statt des Pfluges.«
Der Brief entfiel den zitternden Händen des Kaisers und raschelte zu Boden.
»Die falsche Entscheidung«, hämmerte es in Nervas Schläfen, »Krieg und Flammen, Schwert statt Pflug. O Götter«, stöhnte der Kaiser und bedeckte die Augen mit beiden Händen.
Belonius, der, während der Kaiser ins Lesen vertieft war, im Nebenraum einen nachmittäglichen Imbiß hatte richten lassen, erschien sofort, hob den entfallenen Brief auf und gab ihn dem Kaiser zurück. Nerva nickte und sagte, um in Ruhe weiterlesen zu können, daß nichts sei.
»Damit, mein Teurer«, las der Kaiser weiter, »mußt Du den Rest Deines Lebens mit einer Schuld verbringen, die darin besteht, daß Du an einer entscheidenden Wende die Zeichen der Zeit nicht erkanntest. Doch es steht mir nicht an, Dich darob zu kritisieren. Du wirst die Früchte Deiner Entscheidung nicht mehr erleben und auch nicht mehr zu verantworten haben. Also braucht Dich die ganze Sache nicht anzufechten. Im Orkus wird man Dich und Deinen Sohn verfluchen, und das Blut der Opfer wird über Euch kommen. Verzeih mir, daß ich Dir dies schreibe. Doch wir beide sollten ehrlich zueinander sein, zumal es das letzte Mal ist, da wir voneinander hören. Ich bin bereit, auf die letzte Wanderschaft zu gehen, von der es eine Wiederkehr nur in eine andere Welt und in anderer Form gibt. Dem zerfallenden Leib enteilt die Seele, ähnlich wie ein schnelles Roß den

Fesseln, und mischt sich mit der Luft, dabei das drückende Joch vielgeduldeter Knechtschaft von sich stoßend.
Ich werde bald aufbrechen, da ich es nicht über mich bringe, meiner Pflegetochter Lakotris und ihrem Gatten Soranus noch länger zur Last zu fallen. Ehe ich es vergesse, mein Marcus, tilge noch ein Unrecht, das in Ephesos unter Deinem Namen begangen wurde – ich weiß, es geschieht viel Unrecht auf dieser Welt und unter den verschiedensten Vorwänden. – Ein alter Freund des Lucius Soranus, Cassius Asclepiodorus, wurde zusammen mit zwei Judenfamilien vom Statthalter Carminius Vetus aus Ephesos verbannt, da sie der Anhängerschaft zu Curiatius Maternus und des Komplotts gegen Dich bezichtigt wurden. Laß dieses Unrecht nicht zu, denn die Anklage entbehrt jedes Beweises. Sie standen auf der Seite von Maternus, ich auch, denn er ist ein ehrenwerter Mann und hat niemals ein Komplott gegen Dich vorbereitet, sondern immer auf ein Zeichen von Dir gewartet, um Dir seine Hilfe angedeihen zu lassen, doch Du hast Dich dann der Hilfe anderweitig versichert. Es war, mein Marcus, der Wille der Moiren!
Noch etwas: die Witwe Glabrios und ihr Sohn leben. Sie haben Anspruch auf Entschädigung. Für Deine Hilfe danke ich Dir! Empfange Soranus gnädig, wenn er in Rom in dieser Sache bei Dir vorspricht. Nochmals, alter Freund, lebe wohl. Die Sonne ist im Untergang begriffen, und die Nacht beginnt heraufzusteigen. Die Berge sind zwar noch in Licht getaucht, doch bald verlöscht es auch dort. Lebe wohl, die Schlacht, die Leben hieß, ist zu Ende. Auch Deine Frist, mein Freund, ist nur noch kurz bemessen. Auf Wiedersehen in einer anderen Welt.

Dein Apollonius.«

Belonius, der die Lampen anzündete, sah den Kaiser zusammengesunken im Sessel lehnen, den Brief auf den Knien und leeren Blicks vor sich hin starrend. Das Gesicht wirkte verfallen, als hätte sich das Fleisch von den Knochen gelöst. Die Mundwinkel zuckten.
Warum, Apollonius, kam dein Brief nicht früher, als ich deines Rats dringend bedurft hätte? O Götter, nun war es zu spät, um die Entscheidung rückgängig zu machen. Der Senat war schon auf den neuen Kaiser eingeschworen, und er selbst, Nerva, hatte dies mit seiner Adoption bewirkt.
Die Qual langte nach seinem Herzen. Sie besaß eine spitze Waffe und stach damit fortwährend in sein Leben, ins Herz und in den Kopf.
An diesem Dezembertag begann Kaiser Nervas Sterben, ein Sterben auf Raten, denn er hatte sich selbst überlebt.
Der Senat übertrug ihm und seinem Sohn noch das Konsulat für das Jahr 851. Noch ungefähr zwei Wochen schlich der zum Skelett abgemagerte Körper des Kaisers wie ein Gespenst durch den Palast. Das Gesicht, bereits vom Tode gezeichnet, lebte nur noch in den hellen Augen, die in tiefen dunklen Höhlen lagen.

Dann war der Kaiser nicht mehr zu sehen. Sein Kämmerer Belonius und ein paar Sklaven wichen nicht vom Lager des Todkranken.
Am 27. Januar 851 starb Kaiser Nerva, siebenundsechzig Jahre, zwei Monate und neunzehn Tage alt. Er war des Imperiums Kaiser ein Jahr, vier Monate und neun Tage lang gewesen. Davon waren ein Jahr und ein Monat Verdruß und Streit mit der Garde gewesen, und der Rest nach der Adoption war bereits Rücktritt und Verzicht. Belonius weinte, als er die Bilanz des kaiserlichen Lebens zog. Auf dem Tisch lag ein Schreiben, das der Kaiser noch kurz vor seinem Tode begonnen und nicht mehr abgesandt hatte.
Es war ein unvollendeter Brief an seinen Sohn Trajan:

»Denk an meinen Wunsch, erfülle diesen letzten Deinem Vater ... ›Laß meine Tränen die Danaer büßen ...‹ Straf Aelianus und Crassus!

Marcus Coccejus Nerva«

Belonius erschrak. Kam der Brief in die Hände der Garde, dann konnte er als Mitwisser verloren sein. Schnell steckte er das Pergament in sein Gewand.
Nun rief er nach alter Sitte den Toten mehrmals mit dessen vollem Namen an. Danach drückte er dem Kaiser die Augen zu. Die Sklaven begannen beim Anblick des Toten zu jammern. Der Verstorbene war ein guter und milder Herr gewesen.
Zwei Balneatoren hoben den Leichnam auf und trugen ihn ins Bad, wo sie ihn entkleideten, mit warmem Wasser wuschen und dann salbten. Eine alte Sklavin und ein alter Sklave, die Nerva schon über Jahrzehnte dienten, wurden von Belonius mit dem Aufbahren betraut. Sie hüllten den sterblichen Rest des Kaisers in sein goldbesticktes Imperatorengewand, steckten ihm seinen Siegelring an den Finger und bekränzten das Haupt mit einem goldenen Lorbeerkranz.
Nun strahlt der tote Kaiser Würde aus, die die zu Lebzeiten noch übertrifft, dachte Belonius. Jetzt hat er Ruhe, der Imperator, niemand bedrängt ihn mehr.
Die Sklaven trugen das hohe Bett mit dem aufgebahrten Nerva in die Mitte des Thronsaales, wobei sie beachteten, daß des Kaisers Füße zum Ausgang zeigten. Sie entzündeten die Kerzen in den Kandelabern zu beiden Seiten des Bettes. Belonius steckte dem Toten eine Kupfermünze in den Mund als Fährgeld an Charon für das Überqueren des Styx. Nun traten die Klageweiber ein, nahmen zu beiden Seiten Platz und stimmten die Leichenklage an.
Belonius ließ im Palast das Herdfeuer löschen.
Eine Woche blieb der Tote aufgebahrt. Nahezu alle Senatoren nahmen Abschied von Nerva. Der Tod ging ihnen nahe, Nerva war ein guter Kaiser gewesen, denn er hatte viel Freiheit gewährt. Der Senat hatte bestimmt, da der Sohn aus Germanien nicht zur Leichenfeier seines Vaters erscheinen würde, daß Sura den Scheiterhaufen entzünden sollte. Doch Sura lehnte mit der Begründung ab, diese Ehre stünde eher dem langjährigen und verdienstvollen Freund des toten Princeps,

Gallus Fabricius Veiento, zu. Staunen verbreitete sich in der Kurie, doch stimmte man dem zu. Veiento erhob sich und drückte Sura die Hand. Ostorius Sabinus lächelte und dachte: Ein Mann von Format, dieser Sura, der ständig über sich selbst hinauswächst. Noch im höchsten Triumph schlau und gelassen genug, diesen nicht öffentlich auszukosten. Das ist wahre Größe.

Am 3. Februar, einem trüben und kalten Tag, legte der tote Nerva die allerletzte Wegstrecke auf dieser Erde zurück: vom Kaiserpalast zum Scheiterhaufen.

Die schwarzgekleideten Liktoren hatten alle Mühe, den großen Trauerzug zu formieren. An der Spitze Flötenbläser, Trompeter und Hornisten. Wie eine riesige Schlange wälzte sich der Zug vom Palatin zum Forum. Die Klageweiber sangen Nervas Totenlied, einen traurigen und wehmütigen Gesang. Mit verschlossener Miene marschierten Crassus und Aelianus an der Spitze der Prätorianer. Was mochte hinter ihren zur Schau getragenen eisernen Mienen vorgehen, dachte Belonius. Wenn sie wüßten, daß noch der sterbende Nerva ihren Tod wollte? Zu groß war der Haß Nervas auf sie, als daß er ihnen vergeben konnte. Belonius entsann sich nicht, daß der Verstorbene jemals solch tiefen Haß empfunden hatte. Seine Hand fühlte die Briefe in seinem Gewand. Er hatte auch den Brief des Apollonius an sich genommen. Vielleicht würde dieser einmal ein wichtiges politisches und philosophisches Dokument.

Auf dem Forum hielt die Spitze des Trauerzuges an der Rostra, während sich das Ende bis zum Velabrum zurückstaute. Die Trage mit dem Prunkbett wurde abgestellt, und die Träger nahmen im Kreise auf beinernen Stühlen Platz. Sextus Julius Frontinus bestieg die Rednertribüne und hielt die Leichenrede. Er lobte den Verstorbenen als einen Mann des Mutes, des Gerechtigkeitssinns, als einen Kaiser in schwerer Zeit, der das zerrüttete Erbe eines Tyrannen habe antreten müssen und dem es gelungen sei, eine Wende herbeigeführt zu haben.

Bei diesen Worten des Konsuls begann eine Frau in den letzten Reihen des Forums heftig zu schluchzen. Tränen flossen über die Wangen. Ihr üppiger, zur Fülle neigender Körper erbebte. Es war Domitia Longina, die Witwe Kaiser Domitians.

Frontinus lobte die Adoption Trajans als die höchste Tat des Verstorbenen, bezeichnete sie als größten politischen Weitblick und als Segen für das Imperium.

Der Zug rückte zur Via Appia weiter, zum Grabmahl der Familie des toten Kaisers. Der Holzstoß wuchtete vor dem Grabmal auf einem freien Platz. Die Träger hoben die Bahre mit dem Leichnam auf den Scheiterhaufen. Viele aus dem Trauerzuge nahmen nochmals und nun für immer Abschied, wobei manche ihm noch eine Geschenkgabe für die Welt des Hades mitgaben.

Dann öffnete einer der Sklaven dem Toten die Augen.

Veiento nahm die lange, brennende Fackel und entzündete abgewandten Gesichts den Holzstoß. Unter den Klängen von Klageliedern brannte dieser nieder. Kaiser Nerva war nicht mehr.

Belonius und einige Sklaven sammelten die Reste, begossen sie mit Milch und Wein, trockneten sie mit einem Leinentuch und füllten sie in eine Urne.
Die Trauerfeier war damit zu Ende. Die Trauergäste wandten sich von der Via Appia zurück zur Stadt. Nur Belonius, die Sklaven Nervas, Veiento und Sura blieben, um die Urne im Grabmahl beizusetzen.
Kaiser Nerva war tot. Kaiser des Imperiums war Trajan, der es nicht einmal der Mühe wert hielt, seinem Adoptivvater die letzte Ehre zu erweisen, dachte Veiento. Curiatius Maternus wäre unter allen Umständen gekommen! Dieser Gedanke schmerzte und ließ die vernarbte Wunde wieder aufbrechen. Veiento wartete, bis auch die letzten Gäste das Grabmal verlassen hatten. Sein Blick wanderte bis hinauf zur Spitze des Grabmals, die wie eine Lanze in den grauen Winterhimmel stach.
Das war es gewesen, Augustus Caesar Imperator Marcus Coccejus Nerva Germanicus, formten seine Lippen, das war alles, was von dir geblieben ist: ein Häufchen Asche in einem prunkvollen Mausoleum.
Plötzlich erschrak Veiento, als er fühlte, wie etwas Kaltes in seine Rechte geschoben wurde.
Belonius stand hinter ihm und hatte ihm eine Schriftrollenkapsel, deren Metallbeschläge ein unangenehmes Empfinden bei Veiento hinterließen, in die Hand gesteckt.
»Das letzte Schreiben Nervas an Trajan, so eine Art Vermächtnis und letzter Wunsch, den der neue Kaiser schlecht abschlagen kann. Gib es an Sura weiter, nur laß es nicht in die Hände der Präfekten fallen.«
Grußlos entfernte sich der Kämmerer des verstorbenen Kaisers.
Fabricius Veiento zog das Schreiben aus der Kapsel und las. »Beim Hades«, rief er erschrocken, als er zu Ende gelesen hatte. Seine Hände begannen zu zittern. Veiento hatte Mühe, das Pergament zusammenzurollen und in den Behälter zu stecken. Angst schnürte ihm die Kehle zusammen. Belonius' letzte Worte fielen ihm ein und hämmerten in seinen Schläfen: »... letzter Wunsch, den der neue Kaiser schlecht abschlagen kann ...« Wie eine eiserne Klammer preßte sich die Angst um seinen Hals. Veiento japste nach Luft.
Wenn Trajan die Präfekten bestrafte, die ihm zum Kaiserthron verholfen hatten, dachte Veiento den furchtbaren Gedanken weiter, was tat er dann mit ihm, der dies mit allen Kräften hatte verhindern wollen? Veiento traten trotz der Kälte Schweißperlen auf die Stirn.
Sura hatte zwar versprochen, daß ihm nichts geschähe, versuchte er sich zu trösten, doch was zählte dies jetzt. Trajan hatte ihm nichts versprochen. Er schlotterte am ganzen Leibe. Dann begann er zu laufen. Und er lief, so schnell ihn die zitternden Beine tragen konnten. In seinen Ohren rauschte das Blut, der Puls hämmerte bis zum Hals. Er hörte kaum etwas vom Lärm der Stadt, als er auf dem Forum stehenblieb, um Atem zu schöpfen.

Sein Herz drohte stillzustehen, als Crassus in einer Sänfte vorbeigetragen wurde und ihm lässig zuwinkte.

Wie von Furien gehetzt, rannte Veiento auf den Aventin, um wenigstens dieses schreckliche Todesschreiben loszuwerden. Als er seinem Palaste zueilte, verfolgte ihn unablässig der Gedanke, daß zu gleicher Zeit ein anderer irgendwo die ihn, Fabricius Veiento, betreffende Rolle abgäbe.

Zweites Buch

DER ALEXANDERTRAUM

Alexander, König der Makedonier, … dieser Unglücksmensch sollte zur Einsicht kommen, wie klein diese Erde ist, von der er einen winzigen Teil in seinen Besitz gebracht hatte. Ich sage unglücklich, weil er einsehen mußte, daß er seinen Beinamen zu Unrecht trägt. Wer kann schon ein »Großer« sein in dieser Winzigkeit? Was er lernen sollte, war schwierig und erforderte gespannte Aufmerksamkeit, durchaus ungeeignet für einen Wahnsinnskandidaten, der in seinen Machtträumen den Ozean übersprang.

Seneca

XXV

Ein stiller Februartag, einer jener naßkalten, mit grauem Himmel verhangenen langweiligen Wintertage, an denen es auch mittags nicht hell wird, lag über der Straße, die von Mogontiacum am Rhenus Flumen entlang nach Confluentes führte. Der in dicken, schweren Flocken senkrecht fallende Schnee verstärkte noch den Eindruck der Stille. Plötzlich sprang Wind auf und trieb die Flocken schräg über die Straße. Heftiger fegte der Wind den Schnee über das Land.
Die zwei Reiter, die sich in Richtung Confluentes vorwärts kämpften, stiegen ab und führten die Pferde an den Zügeln. »Beim Hades«, fluchte der eine.
»Ein Stück stromaufwärts steht ein Fährhaus, dort werden wir das Ende des Unwetters abwarten, Soranus.«
»Aber«, wagte Marcus Soranus zu widersprechen, »wir haben bereits Zeitverzug, weil wir den Weg über die Alpes maritimae und entlang des Rhodanus flumen statt des direkten Weges nach Vindonissa über die Alpes poeninae gewählt haben.«
»Unsinn«, rief Praesens Fulvius Rusticus unwirsch. Marcus schwieg verstimmt, war doch sein Begleiter, zwar nur weniges älter als er, erfahrener, hatte er schließlich bereits in den Dakerkriegen unter Tettius Julianus die *dona militaria* erhalten und in Spanien eine Quästur bekleidet.
Rusticus wischte sich den Schnee aus dem Gesicht und sagte ganz nahe zu Marcus gewandt: »Wir sind doch nicht im Wettlauf. Die Botschaft des Senats und die Nachrichten Suras an den neuen Princeps kommen auch ein paar Tage später noch zurecht. Mir paßt diese Reise sowieso nicht, denn dieser Trajan ist mir ziemlich gleichgültig. Man hätte mich in Spanien lassen sollen.«
Marcus versuchte zu widersprechen, doch Rusticus enthob ihn dessen, indem er einlenkte, daß man mit dem Urteil über den neuen Kaiser abwarten müsse. Eine Bemerkung über Maternus, unter dem er damals gedient hatte, verkniff er sich, da er vom Schicksal des Maternus erfahren hatte und diesen Soranus auf der Seite der siegreichen Partei wußte.
Wortlos stapften sie weiter, die Pferde am Zügel führend, wobei der Schnee ihnen ins Gesicht peitschte. Marcus folgte Rusticus, obwohl er Zweifel hegte, daß dieser in der unterschiedslosen weißen Wüste jemals zum Fährhaus gelangen könnte.
Als sollten Marcus' Gedanken Lügen gestraft werden, standen sie unvermerkt vor einer Hütte aus rohen Baumstämmen.
Die Tür war bis zur halben Höhe mit Schnee verweht. Rusticus schlug mit dem Schwertknauf an die oberen schneefreien Bohlen.
Nichts rührte sich.
Nun hämmerte er dagegen, daß es dröhnte.
Ein Ächzen erklang, die Scharniere quietschten. Einen Spalt nur öffnete sich die

Tür. Der Bewohner der Hütte schaffte es nicht, die Tür gegen die Schneemassen so weit zu bewegen, daß ein Mensch heraus oder hinein hätte schlüpfen können. Rusticus und Marcus schoben mit Händen und Füßen den Schnee zur Seite. Endlich gelang es ihnen, die Tür aufzuziehen.
Ein Wesen lugte heraus, von dem Marcus im ersten Moment nicht hätte sagen können, ob es Mensch, Bär oder Wolf war. Nahezu vollkommen von Pelzen bedeckt schob sich eine spitze Nase vor, über der zwei Augen listig blinzelten. Auf dem Kopf gähnte ein Wolfsrachen, wie ihn die Aquilifer trugen.
»Lupus – alter Wolf, willst du deinen Freund Praesens Fulvius Rusticus nicht einlassen?«
Der Wolf kicherte und sagte mit einer Fistelstimme: »Fulvius Rusticus, für so blödsinnig hätte ich dich nicht gehalten, bei so einem Hundewetter im Lande herumzustreunen. Es waren vor dir schon fünf andere hier und fragten nach zwei Männern, die nach Colonia Agrippinensis wollten. Vielleicht meinten sie euch?«
Nach einer Weile sagte er: »Nein, ihr könnt es nicht sein. Sie suchten einen großen jungen Mann mit Bart, den ein kleiner fülliger Centurio begleitete.
Doch tretet endlich ein, sonst wird es in der Hütte noch kalt. Hinten ist ein Verschlag für die Pferde, auch Futter findet ihr dort.«
Nachdem Rusticus und Marcus die Pferde versorgt hatten, betraten sie die Hütte. Warmer Dunst schlug ihnen entgegen. Einfaches hölzernes Mobiliar, das zu der Hütte paßte, fiel Marcus ins Auge.
Der Alte nahm den Wolfspelz ab und schälte sich aus seinem dicken fellgefütterten Mantel.
Marcus sah ein runzliges Gesicht und unter dem Kinn, am Kehlkopf, eine lange Narbe.
»Ein dakischer Pfeil erwischte mich vor Tapae, seither habe ich eine hohe Stimme wie ein altes Weib«, kicherte der Alte. Vom Kessel über der Feuerstelle schöpfte er ein dampfendes Gebräu in zwei Holzbecher, die er zusammen mit kaltem Fleisch und grobem Gerstenbrot vor seine Gäste auf den roh gezimmerten Tisch stellte.
Wo sie denn eigentlich hinwollten, fragte er kauend.
Nach Colonia Agrippinensis zum Kaiser.
Der Alte staunte. Was denn der alte Mann noch in Germanien wolle, fragte er. Rusticus belustigte die Unwissenheit des alten Fährmanns.
»Der alte Kaiser Nerva ist tot. Dem neuen Kaiser Trajan bringen wir eine Botschaft.«
»Trajan? Ist das der, der in Judaea war?«
»Nein, das war der Vater. Dessen Sohn ist der neue Kaiser«, sagte Rusticus.
»Wer heutzutage alles Kaiser werden kann«, kicherte der Alte und wiegte dabei den Kopf hin und her. Plötzlich hielt er den Kopf still und lauschte. Dann erhob er sich, schritt zur Tür und öffnete.

»Ich will euch nicht vertreiben, doch wenn ihr heute noch nach Confluentes wollt, müßt ihr euch sputen. Das Unwetter ist vorüber.«
Marcus und Rusticus erhoben sich, hüllten sich in ihre Mäntel und gaben dem Alten einen Denar.
»Grüß den Kaiser«, kicherte Lupus und zog die Tür zu.
Der Himmel strahlte in wolkenlosem Blau. Der Schnee glitzerte, daß Marcus geblendet die Augen schloß.
»Heute morgen war alles trist und langweilig grau, dann ein Unwetter, als würden die Furien die Welt zerstören, und nun Sonnenschein.«
»Wie das Leben, Soranus«, lachte Rusticus.
Die Straße nach Confluentes machte eine Biegung, an der Rusticus seinen Falben zum Stehen brachte.
»Hörst du das?« fragte er.
Marcus lauschte. Es war, als schlüge Metall auf Metall. »Dieses unverkennbare Geräusch kenne ich von Jugend an: Schwertergeklirr.«
Marcus gab dem Fuchs einen Schlag auf die Kruppe und galoppierte davon. Hinter der Biegung sah er einen umgestürzten Schlitten, daneben einen Mann, der sich mit dem Schwert dreier auf ihn eindringender Männer erwehrte. Zwei andere hatten schon die Pferde ausgespannt und wollten ihren Komplizen zu Hilfe eilen. Marcus sprengte heran und schlug sie mit der Breitseite seiner Waffe zu Boden, ohne sich überhaupt zu bedenken. Hier kämpfte ein Mann gegen fünf, der brauchte seine Hilfe. Auch Rusticus drang mit gezogenem Schwert auf die drei Angreifer ein, die den Mann bedrängten. Nach einem kurzen Schlagabtausch und in der Gewißheit, unterlegen zu sein, wandten sich die fünf Angreifer zur Flucht. Hurtig schwangen sie sich auf ihre Pferde und sprengten davon, die Schlittenpferde am Zügel nachziehend, ohne daß es Marcus, Rusticus und der andere verhindern konnten. Der Überfallene bemühte sich, einen Verletzten, der unter dem umgestürzten Schlitten lag, hervorzuziehen. Erst als Marcus und Rusticus den Schlitten anhoben und wieder auf die Kufen stellten, war der Mann befreit. Jetzt erkannte Marcus den Überfallenen.
»Hadrian«, rief er.
»Soranus, dich und deinen Begleiter schicken die Götter.«
»Ihr seid also die zwei, von denen Lupus sprach, nach denen die fünf suchten?«
»Ich will nach Colonia Agrippinensis, und zwar sehr schnell. Meine Legion, die II. Adiutrix, schickt mich nach Germanien, um meinem Großoheim Trajan die Glückwünsche des mösischen Heeres zu überbringen. Mein Schwager Servianus, der mich nicht sonderlich mag, will verhindern, daß ich dem neuen Kaiser eher als er die Glückwünsche überbringe. Er scheut keine Mühe, wie ihr bemerkt habt, meine Reise etwas zu verzögern, damit sein Bote eher bei Trajan eintrifft. Eine direkte Gefahr bestand zwar nicht, denn töten wollte er den Bruder seiner Frau bestimmt nicht.«

Rusticus lächelte nur spöttisch, denn für solch eitle Albernheiten hatte er nichts, nicht einmal ein Wort übrig.
Der Centurio stöhnte leise. Das Bein sah schlimm aus.
»Was tue ich nun?« fragte Hadrian ratlos.
»Hier, nimm mein Pferd, reite damit zu deinem Oheim.«
Hadrian zögerte. Als er einen Blick Rusticus' an Soranus auffing, lehnte er ab.
»Soranus, behalte dein Pferd, es sind nur zwei Reitstunden nach Confluentes. Ich bin gut zu Fuß.«
»Eine Meile von hier ist ein Bauernhof, dort bekommst du ein Pferd. Sage dem Pächter, dich schickt Praesens Fulvius Rusticus.«
»Ich danke euch. Doch«, er blickte nachdenklich auf den verletzten Centurio, »ich fürchte, mein Schwager hat doch die Nase vorn, denn ...«
»Wir nehmen ihn mit nach Confluentes und bringen ihn ins Lazarett.«
»Nochmals Dank. Das werde ich euch nie vergessen.« Mit schnellen Schritten ging die hohe Gestalt durch den Schnee und war bald ihren Blicken entschwunden.
»Hoffentlich vergißt er uns das nie. Vielleicht brauchen wir seine Fürsprache beim Kaiser noch«, scherzte Rusticus. »Doch mit dem Dank der Menschen ist es meist nicht weit her. Übrigens scheint dieser Hadrian ein eigenartiger Vogel zu sein.«
»Warum? Ich finde ihn eigentlich ganz in Ordnung.«
»Er spricht nur Griechisch. Ist er des Lateinischen nicht mächtig?« fragte Rusticus.
»Er liebt Hellas und will das damit kundtun«, verteidigte Marcus Hadrian.
Rusticus wandte sich zu dem Verletzten, und Marcus trottete hinterdrein.
»Bei allen Göttern, wir sind töricht, der Schlitten ist noch brauchbar, da spannen wir unsere Pferde davor, und dieser Hadrian hätte nicht zu laufen brauchen.«
Behutsam betteten sie den Centurio auf den Schlitten, schirrten mit Stricken die Pferde ein und fuhren los.
Es dämmerte bereits, als sie Confluentes erreichten.
Der Kommandant, von Hadrian auf ihr Kommen vorbereitet, empfing sie und ließ den Verletzten gleich zu seinem Leibarzt bringen. Marcus fragte ihn nach dem Verbleib Hadrians. Der Kommandant, ein altgedienter Soldat, lachte und meinte, der hätte es so eilig gehabt, nach Colonia Agrippinensis zu kommen, als jagten ihn die Furien. Als er erfuhr, daß der Bote aus Augusta Treverorum noch in Confluentes sei und erst anderentags weiterreise, ritt er nach kurzem Imbiß mit einem frischen Pferd gleich weiter.
»Nun schafft es Hadrian, den Boten seines Schwagers zuvorzukommen, um dem Oheim die Ehrerbietung der Legionen darzubringen«, dachte Marcus zufrieden.
Als man am nächsten Morgen aufbrechen wollte, entsann er sich des verletzten Centurio und bat Rusticus, noch eine Weile zu warten. Der Arzt machte ein ernstes Gesicht, was wenig oder keine Hoffnung bedeutete.

Das Gesicht des Centurio erschien Marcus schon vom Tode gezeichnet.
»Wie heißt du?«
»Gabinius«, sagte der Sterbende mit schwacher Stimme.
»Hast du Angehörige, die ich von dir grüßen kann?«
»Ja, meine Frau Torquata und meinen kleinen Sohn Phaedimus ...«
»Wo?«
»Im Castell Divitia, ich ... wollte ... zu ihnen zurück ... sag, daß ... ich ... spät ...«
Der Kopf des Centurio klappte zur Seite, die Augen starrten gläsern.
»Er ist tot«, sagte der Arzt.
Marcus schluckte. Ein ungerechtes Schicksal hatte diesen Mann zu Fall gebracht. Auf der Rückreise zu seiner Legion, zu Weib und Kind, brachte ihn ein dummer Zufall zu Tode.
Als sie weiterritten und er seine Gedanken über diesen ungerechten Tod Rusticus gegenüber äußerte, meinte jener spöttisch, daß dies alles nur der unsinnigen Eitelkeit zweier Männer zu verdanken wäre, die sich beim neuen Kaiser einschmeicheln wollten; einer läppischen und kindischen Sache sei dieser tüchtige Centurio geopfert worden.
»Schicksal und Zusammentreffen unglückseliger Umstände«, warf Marcus ein, »es hätte ebensogut in Mösien oder in Divitia geschehen können.«
»Ist es aber nicht, sondern bei diesem unsinnigen Wettlauf um des Kaisers Huld«, hielt ihm Rusticus entgegen.
»Lassen wir das, Rusticus, doch ich werde mich um die Frau und den Knaben kümmern.«
»Das gefällt mir schon besser, Soranus. Wir kennen uns noch nicht lange, doch ich mag dich. Was ich nicht mag an dir«, Rusticus zögerte eine Weile, »verzeih mir meine Offenheit, ist deine bedingungslose Gefolgschaft, die du diesem neuen Kaiser und allen seinen Paladinen leistest.«
Gekränkt wollte Marcus heftig erwidern, bezwang sich aber und sagte ruhig: »Ich war schon einmal bei ihm. Er imponiert mir, und ich bin fest davon überzeugt, daß er Rom zu neuer Größe und Macht führen wird.«
»Tatsächlich?«
»Ja.«
»Und was sind neue Größe und Macht? Weißt du, was sich dahinter verbirgt? Natürlich nicht. Ich werde es dir sagen – Krieg. Und was Krieg bedeutet, mein Freund, das weißt du nicht. Das Schreien der Getroffenen, denen die Gedärme aus dem Leibe quellen, denen das Blut gleich einer Fontäne aus Wunden spritzt, das tierische Gebrüll derer, denen eine Hand, ein Arm, ein Bein abgehauen oder abgequetscht wurde ... Du hast schon Rührung gezeigt, als dieser Centurio starb. Tausendfach sterben im Krieg Soldaten, Centurionen und Tribunen. Das ist die Macht, die Trajan meint, das ist die neue Größe Roms, getragen vom Brüllen der Geschlachteten.«

Entgeistert starrte Marcus in das kantige Gesicht des Fulvius Rusticus.
»Du bist doch auch Soldat, sogar ausgezeichnet mit den *dona militaria*, und dann diese Reden?«
»Ja, ich bin Soldat und bin es gerne. Auch eine richtige Schlacht liebe ich, doch ich wollte dich nur warnen, da du noch keine erlebt hast. Und ich hasse die großen Worte, die man bemüht, um der eigentlich schlimmsten Sache der Welt noch einen Mantel von Würde und Schönheit umzuhängen. Wo Krieg ist, mein Soranus, ist keine Würde und ist keine Schönheit. Das wollte ich dir klarmachen. Vielleicht denkst du einmal an mich, wenn dein verehrter Kaiser dich eines Tages für würdig hält, in seinen für Roms Größe zu schlagenden Schlachten mitzutun.«
Dieser Fulvius Rusticus, so empfand Marcus, war aus irgendeinem Grunde verbittert und wollte nicht die Zeichen der Zeit, die am Horizont aufdämmernde Erneuerung des Imperiums, sehen.

In Colonia Agrippinensis wurden Marcus und Rusticus von Hadrian freudig begrüßt. Stolz erzählte er, daß er doch den Wettlauf der Gratulanten gewonnen und wie günstig sein Oheim es aufgenommen hätte. Rusticus' Miene verriet, was er dachte. Hadrian in seinem Taumel bemerkte es nicht.
Nachdem er sie in ihre Quartiere in der Nähe des Statthalterpalastes begleitet hatte, erwartete er sie, um sie zum Kaiser zu bringen.
Trajan empfing die Boten des Senats in einem kleinen behaglich eingerichteten Raum. Vier Liegepolster säumten einen Tisch. Marcus starrte gebannt auf den Kaiser und spürte eine Faszination von der hochgewachsenen, im Zeichen der Trauer für seinen Vater Nerva ganz in Schwarz gekleideten Gestalt ausgehen. Er vermochte den Blick nicht abzuwenden. Seine Augen betrachteten den schlanken, aber kräftigen Körper, wo aus schweren Schultern der gedrungene und muskulöse Hals aufstieg, den Kopf mit dem langen Schädel und schmalen Gesicht, aus dem das bartlose Kinn kräftig hervorsprang. Die Wangen waren straff, die Lippen scharfkantig vorgepreßt, so daß die Mundwinkel wie eingezogen wirkten. Zwei Steilfalten ragten vom Mund beiderseits bis über die Nasenflügel. Die Nase, lang und schmal, wurzelte in der Kerbe zwischen den Augenbrauen.
Trajan, der im Stehen die Schreiben gelesen hatte, war Marcus' abschätzender Blick nicht entgangen. Befriedigt nahm er die bewundernde Betrachtung durch den jungen Mann entgegen. Nun hob der Kaiser den Kopf. Seine unter den flachen Bogen tief in die weiten Höhlen eingebetteten grauen Augen richteten sich auf Marcus. Unter diesem bohrenden, bezwingenden und befehlenden Blick fühlte sich Marcus hilflos.
Als spürte Trajan seinen Einfluß, lächelte er Soranus zu. Dann forderte er Rusticus, Soranus und Hadrian auf, sich doch an den Tisch zu legen.
Der Kaiser klatschte kurz in die Hände, Bedienstete erschienen und brachten mehrere Speisengänge und erlesene Weine. Trajan nahm nun auch Platz.

Er fragte Soranus nach dem Befinden Lucius Suras. Marcus antwortete kurz. Der Kaiser sprach über Dinge der Organisation der Provinzen, der Grenzen zu den Barbaren.
Plötzlich fragte er Rusticus: »Wo gedient?«
»In Mösien unter Tettius Julianus und Curiatius Maternus.«
Ein Blick der grauen Augen traf Rusticus.
»Bei Tapae dabei?« fragte Trajan.
»Ja.«
»Gut. Rusticus, du kehrst morgen nach Rom zurück. Meine Kanzlei stellt bis dahin die Nachrichten zusammen. Und du, Soranus, bleibst bei mir.«
Marcus erschrak. Davon war bei Sura nicht die Rede gewesen, daß er in Germanien bleiben sollte.
Als hätte Trajan die Gedanken des anderen erraten, fragte er, ob Soranus etwas dagegen hätte, er möge es frei heraus sagen, dann könnte er mit Rusticus nach Rom zurückkehren.
Marcus gab sich einen Ruck. Dies glich einer Sternstunde. Man durfte nichts Falsches tun, was später einmal zu bereuen wäre.
»Nein, Imperator. Es war nur die Überraschung, weil mir Sura nichts davon gesagt hatte.«
»Konnte er auch nicht, denn es ist mir gerade so eingefallen.« Der Kaiser wartete auf Antwort.
»Ich bleibe und gehe, wann und wohin mein Kaiser es befiehlt.«
Trajan lächelte. Hadrian ebenfalls. Nur Fulvius Rusticus verzog keine Miene.
»Solche Leute wie dich, Soranus, braucht Rom, braucht mein Rom. Leute, die ihrem Kaiser bedingungslos bei seinem großen Werke folgen.« Dann musterte er Rusticus. »Also bei Tapae warst du dabei. Ihr habt gesiegt.«
»Ja, Imperator, durch eine tollkühne Attacke des Maternus …«
»Schon gut«, unterbrach Trajan schroff.
Rusticus biß sich vor Ärger über seine Unbesonnenheit auf die Lippen. Zu dumm, daß er die Verdienste des Maternus erwähnen mußte.
»Aber euer Sieg war nichts wert«, sagte Trajan verärgert, »denn bis heute zahlt Rom für den Frieden mit Dakien Kontributionen.«
»Verzeih«, wagte Rusticus zu erwidern, »der Sieg bei Tapae war schon etwas wert, nur drohten zudem die Markomannen und die Jazygen, so daß Kaiser Domitian sich den Frieden in Mösien sichern mußte.«
»Schöner Frieden, für den man nach einem sogenannten Sieg dann noch zahlen muß. Seit dem 28. Januar bin ich Kaiser des Imperiums, merkt euch diesen Tag, es ist ein guter Tag, es ist ein bedeutender Tag, denn seit diesem zahlt Rom keine Sesterze mehr an Decebal.«
Trajan erhob sich abrupt und verließ den Raum, um zu arbeiten, wie er sagte.
»Ich habe ihn verstimmt, fürchte ich«, sagte Rusticus leise.

»Ja«, bestätigte Hadrian, »mein Oheim ist Soldat und manchmal poltrig. Merkt euch, wenn ihr mit ihm gut auskommen wollt, nennt nie wieder den Namen Curiatius Maternus. Da versteht er keinen Spaß. Ihr könnt lieber über Domitian sprechen, nur nicht über Maternus. Versprecht ihr mir das?«
Sie tranken darauf. Proculus trat ins Zimmer und befahl Soranus zum Kaiser. Marcus erhob sich und verließ den Raum.
Der Kaiser saß in seinem Arbeitszimmer über einen Wust von Karten gebeugt. Als Soranus eintrat, erhob er sich, ging ihm entgegen, legte ihm den Arm um die Schulter und sagte:
»Soranus, ich habe Pläne mit dir. Du gefällst mir, hast die richtige Einstellung, bist ein Meister der Waffe, was du mir bereits bewiesen hast. Mein Freund Sura ist dir sehr gewogen. Ich werde dich, da du noch nicht gedient hast, zunächst ausbilden lassen und dann, wenn du meine Ansprüche erfüllst, zu einem meiner Stabstribunen machen. Einverstanden?«
»Imperator, du zeichnest mich aus. Ich werde mich dessen würdig erweisen.«
»Da bin ich ganz sicher. Du wirst hier in der Legio XXII Primigenia bei einem jungen und begabten Centurio ausgebildet. Quintus Marcius Turbo ist sein Name. Nimm dir an, was er dir sagt, denn er ist eine militärische Begabung. Die ersten Wochen werden hart. Nun schreibe einen Brief an deine Frau und bitte um ihr Verständnis. Frauen brauchen heute«, er lächelte, »bei tüchtigen Männern viel Verständnis.«

Der Kaiser hatte nicht gelogen. Die nächsten Wochen wurden hart. Exerzieren, reiten, Waffenübungen bis zum Umfallen. Erschöpft sank Marcus abends auf das harte Lager aus Stroh. Manchmal starrte er auf den schmalen, kalten Strahl Mondlicht, der in das Castrum fiel und dachte an Claudia und die Söhne. Wie würden sie seine Abwesenheit ertragen? Dann erfaßte ihn leise Wehmut. Doch Marcus hielt durch, denn er wollte das Vertrauen Trajans nicht enttäuschen.
Seine Waffenkünste erregten Neid und verschafften Respekt. Manchmal hatte er den Eindruck, daß man ihn haßte.
Eines Nachts drangen mehrere Legionäre auf ihn ein und begannen ihn zu prügeln. Marcus schlug zurück. Doch er erlag der Übermacht. Sie schlugen ihn mit den Fäusten in den Leib, traten mit den Füßen nach ihm. Marcus fand keine Gelegenheit mehr zur Gegenwehr. Mit letzter Kraft schlug er in ein Gesicht. Plötzlich verschwanden die Legionäre. Marcus lag ächzend am Boden. Der diensthabende Tribun, der plötzlich erschien, befahl ihm aufzustehen. Mehrmals versuchte Marcus sich zu erheben. Endlich gelang es, sich an der Wand hochzuziehen. Der Tribun wollte die Schläger streng bestrafen. Marcus bat für sie.
Eines Tages hielt ihn der Centurio Turbo zurück, reichte ihm die Hand und sagte: »Das ist bei uns eine Art Mutprobe. An der Reaktion zeigt sich dann, was für einen Menschen wir vor uns haben. Du bist ein mutiger Mann, der auch ein Unrecht

zu verkraften weiß. In mir und meinen Kameraden hast du nun echte Freunde gewonnen. Auch bei denen, die dich für einen verwöhnten Städter hielten, der, weil er Trajan kennt, hier eine schnelle Karriere zu machen wünscht.«
Die Wochen vergingen. Den Kaiser sah er nicht mehr bis zu dem Tage, an dem die Präfekten Crassus und Aelianus stolz und hochmütig in Colonia Agrippinensis an der Spitze mehrerer Gardesoldaten einritten. Trajan hatte sie nach Germanien befohlen. Auf dem Exerzierplatz des Castells ließ er die Prätorianer umzingeln, entwaffnen und fesseln.
Der Kaiser befahl, die Prätorianer wegzuführen, nur die Präfekten blieben. Kalt musterte er sie. Sprach kein Wort. Aelianus forderte laut, daß man ihm und Crassus die Fesseln abnähme. Celsus, nun im Stabe Trajans, trat vor, verlas das Todesurteil. Angeklagt der Meuterei, des Aufruhrs und des wiederholten Ungehorsams gegen den göttlichen Nerva, des Mordes an ihren Vorgesetzten Petronius Secundus und Norbanus, seien sie auf den ausdrücklichen Wunsch des Vaters des Imperators mit dem Schwerte hinzurichten.
Aelianus und Crassus blickten verständnislos.
Ob sie noch etwas zu sagen hätten, fragte Celsus.
Aelianus starrte zu Boden. Sein Gesicht schimmerte wächsern in der Maiensonne.
Crassus antwortete mit heiserer Stimme: »Es war ein Fehler, Nerva zu bedrohen und den Tod Domitians an seinen Mördern zu rächen, dafür ist zu büßen. Aber für die Unterstützung Licinius Suras und damit des neuen Imperators haben wir Gnade verdient.«
Mit unbeweglichem Gesicht hatte Trajan die letzten Worte des Präfekten vernommen und winkte ab. Gnade gab es nicht!
Aelianus heulte auf: »Falscher, hinterlistiger Trajan, treuloser Sura! Ohne uns wärst du nie Kaiser geworden. Nehmt unser Leben, aber die Götter mögen euch auf ewig und noch im Orkus verdammen!«
Celsus gab dem Henker ein Zeichen. Zwei Gesellen schleppten den Richtblock herbei.
»Seid verflucht, ihr undankbaren …« schrie Aelianus, als ihn eine Frauenstimme unterbrach.
»Hattest du Mitleid mit Petronius Secundus und mit Norbanus?«
Marcus spürte sein Herz kräftig schlagen, als er Cornelia sah.
»Du warst der Gehilfe des Tyrannen Domitian, du warst der Peiniger des armen Nerva, Aelianus. Und du ebenso, Crassus. Dafür habt ihr den Tod verdient, es ist eine gerechte Strafe«, rief Cornelia mit bebender Stimme.
»Seid verflucht, alle …« schrie Aelianus.
Brutal erstickte der Henker auf ein Zeichen von Celsus seine Stimme, indem er dem von den Gehilfen auf den Block Gedrückten das Haupt abschlug.
Dann nochmals das Pfeifen der breiten Klinge und Crassus' Kopf fiel zu Boden.
Ungerührt sah es der Kaiser.

Marcus wandte sich ab. Alte Bilder stiegen in ihm auf. Er sah die blutigen Häupter Celers, Arulenus' und Senecios vor sich. Hatte ein Mensch das Recht, einem anderen das Leben zu nehmen? Die Macht ja, aber auch das Recht?
Marcus hatte dienstfrei und wollte am Ufer des Flusses noch ein wenig entlangschlendern, als er ihre Stimme hinter sich hörte.
»Nun, Marcus Soranus, führen uns die Götter bereits ein viertes Mal zusammen?«
Er sah sie an und sagte schwermütig: »Doch meistens nicht unter günstigen Umständen.«
Schweigend liefen sie eine Weile nebeneinander, als er plötzlich nach ihrer Tonlampenfabrik in Mogontiacum fragte.
Sie lachte. »Habe ich verkauft. Ich tauge nicht zur Geschäftsfrau.«
Marcus betrachtete sie von der Seite, sah die leicht gebogene Nase, die Locken, die gut ausgebildete Figur, die Brust. Er spürte seinen Herzschlag bis zum Hals. Der Mund wurde ihm trocken. Er faßte nach ihrer Hand.
Sie blieb stehen und sah ihm in die Augen. »Ich weiß, was du möchtest, Marcus Soranus.«
Er versuchte, sie in seine Arme zu nehmen und zu küssen. Sie entwand sich. Marcus war verstört. »Cornelia«, sagte er mit belegter Stimme, »ich ...«

Sie legte ihm den Finger auf die Lippen. »Sag nichts, denn es darf nicht sein. Ich heirate – Palma.«
Obwohl er von ihrer geplanten Heirat bereits gehört hatte, empfand er diese Nachricht aus ihrem Munde besonders schmerzlich. Er wußte in diesem Moment nicht, was ihn mehr verletzt hatte, die Zurückweisung oder die angekündigte Hochzeit.
»Gratuliere«, seine Stimme klang eisig.
»Soranus, nun bist du gekränkt. Du weißt, daß ich dich mag, doch du weißt, daß es keinen Zweck mit uns beiden hat. Du bist verheiratet und auch glücklich, wie ich annehme. Ich werde heiraten und werde hoffentlich auch glücklich. Zur Geliebten eines verheirateten Mannes tauge ich nicht, da ich nicht gerne teile.«
»Ich wünsche dir viel Glück«, sagte er frostig zum Abschied.
»Ich dir auch, Soranus, es tut mir leid.«
Niedergeschlagen betrat er das Castrum, wo er dem Legaten Celsus in die Hände lief. Wortlos musterte ihn Celsus, ein höhnisches Lächeln im arroganten Gesicht, als wollte er sagen: Das war mein erster Schlag.

XXVI

Schmerzen quälten Apollonius von Tyana. Wieder hatte er eine Nacht lang kein Auge zugetan.
Sorgenvoll betrachteten Lucius Soranus und Lakotris das bleiche, beinahe wächsern starre Gesicht und suchten seine Augen, die glanzlos im Schatten schwärzlicher Ringe ruhten. Lächelnd erwiderte der Alte ihren Blick und antwortete, ohne die Frage nach seinem Befinden abzuwarten, daß er müde sei, da er die ganze Nacht an seiner Pythagoras-Biographie gearbeitet habe, um sie seinem Freund und Schüler Damis von Ninus in ein paar Tagen aushändigen zu können. Die Replik auf Plutarchs Alexander-Schrift müsse er auch noch fertigstellen.
»Ihr seht«, sagte er, »viel Arbeit wartet auf mich alten Mann.«
Lakotris und Lucius taten, als glaubten sie ihm, und sagten, daß er sich schonen müsse.
Apollonius lächelte gequält: »Sterben müssen wir alle, ob wir uns schonen oder ob wir uns verschwenden. Ihr Römer, Lucius, vermögt das auszudrücken ohne Sentimentalität und nüchtern, wie Welteroberer einmal sind, denn Leute mit Gefühl und Mitleid erobern keine Welt.«
Lucius stutzte, denn er wußte nicht, worauf der Tyaneer hinaus wollte.
»Geht denn hin, ihr Sterblichen … Geht doch, die ihr immer aufs Vorsorgen bedacht seid … Dem einen versagen in der Schlacht die Waffen, den anderen samt seinen Penaten begraben die Trümmer des eigenen Hauses, während er zu den Göttern betet, der Reisende fällt vom eigenen Wagen und gibt seinen Geist auf;

der Schlemmer erstickt an den Speisen, und der Mäßige stirbt vor Entbehrung. Wägst du so recht das eine gegen das andere ab, so ist überall Schiffbruch ... Was du auch tust: Alle Dinge kommen an dasselbe Ende!
Alle Dinge kommen an dasselbe Ende, Lucius«, wiederholte Apollonius, »euer Petronius hat das einmal gesagt.«
Lucius und Lakotris schwiegen.
Apollonius dachte, daß er aber das Wichtigste, das auch der schlaue Petronius, der zynische Genießer, nicht erwähnt hatte, Lucius vorenthielte. Alle Dinge kamen zwar an dasselbe Ende, aber auf das Wie kam es an. Der eine quälte sich durch die Schmerzen, der andere gelangte unbeschadet an das Ziel. Wenn ich mich nicht schämte, würde ich ihnen meine Schmerzen gestehen, aber mein Wille kann und darf es nicht zulassen. Beiß die Zähne zusammen, alter Apollonius, halte noch eine Weile durch, dann hilft dir das Numen ... Seine Gedanken stockten. Das Numen, das er sein ganzes Leben angebetet, gesucht und mit dem er manchmal Zwiesprache gehalten hatte, verweigerte sich ihm in letzter Zeit immer häufiger. Vielleicht gab sich das Numen nur gesunden und erfolgreichen Männern zu erkennen? Er war jetzt ein alter verbrauchter Mann, er litt wie jedermann, und die göttliche Vorsehung ersparte auch ihm nicht ein Gran des Schmerzes. Oder war es nicht das Numen, das ihn leiden ließ? Vielleicht waren es die drei unerbittlichen Schwestern, die sich um seinen Lebensfaden stritten? Auch Gott mußte sich den Moiren beugen, selbst wenn er ihn, Apollonius, seinen Erwählten, retten wollte. Jupiter selbst mußte seinen Sohn Sarpedon, dessen Tod die Unerbittlichen beschlossen hatten, in den Orkus ziehen lassen.
Apollonius erhob sich, warf seinen schwarzen Mantel über, nahm den Knotenstock in die gichtig-gekrümmte Rechte und verließ wortlos das Haus.
Lucius hörte, wie der Stock hart auf das steinerne Pflaster aufstieß, wie sich der Klang des Stockes auf den Steinen entfernte und schließlich verstummte.
»Es geht ihm schlecht, und er leidet Schmerzen, die er vor uns verbergen möchte. Er schreibt gegen den Tod und hat Angst, den Wettlauf zu verlieren«, sagte Lucius bekümmert. »Wenn nur bald eine Antwort des Kaisers auf seinen Brief käme, denn die Adoption Trajans und die Ausweisung Asclepiodorus' bedrücken ihn.«
Lakotris schwieg.
»Asclepiodorus nimmt die Sache sehr gelassen. Er gestand mir, daß er in letzter Zeit eine Übersiedlung auf seinen Grundbesitz in Cyrene schon mehrmals in Erwägung gezogen, sich jedoch nie so recht dazu hatte entschließen können. Nun haben ihm die Götter die Entscheidung abgenommen. Man hat ihn aus Ephesos verbannt, weiter nichts, also kann er seinen Wohnsitz nehmen, wo er will. Dieser Varro hat die Verbannung, zu der eigentlich kein Grund vorlag, dem Carminius Vetus eingeredet. Varro muß in Rom mächtige Verbündete haben. Aber Nerva wird das Urteil kassieren. Asclepiodorus, Jochai und dessen Familie werden zurückkehren dürfen. Warum nur«, dachte Lucius, »ließ mich Varro aus dem Spiel?

Ich war mit Propinquus und Asclepiodorus in Antiochia bei Maternus. Er hätte mich ebenfalls ausweisen können. Warum tat er es nicht?
Lakotris, wir sollten Ephesos verlassen!«
Ihr Gesicht drückte Kümmernis aus, als sie sagte, daß sie ihm gern nach Rom und in jede andere Stadt folge, da ihr Herz nicht sonderlich an Ephesos hänge, doch Apollonius könne sie jetzt nicht verlassen.
Apollonius könnte sie nach Rom begleiten, meinte Lucius, denn in dem Haus an der Porta Capena wäre genügend Platz.
Als Apollonius zurückkehrte, war er erregt. Die Neuigkeiten, die er in der Stadt vernommen hatte, ließen sie aufhorchen: Nerva war tot und Trajan Kaiser des Imperiums. Eine der ersten Amtshandlungen des neuen Princeps bestand in zwei Hinrichtungen: der von Casperius Aelianus und Calpurnius Crassus.
Der Alte ließ sich erschöpft in einen Sessel fallen.
Lucius bestürmte ihn mit Fragen nach Einzelheiten, doch Apollonius vermochte nicht mehr zu sagen, als daß Trajan den halben Erdkreis in Flammen setzen würde …
»Nerva hat das Schicksal in seinen Händen gehalten, doch er hat falsch entschieden … Unsinn«, schrie der Alte plötzlich laut, »es mußte so kommen, weil es die Moiren so gesponnen hatten. Unser und Roms Schicksal hängt an ihren Fäden, so sehr wir uns auch dagegen stemmen.«
Sie schwiegen. Am Tor wurde geklopft.
Vor Lucius stand ein langer, dünner Mann, kahlköpfig, von gelblichbrauner Gesichtsfarbe, tiefe Furchen durchzogen das Gesicht, aber die Augen funkelten schwarz und jung.
»Ich bin Damis von Ninus«, sagte er mit weicher Stimme, »und möchte zu Apollonius.«
Lucius ließ ihn ins Haus. Der Lange stakste vor ihm her und ging mit einem freundlichen Gruß an Lakotris vorüber, die er aus früherer Zeit kannte. Apollonius zog sich mit dem Besuch in sein Zimmer zurück. Lange Stunden blieben beide dort eingeschlossen. Als Damis das Haus verlassen hatte, kam Apollonius zu Lucius und Lakotris zurück und sagte, daß er sie in wenigen Tagen verlassen werde – auf ewig.
Ihre Gesichter erstarrten vor Betrübnis. Der Alte lächelte. »Meine Lieben, es war eine schöne Zeit bei euch, doch ich muß meiner letzten Bestimmung entgegengehen. Es hängt vieles für mich davon ab. Wo ich meinen letzten Wohnsitz nehmen werde, weiß ich nicht. Das Numen hat mich gerufen, es will sich mir offenbaren. Leider besitze ich keine irdischen Güter, so daß ich euch eure Liebe nicht lohnen kann. Dir, Lucius, lass' ich einige Schriftrollen hier, die magst du verkaufen, wenn ich tot bin, denn Geschriebenes von Toten gewinnt an Wert.«
»Niemals, Apollonius, werde ich sie verkaufen!«
»Man weiß es nicht. Zur Schrift des Plutarch habe ich einige Anmerkungen ver-

faßt. Vielleicht begegnest du ihm einmal – ich weiß, du wirst ihm begegnen –, dann gib sie ihm und sage, daß er Apollonius eine große Ehre erwiese, wenn er die Schrift überarbeite, ehe sie auf die Nachwelt käme. Doch nun liegt vor mir noch ein Berg an Arbeit.«

In sein Zimmer eingeschlossen schrieb er und schrieb. Die Tage zerrannen schreibend, die Nächte grübelnd.

Manchmal dämmerte er auf seinem Bett dahin, in Gedanken den Bildern nachhängend, die vor ihm aufstiegen. Städte, Landschaften und Menschen entrangen sich dem Dunkel, manchmal dämonische Fratzen, die ihn bedrohten. Tausend Jahre mochten vergangen sein, seit er ein Kind war in Tyana, der kleinen Stadt in Cappadocien. Tief mußte Apollonius eintauchen, um die Bilder des weißen und vornehmen Geburtshauses mit den gütigen und freundlichen Eltern aus dem Brunnen der Vergangenheit zu holen. Tarsus, die Stadt seiner ersten Studien, eng verknüpft mit dem Bild des bärtigen Euthydemus, seines verehrten Lehrers, mit dem er nach Agae in Cilicien zog, um am Heiligtum des Äsculap zu lernen und zu lehren.

Kurz hintereinander starben die Eltern. Und er, Apollonius, verzichtete auf sein Erbe zugunsten seiner Geschwister.

Landschaft auf Landschaft stieg auf, die Bilder wechselten und vermischten sich. Babylon, der Partherkönig Bardanes ... Taxila und König Phraotes ... Und plötzlich auf einer Reise zurück nach Agae erhellte ihn die Lehre des Samiers Pythagoras. Sie wurde von da an zu seiner Lehre und Welt.

Euphrates, der einstige Freund und spätere Todfeind ...

Lakotris' Mann, der auf einer Reise ertrank, Vespasian, der Mann mit dem vierkantigen Bauernschädel, der zu ihm gesagt hatte: »Weisen Männern soll meine Tür unverschlossen sein, dir aber mein Herz.« Auch Domitian erhob sich aus der Tiefe des Orkus in Apollonius' Kammer. Aelianus, der tote Präfekt, der ihm stets Gutes erwiesen hatte: »Dieser Mann«, hatte er von ihm, Apollonius, gesagt, »wird nie die ruhige Fassung verlieren, selbst wenn der Gorgo Haupt sich gegen ihn erhebt.«

Apollonius lächelte im Halbschlaf.

Aelianus hatte geirrt, es bedurfte nicht der Gorgo Haupt, ihn außer Fassung zu bringen, es reichte schon menschliche Dummheit, Gemeinheit und Unvernunft und – eigener Schmerz.

Eine Gestalt, schattenhaft und ohne Gesicht, erschien in der Tür, und Apollonius glaubte, der Schatten winke ihm und flüstere: Komm, es ist Zeit!

Wie unter einem geheimen Zwang erhob sich Apollonius, rollte seine Schriften zusammen, einige Rollen legte er auf das Bett, die anderen steckte er in seinen Reisesack. Dann wusch er sich, kleidete sich an und verließ leise das Haus.

Dunst lag noch über dem morgendlichen Ephesos. Eine Weile betrachtete er das Haus, in das er nie mehr zurückkehren würde. Er schluckte, wandte sich rasch ab

und stapfte davon. Am Rande der Stadt blieb er vor einer verfallenen Hütte stehen. Vorsichtig tippte er mit dem Stock an die morsche Tür. Als hätte der Bewohner gewartet, öffnete sich die schiefe, nur noch an einer Angel hängende Tür, und der kahle Schädel des Damis von Ninus lugte heraus.
»Es ist soweit«, sagte Apollonius statt einer Begrüßung.
Der Kahlkopf nickte, zog den Kopf zurück und trat nur wenige Augenblicke später mit einem Sack, den er an einem Stock hängend über der Schulter trug, aus der Hütte.
Seite an Seite wanderten sie am Fuße des Koressos entlang, durch die große Straße in die Stadt zurück, um diese in Richtung Süden zu verlassen. Am Rande der Stadt blieb Apollonius stehen und wandte sich um. Er warf einen Blick in die Runde: er glitt über den Hafen, die Verulanushallen, das große Theater, schweifte hoch zum Pion, über das Ostgymnasium, senkte sich über die Hänge abwärts, umfaßte die Olivenhaine, streifte über die Gärten, in denen die Mispelbäume blühten, zum Koressos hoch, über die leere Terrasse, von der man das Standbild des Übermenschen Domitian zu Tal gestürzt hatte …
Dann verließen sie kräftigen Schrittes Ephesos.
Ein Fuhrwerk nahm sie nach Milet mit. Wandernd und fahrend gelangten sie Wochen später nach Antiochia am Orontes, wo sie einige Tage verweilten und Daphne besuchten. In den Hainen Daphnes hielt Apollonius stille Andachten, ehe sie Antiochia in Richtung Damaskos verließen.
Von Damaskos wandte sich Apollonius nach Osten. In Damis begannen sich leise Zweifel über die Richtigkeit des eingeschlagenen Weges zu regen. Kopfschüttelnd folgte er Apollonius in unbewohntes unfruchtbares Gebiet.
Als sie die letzte Karawanserei am Rande der Wüste erreichten, sagte Apollonius: »Nun muß ich allein weiter, du wartest hier nicht länger als zehn Tage. Habe ich bis dahin das Numen nicht gefunden, dann kehre ich nicht zurück.«
»Apollonius, ich bitte dich, bleib und geh nicht in die Wüste hinaus, dort lauern Gefahren.«
»Wer den Tod nicht fürchtet, Damis, fürchtet nichts.«
»Was willst du denn in der Einöde?«
»Gott suchen und finden. Das Numen hat mich gerufen.«
Damis hängte sich an den Tyaneer, flehte ihn an, von seinem Vorhaben abzustehen, da Gott unberechenbar sei.
Doch Apollonius riß sich los.
Damis sah ihn in den Sand hinausstapfen und sah, wie der Wind die Spuren verwehte. Bald hatte der Horizont die hohe Gestalt des Tyaneers verschlungen.
Apollonius schritt durch den heißen Sand. Die Sonne stand im Zenit und brannte wie ein Glutofen.
Ein Geräusch ließ ihn zusammenzucken, es klang wie das Gerassel von Schlangen, wie das Sausen des Windes, der über die Steine strich. Apollonius hörte

Schritte hinter sich, horchte. Jemand stapfte hinter ihm im Sand und kam langsam näher.
Apollonius erschauerte. Gott, das Numen war es, dachte er beseligt.
»Apollonius«, rief eine Stimme.
Er wandte sich um. Sein Blick traf ins Leere, ins Nichts. Nur die glühende, die erbarmungslose Wüste lag hinter und vor ihm. In flimmerndem Glast lag sie da. Seine Hand fuhr über die Stirn, Gott hatte ihn gerufen. Es konnte doch keine Täuschung sein. Er schritt weiter und hörte wiederum den Sand hinter sich knirschen. Gott folgte ihm, seinem Schüler Apollonius. Weiter ging er in die Wüste. Dunkelviolett stiegen steile Felsen vor ihm auf, deren Wände aus dem von der abendlichen Sonne glutrot gefärbten Sande aufragten.
Apollonius war unendlich müde. Er lehnte sich an den Fels, nahm einen Schluck Wasser aus seiner Flasche und aß einen Bissen harten Brotes. »Hier will ich Gott erwarten.«
Mit einem Schlag wurde es dunkel, und mit dem Dunkel kam die Kälte. Dem Alten schlugen die Kiefer aufeinander. Er hüllte sich fester in seinen Mantel. Dann schloß er die Augen. In der Ferne heulten Schakale. Die Wüste ringsum schien sich zu beleben. Rascheln, Knistern und Pfeifen.
Apollonius zitterte und schlug die Augen auf. Er betrachtete die schmale Mondsichel. Im Sternenschein kreisten seine Gedanken um Gott, den Fernen und Stummen. Dann schlief er ein.
Er erwachte, als die Sterne im aschfarbenen Morgenlicht zu verblassen begannen. Die Sonne erklomm den Horizont. Apollonius lauschte. Er hörte nichts. Nur die Steine dampften. Er trank die Flasche leer.
Dann brach er auf. Er schritt wieder aus, und die Sonne folgte ihm. Als sie die Himmelsmitte erreicht hatte und über seinem Kopf brannte, machte er halt. Die Füße und der Kopf schmerzten. Wie Feuer brannte es in seinen Eingeweiden. Gott war noch nicht erschienen!
Er spähte im Kreise umher und beschloß, zu seinem Felsen zurückzukehren. Er lief und lief durch den glutheißen Sand. Der Felsen schien verschwunden zu sein. Die Kehle wurde ihm trocken und schnürte sich zusammen. Der Durst wurde quälend. Vor seinen Augen flimmerte es, dann tanzten feurige Kreise. Die Gedanken verwirrten sich.
Aus der Stille vernahm er die Stimme einer Frau, süß, lieblich und einschmeichelnd. Die Frau kam näher, ihre Augen glänzten, sie schmiegte sich an ihn …
»Apollonius«, flüsterte sie, »ich war dir bestimmt, entsinnst du dich, in Babylon war es, aber du hast mich verschmäht.«
»Ich entsinne mich«, sagte er, »Gott wollte es nicht.«
»Gott wollte es nicht, du Dummkopf«, zürnte sie, »du wolltest es nicht, du hast dich immer nur hinter Gott versteckt, weil du ein Schwächling warst und niemals selbst etwas verantworten wolltest.«

»Nein«, seufzte er, »Gott hatte mich gerufen.«
»Apollonius, es hätte schön sein können mit uns beiden, ein kleines Haus am Ufer des Euphrat, ein Garten, Kinder, lachende und spielende Kinder und nachts, Apollonius, unsere nackten Leiber in höchster Lust vergehend. O Apollonius, du hast mein Leben zerstört. Ich habe dich geliebt, tausendmal mehr als dein Gott, dieses eingebildete Nichts, dich je lieben konnte ...«
Apollonius weinte. »Bleib«, rief er, »bleib, vielleicht bist du der Gott, den ich zeitlebens gesucht habe.«
»Zu spät«, flüsterte sie, »du hast das wertvollste Gut des Lebens, die Liebe, verschmäht ...«
»Nein«, schrie er in tiefer Qual, »jetzt halte ich dich fest.«
Er faßte nach der Gestalt, drehte sich, faßte wieder und hielt in den Händen – die Leere.
Wieder wurde es Abend. Endlich erreichte er seinen Felsen.
Gott war noch immer nicht gekommen!
Er lehnte sich an den Stein. Kühler Wind blies ihm ins Gesicht und linderte den Brand.
Am Morgen aß er den letzten Bissen Brot. Mit letzter Kraft erhob er sich und wollte die Wüste verlassen. Zu Damis wollte er. Nur langsam quälte er sich vorwärts. Dann brach er zusammen. Erheben konnte er sich nicht mehr.
»Gott, wo bist du? Vielleicht bist du auch schon tot? Was soll ich dann noch auf Erden, wenn Gott schon tot ist?«
Um Apollonius wurde es dunkel.
Der Wind trieb Sand auf seinen Leichnam, bis dieser ein nicht mehr wahrnehmbarer Teil der Unendlichkeit geworden war.
Als Damis mit zwei Begleitern, ungehorsam aus Sorge, bereits am sechsten Tage in die Wüste aufbrach, um den Tyaneer zu retten, schritt er achtlos und unbewußt über Apollonius' letzte Ruhestätte.
Niedergeschlagen kehrte er um.
Am Rande der Wüste blickte er nochmals zurück, und ihm war, als sähe er zwei Fußspuren, die sich in der Ferne der Unendlichkeit verlieren.
Sic transit ... unbemerkt und stille endete das Leben eines der größten Geister, den die Erde getragen hatte. Und Gott? Warum verdunkelte er nicht die Sonne beim Tode seines treuesten Jüngers?
Damis von Ninus seufzte, ihm schien, als habe Apollonius Gott nicht gefunden. Wer etwas sucht, was sich ihm dauernd entzieht und trotzdem ungebrochen weitersucht, war das ein Heiliger oder ein Tor? Damis wußte keine Antwort.

XXVII

Tief atmete Licinius Sura die noch feuchte morgendliche Luft ein. Langsam lösten sich die Morgennebel über dem Rhenus flumen in dünne Fetzen auf. Die herbstliche Sonne spiegelte sich in den Wassern, und ihr Glanz wurde auf die Hänge zurückgeworfen. Der Duft reifen Obstes wehte herüber zur Straße.
Mit jeder Meile, die sich Sura weiter von Rom entfernte, wuchs seine gute Laune. Er entsann sich, wie er in schlechter Verfassung die Nachricht Trajans aufgenommen hatte, für eine kurze Zeit die Statthalterschaft der Provinz Germania inferior zu übernehmen. Geflucht hatte er sogar, weil ihn Trajan mit so einem Posten billig für die geleisteten Dienste abspeisen wollte. Erst war er versucht, unter irgendwelchen Vorwänden das Ansinnen des Kaisers zurückzuweisen. Als er nach dem ersten Zorn das Schreiben Trajans nochmals las, fand er, daß es kein Befehl und kein Abspeisen, sondern eine Bitte um Hilfe war, die er aus Freundschaft nicht ablehnen dürfte.
Jetzt freute er sich fast. Natürlich, die ersten Meilen in Rüstung und Helm waren beschwerlich und wuchsen sich zur Qual aus, doch Sura, hart gegen sich selbst, hatte durchgehalten und auf die Fahrt im begleitenden Reisewagen, der sein Gepäck mitführte, verzichtet. Nun hatte er sich wieder an den Sattel gewöhnt.
»Dort vor uns liegt Mogontiacum«, sagte Fulvius Rusticus, den sich Sura als Adjutant ausbedungen hatte.
Sura mochte den jungen Mann aus Lucanien, der trotz seiner Jugend schon eine erstaunliche Karriere hinter sich hatte und, wäre Maternus Kaiser geworden, eine noch steilere vor sich gehabt hätte. Sura wollte Rusticus dafür entschädigen, indem er ihn in seine Dienste nahm. Der Junge mit seinen Fähigkeiten schien ihm zu schade, daß rachsüchtige Senatoren ihm die Laufbahn verstellten, nur weil er Sympathisant des Maternus gewesen war. Abwarten, dachte er, vielleicht ließ sich in dieser Sache auch noch etwas tun.
Mogontiacum reckte sich in der Septembersonne. Wie lange war es nun her, seit er hier mit Trajan die Lage in Rom besprochen und über Maßnahmen für den Fall einer Adoption des Maternus gesonnen hatte. Er überlegte. Seit dem 28. Januar dieses Jahres war Trajan Kaiser, im Oktober letzten Jahres die Adoption, eineinhalb Jahre waren mittlerweile ins Land gegangen. Seither hatte er auch Trajan nicht mehr zu Gesicht bekommen.
Mogontiacum, eine schöne Stadt, aber auch eine Stadt des Aufruhrs – Vitellius empörte sich hier gegen Otho, Saturnin gegen Domitian, und vielleicht hätte Trajan die Reihe fortgesetzt, wenn er, Sura, ein Mann abhold jeglicher Gewalt und ein Mann der feineren Klinge, nicht Nerva von der Notwendigkeit der Adoption überzeugt hätte. Die Präfekten hatten das Ihrige dazu getan. Ein Schatten fiel auf Suras Gedanken: die Präfekten! Der Kaiser hatte sie ohne viel Aufhebens einfach hinrichten lassen. Sura fand, daß dieser grausame Akt nicht unbedingt notwendig

gewesen wäre. Hatte doch Nerva Strafe gefordert mit seinem Homer-Zitat, aber von Todesstrafe war nicht die Rede gewesen. Leichtes Unbehagen befiel Licinius Sura, da er die Präfekten in seine Pläne einbezogen und ihnen Versprechungen gemacht hatte. Wer weiß, wie die ganze Sache geendet hätte, wären Crassus und Aelianus nicht mit im Bunde gewesen. Nun war es nicht mehr zu ändern. Der neue Präfekt Titus Claudius Livianus war keine so starke und selbstbewußte Natur wie Aelianus. Sura lächelte, denn gerade deshalb hatte ihn Trajan zum Chef der Prätorianer gemacht.

Die Sonne stand im Mittag, als die kleine Eskorte aus Rom den Statthalterpalast erreichte. Man würde nur kurz in Mogontiacum verweilen, bloß um Lucius Ursus Servianus, der ebenfalls erst seit wenigen Wochen als Statthalter in Germania superior residierte, zu sehen.

Servianus, ein hochgewachsener, bereits ergrauter Fünfziger mit einem Gesicht, das auf ständige Anspannung und seelische Unzufriedenheit schließen ließ, begrüßte Sura und Rusticus, so herzlich er es eben vermochte. Auch seine Gattin Paulina, die Schwester Hadrians, eine junge stille Frau, zu jung für Servianus, erschien zur Begrüßung.

Rusticus musterte das verkniffene Gesicht des Statthalters. Die Szene vor Confluentes drängte sich ihm auf, der Centurio mit den zerquetschten Beinen, das arme unschuldige Opfer. In diesem Augenblick glaubte Fulvius Rusticus die Geschichte Hadrians über die tückischen Versuche Servianus', um die Reise des Schwagers zu verzögern.

Interessiert fragte Servianus nach der Lage in Rom.

Achselzuckend antwortete Sura, daß dort alles zur Ruhe gekommen sei, da endlich Senat, Volk und Kaiser gemeinsam am selben Ende des Taus zogen und nicht, wie sonst, an den entgegengesetzten Enden. Die Versicherung Trajans, nie einen Senator aus eigener Machtbefugnis, sondern immer nur mit Zustimmung der Ehrwürdigen Väter zu strafen, habe ihm im Senat höchstes Lob eingebracht und mehr noch: absolutes Vertrauen. Der Senat habe dafür Trajan mit der Vollmacht ausgestattet, in den Provinzen nach eigenem Gutdünken, ohne die Genehmigung der Kurie abwarten zu müssen, in allen Dingen zu verfahren.

Servianus verzog den faltigen Mund und meinte leichthin, sie beide, Sura und er, hätten es als erste zu verspüren bekommen, indem er sie einfach zu Statthaltern der germanischen Provinzen bestellte. Ebenso handhabe Trajan ganze militärische Einheiten, er schiebe sie hin und her wie Kinder ihre Spielzeugfiguren.

Sura hörte gespannt hin. War da ein kritischer oder gar spöttischer Unterton versteckt?

»Wo ist Trajan zur Zeit?« fragte er Servianus.

»Irgendwo am Danuvius. Ob in Aquincum, in Brigetio oder in Viminacium, weiß ich allerdings nicht zu sagen.«

Enttäuschung erfaßte Sura.

»Nicht in Colonia Agrippinensis, um mich zu erwarten?«
Servianus grinste. Der Kaiser habe keine Zeit. Und um seine germanischen Provinzen beruhigt verlassen zu können, habe Trajan sie in die besten Hände gegeben, spöttelte Servianus.
»Und Plotina?«
»Plotina ist in Colonia Agrippinensis«, sagte Paulina leise.
»Und dein Bruder?«
Servianus verzog sein Gesicht zu einer Grimasse.
»Den jungen Tunichtgut, Tier- und Frauenjäger, Spieler und Schuldenmacher hat Trajan mit an den Danuvius genommen, damit ihm harte Pflichterfüllung die Laster austreibt.«
»Du urteilst zu hart über meinen Bruder. Du hast ihn schon immer nicht leiden können«, widersprach die junge Frau ihrem Gatten, dessen zorniger Blick sie daraufhin traf.
Sura und Rusticus belustigte die Familienszene.
»Stimmt es denn nicht, daß er Weibergeschichten und Schulden die Masse hat und seine Zeit mit Jagen, Sport und mit Lesen griechischen Schnickschnacks verbringt? Soll lieber erst einmal richtig Latein sprechen lernen.«
Rusticus horchte auf. Der junge Hadrian sprach also nur Griechisch.
»Die Jugend, Servianus«, mischte sich Sura in den Streit ein, »muß sich austoben und verschwenden. Das Alter der Pflicht und des monotonen Alltags wird Hadrian zeitig genug einholen.«
»Unsinn, Sura. Die Jugend soll sich im Kampf beweisen, auf dem Schlachtfeld kann sie ihre Kräfte austoben. Es wird Zeit, daß Trajan mit dem Feldzug beginnt.«
Paulina weinte leise vor sich hin. Sura legte tröstend seinen Arm um sie und fragte Servianus wie nebenbei: »Feldzug? Hat Trajan schon einen Plan?«
Polternd lachte Servianus.
»Ich denke, du bist sein bester Freund? Trajan denkt immer an Feldzüge und hat immer dafür Pläne. Er ist Soldat, Probleme löst er mit Kriegen, wie ich ihn kenne, auch innenpolitische.«
»So denkt er an Krieg?« Sorge mischte sich in Suras Frage.
»Ja.«
»Krieg mit den Dakern«, warf Rusticus, der bisher geschwiegen hatte, ein. Hart und gepreßt klang seine Stimme.
Ein schräger Blick Servianus' streifte ihn.
»Natürlich mit den Dakern. Ist schon beschlossene Sache. Deshalb Trajans rastlose Tätigkeit am Danuvius, um alles gründlich vorzubereiten.«
»Gibt es keine politische Lösung des Konflikts?« fragte Sura.
»Vielleicht gäbe es die, aber Trajan will die Sache ein und für allemal militärisch regeln.«

»Wann?« wollte Rusticus wissen.
Servianus blinzelte listig.
»Wenn der Kaiser den Zeitpunkt für gekommen hält und alle Vorbereitungen für einen erfolgversprechenden Feldzug abgeschlossen sind.«
»Und wenn Decebal nun nicht zum Krieg entschlossen ist?«
Der Grauhaarige lachte.
»Du bist gut, Rusticus, wir werden alles tun, daß die Daker, ob sie nun wollen oder nicht, den Krieg führen müssen. Unsere Legionen brennen darauf, die Schande der Niederlage zu tilgen und Fuscus' Adler zurückzugewinnen.«
Sura lächelte.
»Trajan hat also in den Legionen schon die richtige Angriffsstimmung erzeugt?« fragte er.
»Nicht nur er, ich auch«, sagte Servianus selbstbewußt.
Sura drängte zum Aufbruch, obwohl Paulina und Servianus ihn zum Bleiben bewegen wollten.
In Bonna bereiteten ihm die Offiziere und Soldaten der Legio I Minervia einen begeisterten Empfang. Vor fünf Jahren war er ihr Legat gewesen.
Murena, ein untersetzter breitschultriger Mann, das Gesicht voller Narben, lachte durch sein lückiges Gebiß und hieß Sura und seine Begleiter willkommen.
»Murena, alter Schlagetot, dich hat der Orkus noch nicht verschlungen?« begrüßte Sura seinen ehemaligen Tribunen, wobei er ihm auf die Schulter hieb.
Der jetzige Legat der Legion schmunzelte.
»Siehst du, Sura, wie dich deine Soldaten lieben. Wenn du einmal putschen wolltest, eine Legion mitsamt Legaten hättest du schon.«
»Das hätte ich zwei Jahre früher wissen müssen, doch jetzt hat Rom den Kaiser, den es braucht ...« scherzte Sura.
»... und verdient«, ergänzte Murena doppelsinnig.
Bis spät in die Nacht wurde das Wiedersehen gefeiert.

Am späten Vormittag brachen Sura und seine Eskorte zur letzten Wegstrecke nach Colonia Agrippinensis auf.
Die untergehende Sonne vergoldete den Tempel auf dem Capitol von Colonia Agrippinensis, als man das Südtor passierte und auf der Hohen Straße, die von Bonna kommend geradlinig die Stadt durchquerte und nach Novaesium führte, die Pferde in Schritt fallen ließ. Die Quader des mächtigen Castells röteten sich im Abendlicht. Endlich, fast am Stadtende, rechts vom Nordtore wuchtete der Statthalterpalast auf einem Plateau über dem Fluß.
Wie sich die Paläste glichen, dachte Fulvius Rusticus, alles nur Abklatsch der Kaiserpaläste in Rom, wie jeder Statthalter sich als Kaiser seiner Provinz fühlte.
Kaiserin Plotina hatte sie bereits früher erwartet.
Ein reichliches Mahl und viele Fragen harrten Suras. Das Gespräch zerfaserte

nach und nach in Nebensächlichkeiten, bis Publius Celsus Sura eine Liste und ein Schreiben des Kaisers übergab, auf dem in langer Reihe Anweisungen für den neuen Statthalter geschrieben standen.

Licinius Sura lachte laut und schallend.

Celsus und die Kaiserin schauten bestürzt auf Sura.

»Was erfreut dich so, Lucius?« fragte Plotina.

Der winkte ab und sagte, daß er es ihr später erklären werde, wobei er einen Blick auf Celsus warf. Der verstand den Hinweis. Sein hochmütiges und ebenmäßiges Gesicht überzog Zornesröte. Er wartete noch eine Weile, dann bat er die Kaiserin, sich zurückziehen zu dürfen. Plotina erlaubte es.

»Ein unsympathischer Mensch, dieser Celsus«, sagte Sura.

Plotina nickte und sagte, daß aber Trajan große Stücke auf ihn hielte, weil er ein Muster an Pflichterfüllung und Diensteifer wäre.

»So sieht er auch aus, geschniegelt wie ein Salonsoldat in Paradeuniform, kalt, ohne Gefühl und von krankhaftem Ehrgeiz.«

Die Kaiserin lachte ein helles Lachen, wobei sich ihre kleinen, etwas unregelmäßig angeordneten Zähne zeigten. Die zwei oberen Schneidezähne standen übereinander, bemerkte Sura. Belustigt beobachtete er Plotina. Eine nette einfache Frau, nicht bemerkenswert schön, eher von schlichtem und derbem Reiz. Domitia Longina, die Gattin Domitians, war gegenüber Plotina von erregender und sinnlicher Schönheit. Vielleicht konnte der soldatische Trajan gar keine andere Frau brauchen?

»Warum hat dich Trajan nicht mitgenommen?« fragte er, um das stockende Gespräch zu beleben.

»Er will mich holen lassen, wenn die Hauptarbeit am Danuvius beendet ist.«

Arme Plotina! Du wirst oft allein sein oder deinen Mann bei seinen strapaziösen Unternehmungen begleiten müssen. Wenn du wenigstens ein Kind hättest, dem du während seiner Abwesenheit deine ganze Liebe zuwenden könntest.

Bei allen Göttern, das durfte er nicht vergessen, was er Ostorius Sabinus versprochen hatte! Kurz vor seiner Abreise hatte ihm Sabinus ziemlich aufgebracht einen Besuch abgestattet und ihn, Sura, mit Vorwürfen bedacht. Seine Tochter, sagte Sabinus, sei ungehalten, da er ihren Mann nach Colonia Agrippinensis geschickt habe, ohne zu sagen, daß ihn der Kaiser längere Zeit dort behalten würde. Entrüstet hatte er Sabinus' Anschuldigung zurückgewiesen, da er nicht ahnen konnte, daß Trajan mit Marcus Soranus bestimmte Pläne hatte. Um des lieben Friedens willen und weil er diesen Soranus mit der Botschaft betraut hatte, versprach er, wenn es irgendwie anginge, den Mann zu seiner Frau und den Kindern nach Rom zurückzubeordern.

In den nächsten Tagen stürzte sich Sura in die Arbeit. Rusticus half ihm und folgte ihm bei den Reisen nach Vetera, wo der Bau des neuen Legionslagers überwacht werden mußte. Celsus wich nicht von Suras Seite, so als wollte er Tra-

10 *Legionäre und Reiterei vor einer großen Schlacht*

11 *Die Darstellung zeigt die dakische Flußüberschreitung mit großen Verlusten*

12 *Eine berittene Gesandtschaft der Daker tritt dem Kaiser gegenüber*

13 *Kriegsschiffe und Transportboote. Auf dem vorderen Schiff sitzt Kaiser Trajan am Steuer*

14 *Kampfszene, die Daker von Römern umzingelt*

15 *Festungskampf*

jans Befehle auch richtig ausgeführt wissen. Manchmal, um der Langeweile zu entgehen, begleitete die Kaiserin Sura. Der junge Soranus war in Colonia Agrippinensis nicht zu finden. Nach Tagen erst erfuhr Sura bei einer Besprechung mit den Legionslegaten und Castellkommandanten, daß Soranus und Marcius Turbo im äußersten Norden der Provinz weilten, dort, wo der Amisa flumen ins Mare Germanicum mündete.
Der Winter überzog das Land mit großer Kälte, mit Schnee und Eis. Sura blickte hinab auf den zugefrorenen und schneebedeckten Fluß.
Der Januar verging, der Februar zog vorüber. Fünf Monate schon in dieser eisigen Provinz. Langsam widerte ihn der Statthalterposten in Germanien an. Die ihm von Trajan übertragenen Baumaßnahmen und Legions- und Grenzprobleme waren geklärt. Langeweile fraß an Sura wie ein schleichendes Gift. Er sehnte sich nach Rom, mit dem er durch die Post wie mit einer Nabelschnur verbunden war. Jetzt im Winter flossen die Nachrichten spärlicher. Seine Gattin Sempronia war erkrankt, schrieb ihm Attianus. Schon zwei bittere Briefe von Ostorius Sabinus, der ihn an sein Versprechen erinnerte. Sura fühlte sich unbehaglich, von Soranus, Marcius Turbo und der Centurie, die ans Ende der Welt gezogen waren, noch immer keine Nachricht. Er las einen Brief von Plinius, in welchem jener anfragte, ob er, Sura, an Gespenster glaube.
»Darum bitte ich Dich: Bemühe alle Deine Gelehrsamkeit! Die Angelegenheit verdient es, daß Du sie lange und gründlich durchdenkst, und auch ich selbst bin ja wohl nicht unwürdig, daß Du mir Dein Wissen zur Verfügung stellst ...«
Wütend warf er den Brief auf den Tisch.
Als ob er Muße und Lust hätte, sich mit diesem Unsinn zu befassen.
Unbehagen erfaßte seinen Körper bis zur letzten Faser. Er trank, Abend für Abend. Müde, übelgelaunt erwachte er anderentags und nahm sich vor, nicht mehr zu trinken. Mit dem Abend kamen die Einsamkeit und der Verdruß an der Welt, er verfluchte Trajan und Germanien und mußte sich beides erträglich trinken. Eine blonde, dralle Germanin wärmte nachts seinen Leib und machte das Leben angenehmer.
Endlich kehrten Turbo und Soranus aus dem Norden zurück.
»Sura«, rief Marcus freudig.
Der schaute besorgt in das abgemagerte Gesicht, in dem die Augen fiebrig glühten.
»Marcus, geht es dir gut?«
Der nickte.
»Was, bei allen Göttern, tatet ihr so lange im Norden?«
»Der Schnee hatte uns überrascht, einen Monat waren wir von der Außenwelt abgeschnitten. Zehn Legionäre sind tot, verhungert und erfroren.«
»Wer diesen unsinnigen Befehl gab, den werde ich zur Verantwortung ziehen und bestrafen.«

Marcus lächelte müde.
»Der Kaiser war es.«
Peinlich berührt schwieg Sura. »Nun laß dich pflegen, vom Dienst bist du befreit. Und dann zurück mit dir nach Rom.«
Vor Freude umarmte Marcus Licinius Sura.
Ein Jahr schon war er von Claudia und seinen Söhnen getrennt. Es war eine lange Zeit, doch wenn der Kaiser befahl, mußte man gehorchen.
Anfang April, Marcus war schon seit Tagen nach Rom aufgebrochen, erschien ein Bote von Trajan. Er übergab Licinius Sura ein Schreiben, in welchem der Kaiser ihn bat, nach Rom zurückzukehren und dort das oberste Pontifikat zu übernehmen.
Licinius Sura glaubte, sich verlesen zu haben. Er rief nach Fulvius Rusticus, der ihm das Schreiben nochmals vorlesen mußte. Tatsächlich, hier stand es deutlich, er, Licinius Sura, war zum *Pontifex maximus* ernannt. *Pontifex maximus* – dieses Amt behielten sich immer die Imperatoren vor, weil sie damit alle religiösen Belange Roms beherrschten. Caesar, Augustus und auch Domitian übten dieses Amt auf Lebenszeit aus. Wollte ihn Trajan damit für seine ihm geleisteten Dienste auszeichnen und ihm seinen Dank abstatten?
In den ersten Tagen des Mai, eher durfte Sura Germania inferior, seine Provinz, nicht verlassen, traf der neue Statthalter Quintus Acutius ein.
Die Kaiserin und ihr kleines Gefolge brachen nach Pannonien auf, da Trajan, wie er ihr hatte mitteilen lassen, nicht nach Colonia Agrippinensis zurückkäme.
Lucius Licinius Sura und Praesens Fulvius Rusticus verließen Colonia Agrippinensis an einem Morgen, an dem schwere, finstere Wolken die Stadt bis herab zum Fluß verhängten. Starker Wind rauschte im feuchten Laubwerk der Bäume und trieb den Männern die schweren Tropfen ins Gesicht. Alles troff vor Nässe. Das beste Wetter, um keine Sehnsucht zur Wiederkehr zu bekommen, dachte Sura und trieb seinen Braunen an, daß Rusticus Mühe hatte zu folgen.

XXVIII

Soeben hatte Damis von Ninus das kleine Haus verlassen, in das er die Kunde vom Tode seines Freundes und Lehrers getragen hatte. Er ließ zwei bestürzte Menschen zurück.
Er ist also tot, dachte Lucius Soranus. Apollonius von Tyana ist tot, und nie wieder würde seine hohe Gestalt hier über die Schwelle treten, und nie wieder sein Wort in diesem Zimmer Gott beschwören, nie wieder ... nie wieder.
Er spürte Lakotris' Hand an seinem Arm.
»Du hast ihn geliebt?« fragte sie tränenden Auges.
Er nickte statt einer Antwort.

»Wir wußten, daß er einmal sterben würde, ein Mann von fünfundneunzig Jahren. Und doch, wenn das Unabänderliche eines Tages eintritt, bestürzt es trotzdem.«
Er starrte vor sich hin. Nach einer Weile sagte er zu ihr: »Lakotris, laß uns Ephesos verlassen, hier bedrückt uns die Erinnerung. Wir besitzen keine Freunde mehr, seit Apollonius von uns gegangen ist.«
»Mikal und ihr Sohn brauchen uns«, wagte sie einzuwenden.
»Ich werde sie bitten, uns nach Rom zu begleiten, da wir dann gemeinsam ihre Ansprüche bei der kaiserlichen Kanzlei betreiben können. Sie ist zwar bei Eleasar gut aufgehoben, aber ob sie von hier ihre Sache erfolgreich verfechten kann, wage ich zu bezweifeln. Ich werde jetzt gleich zu ihr gehen, um die Dinge zu besprechen. Du kannst schon beginnen, das Notwendigste für unsere Reise vorzubereiten.«
Hastigen Schrittes keuchte Lucius die steile Stiege zum Pion hinauf. Außer Atem verweilte er am verlassenen Haus des Jochai ben Malachias. Bitterkeit würgte ihn. Wie man Häusern die Verlassenheit anmerkt, dachte er, als sich sein Blick auf den grauen Quader senkte. Häuser werden durch Menschen belebt, die ihnen gleichsam ihren Atem einblasen, unbewohnte Häuser setzen dem Verfall weniger Widerstand entgegen als bewohnte; es ist, als fehle die Luft, die Wärme menschlicher Nähe. Verlassene Häuser stehen klamm in der Kälte der Einsamkeit.
Lucius trat in das Haus des Eleasar. Höflich empfing ihn der kleine Mann und bat ihn einzutreten, Mikal sei im Zimmer, das in den Garten hinausführe.
Sie saß mit dem Rücken zum Eingang, über eine Knüpfarbeit gebeugt. Ab und an warf sie einen Blick durch die geöffnete Tür hinaus in den Garten auf die beiden Knaben. Lucius streifte mit seinem Blick die langen schwarzen Haare und die schlanke Gestalt der Sitzenden und wagte nicht, sie zu stören.
Als hätte sie den Gast im Rücken bemerkt, wandte sie sich jäh um.
»Soranus, ich freue mich, dich zu sehen«, sagte sie, wobei ihr voller Mund lächelte.
Sie schien ihm verändert. Nicht mehr düster und verschlossen, sondern freudig und gelassen.
»Doch du blickst ernst, Soranus, was ist geschehen? Mir geht es seit ein paar Tagen wieder gut. Es ist, als hätte mich ein Dämon, der bedrückend auf mir lastete, verlassen und mich freigegeben.«
»Ich freue mich für dich und deinen Sohn, Mikal, daß dich das Leben wieder gewonnen hat. So ist das Leben, dem einen wird es gleichsam wiedergegeben, während es dem anderen genommen wird. Kein Verweilen, ein ständiges Werden und Vergehen. Apollonius ist tot.«
Sie ergriff seine Hand und sagte leise, daß es ihr leid täte, denn mit ihm habe ein wahrhaft großer Mann die Welt verlassen, der nie der Grausamkeit das Wort redete, sondern immer der Milde.

»Setz dich doch«, bat sie. »Soranus, nun, da ich mich wieder wohl fühle und im Besitz meiner Geisteskraft bin, werde ich den Kampf um mein Recht führen. Ich habe bereits an den Statthalter geschrieben, daß er mein Anliegen an die kaiserliche Kanzlei in Rom weiterleite.«

Lucius zog die Brauen nach oben. Ob das klug gehandelt war? Er wagte, daran zu zweifeln.

»Mikal, deshalb bin ich zu dir gekommen. Lakotris und ich werden nach Rom übersiedeln. Wir möchten, daß ihr uns begleitet. In Rom können wir, mein Sohn und ich, besser für deine Rechte eintreten.«

Das freudige Strahlen in ihrem Gesicht erlosch wie ein Stern am Morgenhimmel.

»Ich möchte nicht nach Rom. Wenn du wüßtest, wie ich diese Stadt hasse, diese unbarmherzige und grausame Beherrscherin der Welt, die sogar ihre eigenen und besten Kinder frißt wie in einer griechischen Legende der einäugige Riese Polyphem seine Gäste. Auch Rom, Soranus, wird eines Tages geblendet werden wie dieser Menschenfresser. Im Dunkel wird die Herrin der Welt herumtappen und das Schaufeln der Totengräber für siegreichen Schwerterklang halten.«

Ihr Haß irritierte ihn. Sie sprach in Symbolen und Andeutungen wie Apollonius.

»Mikal, denk an deinen Sohn. Er braucht gute Schulbildung und Gönner, die ihm sein Fortkommen ermöglichen.«

»Eben, weil ich daran denke, will ich ihn von dieser verworfenen Stadt für immer fernhalten.«

»Ich bitte dich, Mikal, laß dich nicht von deinem Haß verblenden. Was hätte Manius Acilius Glabrio, dein Mann, dazu gesagt?«

»Den die Römer ermordet haben, weil er nicht mitschuldig an ihren Bluttaten werden wollte. Nein, mein Sohn wird kein Römer. Als Jude wird er künftig leben. Wenn mir mein Recht geworden ist, kehren wir nach Jerusalem zurück.«

Beschwörend erklärte er ihr, daß Jerusalem eine Trümmerwüste sei, die nur noch Schakale, allerlei anderes Getier und eine römische Garnison beherberge.

Dann gingen sie eben nach Jabne, wo das Synedriom und die Gesetzeslehrer jetzt ihren Sitz hätten, und ihr Sohn würde Rabbi, beharrte sie störrisch. Die jüdische Lehre würde er in die Welt hinaustragen und damit einen Sieg Zions über Rom erringen. »Sieh hin«, ihr rechter Arm deutete in den Garten auf die spielenden Knaben, »Lukuas, der Sohn des Eleasar, und mein Sohn, Manius Acilius Glabrio; das Blut spricht, das jüdische. Nein, Soranus, mein Innerstes spricht gegen Rom.«

»Ich verstehe dich, daß du Rom haßt, denn Rom nahm dir zwei Männer, die du liebtest. Doch bedenke, was Rom zu geben hat: Zukunft. Die Zeiten haben sich geändert, Domitian ist tot. Trajan, wenn ich auch nicht die beste Meinung von ihm habe, weil ich Maternus gekannt habe und vielleicht auch von Apollonius

und anderen Freunden beeinflußt wurde, ist kein Tyrann und kein blutrünstiger Despot.«
»Warten wir es ab. Auch sogenannte gute Kaiser, wenn es die überhaupt gibt, schlachten Menschen und ganze Völker. Denk an diesen Titus, die gepriesene ›Wonne des Menschengeschlechts‹.« Traurig wandte sich Lucius ab. Es bedrückte ihn, daß er ihre Meinung über die römischen Herrscher sogar teilte.
»Dann werde ich jetzt gehen, Mikal, ich verspreche dir, deine Angelegenheit in Rom zu vertreten.«
»Danke, Soranus, du hättest es verdient, und wenige andere, daß ich um euretwillen Rom verziehe. Doch ich kann nicht, ich hätte es gekonnt, wäre mein Mann am Leben geblieben. Saturnins Tod kann ich Domitian verzeihen, schließlich ging es um die Macht, und Saturnin war der Empörer, aber Glabrios Tod verzeihe ich den Römern nie – solange ich lebe.«
Abrupt erhob sie sich, trat in den Garten hinaus und rief nach ihrem Sohn.
Ein für sein Alter hochaufgeschossener zehnjähriger Junge mit einem zarten schmalen Gesicht, das Weichheit und eine Spur Ängstlichkeit nicht verbergen konnte, nur das Kinn, das im Kontrast zum übrigen Gesicht stand, ragte energisch vor und erinnerte an den ermordeten Senator Glabrio. Alles andere in dem Gesicht, sogar die blauen Augen, deutete auf die Mutter.
»Soranus«, sagte der Junge, »warum hast du uns so lange nicht besucht?«
»Viel Arbeit, Manius.«
Auch der andere Junge, der einige Jahre älter als Manius Glabrio war, kam in das Zimmer und reichte dem Gast die Hand.
»Lukuas, du bist fast ein Mann geworden«, lobte Soranus. Der Jude lächelte geschmeichelt.
»Ich möchte mich verabschieden, denn Lakotris und ich reisen nach Rom.«
»Nach Rom«, rief Manius. »Ich möchte auch nach Rom und im Palast meines Vaters wohnen. Und du, Lukuas, kommst mit.«
Lucius' Blick suchte Mikal und las in ihren Augen Entsetzen.
»Nein, Manius«, sagte sie beschwörend, »wir gehen nach Judaea, in das Land unserer Vorfahren.«
»Pah, Judaea, was ist dieses Land gegen Rom. Außerdem sind auch in Rom meine Vorfahren. Ich«, sein zartes Gesicht glühte vor Aufregung und verlor die Weichheit, »bin ein Acilier.« Stolz schwang in den Worten des Knaben.
Mikal tat Lucius leid, die verstört über des Jungen Rede mit den Tränen kämpfte. Kinder konnten schnell alle kunstvoll von den Eltern um sie errichteten Dämme niederreißen.
Beruhigend sprach er auf den Jungen ein, obwohl er selbst nicht an seine Worte glaubte: »Manius, du kommst schon eines Tages nach Rom und wirst im Palast der Acilier auf dem Aventin wohnen.« Und zu Lukuas gewandt, fragte er, ob er auch nach Rom wollte.

»Ja«, antwortete dieser, »ich möchte überall dorthin, wo meine Freunde hingehen. Entweder mit Manius nach Rom oder zu Andreas nach Cyrene.«
Cyrene! Das magische Wort, das Lucius an seine Pflichten gegenüber seinen Freunden erinnerte. Er mußte schnell nach Rom. »Mikal, lebe wohl, und auch du, Manius und du, Lukuas. Hier habe ich noch ein kleines Geschenk, das ich einst von Apollonius erhielt. Es stammt von einem indischen Priester und soll Glück bringen.«
Er zog aus seinem Gewand ein ehemals rundes Medaillon, an dem mehrere Kettchen baumelten. Eine Gottheit war auf das Metall geprägt, vom Mittelpunkt gingen perforierte Kerben zum Rande, die den kreisförmigen Gegenstand in Sektoren einteilten. Zwei solcher Sektoren waren aus dem Kreis bereits ausgebrochen. Lucius brach zwei weitere gleichgroße dreieckige Teile heraus, die jedes an einem Kettchen befestigt waren, und reichte jedem Knaben eines dieser Teile.
»Dieses Amulett enthielt sieben Teile, jedes gleich groß und jedes mit einer Kette zum Umhängen versehen. Ein Erwachsener muß es an junge Menschen weitergeben und selbst eines davon tragen, seht«, er griff unter die Tunika und brachte das Dreieck mit der einen runden Seite heraus, »das bringt Glück und Zusammenhalt all derer, die es tragen. Andreas trägt auch eines. Zwei sind für meine Enkel reserviert. Stirbt ein Amuletträger, dann sollte es ihm ein anderer dieser sieben abnehmen und an einen Knaben oder ein Mädchen weitergeben.«
Lucius ließ zwei staunende Knaben zurück, als er aus dem Haus des Eleasar eilte.
Die nächsten Tage, ausgefüllt mit Reisevorbereitungen, Beschaffen von Reisepässen, Verkäufen und Erwerbungen, vergingen im Fluge. Endlich waren alle Dinge in Ephesos geklärt und für das Haus ein Pächter aus Asclepiodoros' Dienerschaft gefunden. In zwei Tagen würde das Schiff in See stechen, um sie, Lucius und Lakotris, nach Rom und in ein anderes Leben zu bringen.
Erschöpft von den geschäftigen letzten Tagen, saßen sie abends inmitten von Kisten und Säcken, als es an das Tor schlug. Lucius ging, um zu öffnen. Der Jude Eleasar stand vor ihm. In seiner Kleinheit, keuchend und stammelnd, bot er einen beklagenswerten Anblick.
»Ein Unglück …«, stöhnte er.
Lucius bat ihn ins Innere, hieß ihn sich setzen und wartete, bis er sich beruhigt hatte. Es dauerte eine geraume Weile, ehe Eleasar verständlich berichten konnte, was geschehen war.
Er wäre einige Tage nicht zu Hause gewesen, Geschäfte hatten ihn nach Smyrna geführt, als er wiedergekommen war, seien Mikal und ihr Sohn verschwunden gewesen. Niemand hätte es bemerkt. Erst spät am Morgen, als Mikal und Manius nicht zum Mahle erschienen seien, hätte es sein Sohn Lukuas nicht mehr ausgehalten und sei in das Gartenzimmer gegangen. Entsetzt sei er zurückgekommen. Seine Frau, berichtete der Jude, sei vollkommen ratlos gewesen.

Ratlosigkeit befiel auch Lucius. Denn was sollte er tun? Wo sollte er suchen? Wen anklagen? Gegen wen kämpfen?
Er versank in düsteres Brüten.
»Glaubst du«, fragte er den ängstlichen Eleasar, »daß sie mit Gewalt verschleppt wurden, oder sind beide freiwillig weggegangen?«
»Spuren von Gewalt waren nicht zu sehen!«
»Lakotris, was wollen wir tun?« fragte Lucius ratlos.
»Ich befürchte«, antwortete sie, »daß wir weiter nichts tun können als hoffen, daß sie aus freiem Willen das Haus verlassen haben.«
Er begleitete den Juden zum Ausgang, legte ihm die Hand auf die Schulter und versprach, beim Präfekten vorzusprechen.
Am letzten Tag in Ephesos betrat Lucius Soranus den Palast des Statthalters und nannte dem wachhabenden Tribunen sein Anliegen, worauf der ihn zum Stadtpräfekten verwies. Ein älterer Beamter empfing ihn, sagte gleich, daß er nur der Vertreter sei, da morgen ein neuer Präfekt käme. Der neue Statthalter, Pedanius Fuscus Salinator, brächte sich eine vollkommen neue Mannschaft mit. Auch er würde abgelöst. Der Mann kicherte, als er sagte, der Kaiser setzte überall neue Beamte ein, um eine straffere Organisation der Provinzen zu erreichen und um, der Präfektstellvertreter flüsterte, gewisse Machtgruppen, die sich in den Provinzen gebildet hätten, auseinanderzureißen.
Lucius teilte ihm sein Anliegen mit. Der Beamte machte ein bedenkliches Gesicht und entrollte ein Pergament, auf dem lauter Namen standen. »Hier«, sagte er, »alles Verschwundene, die gesucht werden. Manche sind vielleicht von Sklavenhändlern verschleppt, andere von Verwandten, die erben wollen, irgendwie ...« er suchte krampfhaft nach einem Wort, beseitigt wollte er nicht sagen, um Lucius den Mut nicht zu nehmen, »unsichtbar gemacht worden, die meisten sind flüchtig: Sklaven, Spieler und Verbrecher.«
Er nahm eine Feder, tauchte sie in Tinte und setzte den Namen der Verschwundenen und ihres Sohnes nebst Kennzeichen auf das Pergament, wartete, bis die Tinte getrocknet war und rollte es zusammen.
Der Beamte versprach Soranus, ihn zu benachrichtigen, wenn eine Spur vorläge, er mußte nur Namen und Wohnanschrift zurücklassen. Lucius nannte Eleasars Namen und die Lage des Hauses. Als er den Palast über die Freitreppe verließ, rief ihn jemand mit Namen an.
Die Stimme, die ihn anekelte und die er nicht hören wollte, näherte sich ihm.
»Na, Soranus, wieder ein Überfall durch einen jungen Mann?« höhnte Varro.
Lucius maß ihn mit einem Blick voller Verachtung.
Der Prätor tat, als bemerkte er es nicht, und sagte höhnisch: »Soranus, du kannst bleiben, ich gehe aus diesem lausigen Ephesos weg.«
»Hätte ich das früher gewußt, dann wäre ich selbstverständlich hier geblieben. Leider ist meine Abreise schon beschlossen.«

»Pech für uns beide, Soranus.«
»Varro, irgendwann sehen wir uns wieder, und dann begleichen wir die alte Rechnung. Dazu die neue, denn du bist es doch gewesen, der die Verbannung von Asclepiodoros betrieben hat, und bestimmt stecken deine schmutzigen Hände auch mit in der Entführung der Witwe Glabrios und ihres Sohnes.«
Varro verfärbte sich. Lucius wußte selbst nicht, was ihn plötzlich veranlaßt hatte, Varro mit der verschwundenen Mikal in Zusammenhang zu bringen, aber wie ein Blitz aus heiterem Himmel war ihm dieser Verdacht in den Kopf geschossen.
»Soranus, ich könnte direkt stolz sein, was du mir alles zutraust, denn wenn ich das getan hätte, müßte ich sehr mächtig sein oder ...«
»... ein Halunke, und das bist du.«
Jetzt war es um die kalte Selbstbeherrschung des ehemaligen Prätors geschehen.
»Das wirst du mir büßen, Soranus, dich werde ich vernichten«, schrie er wutentbrannt.
»Dann viel Glück, Varro, denn das wirst du dazu brauchen. Mehr Glück als bei deinen bisherigen Versuchen. Leb wohl«, sagte Lucius eisig und ließ den ihm noch mit der Faust drohenden Varro stehen.
Auf dem Nachhauseweg ärgerte er sich, daß er sich von diesem Varro zu derlei Äußerungen hatte hinreißen lassen, die dessen Haß zur Todfeindschaft steigerten. Er schalt sich einen Toren, der wie ein altes Weib gezetert hatte. Ein Glück, dachte er erleichtert, daß wir morgen diese Stadt verlassen, die mich in letzter Zeit immer mehr befremdet.

XXIX

»Du darfst mich nie wieder so lange allein lassen«, forderte sie, »nie wieder, hörst du, ich ertrage es einfach nicht ohne dich.«
Er streichelte ihr Haar, drückte einen leichten Kuß auf den Scheitel und zog sie an sich. Umschlungen schlenderten sie durch den Garten. Marcus verhielt den Schritt, sah sie an, ihr Gesicht, auf dem die Schattenrisse der Pinienwipfel sich abzeichneten, durch die die Sonne nur gedämpft in den Garten schien. Sie zwinkerte, hatte doch ein Sonnenstrahl ihre Augen gefunden.
»Claudia«, sagte er sanft, »es ist doch eine Ehre, wenn des Kaisers Auge auf mich gefallen ist und er mich für würdig hält, in seinen Legionen ein Amt zu bekleiden.«
»Für diese Würde hast du dich deiner Familie, mir und deinen Kindern, ein ganzes Jahr vorenthalten. Ein Jahr ging uns verloren. Für Gaius und Publius warst du nach deiner Rückkehr ein Fremder, an den sie sich erst gewöhnen mußten. Wenn das die Würde ist, auf die du stolz bist, dann tust du mir leid.«

Warum quälte sie ihn mit ihren Vorwürfen? Warum verstand sie nicht, daß in Rom eine Zeit der Rückbesinnung auf die alte Kraft, auf die Stärke der Legionen angebrochen war, eine Zeit, wie Trajan sagte, wo jeder tüchtige Mann gebraucht würde und keiner abseits stehen dürfe. Und er wurde gebraucht!

»Sieh, Claudia, die Kaiserin war die ganze Zeit auch dazu verurteilt, auf ihren Mann zu verzichten.«

»Ich bin nicht die Kaiserin. Ich bin jung, ich will mein Leben genießen, und zwar mit dir, weil ich dich liebe. Dazu brauche ich nun einmal deine körperliche Anwesenheit und nicht nur deine gedankliche.«

Er zog sie enger an sich. »Claudia«, flüsterte er, »immer habe ich in Germanien an dich denken müssen. Eigentlich war das Leben dort furchtbar, aber Befehl ist Befehl.«

»Ach du, gestehe doch, daß dir dieser Trajan imponiert!«

»Hat dir nicht auch schon einmal ein Kaiser sehr gefallen«, stichelte er, »es ist nun mein gutes Recht, mir auch einen Kaiser zum Anbeten zuzulegen.«

»Sei vorsichtig«, höhnte sie, »Trajan ist scharf auf junge Männer.«

»Ich weiß«, lachte er, »sogar in Germanien hatte er immer so ein paar schöne Knaben um sich. Doch tröste dich, in dieser Beziehung bin ich nicht sein Typ und nicht die richtige Altersklasse. Aber laß, ein großer Mann darf und muß seine Laster haben. Ich habe auch ein Laster.«

»Du?« drohte sie mit dem Finger.

»Ja, ein großes Laster, nämlich dieses hier«, wobei er ihren Körper umfaßte.

»Doch nun zu anderen Dingen«, sagte er unvermittelt. »Wie findest du meinen Vater und seine Frau?«

»Ausnehmend gut. Vor allem deinen Vater, er billigt genauso wenig deine Begeisterung zum Kaiser wie ich.«

Marcus verzog den Mund leicht geringschätzig.

»Je älter, desto nörgliger wird Vater. Er versteht die Zeit nicht mehr, und außerdem war er ein Anhänger dieses Maternus, der auch Kaiser werden wollte.«

»Marcus, ich bitte dich, sei nicht so anmaßend. Dein Vater hat in seinem Leben viel erduldet, er kennt die Herrscher und ihre Launen und Gelüste. Du magst ihm getrost einiges glauben. Auch ich«, sagte sie leise, »kann niemals wieder für irgendeinen Herrscher Begeisterung, nein, nicht einmal Verständnis aufbringen, denn sie sind alle, jeder auf seine Art, von irgendeinem Wahn besessen.«

»Trajan nicht. Er ist ein kühler, sachlicher und vernünftiger Mensch.«

»Warten wirs ab, irgendwann, das bringt einfach die Macht mit sich, erliegt er ihrem Rausch. Es ist äußerst schwer für einen Kaiser, der Macht würdig zu bleiben. Es gab bisher nur einen unter ihnen, und das war Nerva.«

»Und der hatte keine Macht. Claudia, ich werde dir bald den Umgang mit meinem Vater untersagen«, scherzte er, »denn ich höre daraus seine Gedanken und die des verstorbenen Apollonius.«

»Es sind aber vernünftige Ansichten.«
Als ihr schöner, nackter Leib nachts neben ihm ruhte, der für ihn Schönheit, Jugend und Leben verkörperte, mußte er denken, ob denn vernünftige Ansichten immer zum Glück oder überhaupt jemals dazu führten; ob nicht ein Gran Unvernunft die Welt und das Leben farbenfroher und interessanter machten?
Am frühen Morgen erhob sich Marcus, nahm ein Bad, ließ sich massieren und trat auf die Terrasse.
Leichter Dunst lag noch über der Stadt. Die Luft war feucht. Er beobachtete, wie sich der Dunstschleier langsam lüftete und zerfloß. Helligkeit löschte die Schatten, als die Sonne die Hänge mit ihren Strahlen liebkoste und auf den Wassern des Tiber, der sich seinen Weg durch Graugrün, Weiß und Gold bahnte, ein Spiel begann.
Marcus' Blick schweifte über den Palatin und den Pincio in die Ferne, blieb an Kuppeln und an den Wipfeln der Pinien hängen, verirrte sich im Gewirr von Säulenkolonnaden und Bögen. Von hier, vom Aventin, bot sich ein sehenswerter Blick auf Rom. Unten in der Subura, aus dem Fenster einer Insula, war der Eindruck alles andere als erhebend: schmutzige Hinterhöfe, Geschrei und Gezänk, Gestank nach Urin aus den Werkstätten der Walker, nach verdorbenen Speisen, ranzigen Ölen und nach sonstigem Unrat. Marcus dachte an die Zeit, als er selbst dort unten in einem solchen Ungetüm, halb Kaserne, halb Wohnhöhle, gehaust hatte. Und jetzt? Er lächelte. Man mußte Glück haben im Leben, denn ohne Glück war man verloren. Schöner konnte das Leben nicht werden, erfolgreicher ja, aber auch schöner, noch schöner? Mögen die Moiren nicht neidisch werden, bat er in Gedanken.
Am verschlafen zu ihm aufschauenden Türhüter vorbei verließ er den Palast zu Fuß. Das hatte er mit dem neuen Imperator gemeinsam, auch Trajan ging gern zu Fuß.
Er schritt den Weg hinab in die Stadt. Es war die Stunde des arbeitenden Rom, nicht der Senatoren und der Müßiggänger, die schliefen noch, um sich von den Ausschweifungen der letzten Nacht zu erholen und sich Kraft für die folgende anzuschlafen. Marcus beobachtete einen Schmied, der mit sehnigen Armen ein rotglühendes Eisen zu einer Speerspitze hämmerte, sah, wie das Wasser zischte und Dampfwölkchen aus der Wanne züngelten, in die das Eisen tauchte. Eine bucklige Frau knüpfte mit schmalen langfingrigen Händen einen Teppich, auf dem schon die kapitolinische Wölfin Konturen annahm.
»Mensch, Soranus, was treibt dich so früh auf die Gassen?«
Mit einem Ruck fuhr Marcus mit dem Kopf herum. Fulvius Rusticus thronte über ihm auf einem tänzelnden Falben.
»Rusticus«, rief Marcus erfreut.
Der Gefährte schwang sich herab, reichte Soranus die Hand, führte das Pferd, das leise schnaubte, am Zügel nach.

»Was tust du so früh?«
»Ich wollte meinem Vater, der erst seit kurzem wieder in Rom lebt, einen Besuch abstatten. Und du?«
»Seit der Rückkehr aus Germanien bin ich nur unterwegs. Sura nimmt seine Arbeit als Pontifex maximus sehr, sehr ernst. Zur Zeit überarbeitet er das Verzeichnis der Kulthandlungen, dabei entdeckte er etliche Widersprüche. Dann entwirft er eine Zeremonie für den Empfang des Kaisers, alle Pontifices und Fetialen sind dabei, die große religiöse Feier zu inszenieren. Alles überflüssig, wenn du mich fragst, aber sag es nicht weiter, nicht zu Sura und erst recht nicht zu Trajan. Leb wohl, Soranus, ich bin in Eile, die Konsuln Palma und Sosius Senecio erwarten mich in dieser leidigen Angelegenheit.«
Rusticus schwang sich in den Sattel und sprengte davon.
Der Kaiser kam nach Rom! Endlich, dachte Marcus.
Am Tor des kleinen Hauses in der Nähe der Porta Capena betätigte er den Türklopfer. Er hörte nach einer Weile die schlürfenden Schritte des alten Sklaven, der auf dem rechten Bein lahmte. Freudig begrüßte er Marcus, verdankte er es doch ihm, daß er eine so ruhige Stellung gefunden hatte, er und auch seine Frau, die als Köchin bei Lakotris und Lucius Soranus diente. Ostorius Sabinus hatte die beiden alten Sklaven verkaufen wollen. Aus Mitleid hatte sie Marcus ihm abgenommen und als Verwalter und Köchin in das kleine Haus gebracht.
»Wo ist mein Vater?«
»Im Triklinium.«
Durch das erneuerte Atrium betrat er den kleinen Speiseraum, wo Lakotris und sein Vater das Morgenmahl einnahmen.
Beide schienen in tiefes Nachdenken versunken gewesen zu sein, aus dem sein Eintritt sie aufschreckte.
»Marcus«, rief Lucius Soranus, »komm, setz dich, du hast bestimmt noch nichts gegessen.«
Marcus setzte sich neben seinen Vater. Lakotris brachte ihm einen Löffel und eine kleine Schüssel mit grau-weißem Brei.
»Wie damals zu Hause, Vater. Früh gab es immer Puls, den Getreidebrei aus Wasser und Salz«, sagte Marcus und begann zu löffeln.
»Habt ihr euch gut in Rom eingelebt?«
Lucius und Lakotris nickten.
»Komm, Marcus, ich muß etwas mit dir besprechen«, sagte Lucius plötzlich und erhob sich. Marcus folgte ihm.
In einem kleinen Raum, hinter dem Atrium gelegen, hatte sich Lucius Soranus ein Arbeitszimmer eingerichtet, da das ursprüngliche Zimmer, in dem der vorherige Besitzer Egnatius Celer seine Abhandlungen niedergeschrieben hatte, vom Umbau ausgeschlossen und unverändert gelassen worden war, eine Art heiliger und unantastbarer Raum. Marcus glaubte, das dem Andenken seines von Do-

mitian ermordeten Freundes schuldig zu sein. Lucius kam dem Wunsch seines Sohnes nach. Vater und Sohn ließen sich in hohen Holzsesseln nieder.

»Marcus, ich mache mir Sorgen um Mikal.«

»Die Witwe Glabrios, die ich aus Mylae nach Rhegium brachte?«

»Ja. Bis vor kurzem litt sie an einem geistigen Zusammenbruch und war nicht in der Lage, ihr Recht zu fordern, als Nerva die Überlebenden des Domitianischen Terrors entschädigte. Nun, da sie wieder im Vollbesitz ihrer körperlichen und geistigen Kräfte ist, wurde sie in Ephesos entführt.«

Marcus sah schweigend auf seinen Vater.

»Ich habe ihr versprochen, mich in Rom um ihre Belange zu kümmern. Aber was kann ich für eine Frau und ihr Kind tun, die beide verschwunden sind?« Seine Stimme klang gequält.

»Beruhige dich doch, Vater, vielleicht ist sie schon nach Ephesos zurückgekehrt?«

Der alte Soranus schüttelte den Kopf und holte eine Rolle aus dem Schubfach des Schrankes.

»Hier, ein Schreiben des Juden Eleasar, bei dem Mikal und ihr Sohn zuletzt wohnten, das ich gestern erhielt. Noch keinerlei Spur von ihr. Ein Nachbar will gesehen haben, daß sie und ihr Sohn von Seeleuten fortgeschleppt wurden. Das ist alles.«

Marcus legte seinem Vater die Hand auf den Arm und sagte: »Laß es gut sein, denn du kannst doch nichts tun. Außerdem, was geht dich die Jüdin an? Mich geht sie nichts an.«

Lucius Soranus richtete einen verständnislosen Blick auf seinen Sohn.

»Ist das der Stil der neuen Zeit, daß man mit Menschen in Not kein Mitgefühl mehr hat? Marcus, ein Mensch in Not und Leid geht mich immer etwas an. Auf alle Fälle werde ich, wenn ich beim Kaiser eine Audienz bekomme, ihre Sache vortragen.«

Marcus starrte entgeistert auf seinen Vater. »Was willst du beim Kaiser? Bedenke, Trajan hat wichtigere Dinge zu tun, als sich um die Rückgabe von Besitztümern an eine Senatorenwitwe zu kümmern.«

»Das ist zweifellos richtig, doch ich will ja nicht nur dies. Um eine Kassierung des Urteils gegen Asclepiodorus und Jochai werde ich ihn bitten.«

Marcus sprang auf, lief erregt in dem Raum auf und ab. »Vater, das darfst du nicht tun. Du kannst nicht bei Trajan um Gnade für Anhänger des Maternus bitten.«

»Doch, ich kann, und ich werde!«

»Und wenn ich dich darum bitte, es nicht zu tun?«

»Marcus, versteh mich doch, ich muß es tun. Du weißt nicht, was Cassius Asclepiodorus für unsere Familie getan hat, als Nero meinen Vater und meine Schwester ermorden ließ. Bedenkenlos hat er seinen ganzen Besitz für uns geopfert und sich großen Gefahren ausgesetzt. Ich muß versuchen, ihm zu helfen.«

Enttäuscht stellte sich Marcus vor, welchen Eindruck es auf den Kaiser mache, wenn der Vater des Marcus Soranus um die Begnadigung politischer Widersacher bat. Eine Hoffnung bestand noch, wenn auch eine winzige nur; Sura. Der mußte helfen, ehe Trajan in Rom ankam.

»Hier habe ich dir etwas mitgebracht, du kannst es behalten.« Lucius reichte Marcus mehrere verschnürte Rollenpakete über den Tisch.

»Alexander und Caesar von Plutarchos«, las dieser. »Wo hast du das her?«

»Von Apollonius, und der hat es direkt vom Verfasser bekommen.«

»Es scheint mir interessant zu sein.«

»Lies es, und sage mir deine Meinung dazu.«

Marcus nickte und verabschiedete sich bald darauf.

Schnurstracks eilte er zu Suras Palast.

Licinius Sura sah übernächtigt und blaß aus, dicke Tränensäcke unter den Augen. Mit einem müden Lächeln begrüßte er Marcus, gut sehe er aus, kein Wunder, in den Armen einer schönen Frau lebe man eben auf, während er sich mit den Glaubensakten Roms seit Anbeginn des Bestehens herumplagen müsse. Ein Glück, scherzte Sura, daß bei dem Brande Roms mehrere Aktenbündel verbrannt seien, sonst wäre die Anstrengung nicht zum Aushalten. »Im Vertrauen«, sagte er, »meistens hatten die Imperatoren das Pontifikat auf Lebenszeit inne, aber um eine ordentliche Aktenführung hat sich nie ein Kaiser-Pontifex bemüht.«

Endlich konnte Marcus ihm den Grund seines Kommens erklären.

Die Falten auf des Senators Stirn vertieften sich. Leider, erklärte er nach einer Weile des Nachdenkens, könne er nichts tun, das müsse Trajan entscheiden.

Als Marcus auf die Jüdin zu sprechen kam, schien sich Suras eine merkwürdige Erregung zu bemächtigen.

»Verschleppt«, rief er schrill, »in Ephesos verschleppt?«

Dann versank er ins Brüten. Aber bald glättete sich seine Erregung, und gelassen und mit normaler Stimme sagte er, daß die Jüdin bestimmt eines Tages in Rom erscheinen werde.

Das hätte er auch schon seinem Vater angedeutet, erwiderte Marcus.

»Er mag alles Trajan vortragen.«

»Glaubst du nicht«, sagte Marcus verlegen, »daß Trajan dies ungnädig aufnehmen wird?«

Sura verstand und lachte.

»Nein, du hast nichts zu befürchten, dein Vater auch nicht. Nur zum Konsul wird er ihn dann nicht mehr machen«, scherzte er. Beruhigt verließ Marcus Sura.

Herolde trugen die Nachricht von der bevorstehenden Ankunft des Kaisers in alle Stadtteile Roms. Sie verkündeten die Absicht des Imperators, Getreidespenden in bisher nie dagewesenem Ausmaß zu verteilen und Spiele abzuhalten. Das Volk Roms geriet bereits vor dem Eintreffen des Kaisers in Hochstimmung.

»Spiele, endlich wieder Spiele«, jubelte die Plebs, war sie doch unter dem Prinzipat Nervas um dieses unschuldige Vergnügen geprellt worden.
Endlich dämmerte der Dezembertag herauf, an dem der Imperator Rom betreten würde. Ein kühler, trockener Wintertag. Als meinten die Götter es gut mit dem Kaiser und dem Volk von Rom, stieg die Sonne über den Albanerbergen empor. Ihre Strahlen durchstachen den Dunst wie flammende Schwerter. Bereits in den frühen Morgenstunden säumten Schaulustige die Wege zum Palatin und zum Kapitol, überfluteten das Forum und drängten sich in den Gassen und Straßen der Subura.
Auch Lucius und Lakotris hatten sich in die wartende Menge eingereiht. Erst hatte Lucius es strikt abgelehnt, dem Spektakel, wie er es nannte, beizuwohnen. Dann bat ihn Lakotris, denn den Einzug eines Kaisers in seine Hauptstadt bekäme man nicht täglich zu sehen. Außerdem müßte sich Lucius den Mann ansehen, den er um Gnade für seine verbannten Freunde bitten wolle. Später könnte er als Augenzeuge darüber seinen Enkeln berichten.
Das würde schon Marcus besorgen, hatte er geantwortet.
Aber anders als du, meinte sie trocken. Schließlich hatte er nachgegeben und wartete mit ihr unter Tausenden.
Ein Schrei der Begeisterung, donnernd und ohrenbetäubend, pflanzte sich in der Menge fort. Lucius überfiel es eiskalt. Er liebte derartigen Massenjubel nicht, erinnerte er ihn doch an den Tyrannen Domitian, der solchen direkt angeordnet hatte. Heute war er nicht befohlen, die Bürger Roms brachten ihn dem Imperator aus freien Stücken dar. War das nicht ein entscheidender Schritt zu einer besseren Zeit?
»Heil Trajan!«, »Heil Vater des Vaterlandes«, »Herr und Gott«, schrie eine vereinzelte Stimme, nur wenigen vernehmbar.
Lucius und seine Nachbarn lachten. Einer sagte, daß dieser noch nicht erfahren hätte, daß das Scheusal schon drei Jahre tot sei. Der Kaiser kam zu Fuß inmitten eines kleinen Gefolges.
Fest richtete Lucius seinen Blick auf den Imperator. Die Würde und ruhige Stärke ausstrahlende, hochgewachsene Gestalt erinnerte ihn an Curiatius Maternus. Die beiden, fand Lucius, glichen sich wie Brüder. Trajan war jünger und sein Blick zwingender und bestimmter. Freundlich lächelnd winkte der Kaiser in die jubelnde Menge. Seine und Lucius' Augen trafen sich und ruhten einen kurzen Moment ineinander.
Eine starke, willensgeladene Persönlichkeit, durchfuhr es Lucius, die ihre Vorstellungen und Wünsche verwirklicht, um welchen Preis auch immer. Nun war der Kaiser bereits vorüber. Nach ihm kamen die Kaiserin mit einem kleinen Gefolge, und bald waren auch sie entschwunden. Die Menge folgte dem Zug nach.
Auf dem Kapitol erwartete ihn der *Pontifex maximus* Lucius Licinius Sura, im feierlichen Ornat an der Spitze seiner Priester und geleitete sie in den Tempel. Das

Volk wartete geduldig, bis die Opferhandlung vollzogen war. Mit weithin vernehmbarer Stimme verkündete dann der Pontifex maximus, die Zeichen, die die Götter in ihrer weisen Vorsehung gegeben hätten, stünden gut für den Imperator Marcus Ulpius Trajanus. Ein donnernder Jubelschrei brandete zum Kapitol empor, brach sich an den Mauern des Jupiter-Optimus-Maximus-Tempels und stieg in den blaßblauen Winterhimmel.

Der kaiserliche Zug wandte sich nunmehr zum Palatin.

Am Eingang des Palastes erwartete Titus Claudius Livianus an der Spitze der Prätorianer den Kaiser.

Trajan zog sein Schwert aus dem Wehrgehenk, reichte es dem Präfekten und sagte: »Nimm dieses Schwert und gebrauche es – wenn ich gut regiere für mich, wenn schlecht, wider mich.«

Die Nächststehenden gaben die Worte Trajans weiter, so daß sie auch Lucius erreichten. Markerschütternd das Schreien der Menge, die sich in einen Rausch der Begeisterung und Ekstase hineinschrie. Die Kaiserin wandte sich jetzt zur Menge. Der Herold befahl mit seinem Stab Ruhe. Laut sagte die Kaiserin: »So trete ich in dieses Haus, wie ich es wieder verlassen will.«

Dann verschwand das Kaiserpaar im Palast.

Die Menge lärmte und schrie, erging sich in Lobeshymnen über das sympathische Kaiserpaar, dessen Bescheidenheit und Freundlichkeit. Der Kaiser, so hörte Lucius sagen, sei schlicht und einfach, in einer normalen Feldherrenausrüstung und nicht im protzigen Prunkgewand ...

Eine gutaussehende Frau, am Fuße des Kapitols stehend, blickte traurig vor sich hin. Ihre Gedanken weilten in der Vergangenheit: Vor achtzehn Jahren war sie mit ihrem Gatten zum Palatin hinaufgestiegen. Der gigantische Palast stand noch nicht, den hatte erst Domitian erbauen lassen. Sie seufzte. Warum konnte ihr Gatte nicht so bescheiden auftreten wie dieser Trajan, und wenn er es nur gespielt hätte? Das Volk sah so etwas gern. Domitian könnte heute noch leben, und ich wäre Augusta, hätte ihn nicht der Größen- und Verfolgungswahn gepackt. Tränenden Gesichts bahnte sie sich einen Weg durch die Massen, die dem Amphitheater zuströmten, um sich Plätze für die in wenigen Stunden beginnenden Spiele zu sichern.

Lucius hatte die Tür seines Hauses hinter sich geschlossen. Nachdem der alte Sklave ihm und Lakotris die Mäntel abgenommen und bequeme Hausgewänder gereicht hatte, sagte er: »Nun bleibe ich die nächste Zeit wie ein Tier im Bau. Erst wenn sich die Feierstimmung beruhigt hat, gehe ich wieder aus. Hoffentlich besucht uns Marcus nicht in den nächsten Tagen, denn seine Anbetungsreden und Hochstimmung könnte ich nicht gut ertragen.«

»Du bist ungerecht. Immerhin hat er uns das Haus geschenkt. Er ist uns immer willkommen. Laß ihm doch seine Begeisterung. Vielleicht hat er sogar recht. Dieser Trajan ist ein außergewöhnlicher Mann.«

Irritiert suchte er in ihrem Gesicht zu ergründen, was sie damit meinen könnte.
»Er gefällt dir?« fragte er scharf.
»Ja, er ist ein stattlicher Mann, der Ausstrahlungskraft besitzt.«
Lucius griff sich an die Stirn und rief: »Noch ein Trajan-Verehrer in der Familie. Warum bin ich nur so gestraft? Lakotris, beeilen wir uns doch, gleich heute eine Büste dieses besten aller Kaiser und wunderbarsten aller Männer zu erwerben und hier im Atrium aufzustellen.« Es sollte ein Scherz sein, doch sie hörte den bitteren Ernst hinter den Worten. Sie lächelte, denn sie bemerkte mit dem feinen Sinn einer liebenden Frau die Eifersucht.
»Wir werden sehen, wie gütig dieser Kaiser ist, wenn ich ihn um eine Gefälligkeit bitte«, setzte er bissig hinzu.

In der ersten Sitzung der Kurie im Januar des Jahres 853 erwartete Trajan ein überwältigender Empfang. Stehend akklamierten die Ehrwürdigen Väter, klatschten und trampelten. Endlich ein Imperator aus ihrer Mitte, ein Kaiser ihrer Wahl und nicht der degenerierte Nachkomme eines herrschenden Augustus.
Der noch amtierende Konsul, Aulus Cornelius Palma, hatte Mühe, seiner Stimme durch das Jubelgeschrei hindurch Gehör zu verschaffen, um die Sitzung eröffnen zu können. Er schlug als ersten Punkt dem Senat die Ernennung des Imperators und des Sextus Frontinus zu Konsuln vor. Die Kurie stimmte zu, denn dies war schon vorher abgesprochen gewesen.
Der Kaiser und Frontinus begaben sich zu den kurulischen Stühlen. Während sich Frontinus lässig im Stuhl niederließ, trat der Imperator vor die Sitzreihen, um seine erste Rede vor den Ehrwürdigen Vätern zu halten.
Laut, deutlich artikulierend, manchmal abgehackt, schmetterte die Stimme des Imperators. Ohne rhetorische Schnörkel, in kurzen Sätzen, sprach er den Senatoren seinen Dank aus und erläuterte sein Regierungsprogramm. Nochmals betonte er sein bereits gegebenes Versprechen, keinen Senator ohne Einwilligung des Senats zu strafen. Sicherheit und Stärke Roms, Hebung des Wohlstandes und Kampf dem Elend erklärte er zu seinen größten Aufgaben. Die Feinde Roms werde er militärisch bekämpfen und in deren eigenen Ländern niederringen, um somit Ruhe und Größe des Imperiums zu sichern.
Tumultartiger Beifall.
Dann trat Plinius vor die Senatoren. Der mittelgroße Mann mit dem runden glatten Gesicht, den kurzen, nach vorn gekämmten braunen Haaren war, seiner rhetorischen Fähigkeiten und auch seiner Parteinahme für Trajan wegen, vom Senat auserkoren, eine Lobrede zu halten. Mit wohlgesetzten Worten, gut formulierten Sätzen, an Quintilian geschultem Stil, pries er den Kaiser als einen maßvollen, milden, gerechten und selbstlosen Herrscher, der kein Tyrann, sondern wie Augustus ein Retter und Erhalter des Staates sei und der, einem Herkules gleich, alle Mühen trüge. Trajan sei das philosophische Idealbild eines Herrschers, wie es Dio

von Prusa gefordert habe. Er steigerte sich, die Vergleiche immer kühner bis zu den Göttern emportragend.
Trajans Miene verriet mit keinem Zeichen, was er über das Lob des Plinius empfand.
Licinius Sura widerte die plumpe Schmeichelei des Plinius an. Ein Domitian hätte diese Rede genüßlich in sich eingesogen wie Wohlgerüche orientalischer Essenzen. Suras Blick suchte Trajan. Das steinerne Gesicht verharrte unbeweglich. Er genießt es, dachte Sura, eitel ist er ja, mein Freund Marcus Ulpius Trajanus. Sein Blick wanderte zu Veiento, Ostorius Sabinus, Tacitus und Palma. Gespannte und beifällige Aufmerksamkeit allenthalben. Plötzlich blieb der Blick an Regulus hängen. Der frühere Spitzel Domitians, der Glabrio angeklagt hatte, nickte zu jedem Lobeswort des Plinius, so als spräche der ihm aus der Seele. Endlich war auch das vorüber. Was tat Trajan denn jetzt? Sura glaubte seinen Augen nicht trauen zu können: Der Kaiser erhob sich aus dem Konsulsessel und trat zu Plinius, dem er die Hand reichte.
Die Rede hat er genossen wie ein angenehmes Bad, und nun dankt er dem Panegyriker, dachte Sura verwundert, vielleicht brauchten alle Herrscher diese Lobhudelei, vermittelte sie doch den Glauben an ihre Einmaligkeit, Unersetzlichkeit und Unfehlbarkeit.
Die Rede des Plinius und die des Imperators wurden im Wortlaut vom Actuarius von der Rostra auf dem Forum verlesen.
»Gerechtigkeit gegen jedermann ...«, murmelte Lucius Soranus, der unter den Hörern stand, »ich werde sie hoffentlich erleben!«
Nachdem er der kaiserlichen Kanzlei sein Anliegen vorgetragen hatte, erhielt Lucius Soranus tatsächlich nur wenige Tage später eine Audienz bei Trajan.
Der Kaiser empfing ihn in seinem Kabinett, über einen Aktenstoß und Karten gebeugt. Er erhob sich sogar, um Lucius zu begrüßen, nicht wie Domitian, von dem Lucius gehört hatte, daß er von einem erhöhten Tisch göttergleich den Besuchern herablassend die Hand zum Kuß entgegengestreckt habe. Nicht so Trajan. Alles atmete Nüchternheit, kein Pomp, kein übertriebener Kult, nur sachliche Atmosphäre.
Mit einer Handbewegung lud Trajan Lucius zum Sitzen auf einem Hocker vor dem Schreibtisch des Kaisers ein.
»Soranus«, sagte der Kaiser, wobei er den Blick seiner grauen Augen fest auf Lucius richtete, »mein Sekretär hat mir deinen Antrag vorgelegt. Ich freue mich, daß du dich vertrauensvoll an mich wendest, doch ich befürchte, daß ich in dieser Sache nichts für dich tun kann.«
Lucius schnürte es die Kehle zusammen nach den ablehnenden, aber nicht unfreundlich vorgetragenen Worten des Kaisers.
Sein Vater Nerva oder in dessen Namen der Statthalter, fuhr Trajan fort, habe dieses Urteil ausgesprochen, und er, Trajan, könne es nicht selbstherrlich kassieren.

Er sei an die Weisungen des Senats gebunden. Ein Gewaltherrscher wie Domitian habe noch nach Gutdünken strafen und begnadigen können, heute sei das nicht mehr so.
»Imperator«, wagte Lucius zu erwidern, »ein Wort in dieser Sache aus deinem Munde, und die Ehrwürdigen Väter stimmen zu.«
Über Trajans Nasenwurzel wuchs eine tiefe Falte, die Brauen berührten sich fast. Dieser Mensch mit seiner Lappalie langweilt mich, dachte der Kaiser, wenn diese Menschen abgeurteilt sind, sind sie abgeurteilt. Hätten sie sich nicht auf die falsche Seite geschlagen! »Es tut mir leid«, sagte Trajan höflich, aber kalt, »ich kann nichts in dieser Sache tun, als dich meiner Unterstützung versichern, wenn der Ausschuß des Senats deinen Antrag gebilligt hat.«
Trajan blätterte in seinen Akten zum Zeichen, daß die Audienz beendet sei.
Lucius erhob sich und sagte, daß er noch ein Anliegen habe. Leicht mißmutig hob der Kaiser den Kopf. Lucius trug Mikals Sache vor.
Der Kaiser sagte nur lakonisch, daß ihm dies durch Sura schon bekannt sei. Der Termin für Entschädigungen sei bereits lange abgelaufen. Zeit, um Ansprüche geltend zu machen, sei genügend gewesen. Er könne jetzt nicht mehr nachkommen, wie hoch sich das Aciliervermögen belaufen habe. Die Witwe Glabrios erhalte aus dem Fiscus eine jährliche Donation, die ihr erlaube, gut zu leben. Sein Freund Licinius Sura, der den Palast der Acilier damals käuflich erworben habe, biete ihr sogar Wohnsitz bei sich. Um den Jungen kümmere er, der Kaiser sich, damit aus ihm ein tüchtiger Soldat wie sein Vater würde. Der Kaiser fragte nicht danach, ob der junge Glabrio überhaupt die militärische Laufbahn würde einschlagen wollen. Er befahl!
In Lucius mischten sich ohnmächtiger Zorn, Trauer und Enttäuschung. Beherrscht murmelte er noch einen Dank, daß der Imperator geruht habe, ihn zu empfangen.
Versöhnt blickte Trajan zu Lucius und sagte, daß er in der Tat viel zu erledigen habe – wie Herkules im Stall des Augias.
»Übrigens, Soranus, du hast einen äußerst tüchtigen Sohn, der es bei mir, wie alle Tüchtigen, noch weit bringen wird, du kannst stolz auf ihn sein. Und«, der Kaiser lächelte, ein hintergründiges Lächeln, »ein wohlgemeinter Rat von mir: widme deine Energie dem Wohle und dem Fortkommen deines Sohnes, das allein würde sich für dich lohnen, verschwende deine Kräfte nicht an Dinge, die längst vorbei sind und nichts einbringen. Leb wohl!«
Draußen auf dem Gang mußte Lucius sich beruhigen und seine Erregung niederkämpfen. Er hatte des Kaisers letzte Worte richtig verstanden: Trajan wollte ihm nicht helfen, obwohl er sich anfangs geschickt hinter dem Senat versteckt hatte. Doch er hatte sich verraten. Nichts würde geschehen, die Dinge waren vorbei und brachten nichts ein, wie der hohe Herr zu sagen pflegte. War er bis heute bereit gewesen, dem neuen Kaiser Gerechtigkeit widerfahren zu lassen – so haßte

er ihn nach dieser Audienz. Trajan, so fand Lucius, tarnte seine Machtansprüche, die genauso total auf Allmacht zielten wie bei Domitian, geschickt hinter seiner Ergebenheit für den Senat und mit Gerechtigkeit-für-jedermann-Sprüchen. Das Volk und der Senat ließen sich täuschen. »Aber ich nicht«, sagte Lucius laut, so daß ihn die auf den Gängen des Palastes hin und her schwirrenden Beamten erstaunt anstarrten. Apollonius hatte recht, von diesem Mann war nichts Gutes zu erwarten. Die Mehrheit jubelte. Nur wenige standen abseits des Jubels, und er, Lucius Soranus, gehörte dazu.

XXX

Inhaltsleer dehnten sich für Mikal die Tage, seit man sie und ihren Sohn gewaltsam aus Ephesos an einen ihr unbekannten Ort verschleppt hatte und hier, in dem kleinen Haus, vollkommen abgeschieden von aller Welt, gefangenhielt. Drei verschiedene Männer brachten ihr abwechselnd die Mahlzeiten, jeden zweiten Tag durfte sie mit ihrem Sohn zusammensein. Dann nahm ihn einer der Männer wieder mit, und Manius blieb bis zum Wiedersehen spurlos verschwunden. Jeden Tag gestattete man ihr, draußen im Garten umherzulaufen, doch nur für eine Stunde. Dann wurden die zwei riesigen Molosserhunde, deren fletschende Gebisse sie von ihrem Fenster aus sehen konnte, von einem der Wächter vor die Umzäunung geführt, wo sie sich tummelten und böse knurrten, kam sie dem Zaun zu nahe.

Mikal versuchte sich zu erinnern: Es mußte an einem Morgen im Oktober gewesen sein, Eleasar und seine Familie waren nicht im Hause, als plötzlich vier Männer durch den Garten in ihr Zimmer kamen, der eine hielt Manius fest und drückte ihm die Hand auf den Mund, um ihn am Schreien zu hindern, während der andere mit einem Dolch auf die Kehle des Jungen zielte. Der Anführer forderte sie auf, keinen Laut von sich zu geben und mitzukommen. Vor Schreck war sie zusammengesunken. Als sie erwachte, versuchte sie zu schreien, doch es war nicht möglich. Irgendein widerliches Tuch, das man ihr um den Mund gebunden hatte, hinderte sie daran. Um sie war Halbdunkel. Aus den wiegenden Bewegungen konnte sie auf eine Sänfte schließen, in der sie weggebracht wurde. Sie wollte hinaussehen, doch auch das gelang nicht, man hatte ihre Arme und Beine fest an den Sitz gebunden. Manius, den sie, nachdem sich ihre Augen an das Halbdunkel der verschlossenen Sänfte gewöhnt hatten, erkennen konnte, war auf die gleiche Weise gefesselt.

Sklavenhändler, dachte sie erschrocken, wollen uns in die Sklaverei verkaufen! Tränen liefen ohne Unterlaß über ihre Wangen. Gerade jetzt, da sie sich von ihrer Krankheit erholt und wieder Freude am Leben gefunden hatte, strafte sie Jahwe auf schreckliche Weise.

Endlich wurde die Sänfte abgestellt. Ein Gesicht erschien unter dem zur Seite geschobenen Vorhang, stinkiger Atem streifte sie, dann wurde es vollends dunkel. Man hatte ihr einen Sack über den Kopf gestülpt. Sie spürte, wie man die Fesseln löste, sie mit derben Händen schmerzhaft packte, aus der Sänfte zog und wegtrug. Dann legte man sie auf ein hartes Lager, fesselte die Hände auf den Rücken und ließ sie allein. Nun vernahm sie Geräusche, polternde Kisten oder Fässer und Kommandorufe. Dann das typische Schlingern. Es war Gewißheit, Sklavenjäger hatten sie und ihren Sohn auf ein Schiff geschleppt, um sie auf irgendeinem Markte anzubieten.
Während der Schiffsreise hatte man ihr die Fesseln abgenommen, sie durfte aber nicht den Verschlag unter Deck verlassen. Manius war bei ihr.
Der Anführer, der auch Kapitän des Schiffes zu sein schien, kam hin und wieder, um nach ihr zu sehen.
»Was habt ihr mit uns vor?« fragte sie mit tränenerstickter Stimme. »Wohin bringt ihr uns?«
Er hatte die Schultern gezuckt und griechisch geantwortet, daß er es nicht wüßte.

Mikal schritt in dem zu ebener Erde gelegenen Raum auf und ab, trat ans Fenster und blickte in den Garten hinaus.
Nachts war Schnee gefallen. Die Berge, die nach allen Seiten das schmale Tal umgaben, leuchteten in einem blendenden Weiß, daß sie die Augen schließen mußte. Im Hof sah sie Abdrücke der Hundetatzen unsymmetrisch und ungeregelt nach allen Seiten auseinanderlaufen. Der Kapitän, dachte sie, schien nicht gewußt zu haben, was man mit ihr und ihrem Sohne vorhatte. Am letzten Tage der Schiffsreise hörte sie nur sagen, daß es schade wäre, daß man sie nicht verkaufen dürfe und nicht … Mikal schauderte, dachte sie daran, was die rohen Seeleute mit ihr hätten anstellen können. Als das Schiff an eine Mole rammte, legte man ihr Fesseln an und stülpte einen Sack über ihren Kopf. Sie wartete. Danach vernahm sie durch den Stoff gedämpft, daß man stritt: Über den Preis der Schurkentat wurde gefeilscht. Später klimperten Münzen, und sie wurde nach oben getragen. Dann eine endlose Reise auf einem Wagen. Bis hierher.
Erst geschah nichts. Die Wächter sprachen nicht mit ihr, gaben keine Antwort auf ihre Fragen, blieben ungerührt von ihrem Flehen, doch den Jungen immer bei ihr zu lassen.
Eines Tages, es mußte schon Ende November gewesen sein, die Platanen auf dem Wege zum Talausgang spreizten ihr kahles Geäst ihrem Blick entgegen, kamen die Wächter mit einem Kohlebecken, ein Mann begleitete sie, den sie bisher nicht gesehen hatte. Er setzte sich ihr gegenüber in den breiten Sessel, stützte die Arme auf die Lehne und musterte sie schweigend.
Mikal hatte ihn ebenfalls genau betrachtet: Ein dunkelbrauner Bart umrahmte das gelbliche Gesicht, aus dem ihr Grausamkeit und Laster unverhüllt entgegenstarr-

ten. Er musterte sie schamlos, so daß sie unwillkürlich mit den Händen über ihr Gewand streifte, um sich zu vergewissern, ob sie nicht nackt sei.
Er bemerkte es und lächelte spöttisch.
»Keine Angst, ich vergewaltige dich nicht, das hat mir mein Auftraggeber ausdrücklich untersagt.«
»Dein Auftraggeber?«
Er grinste. »Glaubst du, ich lasse eine Frau aus Ephesos bis nach ... bis hierher bringen für nichts und wieder nichts? Du bringst mir viel Geld ein und noch mehr, wenn du schnell meinen Wunsch erfüllst.«
»Deinen Wunsch?« Sie starrte ihn fassungslos an.
»Ja, einen Wunsch, aber wenn du ihn nicht erfüllst, wird daraus ein Befehl, dessen Erfüllung ich unter allen Umständen erzwingen werde. Doch ich hoffe, daß es nicht soweit kommen wird.«
Sie fröstelte, denn sie hielt diesen Menschen jeder Gemeinheit für fähig.
»Es sind unglückliche Umstände, daß wir dich so lange hier festhalten mußten. Mein Geschäftspartner weilte längere Zeit nicht in Rom, auch ich war geschäftlich außer Landes.«
»In Rom? Bin ich denn in Italien?«
»Natürlich, wo dachtest du denn? Also genug der Schwätzerei, kommen wir zum Geschäft.«
Mikal raffte all ihren Mut zusammen und lachte ihm höhnisch ins Gesicht.
»Ein schönes Geschäft, bei dem der eine gezwungen wird, dem anderen willfährig zu sein, weil er keine andere Wahl hat. Unter Geschäft verstehe ich einen Tausch. Was hast du mir zu bieten?«
Ihr Mut verblüffte ihn. Dann lachte er los und sagte: »Dein und deines Sohnes Leben und die Freiheit.«
»Wer gibt mir die Garantie, daß ich nach Ableistung des Geforderten, was es auch sei, Leben und Freiheit behalte? Wenn man mich tötet, wen kümmert das?«
»Mein Auftraggeber will deinen Tod nicht, nicht einmal ein Haar soll dir gekrümmt werden. Er will nur eines von dir wissen: Wer hat dich damals aus Mylae nach Rhegium aufs Schiff gebracht? Einen Namen und nicht mehr. Nicht viel. Sag ihn, und du bist frei!«
Erleichtert atmete sie auf. Nur den Namen wollten sie, das war wirklich nicht viel. Den konnte sie beruhigt preisgeben. Oder? Sie überlegte und betrachtete dabei sein Gesicht. Irgend etwas ließ sie zögern. Bestimmt brachte sie ihren Retter in Gefahr. Aber wodurch, vermochte sie nicht zu sagen.
»Na los, dann haben wirs hinter uns.«
»Wozu braucht dein Geschäftsfreund diesen Namen? Ich weiß ihn nicht mehr.«
»Du lügst«, schrie er zornig.
»Wenn ich ihn nicht mehr weiß, was kann ich dafür. Es war ein Freund meines Mannes.«

Blitzschnell und hart schlug er Mikal ins Gesicht. Sie schrie auf. Der Schlag brannte wie Feuer auf der linken Wange.
»Du siehst, mein Täubchen, ich kann auch anders. Also den Namen!«
Sie schwieg. Er schlug nochmals, härter als beim ersten Mal. Mikal spürte einen süßlichen Geschmack im Mund: Blut.
»Los, spucks aus, jüdische Hure, sonst prügle ich es aus dir heraus.« Er schlug wiederholt Mikal ins Gesicht, worauf es sich dunkelrot färbte und stark anschwoll. An den Wangen war die Haut geplatzt. Sie litt, daß ihr die Tränen liefen und in den Wunden zusätzliche Schmerzen bereiteten, doch sie schwieg.
»Gut«, schrie der Peiniger, »ich habe noch andere Methoden.« Er rief Namen nach draußen, woraufhin die beiden Wächter erschienen. Dem einen gab er ein Zeichen, der drehte Mikal die Hände auf den Rücken und band sie hinter der Stuhllehne zusammen. Der andere verließ den Raum und kehrte mit einem eisernen Haken zurück, den er in die Glut des Kohlebeckens legte.
»Du hast noch Zeit zu reden, ehe wir dich rösten. Los, spiel hier nicht die Heldin!«
Mikal schwieg.
Er gab ein Zeichen. Der eine Wächter riß Mikal den Ärmel ihres Gewandes von der Schulter bis zum Ellenbogen mit einem Ruck auf. Der andere nahm den Schürhaken aus dem Feuer, seine Spitze glühte rot. Er fuhr Mikal an den nackten Oberarm. Die Hitze brannte furchtbar bereits ohne Berührung der Haut.
»Nun?«
»Nein!« schrie sie haßerfüllt.
Er schnippte mit dem Finger. Zischend fuhr die glühende Spitze in das Fleisch. Mikal schrie auf. Der Schmerz war fürchterlich und unerträglich. Sie biß auf die geschwollenen Lippen, daß Blut das Kinn herunterrann. Noch zweimal stieß das heiße Eisen in das nachgebende Fleisch. Dann verlor Mikal das Bewußtsein. Als sie vor Schmerzen erwachte, spürte sie Kälte. Sie war allein in ihrem Zimmer, der Oberarm mit einem Verband umwunden. Die Peiniger hatten aufgegeben, dachte sie stolz, doch fast wahnsinnig vor Schmerz.
»Nun, aufgewacht?« Der Peiniger stand an ihrem Lager.
»Du bist eine tapfere Frau, alle Achtung. Doch wir bekommen den Namen von dir. Wollen wir wetten?« Er klatschte in die Hände. Seine beiden Spießgesellen traten ein und schoben Manius herein. Er sah seine Mutter und erschrak, riß sich los und stürzte an ihr Lager. Brutal rissen ihn die beiden Wächter zurück. Der eine schob mit betonter Langsamkeit, so daß es Mikal beobachten konnte, den vorn gekrümmten Eisenstab in die Glut. »So, meine tapfere Jüdin, mal sehen, ob du es auch so tapfer erträgst, wenn wir deinen Sohn ein wenig brandmarken!«
Ihre Augen weiteten sich vor Entsetzen. Schreckten denn diese Unmenschen vor nichts zurück?
»Nein! Hört auf!« Schrill klang ihr Angstschrei. »Ich sage den Namen.«

Der eine hielt den Schürhaken mit der glühenden Spitze drohend in der Hand und schwenkte ihn in der Luft.
»Marcus Soranus war es.«
»Na, also, warum nicht gleich. Warum mußtest du dich so quälen? Das war doch nicht nötig. Ich wußte doch von vornherein, daß du es uns sagen würdest. Heute abend lassen wir dich frei. Du kannst uns nicht schaden, du kennst uns nicht. Ich bekomme viel, viel Geld für diese Auskunft. Natürlich hatte ich auch Spesen. Erst dich finden, dann dich nach Italien bringen. Aber nun ist es vorbei.«
Manius kniete neben seiner Mutter und weinte. »Arme Mutter, wie haben sie dich gequält.«
»Wo bringt ihr mich hin?« fragte sie schwach.
»Nach Rom!«
»Was soll ich in Rom? Ich habe dort niemanden.«
»Das ist deine Sache. Wir setzen dich vor deinem ehemaligen Palast ab. Der jetzige Besitzer, der allgewaltige Licinius Sura, soll dich aufnehmen, schließlich muß er dankbar sein, daß dein Mann so einen prächtigen Palast hinterließ.«

Es war bereits dunkel. Eisiger Wind fegte durch Rom, als die drei Männer auf dem Aventin Mikal und ihren Sohn aus dem Wagen stießen und im halsbrecherischen Tempo davonfuhren.
Mikal vermochte sich kaum aufrechtzuhalten.
»Mutter«, sagte der Junge, »wo ist der Palast, der uns gehörte?«
Sie deutete mit der Linken auf ein dunkles hohes Gebäude.
»Ich gehe hin und bitte um Nachtlager.«
»Nein, das können wir nicht tun. Wenn ich nur wüßte, wo der ältere Soranus wohnt. Zu dem könnten wir gehen.«
Der Junge rannte davon und schlug an das große Tor.
Die Tür öffnete sich einen Spalt, und eine ungehaltene Stimme fragte nach dem Begehr.
»Ich bin Manius Acilius Glabrio, meinem Vater gehörte dieser Palast.«
Die Stimme innen wurde zornig und drohte, er sollte sich wegscheren, Glabrio kenne er nicht.
»Ich will zu deinem Herrn, dem edlen Licinius Sura.«
Der Türsklave tobte laut, wollte aber in der Kälte und aus Angst das Tor nicht weiter öffnen.
Manius schlug wie wild dagegen.
»Verschwinde«, kreischte der Sklave, »oder ich laß dich ...«
Manius schrie laut, daß er zu Senator Sura wolle.
Eine Stimme fragte drinnen verärgert, was dieser Lärm bedeute. Der Türsklave rief, daß ein Landstreicher den Herrn zu sprechen wünsche.
»Jag ihn weg«, hörte Manius sagen.

»Sura«, schrie er mit aller Kraft durch den Spalt, »ich bin Glabrio.«
Schritte kamen zum Tor. Eine Stimme befahl: »Öffne!«
Ein Mann stand im Licht, das aus dem Innern in die Dunkelheit flutete.
Licinius Sura sah den Jungen, der vor Kälte schlotterte.
»Du sagst, dein Name ist Glabrio. Bist du allein?«
»Nein, meine Mutter ist da vorn, sie ist schwer verletzt. Man hat uns verschleppt, gefangengehalten und meine Mutter mißhandelt«, sprudelte der Junge in einem Atemzug hervor.
»Komm mit«, sagte Sura und eilte die Straße hinab. Tatsächlich, da lehnte eine zusammengesunkene Gestalt an einer Säule. Der Senator nahm die Leblose in seine Arme und trug sie in den Palast. Im Atrium legte er sie auf eine Bank und blickte die Ohnmächtige an.
Bei allen Göttern, das war sie! Sein Herz klopfte zum Zerspringen. Die Götter selbst hatten sie in sein Haus geführt. Seine Finger streichelten ihre Wangen, fuhren über die von blutigem Schorf überzogenen Wunden, strichen zart über die geplatzten Lippen.
»Mein Gott, welches Vieh hat sie so zugerichtet?« stöhnte er.
»Aulus«, rief er nach seinem Leibarzt.
Der kam, als hätte er darauf gewartet, angetrippelt.
»Bringe die Frau ins Bad und hilf ihr! Dann rufst du mich, sobald sie mit mir reden kann. Und nun zu dir, mein Junge, komm mit mir.«
Sura führte den Jungen durch das Atrium, eine Treppe empor in sein Arbeitszimmer.
Manius nahm jede Einzelheit auf. Hier war er geboren, das war eigentlich sein Palast. Tränen stürzten ihm aus den Augen. Er schluchzte vor Leid. Licinius Sura konnte sich vorstellen, was den Jungen bewegte. In einer Anwandlung von Rührung zog er den kleinen Glabrio an sich, strich ihm übers Haar und sagte: »Ist schon gut, Junge, ich würde auch weinen an deiner Stelle. Doch nun bist du zu Hause, du mußt nicht wieder fort von hier, du und deine Mutter, ihr könnt hier bei mir bleiben, solange ihr immer wollt.«
Manius Glabrio trocknete seine Tränen, blickte zu Sura auf und fragte, ob das wahr sei.
Der Senator nickte.
»Du bist ein guter Mensch, Senator Sura«, sagte der Junge.
Sura schluckte.
»Mein Vater war auch so wie du.«
»Kannst du dich denn noch an deinen Vater erinnern?«
»Ja, ich bin jetzt zehn Jahre, damals war ich fünf.«
Licinius Sura schob den Jungen in einen weichen Sessel und fragte, ob er essen oder trinken möchte. Manius verneinte.
»Nun erzähle!«

Ehe der Junge beginnen konnte, kam Aulus und bat Sura, ins Bad zu kommen. Mikal, in ein sauberes Gewand gehüllt, lag auf einem Liegepolster und blickte auf Sura und ihren Sohn.
»Ich danke dir«, sagte sie leise, denn das Sprechen bereitete ihr Mühe, »du mußt Marcus Soranus ... warnen ... ich glaube, man hat Schlimmes mit ihm vor. Nur ... seinen Namen wollte man ... von mir ... weiter nichts. Dafür ... hat man mich mißhandelt ... Erst als man ... Manius foltern wollte, habe ich ... ihn verraten ...«
»Schon gut, du brauchst Ruhe. Dein Sohn und du, ihr bleibt bei mir, solange ihr wollt. Schließlich war es dein Palast, ich kann nichts dafür, daß ich ihn heute bewohne«, sagte Sura entschuldigend, »doch mir wurde er damals zum Kauf angeboten. Wer waren die Männer?«
»Ich ... kenne sie nicht.«
Er drückte ihre Hand und sagte: »Sie werden es büßen.«
Dann verließ er die Jüdin und ihren Sohn.
In dieser Nacht vermochte er keine Ruhe zu finden. Sie, an die er so oft gedacht und die er dabei immer zum Greifen nah vor sich gesehen hatte, sie war zu ihm gekommen und wohnte mit ihm unter einem Dach. Ein unbeschreibliches Gefühl ergriff ihn. Er lag noch lange wach, und erst gegen Morgen fiel er in einen traumschweren Schlaf.
Es war fast Mittag, als Licinius Sura erwachte. Er fühlte sich matt, und ein unangenehmer Druck lastete wie ein schwerer Steinquader auf seinem Kopf. Langsam nur fand er sich zurecht. Er brauchte eine geraume Weile, um zu erfassen, was gestern geschehen war. Sie war gekommen, atmete die gleiche Luft, dasselbe Dach bedeckte sie ... Dummkopf, schalt er sich, du bist kein Jüngling mehr und sie keine Jungfrau!
Zwei Badediener warteten im Tepidarium auf ihn. Als er sich ihren kundigen Händen unterwarf, fühlte er die Müdigkeit entweichen. Die Wechselbäder ermunterten ihn, und als er, massiert, gebadet und gesalbt, eine Weile auf der Zypressenholzpritsche in ein weißes Byssuslaken eingehüllt lag, wich auch der Druck unter der Schädeldecke.
»Attianus wünscht dich zu sprechen«, rief der Nomenklator in den Raum, daß es von den gekachelten Wänden widerhallte.
Sura befahl, den Gast gleich in den Baderaum zu geleiten. Caelius Attianus warf noch im Gehen den rostbraunen Soldatenmantel ab, der Sklave fing ihn im Fluge auf. Ohne Gruß reichte er Sura eine Pergamentrolle und ließ sich dann auf einem Hocker neben der Pritsche nieder.
»Du bringst Unruhe, Präfekt der Stadtkohorten«, sagte Sura spöttisch, da er wußte, daß dies Attianus ärgerte, denn statt Präfekt der städtischen Kohorten wäre er lieber Prätorianerpräfekt geworden, doch Trajan hatte ihm Livianus vorgezogen.

»Dein Humor wird dir bald vergehen, wenn du dies gelesen hast«, antwortete Attianus scharf.
Sura richtete sich auf und entrollte das Schreiben. Es war ein Brief Varros an Attianus, in welchem dieser berichtete, daß er die besagte Jüdin und ihren Sohn in Ephesos aufgespürt habe, aber diese von Unbekannten verschleppt worden seien. Da er nicht dem Stabe des neuen Statthalters Fuscus Salinator zugeteilt sei, hätte er keine Mittel in der Hand, nach der verschwundenen Jüdin zu suchen. Bis zum Antritt seines neuen Kommandanten auf Creta sei er in Ephesos nur eine Art Privatmann. Zum Schluß des Schreibens bat er Attianus, Sura an dessen gegebenes Versprechen zu erinnern.
Attianus' Blick hatte unverwandt die Züge Suras studiert, um deren Veränderungen beim Lesen zu erfassen. Er sah sich aber getäuscht, denn ruhig und fast heiter gab ihm Sura das Schreiben zurück.
»Jemand spielt uns einen Streich, um die Jüdin als Faustpfand gegen uns zu verwenden.«
»Gegen uns? Ich wüßte nicht, was man mit der Jüdin und ihrem Sohn gegen uns unternehmen könnte«, sagte Sura lässig.
»Ihre Ansprüche ...«
Sura winkte herablassend ab: »... sind verjährt. Trajan lehnt es ab, jetzt noch Domitians Opfer zu entschädigen. Doch nun will ich dir eine Neuigkeit berichten: Die Jüdin und ihr Sohn sind bei mir.«
Attianus glaubte, seine Ohren hätten ihm einen Streich gespielt. Er fragte nochmals. Dann sagte er: »Du hast sie also verschleppen lassen?«
»Nein, wir beide müssen jetzt herausfinden, wer hinter diesem Schurkenstreich steckt. Unbekannte haben Mikal und ihren Sohn entführt, längere Zeit gefangengehalten und mißhandelt. Und weißt du warum?«
Licinius Sura wartete eine Antwort des Caeliers nicht ab.
»Nur, um den Namen dessen zu erfahren, der sie in Mylae den Händen von Domitians Häschern entriß und nach Rhegium brachte.«
Attianus stieß einen Pfiff aus. »Mir kommt ein Gedanke, Lucius«. Attianus sprang auf und lief um das Becken. Die Nägel seiner Stiefel kratzten auf den Marmorfliesen.
»Noch mal: Die Entführer zwangen diese Mikal, den Namen ihres Retters, der sie in Mylae aus den Klauen der von Domitian gesandten Prätorianer befreite, preiszugeben. Glabrio wurde damals ermordet und Regulus verschwand ... Lucius, merkst du etwas?«
Erstaunt folgte Suras Blick dem Hin-und-her-Wandernden.
»Entsinne dich, wir haben einmal darüber gesprochen, daß der alte Regulus für die Ergreifung des Mörders seines Sohnes eine große Summe Geldes ausgesetzt hat ...«
Sura sprang von der Pritsche, schritt an Attianus' Seite um das Becken.

»Mensch, Caelius, du bist ein Genie. Daß ich nicht selbst darauf kam! Casperius Aelianus wollte den Mörder fangen, um sich das Geld zu verdienen. Und jetzt hat der alte Regulus, wie er auch immer Mikal gefunden haben mag, die Jüdin in seine Gewalt gebracht und ihr den Namen entrungen. Denn, der Retter Mikals ist derselbe wie der Mörder ... Unsinn, das Wort Mörder ist fehl am Platze, der Bezwinger des jungen Regulus. Weißt du, was das bedeutet? Daß Marcus Soranus in tödlicher Gefahr schwebt!«

Jetzt war das Erstaunen an Attianus.

»Der junge Soranus war es? Warum sollte der in Gefahr sein? Regulus kann doch nichts gegen ihn unternehmen. Soll er klagen, nein, Soranus hat in Notwehr gehandelt. Trajan würde eine solche Klage abweisen. Überhaupt will er mit dem verjährten Kram aus Domitians Zeiten nicht mehr behelligt werden, denn das langweilt ihn und bringt nichts ein, hat er mir gesagt. Also besteht keine Gefahr für Soranus.«

»Das stimmt, doch Regulus ist ein heimtückischer Mensch und von abgrundtiefer Schlechtigkeit. Sein Haß auf den Bezwinger seines Sohnes hat ihn verblendet, so daß er unter allen Umständen dessen Blut fließen sehen will. Er wird versuchen, Soranus ermorden zu lassen.«

»Nein, das kann er nicht wagen«, widersprach Attianus, »denn wir wissen doch, daß er dahintersteckt.«

»Caelius, ein Mann, der eine Frau derart mißhandeln läßt, um sein Rachegelüst zu befriedigen, der läßt auch einen Mord nicht aus. Wir können ihm nichts, auch gar nichts beweisen, nicht einmal, daß er Aelianus mit der Suche beauftragt hat. Aelianus ist tot. Regulus ist schlau und gerissen genug, daß er nie mit den gedungenen Entführern und Folterknechten jemals selbst in Berührung gekommen ist. Ich bezweifle stark, daß der Anführer je den Namen seines Auftraggebers gehört, geschweige denn mit Regulus direkt verhandelt hat. Das hat Regulus alles über mehrere Zwischenmänner abgewickelt.«

»Wir können ihm also gar nichts anhaben?«

»Nein, es sei denn, er macht in seinem Haß einen Fehler, der ihn entlarvt. Aber jetzt können wir nur eines tun: Soranus warnen und ihn schützen. Auf keinen Fall darf er zum gegenwärtigen Zeitpunkt seinen Freund, diesen Gladiator, in seiner Taverne in Transtiber besuchen.«

»Aber, Lucius, wie stellst du dir das vor? Sollen wir ihm immer eine Eskorte mitgeben?«

»Natürlich nicht. Nur die Gefahr ist groß. Eine Rauferei, eine Messerstecherei auf den nächtlichen Straßen Roms oder in einer der Tavernen von Transtiber. Zurück bleibt ein Toter, zunächst unbekannt, keine Zeugen, keine Schuldigen. Eine lang andauernde Untersuchung, wenn man bemerkt, wer der Tote ist, Verhöre, Folter, vielleicht findet man den, der die *sica* in das Leben gestoßen hat. Ein Todesurteil, na und? Der wahre Mörder sitzt unangefochten und sicher im Dunkel, freut sich seiner gelungenen Rache und spart noch, wenn man den Meuchelmörder faßt, die Hälfte des Mordgeldes ein. Und Soranus, ein hoffnungsvoller junger Mann, ist tot, ausgelöscht, seine Frau eine unglückliche Witwe, seine Kinder arme vaterlose Würmer. Und warum, frage ich dich? Weil er einer bedrängten Frau und einem bedrohten Kinde half und unter Einsatz des eigenen Lebens dem Mörder, diesem Vieh Regulus, die gerechte Strafe erteilte. Mensch, Caelius, diese himmelschreiende Ungerechtigkeit. Ich glaube, wenn Soranus etwas zustößt, bringe ich den alten Widerling Regulus eigenhändig um, und wenn ich für den Rest meines Lebens auf die Galeere müßte. Halte deine Augen offen in nächster Zeit. Ich werde Soranus warnen.«

XXXI

Durch die nachtdunklen Straßen Cyrenes gingen zwei Männer; der Schritt des einen hinterließ auf dem Pflaster die Geräusche seiner Sandalen, zwar leise und gedämpft nur, doch von dem Mann, der ihm folgte, deutlich vernehmbar. Der Verfolger vermied jegliches Geräusch, unhörbar war sein Schritt, nirgends stieß sein Fuß an Kanten oder andere Unebenheiten der Straße. Der Weg war ihm bekannt. Als der andere Mann sich umdrehte, preßte sich der Verfolger in einen Mauervorsprung. Sein Herz klopfte vor Schreck.

Nun stieg der Mann von der Akropolis hinab, durchschritt das Akropolistor, passierte die gespenstisch in ihrer Leere liegende Agora, bog in eine Gasse ein, an deren Ende eine Villa den Weg versperrte.

Der Verfolger wußte, was nun geschah: Der andere lehnte sich an eine Mauer und starrte auf das Haus. Manchmal lag das Haus bereits vollkommen im Dunkel, manchmal drang schwacher Lichtschein aus einem Fenster im Obergeschoß.

Der Mann wartete, meistens ein bis zwei Stunden, dann kam er zurück, schwenkte durch ein schmales Tor in die Nachbargasse, die an die Rückfront der Villa führte. Dies war immer der schwierigste Teil für den Verfolger, da er in diesem Moment zum Verfolgten wurde, weil er dem Zurückkehrenden ausweichen mußte.

Hinter der Villa streckte sich ein mit Palmen und Zypressen überwucherter Garten bis unmittelbar an den Rand eines Abhanges, Mauern säumten den Garten.

Zwischen Mauer und Abhang hing ein schmaler Felsvorsprung, über den der Verfolgte balancierte, dann mit beiden Händen den Mauerrand erfaßte und sich hochzog. Vorsichtig lief er auf der Mauer entlang, die den Garten zur Gasse begrenzte.

Nicht schlecht, dachte der im Dunkeln wartende Beobachter, von der Gassenseite gelangt er nicht in den Garten, da dort die Mauer zu hoch ist, so wagt er den halsbrecherischen Kletterakt über die Felsklippe.

Nun zog sich der Verfolger zurück, da er wußte, daß der Mauerkletterer auch bald umkehren würde. Er kehrte auf demselben Wege zurück, durch die verlassene Agora, das Akropolistor, hinauf zur Akropolis, von dort noch höher zum Apollontempel. Dann folgte er einem schmalen Gäßchen, in dem nur eine Person Platz hatte und das sich zu einem Rondell weitete. Hier, am Fuße der Gräbervorstadt, trat er an ein quaderförmiges Haus mit zwei Obergeschossen. Mit der Faust schlug er an das schwere Holztor. Als hätte man ihn erwartet, öffnete sich nur einen Moment später das Tor, und er wurde eingelassen. Eilenden Schrittes ging er am Türhüter vorbei, stieg ins zweite Obergeschoß empor, klopfte an einer Tür und trat, ohne die Aufforderung abzuwarten, in ein kleines Gemach, an dem jemand an einem Schreibtisch saß. Zwei Öllampen verbreiteten ein flackerndes Licht.

Cassius Asclepiodorus wies dem Ankömmling eine Sitzgelegenheit zu.

»Wieder wie immer, Nicolas?«

»Ja, Herr, wie immer, er klettert an dem Felsvorsprung entlang und zieht sich auf die Mauer.«

»Und Simonides, ist der schon zurückgekehrt?«

»Zamolxis sei Dank, nein.«

Asclepiodorus' faltiges Gesicht wirkte ratlos.

»Was können wir nur tun? Die ›Bithynia‹ läuft erst in einer Woche ein. Wenn Simonides bis dahin zurückgekehrt ist, gibt es ein fürchterliches Unglück. Jochai hat sich in seinen Rachegedanken so verbohrt, daß keine Vernunftsgründe ihn davon abbringen können. Sogar seinen Sohn Andreas hat er mit seinem Griechenhaß schon verblendet.«

Nicolas, der dakische Sklave, den Asclepiodorus vor zwei Jahren gleich nach der Ankunft in Cyrene einem Schiffseigner abgekauft hatte, fuhr sich mit seiner Pranke durch den zottigen dunkelbraunen Bart, ein Zeichen, daß er überlegte.

Asclepiodorus blickte in das narbige Gesicht des Dakers und dachte, daß er den Kauf noch nie hatte zu bereuen brauchen. Nicolas' Preis war niedrig gewesen. Bei einem verunglückten Wendemanöver des Schiffes, auf dem jener Galeerensklave gewesen war, rammte die eine Seite die Kaimauer. Unter den Galeerensklaven gab es viele Verletzte und auch Tote. Die verletzten Rudersklaven, die für ihre Tätigkeit untauglich waren, wurden billig zum Verkauf angeboten. Wer nicht gekauft wurde, den tötete man, da er unbrauchbar geworden war. Nicolas' rechter Arm war unterhalb des Ellenbogens gebrochen. Ein geringer Schaden, der nach fünf bis sechs Wochen ausheilte. Doch der Schiffseigner hatte keine Zeit und keine Lust, einen kranken Sklaven durchzufüttern.

»Ich hab's, Herr, in zwei Tagen bricht eine Karawane nach Alexandria auf.«

»Ich entsinne mich, daß man dafür noch Begleitpersonal suchte, um den räuberischen Stämmen nicht schutzlos ausgeliefert zu sein. Jochai wird nach Alexandria reisen, und du, Nicolas, wirst ihn begleiten.«

Der Daker nickte zufrieden, war ihm doch unter all den Sklaven und Seeleuten des Asclepiodorus der düstere und schweigsame Jude der liebste.
»Was hast du über diesen Simonides noch in Erfahrung bringen können?«
»Er zählt zu den reichsten Männern hier. Überall von Leptis maior bis Alexandria besitzt er Niederlassungen und Villen. Er handelt mit allem, womit man handeln kann. Und in seinen Mitteln ist er nicht wählerisch.«
»Ich weiß«, seufzte Asclepiodorus, »manches Geschäft hat mir dieser Mensch schon verdorben.«
»Fast alle Töpfer, Weber und andere Handwerker arbeiten für ein Spottgeld nur für Simonides. Er ist unmenschlich, grausam und verderbt. Ich kann Jochai verstehen.«
»Ich auch, doch was kann er allein gegen Simonides ausrichten? Du hast selbst gesagt, daß er eine Leibwache hat. Ein Glück, daß er nicht in Cyrene ist, denn dann hätte seine Wache Jochai bei den nächtlichen Kletterpartien bestimmt schon getötet.«
»Noch eines, Herr, wenn Jochai die Karawane nicht begleiten will?«
Asclepiodorus stutzte, denn daran hatte er nicht gedacht. Dann sagte er hart und bestimmt: »Diesmal muß er. Schon dreimal bat er mich, nicht mit der ›Bithynia‹ auslaufen zu müssen, da seine Gattin erkrankt sei. Jedesmal gab ich nach, obwohl er mir auf dem Schiff fehlte und aus diesem Grunde auch die Verluste wuchsen. Diesmal muß er gehorchen, sonst mag er sich einen anderen Dienstherrn suchen.«
Nicolas hatte den Alten noch nie so zornig gesehen.
Als Asclepiodorus am nächsten Tage Jochai den Auftrag erteilte, stimmte dieser nach kurzem Nachdenken zu.
Am Abend ging Jochai wieder zur Villa des Simonides, starrte hinauf, kletterte auf die Mauer, spähte in den Garten zur Terrasse, um dann, gefolgt von Nicolas, den Heimweg anzutreten.
Früh am Morgen brach die Karawane nach Alexandria auf. Dreißig Kamele mit Ballen, Kisten und Körben beladen, eskortiert von zehn bewaffneten Männern, denen sich am Ortsausgang noch Jochai und Nicolas zugesellten. Andreas, der hochaufgeschossene Sohn des Jochai ben Malachias, gab seinem Vater noch ein Stück Wegs das Geleit.
Als er zum Abschied seinen Vater fragte: »Und deine Rechnung mit Simonides?« sagte dieser nur, wobei seine Augen einen seltsamen Glanz bekamen: »Die wird schon beglichen! Wenn ich nicht mehr dazu imstande sein sollte, dann überlass' ich sie dir als Erbe.«
Des Jungen Augen funkelten, als er versprach, Simonides zu töten.
Dann zog die Karawane weiter, bis Andreas nur noch als winziger Punkt am Horizont zurückblieb und schließlich verschwand.
Nicolas, der das Gespräch zwischen Vater und Sohn mit angehört hatte, drängte

seinen schwarzen Araberhengst nahe an Jochais Braunen. »Jochai«, sagte er, »bürdest du dem Jungen nicht eine zu große Last auf seine schmalen Schultern?«
Der Jude maß den Daker mit einem zornigen Blick. »Das ist meine Angelegenheit, misch dich da nicht ein!«
Gekränkt wandte sich Nicolas ab. Dieser hochmütige Jude, dachte er, rennt in sein Verderben und zieht den Jungen mit.
So vergingen die Tage in trister Eintönigkeit. Wie ein großer Wurm schlich die Karawane langsam weiter. Die Sonne brannte wie ein Feuerofen, Sand drang in alle Ritzen. Morgen endlich würde man Alexandria erreichen, trösteten sich die Reisenden.
Als man sich abends um das Feuer zur Ruhe begab, setzte sich Jochai neben Nicolas. Nachdenklich saß er eine Weile und starrte in die Flammen. Endlich brach er das Schweigen: »Ich habe das neulich nicht so gemeint.«
Nicolas, der zum dunklen Himmel emporstarrte, sagte: »Ist schon gut, Jochai, ich bin ein Sklave und habe kein Recht, mich um die Belange freier Menschen zu kümmern.«
»Damit hat das nichts zu tun. Ich selbst war einmal Sklave. Asclepiodorus ließ mich frei. Er wird eines Tages auch dich freilassen.«
Nicolas seufzte.
»Jochai, ist es nicht seltsam, dieser Himmel da oben, so dunkel, so bestirnt, genau wie zu Hause am Danuvius und doch – mehr als eine Unendlichkeit trennt mich von meiner Heimat. O Zamolxis, du allmächtiger Herr auf dem Großen Berg, laß mich mein Land wiedersehen!«
»Du wirst dein Land wiedersehen, es ist unzerstört, nicht wie bei mir. Meine Heimat hat der römische Stiefel zertreten. Immer und überall sind die Römer, hochmütig und klirrend schreiten sie über die Erde und über die Leiber der Besiegten. Sie verachten alle anderen Völker, die sie mit ihrem eisernen Willen, eines nach dem anderen, in die Knie zwingen und versklaven: heute die Juden, die Gallier, die Germanen und morgen die Daker …«
»Niemals«, rief Nicolas zornig, »niemals werden sie mein Volk in die Knie zwingen. Vor meinem Volk zittern die Römer, wir haben sie besiegt, ihre Adler erobert und zwei ihrer Feldherren, Oppius Sabinus und Fuscus, getötet.«
»Warum bist du dann Sklave, wenn ihr Rom besiegt habt?«
Der Daker atmete schwer. »Das ist eine dumme Geschichte. Aber Zamolxis hat es so gewollt. Nach der unglücklichen Schlacht vor Tapae, die Römer hatten uns besiegt, mußten wir uns in die Berge zurückziehen, um von dort den Kampf fortzusetzen. Doch dazu kam es nicht, denn die Römer zogen, ohne die Vorteile der gewonnenen Schlacht auszunutzen, ihre Legionen nach Mösien zurück. Heute weiß ich, mein erster Herr hat es mir gesagt, daß die Römer den Frieden mit den Dakern dringend brauchten, weil Markomannen, Sarmaten und noch andere Stämme das Imperium bedrohten. Kaiser Domitian schloß einen Frieden mit unserem Kö-

nig Decebal, für den Rom an das Königreich Dakien Geld bezahlte. Doch mir nützte das nichts. Als ich mit meiner Gruppe den Römern nachritt, um zu erkunden, wohin sie sich zurückzogen, wagten wir uns zu weit vor und gerieten einer Nachhut in die Arme. Der Rest ist dir bekannt.«
»Die Römer hatten nach dem Abkommen kein Recht, euch zu Sklaven zu machen. Sie hätten euch als Gefangene austauschen müssen.«
Nicolas lachte bitter und sagte, die Römer kümmerten sich nicht ums Recht, denn sie machten ihr eigenes Recht und das hieß: die unantastbare Macht des Stärkeren.
»Nicolas, wenn wir wieder in Cyrene sind, werde ich Asclepiodorus um deine Freilassung bitten.«
Die Pranke des Dakers schloß sich um Jochais Rechte, daß sie schmerzte.
Am Spätnachmittag des nächsten Tages erreichte die Karawane Alexandria.
Zwischen dem Mondtor und dem Eunostoshafen standen die Speicher des ägyptischen Handelsherrn, der, umgeben von einer Vielzahl von Sklaven, Aufsehern und Sekretären, das Abladen und Verstauen in den Lagerhallen Stück für Stück verfolgte.
Jochai und Nicolas erhielten ihren Lohn ausgezahlt, dann sagte ihnen der Karawanenführer, daß die Rückreise in der Frühe des dritten Tages erfolge.
Damit waren sie entlassen. In der Vorstadt Eleusis fanden sie eine annehmbare Herberge, in der sie auch ihre Pferde gut versorgt wußten. An diesem Abend gingen sie bald zur Ruhe. Die Anstrengung der Reise forderte nachträglich ihren Tribut.
Am nächsten Tag durchstreiften sie gemeinsam Alexandria.
Nicolas staunte über das bunte Treiben dieser Stadt, über die verschiedenartigen Menschenrassen. Als er die Schiffe im Hafen sah, wuchs die Sehnsucht nach Freiheit und Rückkehr in die Heimat übermächtig in ihm. Wenn er …
Jochai, der ihn von der Seite scharf beobachtete, ahnte, was in dem Daker vorging. »Vergiß den Gedanken, Nicolas, du würdest nicht weit kommen. Dein holpriges Latein verrät dich als Barbaren, wie die Römer die Stämme jenseits der Grenzflüsse zu nennen pflegen. Doch das ist nicht einmal das Schlimmste, hier herrscht Sprachengewirr. Deine Unkenntnis der geographischen Lage würde dir zum Verhängnis werden. Das Kreuz wäre dein Ende.«
Um des Dakers Mundwinkel zuckte es schmerzlich.
»Du hast recht, Jochai.«
»Siehst du, ich spreche aus Erfahrung. Ich war landeskundig und wurde bei der Flucht trotzdem eingefangen. Also, ich vertraue dir und lasse dich allein. Du kannst tun, was du willst. Nur bis zum Aufbruch in zwei Tagen mußt du wieder zurück sein.«
Jochai wandte sich ab und folgte der Kanoposstraße in das ehemalige Königsviertel, in dem die Villen und Paläste der Begüterten in der Nachmittagssonne glänz-

ten. Nicolas folgte Jochai. Hin und wieder sah er ihn stehenbleiben, mit einem Passanten sprechen. Die schüttelten den Kopf. Jochai ging weiter, sprach wieder einen Mann auf der Straße an. Endlich einer, der nicht den Kopf schüttelte, sondern mit der Hand in die Richtung wies, aus der Jochai gekommen war. Jochai ging eiligen Schrittes den Weg zurück und bog im Stadtteil Neapolis rechts in eine Straße ein. Nicolas folgte ihm durch das nachmittägliche Menschengewirr und hatte Mühe, ihn nicht aus den Augen zu verlieren.
Vor einer Villa, die ein üppiger Garten umschloß, verhielt Jochai seinen Schritt. Er beobachtete die Pforte. Reich gekleidete Männer gingen dort aus und ein. Sänften hielten, denen verschleierte Frauen entstiegen. Nun schien Jochai genug gesehen zu haben, denn er entfernte sich.
Nicolas trat näher an das Haus. Einen Vorübergehenden fragte er, wer der Besitzer dieses schönen Hauses sei. Der, ein dunkelhäutiger glattrasierter Mann, musterte den bärtigen und narbengesichtigen Daker mit einem hochmütigen Blick und sagte: »Du bist fremd hier?«
Als Nicolas nickte, näselte der Ägypter von oben herab, daß dies das Haus des Simonides sei, aber für ihn, Nicolas, wäre das nichts, denn dafür brauche er viel Geld.
Der Schreck fuhr Nicolas durch alle Glieder: Simonides, der verhaßte Name! O Zamolxis, dachte er, dir kann man nicht entgehen. Jochai suchte Simonides wochen- und monatelang Abend für Abend in Cyrene. Asclepiodorus, der ihn, um ihn zu schützen, nach Alexandria sandte, trieb ihn direkt diesem Griechen in die Arme. Nicolas lachte. Erschrocken entfernte sich der Ägypter.
Das Verhängnis würde seinen Lauf nehmen, wenn er Jochai nicht zurückhielte. Wie konnte er Jochai daran hindern? Langsam schlenderte er durch das Emporion zum Hafen und beobachtete an der Mole die Seeleute, die auf den Schiffen hantierten. Am Ende des Kais sah er zwei Männer an Deck einer Trireme sorgenvoll die Takelung und das Steuer betrachten.
»He, du da drüben«, rief einer der Männer von Bord.
Nicolas drehte sich um.
»Dich meinen wir!«
»Mich?«
»Natürlich, ist doch sonst keiner hier. Bist du zufällig Seemann?«
»Nein!« Aber im selben Moment bereute er es. Warum log er nicht?
»Schade, wir brauchen unbedingt einen Steuermann. Unserer ist gestern abgestochen worden in der Taverne da vorn.«
»Ich kenne einen Steuermann. Er ist aber ein entflohener Mörder und wird gesucht.«
Die beiden Männer blickten sich an, tuschelten miteinander, dann sagte der andere, der bisher geschwiegen hatte: »Ist uns egal. Jeder Tag, den wir länger hier ankern, verkleinert unseren Gewinn. Wir müssen schnell nach Byzantium, um Su-

cinum zu holen. Der Preis steht hoch, denn die reichen Weiber sind scharf auf dieses Zeug. Also bring uns diesen Mann, möglichst im Dunkeln. Was verlangst du?«

Nicolas träumte: Byzantium, von dort wäre es nicht weit nach Dakien.

»Kostenlose Überfahrt nach Byzantium.«

»Abgemacht. Bring uns deinen flüchtigen Steuermann, und du kommst mit nach Byzantium. Ich bin Kapitän Archelaos.«

»Ich heiße Nicolas.«

»Du bist ein Gete?«

»Ja, so nennen uns die Griechen. Wann lauft ihr aus?«

»Sobald der Steuermann an Bord ist. Wenn wir heute keinen finden, dann kommst du nicht nach Byzantium! Also komm bald.«

In Gedanken versunken, kehrte Nicolas in die Herberge zurück. Ein Traum, ein schöner Traum. Er bedeckte den Kopf mit den Händen, wenn er Steuermann wäre, dann …

Doch Zamolxis wollte es nicht …

So saß er eine Weile und dämmerte auf der Pritsche vor sich hin. Plötzlich schnellte er hoch. Noch immer war Jochai nicht zurück. Nicolas erfaßte Unruhe. Was sollte er tun? Sich vor das Haus des Simonides stellen und Jochai am Eintritt hindern! Der Jude war bärenstark. Ob er imstande wäre, ihn zurückzuhalten? Er tastete in Jochais Reisesack. Nun wurde es ihm zur Gewißheit, der Jude hatte den Dolch bei sich.

Nicolas verließ die Herberge und nahm den Weg in Richtung Emporion. Bald hatte er das Haus des Simonides erreicht. Im Obergeschoß sah er aus kleinen Öffnungen Lichtstrahlen dringen. Langsam schlich er an der Mauer entlang, um an die Hinterseite der Villa zu gelangen. Sollte Jochai in das Haus eindringen wollen, dann bestimmt nicht vorn durch den Haupteingang, sondern von hinten durch den Garten. Die Gasse war eng zwischen den Mauern, die Simonides' Villa und das Nachbargrundstück voneinander trennte. Nicolas ging um das gesamte Grundstück herum. Ein Pfad führte schräg von der Gasse zum Hafen. Nun schwang er sich auf die Mauer des gegenüberliegenden Grundstückes und blickte auf die Rückfront des Hauses. Auf der Terrasse stand eine Tür im Garten offen, Flötenmusik drang heraus. Nicolas sah Schatten sich bewegender Männer und Frauen hinter den Vorhängen. Die Flötenmusik verstummte. Stille lag über dem Haus. Auch die Schatten verschwanden. Plötzlich sprang ein riesiger Schatten aus dem Fenster, rannte in den Garten, direkt auf die Mauer zu, zog sich hoch und schwang sich herunter in die Gasse.

Im Hause entstand Bewegung. Schreie ertönten. Männer stürzten in den Garten.

»Jochai«, zischte Nicolas von der Mauer herunter.

»Ja.«

»Renne hier nach rechts, dann den kleinen Pfad wieder rechts direkt zum Hafen. Geh zum letzten Schiff, Kapitän Archelaos, sag, du seist der Steuermann. Schnell, sie kommen.«
Jochai hetzte los und war am Ende der Gasse untergetaucht, ehe drei Männer über die Mauer gesprungen waren. Nicolas drückte sich der Länge nach auf die Mauer. Die Verfolger jagten erst in die falsche Richtung, dann keuchten sie vorüber, Jochai nach. Nicolas schwang sich von der Mauer herab, schlich langsam auf die Straßenseite des Hauses, wollte daran vorbeigehen, als er gepackt wurde. Faustschläge prasselten auf Kopf und Körper, Beschimpfungen, die er nicht verstand. Fußtritte. Die Männer schleppten ihn ins Haus.
»Sag dem Herrn, wir haben ihn.« Brutal zerrten sie Nicolas zu Boden. Ein großer, elegant gekleideter Mann kam die Stufen herab, mit einem Tuch tupfte er unablässig an seiner Wange, von der aus einer schmalen Schnittwunde Blut tropfte.
»Gleich hinrichten«, sagte der Mann, »aber so, daß man uns die Notwehr glaubt.«
Seine Füße traten vor Nicolas' Augen, mit einem wuchtigen Tritt wollte er dem Liegenden gerade ins Gesicht treten, als Nicolas aufblickte. Der Grieche erstarrte. Dann heulte er auf und tobte, dabei ließ er einen Moment das Tuch von der Wange. Sein Blut tropfte zu Boden und hinterließ auf dem Teppich häßliche Flecke.
»Ihr unfähigen Hornochsen, erst laßt ihr einen Mann ins Haus eindringen, der mich ungestört mit dem Dolch verletzen kann, dann bringt ihr mir den Falschen. Wozu gebe ich mein vieles Geld aus? Damit ihr mich schützt! Ihr steckt mit dem Täter unter einer Decke, ihr elenden Verräter. Und du, steh auf!«
Mühsam erhob sich Nicolas, stand vor dem Griechen, der ihn um halbe Hauptes-länge überragte. Mit dem kalten Blick eines Raubvogels senkte Simonides seine hellen Augen in die des Dakers. »Wer bist du?«
Nicolas antwortete, indem er sein gebrochenes Latein noch holpriger sprach.
»Ein einfältiger Barbar«, sagte Simonides.
Die Wächter wagten einzuwenden, daß sie ihn vor dem Hause ergriffen hätten, er hätte von hinten aus der Gasse kommen können.
»Er ist es nicht. Ich habe den Täter gesehen. Er ist noch größer als ich und hatte auf der Wange eine breite rote Narbe. Was wolltest du hier?«
Nicolas lachte dämlich.
»Herr, ich habe gesehen schöne Mädchen in Haus und wollte kaufen Liebe.«
Simonides wußte nicht, ob er lachen oder sich wundern sollte. »Meine Mädchen sind nichts für dich. Du mußt im Hafen zu den billigen Huren gehen. Meine Mädchen zu teuer für Barbar«, äffte er Nicolas nach.
Die Wächter lachten.
»Ich Geld haben, hier, mein Lohn für Monat Arbeit«. Er hielt Simonides den Beutel hin. Der schnürte ihn auf, blickte hinein und lachte laut und schallend: »Für

dieses Geld kannst du meine Mädchen nicht mal mit deinem kleinen Finger an der kleinen Zehe krabbeln, geschweige mit einem anderen Körperteil woanders. Nun geh, du Tölpel. Wo bleibt denn mein Arzt?«

Nicolas verließ eiligen Schrittes die Villa des reichen Simonides. Er vergewisserte sich, daß ihm niemand folgte, und schlug den Weg zum Hafen ein. Das Schiff lag still und verlassen. Mittschiffs brannte eine Laterne.

»Archelaos«, rief er.

Der Kapitän polterte an Deck.

»Was gibts? Mitten in der Nacht«, der Kapitän schien getrunken zu haben, die Stimme lispelte.

»Ich komme mit dem Steuermann.«

»Wo ist dein Steuermann?«

Nun erschrak Nicolas. Sollte Jochai den Weg verfehlt haben und den Häschern doch noch ins Netz gegangen sein? Plötzlich vernahm er schleichende Schritte im Dunkel.

»Jochai?«

»Ja.«

»Kapitän, mein Steuermann ist eingetroffen.«

Der Kapitän schob einen Laufsteg von Deck bis zum Kai und holte ihn gleich wieder ein, als beide an Deck waren.

Er musterte Jochai, klopfte ihm auf die Schulter und sagte, wenn er auch ein Verbrecher wäre, Hauptsache Steuermann.

»Kapitän, es war ein Scherz von mir, um zu sehen, wie notwendig ihr einen Steuermann brauchtet. Er ist weder ein Verbrecher noch ein Mörder noch ein entsprungener Sklave, sondern ein echter Seemann.«

»Haut euch in die Koje, denn morgen in aller Frühe laufen wir aus.«

Als Nicolas und Jochai in dem dunklen Verschlag nebeneinander lagen, seufzte Jochai.

»Nun bin ich ein Flüchtling. Bei Jahwe, ich hätte mir meine Rache erhabener vorgestellt. Einen zu hohen Preis muß ich für einen Moment Genugtuung bezahlen. Wohin steuert eigentlich dieses Schiff?«

»Nach Byzantium.«

»Mich hat Jahwe verlassen. Dir hat dein Zamolxis geholfen, denn von Byzantium ist es nicht allzuweit nach Dakien.«

»Ich weiß. Du kommst mit mir nach Dakien, Jochai. Dort bist du sicher. Nach ein paar Jahren, wenn die Sache vergessen ist, kannst du zurückkehren oder deine Familie nachkommen lassen.«

XXXII

»Du bist also fest entschlossen, gegen die Daker Krieg zu führen?« Hart stand die Frage im Raum. Kaiser Trajan saß nachdenklich in einem Sessel, die langen Beine ausgestreckt, die Arme auf den Lehnen liegend, den Kopf auf die Brust gesenkt. Er hatte die Frage Suras, der an dem großen Tisch aufmerksam die entrollten Karten studierte, nur im Unterbewußtsein wahrgenommen, denn seine Gedanken weilten bereits am Danuvius; er sah die Legionen nach Sarmizegetusa marschieren, sah im Geiste das erste seiner großen gesteckten Ziele erreicht: Decebal bittet um Frieden, er, Trajan, überreicht ihm, dem vor ihm Knienden, großmütig das Diadem. Dakien wird abhängiger Klientelstaat von Roms Gnaden!

»Du willst gegen die Daker Krieg führen?« riß ihn die wiederholte Frage Suras aus seinem Traum.

Er musterte Licinius Sura, der ihn fordernd ansah.

Der Kaiser erhob sich, trat an den Kartentisch. Gebannt folgte Suras Blick den Fingern der kräftigen Hand, die der Schlangenlinie des Danuvius folgten.

»Lucius, ich muß!«

Hart und bestimmt tönte Sura dieses »ich muß« in den Ohren.

»Sieh, hier am Danuvius ist das Imperium gefährdet: die Markomannen, die Quaden, die Jazygen und …« der Zeigefinger fuhr von Aquincum den Fluß entlang bis zu dem Punkt, wo die Tisia in den Danuvius mündete, »die Daker. Sie bedrohen Pannonien und Mösien zugleich. Und im Osten lauern die Sarmaten. Geraten diese Horden erst über uns, dann mögen die Götter uns gnädig sein.« Trajan schwieg. Nach einer Weile legte er seine Linke Sura auf die Schulter. »Lucius, du bist der beste und auch der klügste all meiner Freunde, darum will ich dir als erstem offenbaren, was ich will.« Trajan nahm die Hand von Suras Schulter und richtete den Blick seiner grauen Augen auf den Freund. Doch Sura hatte den Eindruck, daß der Kaiser durch ihn hindurchblicke. Trajans Augen schienen in nebelhafte Fernen gerichtet und vollkommen dem Raum und der Zeit entrückt zu sein. Seine Stimme klang feierlich wie die eines Pontifex, der eine Feier zelebriert.

»Alle Kaiser Roms haben an den Grenzen nur Halbheiten hinterlassen, weil sie sich der törichten Doktrin des Augustus beugten, an den Flüssen Rhenus und Danuvius die Reichsgrenze zu fixieren. Dadurch wurden für das Imperium schwere Gefahren heraufbeschworen. Ich werde diese Gefahren für immer bannen, indem ich als erster Kaiser nach Caesar wieder dessen Plan aufnehme, das Reich offensiv zu erweitern. Die Defensive seit Augustus hat Rom großen Schaden zugefügt. Frech haben die Barbaren ihr Haupt erhoben, Rom provoziert, ohne die entsprechende Bestrafung dafür zu erhalten. Ein Reich in der Defensive befindet sich schon im Rückzug, Lucius. Endlich hat Rom einen Soldaten auf dem Caesarenthron, der dem Imperium die ihm innewohnenden Kräfte bewußtmacht, diese Kräfte weckt, entfaltet und die römischen Adler siegreich in Feindesland trägt.

Dafür, mein Sura, ist die Zeit reif. In Dakien werde ich die Schande, die Domitian über die römischen Legionen gebracht hat, mit einem Sieg tilgen. Ich, Marcus Ulpius Trajanus, werde den römischen Legionen den Nimbus der Unbesiegbarkeit zurückgeben. Ich werde die Niederlagen von Carrhae bis zum Danuvius durch grandiose Siege vergessen machen. Dich, mein Lucius, habe ich zum Helfer ausersehen wie Alexander den Hephaistion. Sei mein Hephaistion, Lucius, hilf mir bei meinem gigantischen Werk, das uns beide Unsterblichkeit bringt.«
Dieser Anspruch Trajans verschlug Sura die Sprache. Er fand keine Worte der Entgegnung. Im Moment vermochte er nicht zu unterscheiden, war das alles ein Wunschtraum Trajans oder war es ein Rausch oder war es kühne Politik? Licinius Sura bekam in diesem Augenblick, da ihm Trajan einen Blick in sein Innerstes gestattete, die schmerzliche Gewißheit, daß er, der schlaue Diplomat, seinen Freund falsch beurteilt hatte. Er hatte Trajans übersteigerten Machtwillen unterschätzt. Sura schloß die Augen. Er schämte und verachtete sich. Trajan lenkte das Imperium virtuos wie ein Wagenlenker im Circus Maximus sein Gespann. Rom reagierte auf jeden Zug, den Trajan auf die Zügel ausübte.
»Nun?« fragte Trajan lauernd.
Sura atmete schwer und schwieg.
Der Kaiser lächelte über die verblüffte Sprachlosigkeit seines Freundes.
»Gigantische Pläne, Marcus, doch auch mit einem Hauch von Unwirklichkeit überschattet.«
Trajan sah ihn zwingend an. »Ich mache es zur unumstößlichen Gewißheit. Doch nun zum ersten Schritt. Hier sind die Aufmarschpläne gegen die Daker. Du prüfst sie und erstattest mir so schnell wie möglich Bericht, was daran noch fehlt; denn ab heute bist du mein Generalstabschef. Hier ein Plan der Straßen und Castelle, die ich in den letzten zwei Jahren am Danuvius habe errichten lassen. Ich habe an eine Truppenstärke von ungefähr achtzigtausend gedacht, um die Daker zu schlagen. Doch dies ist erst ein Entwurf. Von dir erhalte ich dann den endgültigen Aufmarschplan. Du kannst dir fähige Leute zur Unterstützung auswählen, weiterhin erhältst du von mir und vom Senat eine Vollmacht, damit kannst du alles tun, was du zur Lösung deiner Aufgabe brauchst. Ich weiß, Lucius, daß ich mich voll und ganz auf dich verlassen kann und du deine Sache gut machen wirst.«
»Tatsächlich?«
Der Kaiser nickte.
»Wenn ich aber nicht von der Notwendigkeit einer kriegerischen Lösung des dakischen Problems überzeugt bin?«
Irritiert maß ihn der Kaiser. Dann lächelte er. »Du scherzest, Lucius.« Ernst, mit leichtem Unwillen in der Stimme, sagte er: »Weißt du, daß Decebal schon zweimal die Zahlung der mit Domitian vereinbarten Subsidien gefordert hat? Schon das allein zähle ich als unerträgliche Anmaßung. Weißt du, daß er römische Deserteure mit allen Ehren aufnimmt und seine Spione auf römischem Gebiet zum

Überlaufen hetzen? Weißt du, daß er Verbindungen mit Roms ewigem Feind Parthien geknüpft hat? Weißt du, daß er während der letzten Jahre, mit Roms Geldern gerüstet, neue Burgen und Castelle errichtet hat? Wozu? Doch nicht zum Spaß, nein, gegen Rom! Dakien ist eine Bedrohung! Und zwar eine solche Bedrohung, daß man bald die Frage stellen muß: Rom oder Dakien!«
Sura erschrak. Trajan hatte den unumstößlichen Willen zum Krieg und würde jeden, der sich diesem widersetzte, beiseite schieben. »Du brauchst mich nicht zu belehren, denn es war tatsächlich nur ein Scherz«, sagte Sura.
»Das wußte ich, doch für alle Fälle wollte ich dir nochmals die Fakten ins Gedächtnis rufen, die beweisen, daß wir im Recht sind. Gäbe Decebal in allen Forderungen nach, dann könnte eventuell ... Doch lassen wir das. Noch einige Neuigkeiten. Meine Frau hat es doch tatsächlich fertiggebracht, Hadrian und Sabina miteinander zu verkuppeln. In diesem Jahr wird eine große Hochzeit gefeiert.«
Ob das gut gehen würde, fragte sich Sura mit leichtem Zweifel, denn zu unterschiedlich waren beide, die schweigsam-verschlossene Großnichte Trajans und der allen Dingen aufgeschlossene und lebenshungrige Hadrian. Nun ja, vielleicht verband Plotina, die dem jungen Hadrian sehr zugetan war, so daß Klatschmäuler hinter vorgehaltener Hand pikante Dinge mutmaßten, damit einen bestimmten Zweck? Durch die Ehe mit Sabina wurde die entfernte verwandtschaftliche Verbindung mit dem Kaiser enger und eine eventuelle Nachfolge Hadrians nicht ganz ausgeschlossen. Dieser Aspekt gefiel Sura ausnehmend gut: Hadrian als Nachfolger Trajans. Doch das hatte noch Zeit, war doch Trajan erst siebenundvierzig Jahre und sein gestählter Körper im Vollbesitz aller Kräfte.
»Eine sehr angenehme Neuigkeit«, sagte Sura, »doch, wenn du gestattest, werde ich mich zurückziehen, denn die Aufgabe«, er deutete auf die Karten und Rollen, »ist gewaltig.«
Trajan nickte gönnerhaft. Sura war entlassen.

Wochen angestrengter Arbeit folgten. Kuriere jagten von Suras Palast auf dem Aventin nach Mösien, Pannonien und nach Germanien, von dort kehrten Kuriere zurück. Der ehemalige Acilierpalast glich einem Feldherrenzelt.
Marcus Soranus, Fulvius Rusticus und zeitweise Publius Hadrianus hielten sich dem Generalstabschef ständig zur Verfügung.
Und dann endlich war das Werk beendet, der Aufmarschplan gegen die Daker war bis in die letzte Einzelheit festgelegt.
»Sura, du bist ein Genie«, sagte Rusticus anerkennend.
Marcus stimmte ihm zu.
»Lucius, bei allen Göttern, das war eine grandiose Leistung. Er«, dabei deutete Hadrian mit dem Finger in die Richtung, wo der Palatin lag, »hatte allerhand übersehen. Ein Glück, daß er dich hat. Hätte Domitian einen Mann wie Licinius Sura gehabt, wer weiß, was aus ihm geworden wäre.«

Der so Gelobte winkte nur müde ab. Was brachte es, für den Ruhm eines Kaisers zu arbeiten? Er hatte sich die Sache mit Trajan ganz anders vorgestellt. Was würde nach diesem Krieg geschehen? Wieder ein Krieg und so weiter und so fort, denn Trajan hatte beschlossen, von Augustus' Grundsatz abzugehen. Ergo – Krieg gegen die Germanen jenseits des Rhenus flumen. Das würde eine Kette ohne Ende. Sura dachte mit Schauder daran.

Servianus, Frontinus und Plinius hatten im Senat schon richtige Kriegsstimmung entfacht. Es erinnerte an Catos Tage, als dieser bei jeder Sitzung sein stereotypes *Ceterum censeo, Carthaginem esse delendam* herunterleierte. Sogar die Plebs forderte den Krieg gegen Decebal und Rache für Fuscus. Gut ins Werk gesetzt, Trajan, die Bühne ist bereitet, das blutige Spiel kann beginnen! Und doch, sagte sich Sura, ist dieser hochmütige Decebal nicht schuldlos. Warum forderte dieser Barbar die Subsidien? Warum rüstete er, daß sich das Imperium bedroht fühlen mußte? Warum lieferte er die Überläufer nicht aus? Warum konspirierte er mit den Parthern?

Das Imperium und sein Repräsentant Trajan mußten sich herausgefordert fühlen und mit Krieg antworten, versuchte Sura seine Zweifel zu zerstreuen.

»Du siehst müde aus, Lucius«, sagte Marcus, »wir sollten besser gehen, damit du dich ausruhen kannst.«

»Vielleicht hast du recht.«

»Noch etwas, Lucius, du hast mich neulich vor Mordbuben gewarnt. Vor zwei Tagen hätten sie es doch beinahe geschafft.«

Sura fuhr hoch.

»Das erzählst du erst jetzt? Berichte! Und du, Versager«, zornig wandte er sich an Fulvius Rusticus, »du solltest ihn nicht aus den Augen lassen und mir für seine Sicherheit sorgen.«

Fulvius Rusticus zuckte mit keiner Wimper bei diesem Vorwurf.

Marcus lachte auf. »Jetzt verstehe ich, warum du plötzlich auftauchtest. Alles geplant, und ich hielt mich für einen Liebling der Moiren. Dabei waltete deine sorgende Hand, Lucius, ich danke dir. Ich war bei meinem Freund Clodius in Transtiber.«

»Hatte ich dir nicht befohlen, diesen Ort wenigstens eine Zeitlang zu meiden?« unterbrach ihn Sura böse.

»Es war spät geworden, als ich die Taverne verließ, zum Glück hatte ich nur wenig Wein getrunken. Da fielen drei Halunken mit Dolchen über mich her. Hier«, er entblößte den Oberarm, um den ein blutgetränkter Verband gewickelt war, »ein kleines Andenken habe ich davongetragen. Sie hätten mich umgebracht, wäre Rusticus nicht sofort hinter ihnen aufgetaucht und hätte sie ohne viel Federlesens, ehe sie an Gegenwehr denken konnten, abgestochen.«

»Einfach abgestochen?« fragte Hadrian, dessen sportliches Gewissen sich dagegen verwahrte.

»Natürlich«, sagte Rusticus kalt, »sollte ich mich ihnen zu einem fairen Fechtkampf stellen? Es ging um Bruchteile eines Augenblicks. Ich mußte schnell zustechen, denn Marcus hatte keine Waffe bei sich, mit der er sich der Angreifer erwehren konnte. Zum Glück riß er den linken Arm zur Abwehr hoch, sonst hätte der Dolch sein Herz getroffen.«
»Wenn das so ist«, sagte Hadrian.
»Diese Verbrecher und du«, Sura drohte Marcus, »leichtsinniger Mensch!«
»Die Moiren hatten meinen Faden zu durchschneiden noch nicht vor.«
»Und waren es die Entführer?«
»Ja, ich habe Glabrios Witwe an die Leichen geführt. Es war ein alter Bekannter aus Roms Verbrecherkreisen, Malvius.«
»Malvius? Doch nicht der Pirat und Sklavenjäger!«
»Genau der, Hadrian«, erwiderte Rusticus.
Nachdenklich ging Marcus die wenigen Schritte zu Fuß nach Hause. Der Palast der Ostorier lag nicht weit entfernt vom Palaste Suras. Er fühlte Unbehagen, doch nicht wegen des Mordanschlags, dies war vorbei, wenn auch die Wunde am Oberarm schmerzte, sondern wegen seines Vaters. Nachdem Trajan des Vaters Anliegen abgewiesen hatte, spie dieser Gift und Galle auf den Kaiser. Nichts Gutes ließ er an Trajan, nannte ihn machtbesessen und beschimpfte ihn. Daß der Imperator den notwendigen Krieg mit Dakien vorbereitete, hatte den Vater in helle Wut versetzt. Dann hatte er ihn, den eigenen Sohn, bezichtigt, ein Handlanger und Kriecher, ein willfähriges Werkzeug des Kaisers und seiner Machtgelüste zu sein. Der alte Quintus Marcius Barea Soranus fände keine Ruhe im Orkus, wüßte er, was er für einen Enkel hätte. Das schmerzte und war ungerecht. Marcus litt unter dem Zerwürfnis mit seinem Vater, doch nach dieser Beschimpfung hatte er beschlossen, das Haus an der Porta Capena vorerst nicht mehr zu betreten. Vater sollte sich entschuldigen und zu ihm kommen! Lakotris vermochte nicht, dem Streit Einhalt zu gebieten. Schlimm war nur, daß Claudia Vaters Standpunkt vertrat. Dauernd besuchte sie ihn mit den Kindern. Sollte er es ihr verwehren, bis Vater die Beschimpfung zurücknahm? Warum verstand Vater ihn nicht? War es das Alter? Marcus konnte dem Alter dies alles nicht anlasten. Nein, es war seine verstockte Haltung, sein Haß gegen die Macht, ohne zu bedenken, daß Macht nicht gleich Macht war, Welten trennten Domitian und Nero von einem Trajan. Warum nur, dachte Marcus, und der Gedanke schmerzte fast körperlich, wollte Vater das nicht begreifen? Vielleicht würde er es einsehen müssen, wenn Rom unter Trajans Herrschaft zusehends an Macht, Reichtum und Größe gewann und zu nie gewesener Schönheit erblühte.

XXXIII

Der Weg zur Festung Tapae ins Landesinnere stieg leicht an und führte an Dörfern und Burgen vorbei. Die Steigung zwang die Reiter zu einer langsameren Gangart.

Auf den staubigen Gesichtern der zwölf Männer zeichnete sich Erleichterung ab. Einige atmeten tief die frische Bergluft ein. Seit Wochen waren sie unterwegs, um die Festungen auf ihre Verteidigungsbereitschaft zu prüfen, denn jenseits des Danuvius war Bewegung entstanden, Legionen wurden verlegt, Straßen in die Berge gehauen, Castelle gebaut. Das hatte König Decebal veranlaßt, seine Festungen zu verstärken, seine Truppen in Alarmbereitschaft zu setzen und nach dem Westen in die Ebene des Tisia flumen, in das Gebiet der Jazygen, zum Abfangen des ersten Stoßes zu verlegen.

In Gedanken versunken ritt Diegis, der Führer des Erkundungstrupps, voran. Sein gebräuntes Gesicht, das von langen dunkelbraunen Locken umrahmt war, verriet unverhüllt seine Sorgen. Eine innere Unruhe hatte ihn erfaßt, der er nicht Herr zu werden vermochte. Gewiß, was er gesehen hatte, hätte eigentlich beruhigend sein müssen, denn Dakien war eine vor Waffen starrende Festung, die ruhigen Gewissens den anstürmenden Feind erwarten konnte. Und trotzdem gefiel ihm nicht, daß sein Bruder, König Decebal, die Offensive ergriffen und die Truppen in die Tisia-Ebene vorverlegt hatte. Das gab den Römern einen *casus belli* mehr. Dieser Trajan, das schien der königliche Bruder zu vergessen, war kein Domitian, sondern ein Kriegsmann, ein Feldherr vom Scheitel bis zur Sohle, der nur darauf brannte, sich zu bestätigen und Triumph zu erringen.

Diegis ärgerte dieses hochfahrende Selbstbewußtsein des Bruders, doch Decebal ließ nicht mit sich reden. Er war im Bunde mit diesem verschlagenen Groß-Priester, der behauptete, der Sprecher und Vertreter Zamolxis' zu sein und somit Anspruch auf Unfehlbarkeit zu haben. Warum Decebal diesem Priester blind vertraute und nahezu hörig war?

Diegis stieß einen Fluch aus.

»Verzeih, Diegis, daß ich dich aus deinen Gedanken reiße, doch deine Laune scheint nicht zum besten zu stehen?«

Diegis schaute seinen alten Freund, den Fürsten Kertebalos, mit einem Lächeln an, das aber nicht über seine Sorgen zu täuschen vermochte. »Ich glaube, daß der Krieg mit Rom unvermeidbar ist. Nicht nur Trajan, sondern auch bestimmte Gruppen bei uns brennen auf den Krieg. Hast du die Kommandanten in den Festungen gesehen, wie die prahlten, welche Beulen sie den Römern schlagen werden, wenn die anrücken. Gut, wir sind, dank der Umsicht meines Bruders, gut gerüstet, die römischen Ingenieure, die uns damals Domitian schickte, und die römischen Subsidien nutzten viel, doch ob es gegen das Imperium ausreichen wird? Ich hege starke Zweifel.«

»Was sollen wir tun, Diegis«, fragte Kertebalos, »wir haben keine andere Wahl. Entweder wir lassen uns so teuer wie möglich verkaufen oder abschlachten.«
Diegis' Gesicht verzog sich vor Qual.
»Du hast recht, ich sehe diesen Widerspruch, und doch habe ich ein ungutes Gefühl. Ich weiß, mein Bruder hat alles Mögliche getan, um Dakien auf den Ernstfall vorzubereiten, doch er hat in seinem Stolz die Römer herausgefordert.«
Fürst Kertebalos schwieg. Es stand ihm nicht zu, den König zu kritisieren und an königlichen Entscheidungen zu deuteln. Diese Dinge sollten die königlichen Brüder unter sich austragen, er mischte sich da nicht ein.
Hinter dem Bergkamm verschwand die Sonne. Ihre Strahlen, die wie ein Feuerschweif zum abendlichen Himmel emporstiegen, erreichten das Tal nicht mehr, in das die Abendnebel von den Bergen wallten.
Die Reiter hüllten sich dichter in ihre grauen Wollmäntel. Diegis trieb zur Eile. Er wollte Sarmizegetusa vor Einbruch der völligen Dunkelheit erreichen.
Er griff in die Zügel und galoppierte in scharfem Tempo davon. Nach einer Biegung führte der Weg zwischen den Bergen stetig aufwärts und weitete sich zu einem breiten Hochtal. Wachtürme und Mauern versperrten den Reitern den Weg. Diegis blickte hinauf in die Berge, die das Tal von drei Seiten begrenzten. Oben auf der Kuppe sah er Lichter: die Königsburg Sarmizegetusa, wie ein Adlerhorst gelegen, schwer einnehmbar. Und doch spielte Decebal mit dem Gedanken, seine Hauptstadt und den Königssitz hier in das Hochtal herunterzuverlegen, da oben der Platz beengt war.
Diegis wies sich bei der Wache mit dem Losungswort aus, worauf sich ein Flügel des schweren Holztores knarrend öffnete. Die Truppe ritt in das Lager ein. Nur Diegis und Kertebalos ritten einen steilen Serpentinenweg weiter, der sich vom Tal zur Königsburg hoch schlängelte, während die begleitenden Soldaten im Lager Quartier bezogen.
In Sarmizegetusa herrschte Feststimmung. Der König hielt großen Rat in der Burg. Alle dakischen Stammesfürsten und der Groß-Priester mit großem Gefolge waren versammelt, um über Krieg und Frieden zu beraten.
Im großen Königssaal saßen dichtgedrängt die Mächtigen. Vorn standen zwei prächtige Holzsessel, in dem einen saß König Decebal, ein vor Kraft sprühender Mann mit dichten dunklen Locken und gekräuseltem dickem Bart. Mit seinen dunklen Augen blickte er über die Fürsten, die lebhaft gestikulierend an den langen Tischen saßen. Neben Decebal thronte würdevoll im langen weißen Gewand der Groß-Priester des Zamolxis. Sein finsterer Blick entdeckte den eintretenden Diegis. Seine Miene wurde noch einen Schein finsterer. Des Königs Miene leuchtete auf, als er den Bruder und Kertebalos eintreten sah.
Der König hob die Hand. Sofort trat Ruhe ein. Mit klarer Stimme forderte Decebal seinen Bruder auf, den anwesenden Fürsten, dem Groß-Priester und ihm, dem König, einen Bericht über den Zustand der Burgen und Festungen zu geben.

Diegis erschrak, als er sich aufgefordert und im Blickpunkt des Interesses sah. Mit vor Aufregung gehemmter Stimme begann er zu sprechen. Nach den ersten Sätzen gewann seine Stimme die Festigkeit zurück. Er berichtete wahrheitsgemäß, daß die Befestigungen in einem verteidigungsbereiten Zustand seien, die Truppen kampfbereit, aber ob dies gegen die Römer ausreichen würde, das könne man nur hoffen.
Dann sprach der König. Er betonte den Ernst der Lage und daß Dakien den Krieg mit Rom nicht suche und nicht um jeden Preis wolle, aber die letzten Boten des Kaisers hätten dessen unnachgiebige Haltung bestätigt. Der Kaiser wolle unbedingt Krieg, sagte Decebal, sonst hätte er dem dakischen Volk keine dermaßen unannehmbaren Forderungen gestellt. Tosender Beifall. »Rom fordert von uns Auslieferung der römischen Überläufer. Es vereinbart sich nie und nimmer mit der Ehre eines freien Volkes, Schutzsuchende zu verraten! Weiterhin verlangt Trajan, daß wir unsere erbauten Burgen und Festungen schleifen, daß wir die von Fuscus' Legionen erbeuteten Adler und Feldzeichen zurückgeben und daß wir unsere Krone und unsere Macht aus Roms Händen als ein Vasallenstaat empfangen und römische Garnisonen in Dakien aufnehmen sollen. Freunde, derartige Forderungen sind für einen freien Daker unannehmbar.«
Zustimmender Jubel folgte den Königsworten. Nur Diegis blickte düster zu Boden. Er konnte den Jubel nicht teilen.
Dann sprach der Groß-Priester, langsam und bedächtig, die Wirkung seiner Worte und damit seiner Macht voll auskostend: »Durch mich spricht unser Gott Zamolxis zu euch. Er fordert Gehorsam, nur durch Gehorsam zu ihm und damit zu mir und dem König wird er uns seine Hilfe nicht versagen. Wir werden ihm das Opfer bringen, nimmt er es gnädig an, dann zieht er uns gegen Rom voran.«
Diegis schauderte bei dem Gedanken an das Zamolxis-Opfer. Es war ein Mittel, die Daker in Angst und Schrecken zu versetzen und sie zu veranlassen, dem Priester zu gehorchen. Auch dem König schien dies nicht zu behagen.
Alle im Saal forderten das Opfer. Aus den Anwesenden wurde ein des Opfers Würdiger ausgelost. Das Los fiel auf den jungen Fürsten Diurpan.
Man verließ den Königssaal, versammelte sich auf einer Felsterrasse. Die Fackeln beleuchteten die gespannten Gesichter. Der junge Diurpan wurde von den Priestern gefesselt. Dann führten sie ihn eine in Fels gehauene Treppe empor zum Opferplatz des Zamolxis. Trommeln dröhnten, Gesang der Priester brach sich an den Felswänden. Der Groß-Priester sprach eine Litanei mit zum Nachthimmel erhobenen Händen.
Unterhalb des Altars nahmen acht Priester mit Speeren in den Händen Aufstellung, die Schäfte zu Boden gepreßt, die Spitzen drohten nach oben. Acht weitere Priester hoben Diurpan in die Höhe und schleuderten ihn in die Tiefe auf die Speere. Er war sofort tot.
Jubel brandete auf. Zamolxis hatte das Opfer angenommen.

»Wir danken dir, großer Zamolxis! Du hast unser Opfer gnädig angenommen! Das Volk gehorcht dir und zieht in den Kampf gegen Rom. Du wirst uns zum Siege führen! Nieder mit Rom! Mit Zamolxis zum Sieg!« schrie der Priester mit überschnappender Stimme.

Die Fürsten und Mächtigen Dakiens schrien vor Begeisterung und brannten darauf, Zamolxis' Willen zu erfüllen.

Angewidert stand Diegis abseits an die Mauer gelehnt und blickte hinab ins Tal. Einzelne Lichtpünktchen wanderten in der Dunkelheit. Alles lag ruhig und friedlich. Bald würde Feuer gen Himmel züngeln, Blut fließen, Schmerzensschreie durch die Wälder und Täler gellen. Und was gewann Dakien?

Die Freiheit? Vielleicht! Vielleicht auch die Sklaverei! Dieser Priester mit seinem grausamen Opfer. Diurpan war ein guter Kämpfer. Vielleicht fehlte gerade dieser eine Mann?

Eine Hand legte sich schwer auf seine Schulter. »Dir hat das nicht gefallen?«

»Nein, Bruder, es hat mir nicht gefallen.«

»Glaube mir, es gibt keinen anderen Ausweg. Der römische Kaiser ist zum Krieg entschlossen. Damit du nicht glaubst, ich hätte nicht alles versucht, habe ich nochmals Boten geschickt und war sogar zu Zugeständnissen bereit.«

»Das hättest du dir eher überlegen sollen. Dein Hochmut hat dich verblendet. Wie kannst du Rom wiederholt auffordern, Subsidien zu zahlen?«

Der König wurde zornig. »Das ist mein gutes Recht, denn dies ist vertraglich festgelegt. Ich bestehe nur auf Erfüllung des Vertrages.«

»Bruder, du bist ein Phantast. Diesen Vertrag hat Domitian mit dir geschlossen, als er in der Klemme war. Trajan ist nicht Domitian. Du hättest stillschweigend die unehrenhafte Subsidiensache auf sich beruhen lassen sollen. Du hast schlafende Hunde geweckt, auch wenn du im Recht bist. Die Truppenverschiebung in die Tisia-Ebene ist eine Dummheit gewesen und wird von Trajan als *casus belli* benutzt. Bruder«, seine Stimme klang beschwörend, »glaube nicht, daß ich nicht ein freies Dakien erhalten will und daß mir Rom mit seinen Machtansprüchen nicht zutiefst zuwider ist, doch du hast Rom zu sehr gereizt.

Dein Stolz, den dieser Priester noch aufgestachelt hat, bringt uns harte Zeiten. Wir sind gut gerüstet, doch was vermögen wir gegen Rom. Rom erdrückt uns mit seinen Legionen und seiner Kriegstechnik. Wir haben dieser Überlegenheit nur unsere Tapferkeit, unsere Heimatliebe und unseren Freiheitswillen entgegenzusetzen, ob das aber reicht?«

»Und Zamolxis, der mit uns kämpft!«

Diegis lachte laut.

»Aber ob Zamolxis auch für Trajan zuständig ist, das wage ich zu bezweifeln.«

Der König erschrak. »Du lästerst. Wenn das der Groß-Priester gehört hätte.«

»Würde er mich als nächsten auf die Speere werfen lassen«, antwortete Diegis kalt.

König Decebal wandte sich abrupt ab und folgte seinen Würdenträgern in den Saal zurück.
Diegis blieb allein, er konnte nicht am Rausch der anderen teilnehmen. Nur Kertebalos blieb bei ihm.
»Du hast deinen Bruder erzürnt.«
»Mag sein. Er will die Wahrheit nicht hören.«
»Diegis, es gibt jetzt nur eine Wahrheit, der wir alle ins Auge sehen müssen: Krieg gegen Rom. Es gibt keine andere. Glaube mir, dein Bruder hat keine andere Wahl.«
Wie schlimm muß es um eine Welt bestellt sein, in der es keinen anderen Ausweg gibt als Krieg, dachte er bitter, nun dann, dakische Erde, sauge dich voll mit Römerblut!

XXXIV

Immer neue Kolonnen wälzten sich heran: Leichtbewaffnete, Schützenregimenter, Erkundungstruppen. Dann erdröhnte die Erde unter dem Tritt der Schwerbewaffneten, Woge um Woge in nicht endenwollendem Zug. Die gewaltigen Belagerungsmaschinen, die Widder, die Katapulte ... und immer wieder Legionäre, die Reiter mit wehenden Helmbüschen ...
Marcus Soranus konnte sich nicht erinnern, je in seinem Leben eine solche geballte Heeresmacht gesehen zu haben, wie sie Rom gegen die Daker ins Feld führte. Stolz erfüllte ihn, denn er, der Tribun Marcus Barea Soranus, war ein Teil dieser Macht, er gehörte dazu. Immer noch zogen unten auf der Straße nach Tibiscum die Marschkolonnen vorbei. Marcus wendete seinen Falben und sprengte auf die höchste Erhebung des Bergrückens, der an der einen Straßenseite steil aufragte und sich oben zu einem breiten Plateau abplattete. Von dort beobachtete der Kaiser, unmittelbar am Abfall des Berges zur Straße hinunter, den Aufmarsch der obermösischen Legionen. Hinter ihm standen der Präfekt Livianus und Sura. Trajan glich einer Statue. Kein Muskel zuckte. Nur die grauen Augen lebten, sie wanderten über die Kolonnen, die Kriegsgeräte, suchten die Reiterei.
Kuriere sprengten den Hügel herauf.
»Imperator, die Daker haben die Tisia-Ebene kampflos verlassen, als unsere Legionen aus Pannonien den Danuvius überschritten.«
»Imperator, Appius Maximus ist an der Spitze der niedermösischen Truppen im Lager von Tibiscum einmarschiert.«
Sura, zwei Schritte hinter Trajan, atmete auf. Der erste strategische Schritt dieses Feldzuges war getan, mit der Genauigkeit einer Klepsydra hatte sich die Vereinigung der zwei Heeresgruppen vollzogen. Nun konnte der geballte Angriff auf die dakische Gebirgsfestung beginnen.

Der Kaiser warf noch einen Blick auf die unten ziehenden Legionen. Dann wandte er sich um und gab Livianus ein Zeichen, worauf man ihm sein Pferd brachte.
Der Vergleich mit einem ehernen Reiterstandbild drängte sich Marcus auf, als er den Kaiser hoch zu Roß in seinem roten Imperatorenmantel und in dem mit einem Heraklesbild verzierten Brustpanzer, von dem das Licht der Frühlingssonne glitzernd zurücksprang, thronen sah. Schnell löste sich das Bild in Bewegung auf, denn Trajan galoppierte, gefolgt von der Garde, in das Legionslager zurück. Nur Sura und Teile seines Stabs blieben auf der Anhöhe, um das Ende des Truppenanmarsches zu verfolgen.
»Nun, Marcus«, wandte sich Sura an Soranus, »das ist Rom, das neue, das unwiderstehliche Rom, das Rom Trajans.«
Rusticus lächelte spöttisch, glaubte er doch, den zynischen Unterton in Suras Worten erkannt zu haben.
Licinius Sura konnte es noch immer nicht genau sagen, wie alles plötzlich so schnell abgelaufen war. Er hatte immer gehofft, ein Krieg würde sich vermeiden lassen. Trajan konnte Decebals Forderungen nicht nachgeben, und der dakische König wollte des Kaisers Bedingungen nicht erfüllen. Und deshalb stand man hier. Der Senat und das Volk auf den Straßen hatten den Krieg gefordert – geräuschvoll schließlich stieß man in Rom die schwere Tür des Janustempels auf.
Mit hunderttausend Soldaten wollte man den trotzigen Widerstand des kriegerischen Dakers brechen! Wie viele der dort unten Marschierenden und Reitenden würden Rom niemals wiedersehen, wenn sie es überhaupt in ihrem Leben je gesehen hatten? Sura preßte die Lippen fest aufeinander. Der Krieg würde hart und langwierig werden und in diesem Jahr nicht zu Ende gehen. Trajan hatte gelacht und siegessicher verkündet: »Noch vor Wintereinbruch haben wir Sarmizegetusa eingenommen. Ich habe keine Zeit, mich so lange mit den Dakern aufzuhalten, denn ich habe noch andere Aufgaben. Die Besiegung der Daker ist nur der Auftakt, die *conditio sine qua non* für meine weiteren Pläne.«
An dieser Siegesgewißheit des Kaisers wagte der Generalstabschef zu zweifeln. Nun ja, man würde sehen, Trajan führte den Oberbefehl, er, Sura, hatte nur den Plan in seiner Strategie entworfen und die dazu erforderlichen Truppenstärken festgelegt.
Endlich die letzten Einheiten der Legionen und dann der Troß mit den Anhängseln jeder Armee, dachte Sura, und morgen würde es blutig werden. Langsam ritten sie den Berg hinab, wo sich in der Ebene unübersehbar das Legionslager dehnte.

Zur gleichen Zeit, als Sura, Soranus und Rusticus, gefolgt von sechs Stabsoffizieren, das Lager von Tibiscus erreichten, richteten sich etwa fünf Meilen entfernt sechs dakische Späher im Unterholz des Bergwaldes auf, vor dem sich die Ebene von Tibiscum gut von oben übersehbar ausbreitete. Sie hatten genug gesehen. Im Schutze des Unterholzes schlichen sie zu ihren Pferden zurück und galoppierten durch die Schlucht des Apus nach Tapae.

An einen Berghang angelehnt, thronte die Festung Aludava über dem Tal, die erste Bastion von vier, die Tapae schützten. Diegis empfing die Erkundungsmannschaft und starrte düster vor sich hin, als er über die Stärke des römischen Heeres Bericht erhielt.

»Morgen wird es also ernst«, sagte er zum Kommandanten von Aludava, einem blonden Hünen. »Du kennst deine Aufgabe, die Römer so lange aufzuhalten, wie es nur irgend geht, mindestens drei bis vier Wochen. Du bist zwar in einer gefährlichen Lage, Dagio, da die Römer mit der Wucht ihrer frischen Truppen dich hier berennen werden, doch hast du den Vorteil, daß sie sich am engen Taleingang nicht in ganzer Breite entfalten können, sondern nur stoßweise. Sollte Aludava nicht mehr zu halten sein, dann Rückzug zur nächsten Bastion und diese mit vereinten Kräften verteidigen bis Rehidava, der letzten Burg vor Tapae. Von dort leite ich die Verteidigung der ganzen Kette. Also, Dagio, bis Ende August müssen wir die Wucht des römischen Angriffs aushalten oder zumindest abbremsen. Trajan will vor Winterbeginn, so haben mir Boten gemeldet, Sarmizegetusa eingeschlossen haben. Aber der Befehl des Königs lautet, den Römer bis zum Wintereinbruch vor Tapae festzuhalten, denn dann muß Trajan zurück, weil er die riesige Armee dort nicht überwintern lassen kann. Also, leb wohl und ...« Zamolxis, hatte er sagen wollen, doch brachte er den Namen des Gottes nicht über die Lippen, denn dieser trug die finsteren Züge des Groß-Priesters, »... viel Glück.«

Diegis galoppierte mit seiner kleinen Begleitschar davon. Die Sonne war über den Bergen aufgegangen und füllte mit ihrem Licht die Ebene vor Tibiscus. Das riesige Römerheer stand schon kampfbereit. Die Hörner schmetterten, die Tuben dröhnten dumpf, Trajan hob die Hand, die Vorhut rückte vor, gefolgt von den Sturmkolonnen.

Marcus und Rusticus flankierten die Reiterei zur Rechten. Doch was war das? Als die Vorhut in das Tal des Apus eindrang, schlug eine riesige Feuerlohe zum Himmel. Der Wind trieb den Römern dichte schwarze Rauchwolken ins Gesicht. Die Vorhut war hinter dem Feuer den Blicken entschwunden. Marcus glaubte Waffengeklirr und Schreie zu hören. Die Soldaten schlossen die Augen. Der Rauch trieb ihnen Tränen ins Gesicht. Die Sturmkolonnen stockten. Der ganze Vormarsch kam zum Stillstand. Legaten, Melder galoppierten zurück zum Stab, von dort zum Imperator. Der befahl die Pioniere nach vorn, um das Feuer zu löschen. Der Kaiser und Sura sprengten an die Spitze, um alles zu überwachen. Die Sonne stand bereits im Mittag, als die brennenden Pechbarrieren endlich verloschen, die die Daker am Taleingang in voller Breite errichtet hatten. Pfeilhagel von den Hängen hatte die Arbeit der Löschtrupps stark behindert.

Endlich gelang es den römischen Truppen, in das Tal einzuziehen. Welcher

Schreck erwartete sie: Leichen, nichts als Leichen. Die Daker hatten die Vorhut vernichtet. Von den Palisaden der Burg grüßten die abgeschnittenen Köpfe zweier Tribunen und zweier Centurionen die römischen Kolonnen. Marcus erschrak. Rusticus an seiner Seite sagte nur lässig: »Nun hat es angefangen. So geht das weiter. Solange du die Köpfe anderer siehst, hast du den eigenen noch auf der Schulter.«

»Diese Hunde«, schrie Marcus in ohnmächtigem Zorn und ballte die Faust, als wollte er den Verteidigern auf den Mauern von Aludava drohen.

Die Sturmkolonnen marschierten an. Alles drahtige und muskulöse Legionäre. Die Schleuderer richteten ihre Geschütze auf die Burg. Ein erster Geschoßhagel verfehlte die Mauern, und die Steine rollten harmlos wieder den Abhang hinunter. Ein Centurio schrie, die Geschütze näher an die Mauern zu bringen. Ächzend schoben die Legionäre die schweren Schleudern und Katapulte vorwärts. Die Verluste im Pfeilhagel der Verteidiger häuften sich. Immer neue Kolonnen wurden herangeführt. Und immer wieder zurückgeschlagen. So ging es bis zum Einbruch der Dunkelheit. Die Römer hatten sich vor Aludava festgebissen.

Trajan hielt Kriegsrat. Mit emporgezogenen Brauen empfing er die Berichte der Legaten. Unruhig wanderte er in seinem Zelt auf und ab. »Gibt es denn keine Umgehungsmöglichkeit. In diesem verfluchten Tal kann ich die Kriegsmaschinen nicht voll zum Einsatz bringen, ebenso die Reiterei. Meine Sturmkolonnen verbluten an der Festung.«

Trajan ging an den Kartentisch. Seine langen Finger trommelten nervös auf die Tischplatte.

Sura trat neben ihn. »Hier gibt es eine Umgehung, doch die kostet uns Wochen. Wir haben keine andere Wahl, wir müssen durchs Gebirge nach Tapae.«

»Wie ist denn Tettius Julianus nach Tapae gelangt? Ich kann mir nicht vorstellen, daß er sich so lange an diesen Bergfestungen aufgehalten hat.«

»Nein, denn die gab es damals noch nicht, die hat Decebal erst in den letzten sechs Jahren erbauen lassen«, erwiderte Sura.

»Dann müssen wir die Festungen eben nacheinander wie harte Gesteinsklumpen zerhauen.«

Aludava hielt sich drei Wochen. Als die Sturmkolonnen früh mit den ersten Maiensonnenstrahlen die Leitern anlegten, gähnte ihnen Stille von den Mauern entgegen. Vorsichtig, denn sie glaubten an eine List, erstiegen sie die Wälle und fanden die Burg – leer. Unter dem Triumphgeschrei der Legionen betrat der Imperator das erste eroberte Hindernis in Dakien. Nicht gerade freudig durchschritt der Kaiser diese Festung, die ihn drei Wochen aufgehalten und für seine Begriffe zu viele Opfer gekostet hatte.

Ende August erreichten die Legionen Rehidava, die letzte und stärkste Festung vor Tapae.

Diegis sah vom Turm die Römer heranrücken. Ein grimmiges Lächeln spielte auf

seinen Lippen. Die Legionen wirkten schon nicht mehr so frisch wie zu Kriegsbeginn in der Ebene von Tibiscum.
Auch hier vor Rehidava würden sie noch eine Weile verharren müssen. Sturm auf Sturm wurde unter Diegis' Führung zurückgeschlagen. Trajan versprach die *dona militaria* demjenigen, der zuerst die Mauern von Rehidava erstiege.
Pausenlos berannten die Römer die Mauern. Die Daker schlugen sie zurück.
»Lucius«, sagte Marcus zu Sura, »gib mir die Erlaubnis, mit den Sturmkolonnen zum Angriff vorzugehen.«
Sura erschrak. »Du bist wohl lebensmüde. Dafür haben wir unsere gedrillten Sturmabteilungen. Du siehst, welche Opfer das kostet.«
»Ich habe einen Plan, Lucius. Der Hauptstoß richtet sich immer auf die Vorderfront der Burg. Dort an der Seite kann man auf einem kleinen Vorsprung zwei bis drei Sturmtrupps angreifen lassen. Du läßt morgen einen massierten Angriff auf die Hauptmauer befehlen, mit allen Katapulten und Schleudern auf einmal. Währenddes versuchen wir unbemerkt an der Seitenmauer hochzusteigen.«
»Der Plan ist gut«, mischte sich Fulvius Rusticus ein, »ich begleite Soranus als Rückendeckung.«
Nur zögernd gab Sura seine Zustimmung.
Mit voller Wucht konzentrierte sich am nächsten Morgen der Angriff auf die Vordermauer. Stein auf Stein donnerte gegen die dicken Mauern und ließen sie in ihren Fundamenten erbeben. Immer neue Sturmkolonnen rückten vor. Das Schreien der Verwundeten gellte durch die rauchige Luft. Tote bedeckten den Vorplatz der Festung.
Geführt von Marcus und Rusticus, zogen drei Sturmtrupps zur Seitenmauer. Sie legten die Leitern an und stiegen nach oben. Die Verteidiger gewahrten es erst, als ein Legionär den Kopf über die Mauer reckte. Doch er konnte nicht Fuß fassen, die Daker stießen die Leiter um, schreiend stürzten die Legionäre hinab in den Abgrund.
Marcus ließ zwei Speerspitzen krumm wie eine Sichel biegen und beide Speere fest zusammenbinden, die krummgebogenen Spitzen an den Enden. Dann stieg er auf die Leiter, wobei er den Doppelspieß mit einem Ende in einem Mauervorsprung verhakte und das andere in einer Leitersprosse. Dann kletterte er nach oben. Rusticus sah ihm besorgt nach. Er gab einem Bogenschützen den Befehl, den Bogen schußbereit zu halten. Einen anderen Legionär schickte er zu Sura um Nachschub. Nach einer Ewigkeit, wie es Rusticus schien, war Marcus oben angelangt. Ein Daker versuchte mit einem langen Haken die Leiter von der Mauer abzustoßen, doch es gelang nicht. Verwundert schob er seinen Oberkörper über die Mauer. Er wollte mit einer Eisenstange auf Marcus einschlagen, doch der stieß dem Daker mit aller Kraft sein Schwert so in den überhängenden Körper, daß er mit einem Schrei in die Tiefe stürzte. Schon erschien ein zweiter. Mit dem Streitbeil wollte er nach Marcus' Hand schlagen, die sich an der Mauerkante festhielt,

da surrte ein Pfeil von unten herauf. Dem Daker entfiel die Streitaxt. Marcus schwang sich auf die Mauer. Drei Daker schlugen auf ihn ein. Mit Mühe erwehrte er sich der Schläge ihrer Sichelschwerter. In rasender Eile führte Rusticus die Legionäre auf die Leitern. Die Römer fluteten über die Steinmauer in die Burg.
»Der Feind in der Burg«, gellte es vom Vorderteil herüber.
Die eingedrungenen Römer trieben mit ihrer Angriffswucht die wenigen Verteidiger in die Hauptburg.
Unter den Streichen eines langhaarigen Hünen fielen die angreifenden Römer wie Getreide unter der Sichel eines Bauern. Marcus drang auf den Lockigen ein. Hart schlugen die Schwerter aufeinander. Der Schlag erschütterte Marcus bis ins Mark. Hieb auf Hieb. Die Daker begannen über eine Hinterpforte zu fliehen.
Sie riefen Marcus' Gegner endlich zu, zu kommen. Doch der kämpfte wie ein Löwe. Eine Finte und dann ein Stich … brennend fuhr es Marcus in den rechten Oberarm. Das Schwert entfiel seiner Hand. Der Daker holte zum tödlichen Hieb aus, ließ aber plötzlich die Hand sinken. Jäh sprang der Lockige auf ein Pferd, das man ihm gebracht hatte, und galoppierte davon. Im gleichen Moment splitterte das Tor, und die Römer strömten in das dakische Castell. Rusticus suchte Marcus. Er hatte ihn kämpfen sehen und war von ihm abgedrängt worden. Dann plötzlich sah er ihn waffenlos vor dem Todesstoß des dakischen Krummschwerts.
Warum wandte sich der Daker ab und sprang auf sein Pferd?
Fulvius Rusticus fand Marcus, der zusammengebrochen war und inmitten der Toten lag. Er zog ihn empor. Der rechte Oberarm blutete stark.
Jetzt betrat der Kaiser durch das Tor Rehidava. An seiner Seite gingen Sura und der Gardepräfekt. Rusticus winkte ihnen zu.
Sura kam näher.
»Nun, Lucius, was sagst du jetzt?«
Sura, bleich, fand keine Worte. Endlich sagte er: »Ich werde dem Kaiser für dich eine Beförderung vorschlagen. Doch was ist mit Soranus?«
»Eine Fleischwunde im Oberarm. Ein Glück, daß die Daker eilig zur Flucht drängten, sonst hätte ihn Diegis in den Orkus geschickt.«
»Was, Diegis? Der Bruder Decebals war hier? Und er ist nicht in unsere Hände gefallen? Zu dumm«, knurrte Sura.
»Daß er uns nicht in die Hände fallen wollte, rettete Marcus das Leben.«
Als er seinen Namen hörte, schlug Marcus die Augen auf. Sura rief nach seinem Leibarzt.
»Wer war der Mann, mit dem ich kämpfte? Ich habe noch nie einen besseren Fechter erlebt, obwohl ich mir immer einbildete, ich wäre der beste«, scherzte er mühsam.
»Das war Diegis, der Bruder König Decebals. Wenn du den geschafft hättest, na ja … du hast dir die *dona militaria* redlich verdient. Trajan hat sich bereits berichten lassen.«

Der Arzt kam, riß Marcus den Ärmel auf und verband die Wunde, dann knüpfte er eine Schlinge aus dunklem festem Stoff und legte sie Marcus um den Hals und den Arm hinein. Erstaunt verfolgte Marcus die Handgriffe des Arztes und fragte, was dies zu bedeuten habe.
»Für dich ist der dakische Krieg fürs erste zu Ende«, lachte Rusticus.
Marcus Soranus erhielt vom Kaiser seine Auszeichnungen, Fulvius Rusticus aber trotz Suras Fürsprache nichts. Aus unerklärlichen Gründen zeichnete ihn Trajan weder aus, noch beförderte er ihn.
Als Marcus ihn trösten wollte, lächelte Fulvius Rusticus wehmütig und sagte nur: »Ich bin nicht sein Mann, er scheint etwas gegen mich zu haben. Soll vorkommen.«
Damit schien für Rusticus die Angelegenheit erledigt.
Vor Tapae nahm Decebal die erste Feldschlacht der Römer an. Marcus, den Arm in der Binde, beobachtete sie an der Seite Suras. Es wurde ein blutiges Gemetzel. Die Daker zogen sich unbesiegt in ihre Festungen hinter den Wäldern zurück. Von den Verhauen wehten ihre Fahnen: Der Wolf drohte den Römern mit aufgerissenem Rachen, und sein Drachenleib peitschte im Wind.
Tapae konnte nicht eingenommen werden. Trotzdem ließ Trajan einen Sieg nach Rom melden.
Da schlug plötzlich das Wetter um. Eisiger Wind blies von den Bergen. Dann fiel Schnee. Zu zeitig in diesem Jahr, haderte Trajan. Tapae nicht erobert, Sarmizegetusa nicht.
In der Ebene konnte das Heer kein Winterquartier beziehen. Schweren Herzens beschloß Kaiser Trajan den Rückzug nach Tibiscum und von dort nach Lederata und Viminacium, den Ausgangsorten des Feldzuges. Im Frühjahr würde er die Offensive von neuem beginnen, das Heer benötigte die Winterruhe.
Doch diese sollte nicht lange währen, denn eine Schreckensmeldung unterbrach jäh die winterliche Kampfpause. Decebal hatte seine Truppen nach dem Osten zurückgezogen, war von dort nach Süden in die Provinz Niedermösien eingedrungen und bedrohte Thrakien. In fieberhafter Eile verlegten Trajan und Sura die Legionen nach Oescus und von dort weiter nach Süden, um den Dakern am Haemus Montes den Weg nach Thrakien zu versperren. Gleichzeitig hatte Sura die Legio I Minervia mit all ihren Auxiliartruppen vom Norden zur Verstärkung herangezogen. Am Fuße des Haemus Montes kam es zu einer erbitterten Schlacht. Die Daker gerieten in die Zange, erlitten eine Niederlage und flohen. Der erste wirkliche Sieg über die Daker!
Nach diesem Sieg setzte Trajan den Feldzug fort, ohne das Frühjahr abzuwarten. Tapae fiel. Dakische Boten baten den Kaiser um Frieden. Jedoch zu den Verhandlungen erschien Decebal nicht selbst, sondern sandte seinen Bruder Diegis. Sura, mit den Verhandlungen beauftragt, brach diese daraufhin ab.
Als Diegis aufbrach, trat Marcus zu ihm, den Arm in der Binde, und fragte:

»Warum hast du mich nicht getötet in Rehidava?«
Der lockige Hühne betrachtete den kleineren Römer.
»Ich weiß nicht, mir war in dem Moment nicht nach Töten. Halt, jetzt weiß ich's, ich hatte keine Zeit. Vielleicht denkst du einmal daran, wenn die Zeichen umgekehrt stehen, dann nimmst du dir auch nicht die Zeit zum Töten.« Der Daker lachte. »Denk einmal darüber nach, wie schön es auf der Welt sein könnte, wenn man für das Töten ganz einfach keine Zeit fände!« Damit sprengte er davon. Verdutzt blickte ihm Marcus nach. Wenn man für das Töten keine Zeit fände ... hämmerte es in seinem Kopf.
Doch die Legionen fanden Zeit dafür. Trajan zog weitere Truppen nach Dakien. Der Maurenfürst Lusius Quietus zog mit seiner Reiterei von einer anderen Seite nach Sarmizegetusa als Trajan und Sura. Die Hauptstadt Decebals war eingeschlossen. Siegreich, Meile für Meile, zog Trajan näher an Sarmizegetusa heran. Die letzte Befestigung im Tal fiel. Sarmizegetusa oben auf dem Berg lag frei vor den römischen Truppen.
Decebal bat um Frieden.
Trajan bestand auf kniefälliger Unterwerfung.
Legionäre errichteten einen Hochsitz, den sie mit Teppichen belegten. Zu beiden Seiten wurden die römischen Adler aufgepflanzt. Barhäuptig, angetan mit dem wallenden Imperatorenmantel, erschien Trajan. Prätorianer standen zu beiden Seiten des Sitzes, hinter ihm standen Sura, Quietus, Livianus und die Legaten der Legionen. Im langsamen Zug näherte sich Decebal, gefolgt von seinen Würdenträgern. Die gesamte dakische Abordnung warf sich vor dem Kaiser auf die Knie und bat um Frieden und Gnade.
Gnädig stieg Trajan von seinem Hochsitz herunter und hob den König auf. Er ernannte ihn zum römischen Vasallen und belehnte ihn mit dem Königreich Dakien.
Decebal verpflichtete sich, alle römischen Forderungen getreulich einzuhalten und eine Gesandtschaft an den Senat zu senden.
Rom hatte gesiegt. Die Schande der Niederlagen war getilgt.
Die siegreichen Legionen feierten den Imperator, ihr Sieg war sein Sieg, sein Sieg war ihr Sieg. Er, Marcus Ulpius Trajanus, war einer der Ihren. Huldvoll nahm Trajan die Akklamationen seiner Soldaten entgegen.
»Das ist nur die eine Seite, nämlich die glänzende«, sagte Fulvius Rusticus zu Soranus. Sie ritten am Ende des kaiserlichen Gefolges. »Nun zeige ich dir eine andere. Komm mit.«
Rusticus lenkte sein Pferd in eine Lichtung, die in den Wald gehauen war. Marcus stockte der Atem, denn dergleichen hatte er nie gesehen: riesige Pyramiden aus Menschenleibern. Verwesungsgeruch wehte herüber, und Marcus würgte Brechreiz. Mitleidlos sagte Rusticus: »Sieh es dir gut an! Das ist noch harmlos, denn die hier liegen, sind jenseits der Schmerzen und des Elends. Doch die zahllosen Ver-

krüppelten, die einen Arm, ein Bein, ein Auge oder beide eingebüßt haben, deren Elend, Marcus Soranus, solltest du dir noch ansehen! Du warst schon unausstehlich und niedergeschlagen, als du deinen rechten Arm einige Wochen nicht gebrauchen konntest. Was soll aus den Krüppeln werden? Sie haben nichts anderes gelernt als Kriegführen. Natürlich erhalten sie ein Scherflein, doch ihr Leben ist versaut.«
Marcus hatte sein Pferd von dieser Stätte des Grauens zurückgerissen. Legionäre begannen, die Riesenscheiterhaufen aus Menschenfleisch zu entzünden.
»Dieser Krieg mußte sein, damit Rom Frieden an den Grenzen erhält, damit die Angst vor Barbareneinbrüchen gebannt ist. Es wird bestimmt der letzte gewesen sein.«
Rusticus lachte auf. »Hast du in die Gesichter der Daker geblickt? Nicht in die des Volkes, denn die Armen sind genau so schlecht dran wie anderswo, weil die Daker, das heißt die Fürsten und die Priester, ihr Volk unterjochen wie andere auch. Nein, in die Gesichter der dakischen Oberen, in denen glühte der Haß. Trajan hat in Verkennung der Lage einen Fehler gemacht: Er hätte die dakischen Fürsten und den König nicht öffentlich demütigen dürfen. Das vergessen sie ihm nie. Er hat das dakische Problem nicht gelöst, denn der Konflikt schwelt wie ein Brand weiter. Denke an meine Worte, eines Tages sind wir wieder hier. Trajan hätte, so brutal das klingt, die dakische Frage rigoroser lösen müssen. Zerstörung Dakiens als Königreich, Verwandlung in eine Provinz mit kaiserlichem Statthalter. Der jetzige Zustand ist nur Stückwerk.«
Marcus schwieg. Nach einer Weile, sie hatten inzwischen Anschluß an das kaiserliche Gefolge gefunden, sagte er: »Rusticus, manchmal frage ich mich, ob du überhaupt ein Römer bist. Deine Haltung, immer nur die Schattenseiten zu erwähnen, ist unrömisch, sie erinnert mich an die griechischen Kyniker. Ich vermisse an dir das römische Selbstbewußtsein, daß alles, was wir tun, dem Bewußtsein entspringt, der Welt die Segnungen der römischen Zivilisation zu bringen. Das fordert Opfer, aber am Ende steht eine befriedete Welt unter Roms segensvoller Herrschaft.«
Fulvius Rusticus schwieg. Bei allen Göttern, dachte er bitter, wie ist dieser Soranus verblendet. Die Saat Trajans war auf guten Boden gefallen und trug reiche Früchte. Doch jede Frucht reifte, fiel ab und verweste. Wenn der Verwesungsprozeß einsetzt, gibt es ein trauriges Erwachen, denn solche ins Übermenschliche getriebene Vorstellungen eines Trajan können nur in einer apokalyptischen Katastrophe enden. Armer Soranus, was hast du, wenn sich dein Wahngebilde wie ein Wasserwölkchen über der flimmernden Sonnenglut der Wüste auflöst und verflüchtigt, dem entgegenzusetzen?
Armer Schwarzseher, dachte Marcus, wieviel Schönes, Gewaltiges und Wunderbares willst du nicht sehen!
Schweigend, jeder seinen Gedanken nachhängend, ritten sie nebeneinander.

XXXV

Über Rom breitete sich der müde Hauch des Spätsommers. Nach den Spielen und großartigen Festen, mit denen Trajans Sieg über die Daker gebührend gewürdigt worden war, und dem Triumphzug des Imperators war schläfrige Mattigkeit eingekehrt. Straßen und Plätze glühten vor Hitze. Die Wohlhabenden waren auf ihre Landsitze gereist. Der Senat hatte nach seinen großen Auftritten – dem Empfang einer dakischen Gesandtschaft, die die Unterwerfung verkündete, der Verleihung des Titels ›Dacicus‹ an den Kaiser, Auszeichnung verdienter Offiziere und Feldherren mit den *ornamenta triumphalia* – die verdiente Sommerpause angetreten. Nur Licinius Sura, der nach der Rückkehr aus Dakien auf Bitten Trajans noch das Konsulat für den Rest des Jahres antrat, hatte Rom nicht verlassen. Seine Gattin Sempronia lag krank darnieder.

Auch Trajan, der mit der Kaiserin, seiner Großnichte Sabina und Publius Hadrianus zwei Wochen in Bajae verbracht hatte, weilte bereits wieder in Rom. Sofort hatte er einen Boten zu Sura gesandt und ihn zu sich gebeten.

Der Kaiser saß in einem schattigen Winkel des Palastes auf einer Marmorbank, die dem Körper angenehme Kühle spendete, blickte in den Garten und lauschte dem melodischen, gleichmäßigen Geräusch der Springbrunnen, aus denen sonnenbeglänzte Wasserstrahlen in die flimmernde Luft stiegen und zurück in die Becken plätscherten.

Wie das menschliche Leben, dachte der Kaiser voller Melancholie, steil der Aufstieg, dann der jähe Wendepunkt und wieder der steile Abfall. Er fixierte die Wasserstrahlen und dachte sich einen Punkt, an dem er sich befände. Auf dem Zenit? Kurz vor der Umkehr? Nein! Seine grauen Augen markierten einen fiktiven Punkt in der Mitte des glänzenden Strahles. Dort bin ich angelangt, oder vielleicht eine kleine Idee darüber, doch mitnichten auf dem Gipfel. Der Gipfel, sinnierte er, der liegt noch in weiter Ferne, dazu bedarf es weiterer Ruhmestaten.

So traf ihn Sura. Trajan erhob sich, drückte Sura freundschaftlich mit beiden Händen die Oberarme und lud ihn zum Sitzen ein. Ein Sklave servierte mit kaltem Wasser verdünnten Wein. Trajan fragte nach dem Gesundheitszustand Sempronias. Erstaunt zog Sura die Brauen in die Höhe, hatte der Kaiser doch seinen eigenen Leibarzt, den berühmten Statilius Krito, zur Behandlung der Kranken geschickt.

»Bedenklich, doch hast du nicht mit Krito gesprochen?«

Der Kaiser verneinte. »Sempronia ist eine gute Frau«, sagte er unvermittelt, »und es wäre schade, stürbe sie jetzt schon. Warst du mit ihr glücklich?«

Sura stutzte. Eine solche Frage aus Trajans Munde, dem nur Ruhm und Macht Glück bedeuteten, war befremdend.

»Glücklich?« antwortete Sura. »Was ist das eigentlich? Wer kann schon von sich sagen, daß er glücklich sei?«

»Es ist zwar keine Antwort, wie ich sie erwartete, aber doch eine, wenn auch eine andere. Übrigens sagt man in Rom, die Witwe Glabrios sei deine Geliebte.«
Schmerzlich zuckte es um Suras Mund.
»Man sagt vieles in Rom«, erwiderte er.
Trajan lächelte. »Ich weiß. Doch bist du der Geliebte der Jüdin, ja oder nein?«
»Muß ich dir darauf antworten?«
»Ja.«
»Und wenn ich mich weigere?«
Der Kaiser legte ihm die Hand auf den Arm und sah ihm fest in die Augen.
»Als Kaiser könnte ich die Antwort befehlen, aber als Freund möchte ich sie erbitten.«
»Gut, wenn dir so viel daran liegt: Ich bin nicht ihr Geliebter, obwohl ich es bedaure, denn ich liebe sie, doch sie hat mich abgewiesen. Sie könne nie mehr einen Römer lieben, sagte sie.«
Trajan schwieg mitfühlend, trank seinen Becher leer, aß von den Trauben, starrte auf die Springbrunnen.
Nach einer Weile sagte er: »Weißt du, warum ich frage? Sempronia hat mit Plotina und meiner Schwester Marcia davon gesprochen. Und du weißt, wie die Weiber sind, sie haben mich aufgefordert, mit dir darüber zu reden. Du möchtest, um der armen Sempronia willen, die Jüdin aus deinem Palaste entfernen, auch wenn es dir nicht leichtfallen wird.«
Sura hatte sich gefaßt. Seine sentimentale Stimmung wich einer kalten Gelassenheit. »Marcus«, sagte er zu Trajan, seine Stimme klang schneidend, »wenn es mein Wille gewesen wäre, die Jüdin in meinem Hause zu behalten, dann hätte ich sie behalten. Daran hätten auch eine Kaiserin und ein Kaiser nichts geändert. Doch das Problem ist bereits geklärt, Mikal bat selbst darum, mein Haus zu verlassen. Sie wird mit ihrem Sohn bei diesem alten Arzt und Philosophen Gamaliel wohnen. Dann will sie nach Judaea zurückkehren.«
Trajan zog die dichten Brauen empor, so daß sich die Stirn faltete. Diese Wendung gefiel ihm nicht. »Die Jüdin kann gehen, wohin sie will, doch der Junge bleibt in Rom. Ich will nicht, daß der letzte Acilier ein Jude wird. Will diese Mikal ihren Sohn nicht aus den Augen verlieren, dann muß sie hierbleiben.«
Irritiert musterte Sura Trajan. So entschied Trajan über Menschen, ohne Gefühle und Bindungen zu berücksichtigen.
Obwohl ihm die Unbedingtheit der kaiserlichen Entscheidung im Innersten nicht behagte, im Gegenteil sogar zuwider war, widersprach er ihr nicht. Er brachte die Sprache auf ein anderes Thema, auf des Kaisers vorzeitige Rückkehr aus Bajae.
Der Kaiser zuckte die Achseln. Er habe es nicht mehr ausgehalten, müßig zu sein. In Rom nach dem Rechten zu sehen sei ihm wie ein innerer Zwang erschienen. Der Weibertratsch und die dauernden Streitereien Hadrians und seiner Frau wären ihm auf die Nerven gegangen, lachte der Kaiser.

Letzteres schmerzte Sura. Die jungen Leute, jeder von beiden liebenswert, paßten nicht zusammen.
»Diese Ehe war kein guter Griff Plotinas«, sagte er nach einigem Zögern.
»Ein schlechter sogar«, bestärkte ihn Trajan. »Doch Plotina, die an dem Jungen einen Narren gefressen hat, bestand mit Hartnäckigkeit auf dieser Verbindung. Und«, der Kaiser bog seinen Kopf zu Sura, ein schalkhaftes Lächeln spielte um die schmalen herben Lippen, »weißt du, warum?«
Licinius Sura stellte sich unwissend, obwohl er den Hintergrund dieser Eheschließung zu kennen glaubte.
»Plotina will Hadrian als meinen Nachfolger aufbauen.« Trajan lachte polternd.
Wie ein Feldwebel über einen zotigen Witz lacht er, dachte Sura, ein gewöhnliches Soldatenlachen.
»Als ob ich, der ich gerade auf der ersten Sprosse meiner Leiter stehe, einen Nachfolger brauche! Jetzt noch nicht. Und ob Hadrian, dieser junge unfertige Fant, einmal das Zeug zu einem Kaiser haben wird, das wissen die Götter! Er ist zwar tüchtig, doch ein Wirrkopf, der, statt sich den handfesten politischen und militärischen Dingen mit aller Kraft zu verschreiben, seine Zeit mit Philosophie, Musik, Literatur und anderen brotlosen Künsten verplempert.«
»Er ist jung und vielseitig interessiert, was ist Schlechtes daran?«
»Du hast ihn immer verteidigt, genau wie Attianus. Doch ihr werdet schon noch sehen, was daraus entsteht. Ein Imperator auf keinen Fall, da müßte er sich grundlegend wandeln.«
In Sura wuchs das Unbehagen. Laufend hätte er heute mit Trajan streiten mögen. Diese keinen Widerspruch duldende Art verärgerte ihn. Seit Trajan Kaiser war, dachte Sura, glaubte er sich turmhoch über alle Probleme erhoben. Mit kaiserlichem Urteil entschied er auch die kleinsten Dinge.
»Bleibst du nun bis zu Beginn der Senatstagung im September in Rom?« fragte Sura.
»Ich weiß es noch nicht. Plinius hat mich auf sein Landgut Laurentinum eingeladen. Es soll, nach seinen Beschreibungen, idyllisch am Meer in der Nähe von Ostia liegen. Vielleicht reise ich für ein paar Tage dorthin. Plinius hat mir einige interessante Überraschungen versprochen. Manchmal langweilt mich dieser Mensch mit seiner Anbetung. Ich glaube, in dessen Augen bin ich unfehlbar.«
»Hältst du dich nicht selbst dafür?« fragte Sura spitz.
Trajan überhörte diese Anspielung und fuhr fort, daß es bestimmt gut wäre, einige Tage am Meer zu verbringen.
»Ehe ich es vergesse, hier die Liste der Vorschläge für die in den Senat aufzunehmenden Männer.«
Der Kaiser entfaltete die Rolle und begann zu lesen. Nickte, zog die Stirne kraus, schüttelte den Kopf. Plötzlich erhob er sich und ging in sein Arbeitszimmer, setzte sich an den Schreibtisch, Sura folgte ihm und wartete gespannt, was der

Kaiser tun würde. Trajan nahm eine Feder, tauchte in die Tinte und strich auf dem Papyrus herum. Dann reichte er das Blatt Sura über den Tisch.
Klopfenden Herzens las Sura die Namen: Soranus, Celsus ... überflog die anderen, bis er stutzte: Praesens Fulvius Rusticus hatte der Kaiser durchgestrichen.
»Was soll das?« fragte Sura erregt.
»Rusticus halte ich nicht für würdig, in den Kreis der Ehrwürdigen Väter aufgenommen zu werden.«
»Das verstehe ich nicht. Er stammt aus guter römischer Familie, der Vater gehörte zur Kurie, er selbst hat die Quästur hinter sich. Im Dakerkrieg unter Julianus und auch jetzt wieder hat er sich ausgezeichnet, obwohl du das nicht gewürdigt hast, denn ohne die Deckung der Sturmabteilung bei der Bezwingung von Rehidava hätte es nicht gut ausgesehen. Seine Attacke bei Tapae ... er gehört in den Senat.«
»Ich sage nein«, beharrte der Kaiser unwillig.
Sura ging an den Tisch, nahm das Schreibgerät, setzte unter den gestrichenen Namen Licinius Sura und strich diesen durch, dann warf er Trajan die Rolle auf den Tisch. Entgeistert starrte der Kaiser auf Sura. Was das zu bedeuten habe, fragte er, wobei sich ihm über der Nasenwurzel eine steile Falte bildete.
»Das ist Willkür, Imperator«, sagte Sura zornbebend, »Du hast eine Antipathie gegen Rusticus, weil er kein begeisterter Anbeter deiner Person ist. Aus diesem Grunde setzt du diesen tüchtigen Mann immer zurück. Du weißt, ich habe dich immer unterstützt, ich habe dich zum ...« Sura biß sich auf die Lippen.
»... zum Kaiser gemacht, sag ruhig, was du denkst. Das glaubst du doch felsenfest, ich sehe es deiner überheblichen Miene an, daß du dich für den Mann hältst, der den Kaiser Trajan gemacht hat. Doch, Licinius Sura«, des Kaisers Stimme klang schneidend, »du überschätzt dich und deinen Einfluß.«
In Sura stieg die gestaute Wut über Trajan hoch, die seit Nervas Tod über die Machtanmaßung des Ulpiers verborgen in ihm gearbeitet hatte. Mit übermenschlicher Anstrengung unterdrückte er einen Zornausbruch.
»Wenn du Rusticus nicht des Senats für würdig hältst, dann betrachte mich ab heute nicht mehr als Konsul und dem Senat nicht mehr zugehörig.«
Jetzt verlor Trajan die Beherrschung. Seine Wangenmuskeln zuckten, die schmalen Lippen preßten sich zusammen. Dann brach es aus dem Kaiser: »Du bist wohl verrückt geworden! Ist das der Dank für meine Freundschaft und mein Wohlwollen? Du stellst dich gegen mich? Das ist Ungehorsam, das ist Widersätzlichkeit, das ist ...«
»Majestätsbeleidigung, sprich es ruhig aus, mach mir den Prozeß, erweise dich als würdiger Nachfolger Domitians!« Eisiger Hohn schwang in Suras Worten.
Trajan fühlte sich dem kalten Zynismus Suras nicht gewachsen. Er ahnte, daß er sich ins Unrecht setzte. Trotzdem brüllte er, daß das Gemach widerhallte. »Nimm das zurück, bitte mich um Verzeihung!«

»Nur, wenn Rusticus in den Senat kommt«, sagte dieser ruhig.
»Niemals, solange ich Kaiser bin!«
»Gut, dann haben wir uns nichts mehr zu sagen.«
Des Kaisers Züge färbten sich dunkelrot, die grauen Augen weiteten sich unnatürlich.
»Verschwinde, ich will dich nicht mehr sehen, will deine Arroganz und deinen Hochmut nie mehr spüren ...«
Sura neigte den Kopf und verließ den Kaiser. Er hörte noch, wie dieser ihm einen unflätigen Soldatenfluch nachsandte.
Draußen lehnte er sich gegen die Wand. Sein Herz klopfte zum Zerspringen, der Kopf schmerzte, als preßte ihn ein immer enger werdendes Eisenband zusammen. Die Knie drohten ihm den Dienst zu versagen. Langsam schlich er durch den Palast zum Ausgang. Entsetzen faßte die Dienerschaft, als sie den mächtigen Sura, den Freund und Vertrauten des Imperators, mit einem Gesicht von wächserner Starre und dem schleichenden Gang eines Greises den Palatin verlassen sah.

XXXVI

Lieber Lucius!
Während der letzten Monate lebe ich in Traurigkeit und Bitternis, wie sie nur die Einsamkeit und Verlassenheit bewirken können. Ja, mein Lucius, um mich ist vollkommene Einsamkeit. Seit Monaten ist Jochai ben Malachias, mein Steuermann und Vertrauter, verschollen. Schlimm daran ist nicht nur das Schicksal, das Jochai betroffen hat, nein, meine Schuld bedrückt mich zutiefst. Durch mein Verschulden geriet Jochai in eine Lage, die ich nicht kenne, vielleicht Tod, Sklaverei oder wer weiß. Und ich trage die Schuld.
In Cyrene besitzt Simonides, der einst Jochais Gesicht mit dem Messer zerschnitt, ein Haus. Jochai, von einem unseligen Rachegedanken beseelt, schlich jeden Abend um diese Villa, um dort einzudringen. Doch Simonides lebt kaum ein paar Tage im Jahr in Cyrene, die meiste Zeit befindet er sich auf Reisen und in Alexandria. Bisher habe ich es so einzurichten gewußt, daß bei Anwesenheit des Griechen in Cyrene Jochai mit der »Bithynia« auf See war. Jedoch in letzter Zeit weigerte er sich auszufahren. Nicolas, ein dakischer Sklave, hat ihn in meinem Auftrag jeden Abend bei seinem Gang zu Simonides' Villa beobachtet, um im Ernstfall das Schlimmste abzuwenden. Doch nun, mein Lucius, kommt das Verhängnis. Wahrscheinlich habe ich Jochai in das hineingetrieben, wovor ich ihn bewahren wollte. Mit einer Karawane schickte ich ihn und diesen Nicolas nach Alexandria. Dabei ahnte ich nicht, daß er dort Simonides begegnen könnte. Er muß aber mit Simonides zusammengetroffen sein und seine Rache vollzogen haben. Als ich Simonides in Cyrene wiedersah, bemerkte ich eine frisch verheilte

Wunde in seinem Gesicht. Simonides ist nun ebenfalls mit einer Narbe gezeichnet, jedoch nicht so schlimm wie Jochai, da er sich sofort der Kunst seiner Wundärzte bedienen konnte. Jochai und Nicolas sind verschollen. Die Götter wissen, ob ich sie je wiedersehen werde. Simonides scheint Jochai nicht mehr erkannt zu haben, denn in Cyrene wird nicht nach ihm gesucht. Ich habe nun die Pflicht, Jochais Frau Mut zuzusprechen und Hoffnung zu erwecken, die ich selbst nicht besitze. Jochais Sohn Andreas, ein großer, kräftiger und sehr gescheiter Junge, arbeitet bei mir, aber er bereitet mir Sorgen. Du glaubst nicht, was dieser Junge bereits für einen Haß auf alles Griechisch-Römische in sich trägt. Ebenso der Sohn des Eleasar, Lukuas. Übrigens, das wußtest du nicht und kannst du nicht wissen, die Familie dieses Eleasar lebt auch bereits über ein Jahr in Cyrene.
Lucius, ich muß Dir sagen, daß Ihr, Du und Lakotris, mir fehlt. Kommt doch nach Cyrene. In meinem Haus ist genügend Platz; wenn du willst, kaufe ich für dich ein kleines Haus am Stadtrand. Das Klima ist angenehm warm, doch weht auf der Höhe, auf der Cyrene gelegen ist, meistens ein angenehmes Lüftchen. Ich könnte auch nach Ephesos zurückkehren, da meine Verbannungsjahre abgelaufen sind. Ich bin bereits im Besitz eines gültigen Reisepasses. Du staunst, diese Sache mit dem Reisepaß wurde bisher ziemlich lässig gehandhabt, doch jetzt unter Kaiser Trajan wird alles straff organisiert und alles erfaßt, daß sich ja keiner aus den Klauen der Bürokratie unbemerkt entfernen kann. Die kaiserlichen Beamten in den Provinzen können mir fast leid tun. Für alles, was früher nach Gutdünken entschieden wurde – natürlich gestehe ich, daß der Willkür der Statthalter und ihrer Beamten Tür und Tor offen standen –, existiert jetzt eine kaiserliche Vorschrift. Paßt der jeweilige Fall nicht in diese Vorschrift, muß in der kaiserlichen Kanzlei eine speziell für den abweichenden Fall gültige Präzedenzentscheidung des Kaisers eingeholt werden. Du siehst, Rom wird immer besser und gründlicher im Organisieren seiner Macht. Da wir einmal bei Macht sind, Lucius, die Siegestrommeln des großen Dakerkrieges dröhnten bis nach Cyrene. In deinem letzten Brief teiltest Du mir mit, daß Marcus an diesem Feldzug als Tribun dabei ist. Geben die Götter, daß ihm nichts zustößt. Deine Anspielung, daß Du Dich mit Deinem Sohne entzweit hättest, hat mich sehr betroffen gemacht. Lieber Lucius, denke doch einmal in Ruhe darüber nach, ob es irgend etwas gäbe, das es wert sei, daß man sich deshalb mit den wenigen Menschen, die man auf dieser Welt noch besitzt, zerstreite und verfeinde.
Ich finde, es gibt nichts, das es wert ist, sich mit dem einzigen Sohn zu entzweien. Lucius, ich weiß, Du beharrst gerne auf Deinem Standpunkt, Marcus ist erwachsen und hat auch das Recht auf seine eigene Meinung, auch wenn sie der Deinen entgegengesetzt ist. Lieber Lucius, Du hast auch die Fünfzig schon überschritten, tut es denn da noch weh, zur falschen Auffassung der jungen Leute gelassen zu schweigen? Ich finde nein. Man muß als Alter nicht immer alles besser wissen wollen, denn damit verbaust Du der Jugend ihr Recht und ihre Pflicht auf Erfah-

rung. Laß doch Marcus seine Begeisterung für Trajan und dessen Pläne. Vielleicht ist der Tag nicht fern, da er sich davon abkehrt. Ich weiß, Lucius, Du liebst Deinen Sohn über alles und möchtest ihm Enttäuschungen und Rückschläge, die Du in dieser Politik Roms siehst, ersparen. Das kannst Du nicht. Du weißt auch, wohin die römische Offensivpolitik führt. Du bist im Banne von Apollonius, der Schreckliches vorausgesagt hat. Laß Marcus bei seinem Glauben, er wird von selbst zur Vernunft kommen.
Leb wohl, die Götter mögen Dich, Lakotris und Marcus und dessen Familie schützen. Schicke mir bald ein Zeichen oder komme mit Lakotris nach Cyrene.

Dein Freund Cassius

Lucius Soranus ließ die Rolle sinken und blickte eine Weile vor sich hin, dann erhob er sich, ging in den Nebenraum und reichte Lakotris wortlos den Brief von Cassius Asclepiodorus. Gespannt betrachtete er das Gesicht der Lesenden. Als sie geendet hatte, bestürmte er sie mit der Frage, was sie davon hielte.
»Cassius hat recht. Die Politik ist es nicht wert, daß man sich mit dem einzigen Sohn entzweit. Claudia hat gesagt, daß auch Marcus unter eurem Zerwürfnis stark leide.«
»Der Herr Senator, Tribun, Stabsoffizier und Träger der *dona militaria*, der schert sich doch einen Dreck um seinen Vater, den gewesenen Lanista und Fechtmeister«, entfuhr es Lucius bitter.
»Du bist ungerecht«, sagte sie leise, »Marcus ist alles andere als hochmütig, mag er im Banne des Glanzes von Trajans Macht und nun des militärischen Erfolges stehen, doch hochmütig ist er nicht.«
Lucius wandte sich ab, ging in sein Zimmer und schloß die Tür hinter sich.
Sie saß und wartete. Nach geraumer Zeit kehrte er zurück.
»Lakotris«, sagte er, »vielleicht sollten wir doch nach Cyrene übersiedeln!«
Ein Lächeln spielte um ihre Lippen.
»O du ruheloser Mann, wo willst du noch hin? Ephesos behagte dir nicht, nun auch Rom. Was dann, wenn dir Cyrene eines Tages nicht mehr behagt? Wohin dann?«
»Dann bin ich schon tot«, scherzte er.
»Wir gehen aber nicht aus Rom fort, ehe du dich nicht mit Marcus versöhnt hast.«
Lucius blickte finster vor sich hin. Lakotris reichte ihm lächelnd Asclepiodorus' Brief.
»Ja, ja, doch Marcus muß zu mir kommen. Glaubst du, ich ginge in den Ostorier-Palast und bettelte dort um gutes Wetter?«
Enttäuscht schwieg Lakotris.
Als in den nächsten Tagen Claudia mit den beiden Knaben zu Besuch kam, nutzte sie die Gelegenheit, mit ihr zu sprechen. Lucius tollte mit den Knaben im Garten,

wo beide mit Holzschwertern auf den Großvater einhieben, und er sich mit einem Holzstock ihrer Schläge erwehrte und dabei Belehrungen anbrachte. Sie gab Claudia Asclepiodorus' Brief zu lesen und bat sie, Marcus zum Nachgeben zu bewegen, zumal der Streitpunkt, der Anlaß gegeben hätte, sich von selbst erledigt hätte. Claudia versprach es.

Die Tage verrannen, häuften sich zu Wochen, doch Marcus kam nicht. Lakotris wußte, daß Lucius sehnsüchtig wartete und bei jedem Klopfen sofort zur Tür eilte, um dann enttäuscht in sein Zimmer zurückzutreten. Doch er sagte nichts. Claudia kam wieder, ohne bei ihrem Gatten ein Nachgeben erreicht zu haben.

»Was hat er gesagt?« fragte Lakotris ungeduldig.

»Nichts«, sagte Claudia, »er hörte sich alles schweigend an, dann sagte er, er könne nicht, jetzt nicht.«

Lakotris gab die Hoffnung auf, daß sich Vater und Sohn in nächster Zeit versöhnen könnten. Dabei beruhte, so fand sie, alles auf einem Mißverständnis. Wegen dieses Kaisers, haderte sie, der es nicht wert war, daß sich seinetwegen die Familien entzweiten. Von diesem Tage an haßte sie Trajan genau wie Lucius – nein, sie haßte den Kaiser nicht, denn auch das war er nicht wert. Sie empfand Mitleid mit den verblendeten Männern.

Als Lucius die Taverne des Clodius in Transtiber betrat, war der Schankraum fast leer. Nur zwei Tische waren besetzt. Lucius schritt an der freundlich nickenden Stummen vorbei zu Clodius, der in der Küche einen Hammel zerlegte. Mit blutigen Händen winkte ihm der Wirt und deutete mit einer Kopfbewegung auf einen Hocker.

Schweigend beobachtete Lucius die Geschicklichkeit, mit der der ehemalige Gladiator das blutige Fleisch mit dem Messer bearbeitete.

»Gelernt ist gelernt«, sagte Lucius, »was du früher an Menschen geübt hast, kommt dir jetzt als Koch zugute.«

Clodius warf einen schrägen Blick auf Lucius und erschrak über dessen Aussehen. Der Bart war fast ganz ergraut, nur noch von vereinzelten dunklen Strähnen durchsetzt, die Gesichtshaut von Falten zerklüftet und durchfurcht wie ein Acker, um den Mund lagen Resignation und Bitterkeit.

Nach einer Weile bat Lucius um Verzeihung für seinen frivolen Scherz, auf den Clodius nichts erwidert hatte.

»Es geht dir nicht gut?« fragte Clodius.

»Doch, es geht mir gut. Ich esse, ich trinke, ich schlafe und manchmal liebe ich sogar noch. Was bedarfs mehr im Leben?«

Mißtrauisch musterte ihn der ehemalige Gladiator. Dieser Blick irritierte Lucius.

»Ich habe Ärger. Marcus und ich«, er zögerte, um einen treffenden Ausdruck zu suchen, »nun ja, wir sind zerstritten.«

16 Gefangenenlager mit Dakern

17 *Der Kaiser verteilt Belohnungen an die Krieger*

18 Abzug der Truppen nach dem ersten dakischen Krieg

19 Die Göttin Victoria zwischen der Darstellung des ersten und zweiten dakischen Kriegs

20 Opferszene während der Reise, im Hintergrund die apollodorische Donaubrücke

Jetzt beendete Clodius seine blutige Beschäftigung, wusch sich die Hände in einer Schüssel, setzte zwei Holzbecher auf den Tisch und goß ein.
»Warum?«
Lucius erzählte die Geschichte. Aufmerksam hörte Clodius zu. »Das wird sich wieder einrenken, glaube mir«, tröstete er den Freund.
»Glaubst du das wirklich?« mißtraute Lucius.
»Natürlich, ich kenne deinen Sohn. Laß erst einmal den ersten Rausch vorüberziehen, den ersten Dämpfer sich einstellen, dann, du kannst mir vertrauen, kommt er auf die Erde und zu dir zurück. Doch du alter Besserwisser stelle dich dann nicht hin und mache den Fehler und sage: Habe ich es nicht gleich gesagt. Das wäre das Dümmste, was du tun könntest. Er soll selbst seine Fehler erkennen und du die deinen. Eigentlich verstehe ich dich nicht, ein Mann von fast sechzig Jahren streitet mit einem Dreißigjährigen, will recht haben.«
»Danke für deine Schmeichelei.«
»Du hast doch mit den Artigkeiten begonnen, als ich vorhin den Hammel zerlegte.«
Lucius lachte und hob den Becher.
»So gefällst du mir schon besser, alter Lanista«, nachdenklich fügte Clodius hinzu, »du solltest vielleicht wirklich für eine Weile nach Cyrene ausweichen. Mit der Entfernung, mein Freund, wächst die Zuneigung. Außerdem tust du ein gutes Werk an Cassius Asclepiodorus. Übrigens, da draußen der schmale große Jüngling, das ist der Sohn von Jochai ben Malachias. Willst du ihm das Verschwinden seines Vaters mitteilen?«
»Heute nicht. Vielleicht ein andermal. Doch nun muß ich gehen, Lakotris weiß nicht, wo ich bin. In meinem Zorn habe ich mich ohne Abschied aus dem Haus geschlichen. Leb wohl und vielen Dank, Clodius.«
»Schon gut. Komme ruhig wieder zu mir, wenn du alles satt hast. Doch auch wenn du die Welt zum Umarmen findest, kannst du kommen«, lachte der ehemalige Gladiator ihm nach.
Es war schon später Nachmittag, als Lucius von Transtiber den Heimweg antrat. Er wählte den kürzesten Weg, der zwischen dem Circus Maximus und dem Palatin direkt zur Porta Capena führte. Drei Männer standen in ein Gespräch vertieft auf dem kleinen Platz, der sich vor der Porta Capena rundete. Lucius wollte vorübereilen, da erkannte er eine Stimme, die ihm durch Mark und Bein fuhr. Kurz und seltsam abgehackt. Wie von einer Viper gebissen fuhr Lucius herum, da sah er das spitze Gesicht mit den leicht abstehenden Ohren und dem mausgrauen, fast weißen Stoppelhaar. Wie eine Flamme entzündete sich der Grimm in Lucius. Er trat zu den drei Männern, hörte ihren Aufschrei und schlug zu. Einmal ... dann fühlte er sich gepackt.
»Los, hol Polizei, hier ist ein Mann überfallen worden. Ich bin der Konsul Sosius Senecio.«

»Warte doch, Senecio«, sagte Mestrius Florus und wischte sich das Blut aus dem Gesicht.
»Ich bitte dich, im Beisein des Konsuls wird dessen Gast am hellen Tage geschlagen«, empörte sich Sosius Senecio, der Lucius gepackt hielt.
Jetzt erwachte Lucius aus seiner Abwesenheit und starrte auf Mestrius Florus und einen mittelgroßen Mann mit griechischem Philosophenbart und einem gütigen freundlichen Gesicht, aus dessen hellen Augen ihn ein verwunderter Blick traf.
»Warum hast du mich geschlagen?«
»Aus Zorn und aus Rache.«
»Was habe ich dir denn getan?«
»Du entsinnst dich nicht, Mestrius Florus, wie du in deiner Funktion als kaiserlicher Prokurator von Domitians Gnaden mich in Ephesos an den Schandpfahl hast binden lassen? Mich, Lucius Barea Soranus, den Sohn des ehemaligen Statthalters der Provinz Asia. Nun, erinnerst du dich?«
In Florus' Augen blitzte es.
»Was gibt's?« fragten zwei Soldaten der Stadtkohorten, die herbeigerufen worden waren.
»Nichts«, sagte Mestrius Florus, »ein Mißverständnis.«
»Willst du nicht Anklage erheben?« fragte Sosius Senecio.
Florus winkte ab. Die Soldaten, die den Konsul kannten, zauderten. Ärgerlich bedeutete ihnen der Konsul zu gehen. Er ließ Lucius frei. Wie betäubt stand Lucius und blickte hilflos in die Runde. Seltsam, plötzlich war sein Zorn auf diesen Mann wie ausgelöscht. Fast bereute er, seinen Rachegelüsten nachgegeben zu haben.
»Ich wußte damals nicht, daß du der Sohn des Quintus Marcius Barea Soranus warst. Du hattest mir eine Lüge aufgetischt. Für diese Lüge habe ich dich bestraft. Doch ob der Gedanke von mir oder von Varro kam, weiß ich nicht mehr zu sagen. Ich kann dir nur eines sagen, daß es mir leid tut, und möchte dich bitten, mir zu verzeihen.«
Lucius glaubte zu träumen. Der Mann, den er seit Jahren mit seinem Haß für die angetane Demütigung verfolgte, bat ihn um Vergebung.
»Du glaubst mir nicht. Doch seit ich meinen Freund Plutarch aus Chaironeia kenne«, er legte dem Bärtigen die Hand auf die Schulter, »habe ich nicht nur kein öffentliches Amt mehr, sondern auch eine andere, mehr kontemplative Art der Lebensführung. Übrigens, du wurdest damals von einer interessanten Frau, der Tochter des Apollonius, gerettet. Was tut sie?«
»Sie ist meine Frau.«
Mestrius Florus zog die Brauen in die Höhe und lächelte.
»Du siehst, es hat so sein müssen. Man kann sich seinem Geschick nicht entziehen.«
»Von Apollonius war die Rede«, mischte sich Plutarch ins Gespräch, »ihm habe

ich bei seinem letzten Besuch bei mir eine Schrift mitgegeben. Nie wieder hörte ich von ihm.«
»Er ist tot«, sagte Lucius, »deine Schrift über Alexander und Caesar hat er noch gelesen. Er hielt sie für äußerst gut geschrieben, doch auch für gefährlich. Geriete sie, so sagte Apollonius, einem Mann voller Ehrgeiz in die Hände, dann bestünde die Gefahr, daß jener der Suggestion, es Alexander gleich zu tun, erläge.«
Plutarch hatte aufmerksam zugehört. Sosius Senecio lachte und sagte: »Dann wird es aber höchste Zeit, daß Trajan deine Schrift endlich in die Hände bekommt. Der Kaiser hat eine seltsame Verehrung für Caesar und Alexander, vielleicht will er beiden nacheifern. Den Anfang hat er schon gemacht.«
Lucius musterte den Konsul mit einem durchdringenden Blick. Wie, wenn Apollonius doch recht hatte und Trajan einer der Männer war, für die die Plutarch-Schrift eine Kraft zur Nachahmung ausstrahlte?
»Mestrius Florus«, sagte Lucius, »verzeih mir!«
»Schon gut, Soranus, ich habe es verdient. Mein gesamtes früheres Leben hat Schläge dieser Art verdient. Leb wohl, verzeih mir, wenn du es kannst.«
»Wir müssen uns einmal länger unterhalten, Soranus«, sagte Plutarch, »vor allem über Apollonius. Leider verlasse ich morgen Rom. Doch bestimmt komme ich bald wieder zurück. Dann sehen wir uns. Oder wenn Chaironeia einmal an deinem Wege liegen sollte, dann vergiß nicht, bei mir einzukehren.«
»Leb wohl«, sagte mit verkniffenem Gesicht der Konsul, »ist der Senator und Tribun Soranus mit dir verwandt?«
»Ja, er ist mein Sohn«, antwortete Lucius und mußte sich eingestehen, daß er es nicht ohne Stolz sagte.
Wie betäubt und als wäre er aus einem Traum erwacht, legte er die wenigen Schritte zu seinem Hause zurück.
»Lakotris«, sagte er, unmittelbar nachdem er eingetreten war, »ich habe heute einen Schatten meiner Vergangenheit besiegt, meinen Haß auf Florus.«
»Wodurch?« fragte sie ungläubig und ihn scharf beobachtend, ob er vielleicht zuviel Wein getrunken hätte.
»Mit einem Faustschlag.«
»Keine gute Methode, seinen Haß zu töten.«
»Doch, manchmal schon. Besser auf alle Fälle als ein Messerstich ins Gesicht. Ich habe Mestrius Florus ins Gesicht geschlagen. Wenn du mich fragst, wie das geschehen konnte, dann muß ich dir sagen, daß ich es nicht mehr weiß. Ich hörte die verhaßte Stimme, unverkennbar in ihrer abgehackten Art, dann sah ich das spitze Gesicht und schlug zu.«
»Nun wirst du dich vor dem Prätor wegen Körperverletzung verantworten müssen.«
»Du wirst es nicht glauben, aber Mestrius Florus bat mich um Verzeihung, denn er ist jetzt Philosoph und Schüler seines Freundes Plutarch.«

Beide schwiegen. Als er sie fragte, woran sie denke, antwortete sie: »An Apollonius und seine Worte: ›Was die Moiren spinnen, ist so unwandelbar, daß es in Erfüllung gehen muß, so wenig auch damit die äußeren Verhältnisse zusammenzustimmen scheinen.‹«
Er nickte, faßte nach ihrer Hand und drückte sie sanft und liebevoll.

XXXVII

»Ich bitte dich, mich freizugeben, da ich dich verlassen möchte.«
Caelius Attianus hob den Kopf, der bisher tief über die Akten gebeugt war, und schaute verständnislos auf seine Frau.
»Sag das noch mal«, forderte er.
Helena sah auf das müde und abgearbeitete Gesicht ihres Gatten. In diesem Augenblick fühlte sie Mitleid mit ihm, doch sie zwang sich, diesem Gefühl nicht nachzugeben.
»Caelius, ich werde dich verlassen.«
Sprachlos starrte Attianus in das hübsche Gesicht seiner Frau, sah die beginnenden Fältchen um die Augen, sah den begehrlichen, sinnlichen Mund, die dunklen, glutvollen Augen, sein Blick streifte ihren betörend schönen Körper und blieb an den Augen hängen.
Dann brach es wie ein Gewitter aus ihm. »Du undankbare Hure, ist das der Dank für alles, was ich dir gegeben habe?« schrie er. Er sprang auf, schüttelte sie, schlug ihr zweimal ins Gesicht, wobei seine unflätigen Beschimpfungen wie Steine einer Belagerungsmaschine ohne Unterlaß auf sie niedergingen.
Helena stand schweigend wie eine Statue. Tränen rannen ihr die Wangen herab.
»Niemals gebe ich dich frei, niemals erhältst du von mir den Scheidebrief. Auspeitschen und brandmarken lasse ich dich, du Dirne, du nichtswürdige ...«
Plötzlich sackten seine Hände kraftlos nach unten, gaben ihre Arme frei, an denen er sie fest gepackt gehalten und gebeutelt hatte. Mit hängendem Kopf schlich er zu seinem Sessel und ließ sich fallen, daß der Sitz in seinen Fugen knarrte. Wie ein geschlagener Mann saß Attianus an seinem Schreibtisch und starrte mit blicklosen Augen vor sich hin.
»Caelius«, sagte sie leise und trat zu ihm, ihn sanft über das Haar streichend.
Als hätte ihn ein Pestkranker berührt, zuckte er zurück.
»Caelius, halte mich nicht für undankbar, ich weiß, daß ich dir alles verdanke, alles. Ich werde es nie vergessen. Doch du brauchst eine andere Frau als mich. Deine Freunde, die meine Herkunft ahnen, rümpfen die Nase über mich. Jetzt, wo dein Stern im Aufgehen ist, brauchst du eine Frau aus guter Familie und – Kinder.«

Schluchzend wandte sie sich ab.
Caelius Attianus erwachte aus seiner Erstarrung.
»Helena, verzeih mir meine Heftigkeit, doch ich kann den Gedanken nicht ertragen, daß du mich verläßt, denn ich brauche dich.«
Mit tränennassem Gesicht sah sie ihn an.
»Du brauchst mich? So wie du deinen Schreibtisch oder irgendein Möbelstück brauchst, dessen Existenz dir erst dann bewußt wird, wenn es nicht mehr vorhanden ist. Nein, du brauchst mich nicht, sonst hättest du mir während der letzten Jahre mehr deiner kostbaren Zeit geopfert. Nie hattest du Zeit für mich, deine Frau. Sura, Hadrian, Aelianus, Plinius und Trajan hatten und haben mehr Recht auf dich als ich. Nein, Caelius, du brauchst mich nicht. Es ist besser, wenn wir uns trennen. Suche dir eine jüngere Frau und ...«
»Es ist dein fester Entschluß?« unterbrach er sie schroff.
»Ja.«
»Nichts kann dich mehr halten? Und wenn ich es dennoch tue? Ich habe die Mittel dazu«, sagte er brutal.
Helena lächelte, wobei sich in ihren Wangen zwei Grübchen bildeten.
»Armer Caelius. Immer denkst du an Gewalt.«
Ernst geworden, wobei ihre Augen funkelten, fuhr sie fort: »Ich werde mich töten, wenn du mit Gewalt versuchst, mich bei dir zu behalten. Stell dir vor, was man in Rom sagte, wenn bekannt würde, daß des Attianus' Frau Hand an sich gelegt habe. Deine mächtigen Freunde würden die Nase rümpfen und von dir abrücken, denn ein Hochgestellter, dessen eigene Frau den Tod einem Leben mit diesem vorzieht, was gibt das für ein schlechtes Bild.«
Niedergeschlagen fragte Attianus, von dem die harte Miene gewichen war: »So sehr haßt du mich, daß du den Tod einem Leben mit mir vorziehen würdest? Das ist nicht gerade schmeichelhaft für mich als Mann.«
»Ich hasse dich nicht, ich liebe dich nur nicht mehr. Du bist mir gleichgültig geworden. Verzeih, daß ich dir dies sagen muß.«
»Ist ein anderer Mann im Spiel?«
»Ja.«
»So hast du mich über all die Jahre betrogen, du Dirne«, sagte er böse.
»Nein, ich schwöre es, betrogen, wenn du damit die körperliche Berührung meinst, habe ich dich nie.«
Erstaunt bemerkte er die Sicherheit ihrer Worte.
»Aber, wenn ein anderer Mann, und du weißt ja nicht, ob du mit ihm zu dieser körperlichen Harmonie finden wirst, wie sie zwischen uns, zumindest während der ersten Jahre, geherrscht hat«, warf er leicht verlegen ein.
»Es ist lange her, Caelius, daß du mich berührt hast. Deshalb bin ich des Beilagers entwöhnt und werde auch keine Vergleiche anstellen können. Außerdem ist es unwichtig für mich.«

»Du hast in deiner Jugend in vollem Maße das Liebesspiel ausgeschöpft«, entgegnete er bissig.
»Du willst mich nicht verstehen«, antwortete sie traurig. »Der Mann braucht mich, ihm ist Unrecht geschehen. Er liebt mich schon viele Jahre, war noch früher da als du. Du hast mich ihm weggenommen. Er wollte mich genau wie du aus den Fängen meines Onkels befreien, doch du kamst ihm zuvor. Damals habe ich dich mehr geliebt als ihn, weil du forscher und bestimmter auftratest, weil du meine Leidenschaft entfacht hattest. Erst als ich dich näher kannte, deinen Egoismus, deinen politischen Ehrgeiz, deinen Machthunger und deine Brutalität und dann ihn wiedersah, wußte ich, daß ich zu ihm gehörte, auch wenn er ein Verlierer und Geschlagener war.«
»Wer ist es?«
»Valerius Propinquus.«
Seine Augen ruhten durchdringend auf ihr.
»Propinquus, diesen Versager, diesen Maternus-Knecht ziehst du einem Caelius Attianus vor?« Er lachte bitter. »Da kenne sich einer bei den Weibern aus!«
»Ich liebe nicht die Sieger, die Ruhmbekränzten, sondern die, die in der Niederlage Würde bewahren, sich selbst treu bleiben und nicht sich den Gewinnern unterwerfen wie Veiento oder Apollinaris und ...«
»Genug!« unterbrach er heftig, »ich verzichte auf deine philosophische Rechtfertigung. Sag mir nur noch eins: Hast du mit Propinquus' Flucht aus meinem Haus zu tun?«
»Ja, ich verhalf ihm zur Flucht.«
Attianus bedeckte das Gesicht mit den Händen. Das schmerzte, obwohl es Jahre zurücklag. Die eigene Frau verriet ihren Mann.
»Geh, ich gebe dich frei. Noch heute verläßt du meinen Palast, sonst lasse ich dich mit Hunden hinaustreiben.«
»Danke, Caelius, die Götter mögen dir eine bessere Frau geben, als ich dir sein konnte. Glaube mir, es ist für uns beide besser.«
»Verschwinde endlich und verschone mich mit deinem Geschwätz.«
Langsam, ohne nochmals einen Blick auf Attianus zu werfen, verließ Helena sein Zimmer. Sie wußte, daß sie eine Welt, ein Stück Vergangenheit hinter sich ließ und daß es keine Wiederkehr gab. In guter Stimmung verließ sie den Palast, der ihr viele Jahre Heimat gewesen war, um in die ungewisse Zukunft aufzubrechen.

XXXVIII

Mißbilligend wanderte des Kaisers Blick über die Gestalt seines Großneffen Publius Hadrianus. Schon die Kleidung gab dem Imperator Anlaß zur Verstimmung. Chiton und Himation, wie sie die Griechen trugen.

Muß er denn dauernd sein Griechentum so öffentlich zur Schau stellen, dachte Trajan, wobei die steilen Furchen über der Nase sich zu kerben begannen, man bespöttelte ihn bereits in Rom als »Graeculus«. Wenigstens spricht er jetzt ein annehmbares Latein. Des Kaisers Blick verfing sich in dem braunen Bartgekräusel. Auch so eine Marotte, sich einen griechischen Philosophenbart stehen zu lassen. Trajans Augen wanderten zu dem neben Hadrian stehenden Attianus. Sogar der trug einen Bart. Der Kaiser liebte keine Bartträger. Bart war für ihn ein Zeichen von Eitelkeit und Täuschung. Hatte der Bartträger doch nicht den Mut, sein Gesicht offen zu zeigen. Wer Bart trug, wollte etwas verbergen: ein Gesicht, das dem Bartmann zu nackt und zu nichtssagend erschien, so daß er es mit dem Haargekräusel interessanter zu machen gedachte.
»Also«, Trajans Stimme klang ungeduldig, »was macht Sura?«
Attianus beobachtete Hadrian, der zwei Sitzgelegenheiten in die Nähe des Tisches trug, an dem der Kaiser saß. Trajan wurde verlegen, hatte er doch seinen Gästen keinen Platz angeboten.
Nachdem beide saßen, begann Attianus: »Licinius baut. Er hat einen Architekten bei sich angestellt, von dem man sagt, daß er ein Talent sei, und läßt auf dem Aventin in der Nähe seines Palastes öffentliche Thermen errichten. Weiterhin ist er rührend um Sempronia bemüht, deren Befinden sich gebessert hat.«
»Und dein Eindruck?« wandte sich Trajan an Hadrian.
Der Großneffe lächelte in seinen Bart.
»Sura geht es wie jenen, von denen Horaz sagte: Glücklich sind die, die fern den Geschäften.«
Der Unwille des Kaisers stieg. Er würde es Sura nicht gestatten, sich aus der Politik zurückzuziehen. Er brauchte ihn, das hatte er in letzter Zeit mehrfach schmerzlich zu spüren bekommen. »Und«, des Kaisers Stimme klang gepreßt, »was spricht Sura über mich?«
»Nichts«, antworteten Hadrian und Attianus gleichzeitig.
»Nichts? Er erwähnt unser Zerwürfnis, unseren Streit mit keiner Silbe? Ihr belügt mich!«
Beide beteuerten gekränkt, die Wahrheit gesagt zu haben.
»Aber«, fuhr Attianus fort, »dafür spricht man um so mehr in Senatskreisen über euren Streit. Weißt du, was man sagt? Sura bereite ein Komplott gegen dich vor und hätte die Absicht, dich zu ermorden.«
Hadrian bestätigte das.
»Die Gerüchteküche«, lachte Trajan, »doch mich wundert, wer unser Zerwürfnis an die Öffentlichkeit gezerrt hat. Sura schweigt. Sonst war keiner dabei. Die Dienstboten, die Prätorianer? Egal. Man muß auf dem Palatin und selbst als Kaiser eben vorsichtiger sein.«
»Suras Abwesenheit im Senat, seine Abgabe des Konsulats, dies alles gibt den Gerüchten Nahrung«, sagte Hadrian.

»Dem werde ich ein Ende machen, indem ich Sura besuchen werde. Will er mich ermorden, dann kann er es ungehindert tun, denn ich gehe ganz allein zu ihm.«
Hadrian erfaßte Freude.
»Das finde ich sehr gut. Ihr solltet euch nicht zerstreiten, du und Sura, denn er ist unter all deinen Ministern, Beratern und Heerführern das beste Pferd im Stall, unentbehrlich und unersetzlich.«
Das weiß ich selbst, dazu brauche ich nicht deine Meinung, du Grünschnabel, dachte Trajan verstimmt.
»Was hast du über diesen Fulvius Rusticus ermitteln können?« wandte sich der Kaiser an Attianus.
»Ein ehrenwerter Mann, tapfer, klug, solide Vermögensverhältnisse, Herkunft von einem Ritter, der von Vespasian in den Senatorenstand erhoben wurde. Also nichts, was gegen eine Aufnahme in den Senat spräche.«
»Doch, meine ungeteilte Abneigung gegen diesen Mann.«
»Aber ich bitte dich, Onkel«, widersprach Hadrian, »wenn man als Kaiser sich nur von Gefühlen leiten ließe, dann hätte man keine tüchtigen Männer um sich. Als Herrscher muß man nach Sachzwängen und Erfolgsaussichten urteilen.«

»Ich danke dir für deine Hinweise, ich wüßte sonst gar nicht, wie ich regieren müßte«, antwortete der Kaiser sarkastisch. Nach einer Weile sagte er dann, daß er einverstanden sei, daß dieser Rusticus in den Senat aufgenommen würde. »Zu entscheiden hat es der Senat dann selbst.«

»Aber Onkel«, wagte Hadrian eine kühne Widerrede, »hat dir die Kurie, seit du Kaiser bist, schon einmal etwas verwehrt? Du bist doch Alleinherrscher, der Senat nur dein Haus- und Jasage-Parlament. Es ist doch bloß eine Formalität, daß du die Zustimmung der Kurie einholst.«

»Aber an Formalitäten hängt oft viel. Domitian hat geglaubt, diese Formalitäten nicht nötig zu haben.«

Attianus grinste über des Kaisers Einverständnis.

Trajan ärgerte sich, daß er dem Neffen diese Bestätigung gegeben hatte. Das Verhältnis zum Senat war sein Geheimnis und ging keinen etwas an. Aber Hadrian hatte mehr politischen Verstand, als er geglaubt hatte, zumindest hatte er sein, Trajans, Spiel durchschaut, immer pro forma den Senat bestätigen zu lassen, was längst entschieden war. So schläferte man die Ehrwürdigen Väter ein, sie hielten den Kaiser für einen der Ihren, gaben ihm den Titel *»Optimus princeps«* und merkten nicht, da sie dem Imperator alles gestatteten, wie ihnen die Macht Stück für Stück entzogen wurde und sie nur noch zum Huldigungs- und Zustimmungsorgan des Kaisers wurden. Trajan lächelte. Das beste war, daß die Senatoren das gerne und mit Begeisterung taten, ohne Murren und Verschwörungen wie bei Domitian. Man mußte diesen eitlen und selbstgefälligen Römern nur das Gefühl der Wichtigkeit und Unersetzlichkeit geben, wenn es auch nicht stimmte, aber in schöne Worte verpackt, schluckten sie es wie bittere Medizin in Honig gehüllt.

Eine Ordonnanz steckte den Kopf durch den Vorhang und fragte, ob der Erhabene den Konsul Gajus Sosius Senecio zu empfangen geruhe.

Der Imperator geruhte.

Der Konsul trat ein, einen ledernen Behälter unter dem Arm. Entschuldigte sich für sein unangemeldetes Kommen, doch er hätte eine ausgezeichnete Schrift seines Freundes Plutarchos aus Chaironeia, die der Kaiser unbedingt lesen müsse.

Trajan lächelte herablassend, denn, so dachte er, nichts von diesen Philosophen, Dichtern und sonstigen Schreiberlingen Verfaßtes war es wert, von ihm gelesen zu werden.

Und nun empfahl ihm sein Freund Sosius Senecio diesen Plutarch. Was bezweckte er damit? Ein Amt für diesen Mann, eine Zuwendung? Soll er es doch gleich und ohne Umschweife sagen und nicht erst über den Umweg, ihn auch noch lesen zu müssen, dachte der Kaiser belustigt.

»Onkel, du kannst die Schriften des Plutarch lesen, denn sie sind des Lesens wert«, unterbrach Hadrian die eingetretene Stille.

Der Konsul dankte ihm mit einem warmen Blick.

»Du kennst diesen Plutarch?«

Hadrian bejahte. Ein Grund mehr, ihn nicht zu kennen und zu lesen, durchfuhr es Trajan.
»Jeder Gebildete kennt Plutarch«, konnte sich Hadrian nicht verkneifen, seinen unliterarischen Onkel zu necken.
»Ich kenne ihn nicht«, gestand Trajan, »also gehöre ich nicht zu den Gebildeten.«
»Onkel, du bist Kaiser und somit über eine derartige Klassifizierung erhaben.«
»Mit anderen Worten, dumm kann man sein, Hauptsache man ist Kaiser. Nein, dem stimme ich nicht zu. Senecio, gib mir die Schrift, ihr habt mich überzeugt. Worum geht es darin?«
Hadrian lächelte zu Sosius Senecio, als der sagte, daß es um Alexander von Makedonien und um Caesar ginge.
Des Kaisers Interesse war geweckt.
»Aber mich macht mißtrauisch, wenn Griechen über Alexander berichten. Griechen haben bislang nur Schmutz über den großen Makedonen ausgegossen, da sie Alexander und Philipp die Niederlage bei Chaironeia nie vergessen konnten. Es ist schon lange her«, des Kaisers Augen blickten, als suchten sie einen unsichtbaren Gegenstand in weiter Ferne, »ich glaube im Jüdischen Krieg war es, als ich mit meinem Vater, der damals Befehlshaber der zehnten Legion war, gegen Japha, die Nachbarstadt Jotapats zog ...«
Trajan schwieg. Bilder aus längstvergangner Zeit zogen vorüber, auch die alte, damals empfundene Bitterkeit über die ungerechte Behandlung seines Vaters durch Vespasian und Titus schmerzte wieder wie eine frische Wunde, obwohl es dreiunddreißig Jahre zurücklag ... Die Galiläer hatten in blindem Glauben an ihren Gott einen Ausfall mit nahezu all ihren waffenfähigen Männern unternommen. In einem schweren Gefecht konnten sie zurückgedrängt werden hinter die erste Mauer. Nun geschah das Unbegreifliche, die Galiläer verwehrten ihren eigenen Kämpfern den Zutritt durch die zweite Mauer in die Stadt. So wurden alle von den Römern zwischen den beiden Ringmauern niedergemacht. Und dann ... Kaiser Trajan schloß die Augen, knirschte mit den Zähnen ...
Hadrian, Attianus und Sosius Senecio starrten gebannt auf den wie ein Monument sitzenden Kaiser, der die Augen geschlossen hielt und die Zähne aneinander rieb. Keiner wagte ihn zu stören, denn bestimmt weilte er mit den Gedanken nicht hier im Palast.
Und dann wollte Vater mit der zehnten Legion Japha erstürmen, was keine Mühe bereitet hätte, doch ein Befehl Vespasians untersagte es ihm. Trajan schluckte, als würgte ihn ein Bissen im Halse ... Dann erschien Titus, Vespasians Sohn, mit fünfhundert Reitern und tausend Fußsoldaten und übernahm den Oberbefehl, degradierte Vater, der den Widerstand der Verteidiger Japhas gebrochen hatte, zum Führer des linken Flügels, während Titus an der Spitze des rechten Flügels die kaum noch verteidigten Mauern erstieg und Ruhm und Lorbeer erntete.

Er hatte abends im Zelt geweint über die seinem Vater angetane Ungerechtigkeit ... es waren die letzten Tränen gewesen mit siebzehn Jahren ... Vater war ins Zelt gekommen, hatte ihn getröstet: Ich versteh' dich, Junge, doch so ist das Leben. Das mußt du lernen, dich selbst zu verleugnen und Ungerechtigkeiten zu ertragen! Niemals, Vater, hatte er geantwortet. Der Vater hatte milde gelächelt und gesagt: Dann wirst du es sehr schwer haben ... Seit dem Tage von Japha hatte er für Vespasian und Titus nur noch ein Gefühl der Verachtung empfunden. Er hatte sich aus Trotz mehr dem zweiten Sohn Vespasians genähert, der von seinem Bruder Titus und seinem Vater mit verächtlichem Hochmut behandelt wurde, so daß er Trajan immer leid getan hatte. Auch als der ständig Benachteiligte dann zum Tyrannen Domitian wurde, vermochte er, Trajan, diesem sein Mitleid nicht zu versagen. Schuld, daß Domitian erst Domitian wurde, hatten Vespasian und Titus. Die Hilflosigkeit in militärischen Dingen hatte ihn, Trajan, gerührt. Vielleicht waren dies auch die Gründe, daß er Domitian gegen Saturnin beistand, obwohl ... Nun, lassen wir das.

Der Kaiser schlug die Augen auf, sah die gespannten Gesichter der drei Besucher auf sich gerichtet. Wie kam er auf Domitian und Vespasian? Ach richtig, Japha war der Ausgangspunkt gewesen.

»Bei der Eroberung Japhas kam mir ein buckliger Grieche aus einem Haus entgegengestürzt, der mich bat, sein Haus und seinen Besitz zu verschonen, da er mit den Juden nichts gemeinsam hätte. Nur durch einen Zufall, so das bucklige Männlein, sei er in diese Stadt geraten und von den Juden gerade so geduldet worden. Er verstünde sich auf das Wahrsagen. Ich lachte, hielt ich doch nichts von dergleichen Dingen.«

Leider, dachte Hadrian, ist dir, einem nüchternen Mann, die Erfassung und Anerkennung des Mythos und der Mysterien fremd.

»Er gab mir eine Schrift und sagte, lies und merke auf, dieser Mann wird einmal dein Leben bestimmen.«

»Was für eine Schrift gab er dir?« begehrte Hadrian zu wissen.

»Eine Abschrift der Alexander-Biographie des Kallisthenes.«

»O olympische Götter, eine bibliophile Kostbarkeit, Onkel, wo ist sie, diese Schrift?«

Hadrian hatte Begeisterung erfaßt.

»Man hat sie mir irgendwann und irgendwo in einem Feldlager gestohlen.«

Hadrian schlug die Hände vors Gesicht.

»Hast du die Schrift des Kallisthenes gelesen?« fragte er.

Trajan maß ihn mit einem erstaunten Blick. »Natürlich. Alles, was mit dem großen Makedonen irgendwie verknüpft ist, habe ich gelesen, leider habe ich bisher keine Biographie gefunden, die den Taten Alexanders völlig gerecht wird. Kallisthenes schmeichelt, doch in einem Maße, daß es schon wieder die Umkehr bedeutet, nämlich ein Verächtlichmachen. Und das hat er schließlich bezweckt. Es gibt

eine kleine Anekdote«, berichtete Trajan aufgelockert weiter: »Alexander fuhr mit einem Boot auf dem Indus und las Kallisthenes' Bericht, der vor Schmeichelei überquoll, über irgendeine Schlacht. Ärgerlich habe Alexander das Geschriebene über Bord geworfen und dabei gesagt, das beste wäre, man würfe den Autor hinterher.« Trajan lachte, die anderen auch und nicht bloß aus Höflichkeit. Hadrian, Attianus und Senecio konnten sich nicht entsinnen, den Kaiser jemals in einer derartig gelösten Verfassung gesehen zu haben. Sie hatten ihn zwar schon gesprächig und entspannt erlebt, aber das war meistens nach reichlichem Weingenuß und dann in einer poltrigen und soldatischen Lockerheit.
»Onkel, du wirst es nicht bereuen, den Plutarch zu lesen. Dort findest du eine echte Würdigung Alexanders und seiner Taten. Auch wenn Plutarch Grieche ist und die Griechen – aus verständlichen Gründen – ein gestörtes Verhältnis zu ihm haben.«
»Woher bekamst du die Alexanderschrift?«
»Von Marcus Soranus, der bekam sie von seinem Vater und der, höre und staune, von Apollonius von Tyana. *Habent sua fata libelli* – Sie haben ihr Schicksal, die Bücher.«
»Und der Kaiser erfährt von all dem nichts. Attianus, du vernachlässigst mich und enthältst mir wichtige Nachrichten vor!« drohte der Kaiser scherzhaft mit dem Finger.
»Hier, Sosius, bringe das schnell in Ordnung, daß dieser Rusticus umgehend in den Kreis der Ehrwürdigen Väter aufgenommen wird, das ist mein Versöhnungsgeschenk für meinen alten Freund Sura, diesen Streithammel.« Alle lachten über den kaiserlichen Scherz.
Als Hadrian, Attianus und Konsul Sosius Senecio den Kaiser verlassen hatten, begann dieser zu lesen.
»Aber in ihren glänzenden Taten und ihren blutigen Gefechten und großen Schlachten zeigen sich ihre Tugenden oder Laster und verrät sich ihr Charakter …«
Schon in den ersten Sätzen sprang ihm etwas entgegen, das ihn anrührte und bis in sein Innerstes drang. Er las, verschlang die Worte, die Sätze, die das Leben des großen Makedonen der Vergangenheit entrissen und auf dieser Rolle Pergament zu neuem Leben erweckten.
»… Alexander ließ sich nicht leicht von dem einmal gefaßten Vorsatz abbringen. Das Glück, welches seine Unternehmungen immer begünstigte, gab allen seinen Entschlüssen eine besondere Festigkeit, und der ihm eigene feurige Mut bewirkte, wenn er sich etwas vornahm, einen unbesiegbaren Starrsinn, der nicht nur gegen Feinde, sondern auch gegen Ort und Zeit Gewalt brauchte.« Diesen Ausschnitt las Trajan wiederholt, wobei er Festigkeit und Starrsinn gegen Feinde und Ort und Zeit mit besonderer Betonung aussprach.
»Nachdem nun Alexander alle Länder diesseits des Euphrats unterworfen hatte,

ging er auf den Dareios selbst los ... Der Helm schimmerte aber wie reines Silber ... wichen schon die Barbaren. Dareios ließ ... Wagen und Waffen zurück ... und begab sich auf die Flucht ... Alexander ließ sich zum König von Asien ausrufen ... Auf seinem Zuge nach Babylon ...«

»Babylon«, formten des Kaisers Lippen, das klang wie eine Nachricht aus den Tiefen der Vergangenheit, Babylon, das war ein Hauch von Macht und Verruchtheit.

»Alexander nahm hierauf Susa in Besitz ... Das Eindringen in Persis war der rauhen Gegend wegen mit vielen Schwierigkeiten verbunden ... Von da nahm er seinen Weg nach Parthien ...«

»Parthien«, murmelte der Kaiser versunken.

Der Stundenausrufer im Palast hatte bereits mehrmals die Zeit ausgerufen, doch der lesende Kaiser nahm es nicht wahr. Die Welt um ihn war versunken. Seinem Kämmerer, der hin und wieder in das Zimmer des Kaisers lugte, bot sich immer wieder dasselbe Bild: Der Kaiser saß bequem, die langen Beine von sich gestreckt, und war in Schriftrollen vertieft.

Je weiter Trajan las, desto bekannter schien ihm das Geschriebene. Er wußte, daß er eine unpoetische Natur war, doch diesen Text hätte er geschrieben haben können. Alexander, das war er, Trajan, und Trajan war Alexander. Er fühlte einen Gleichklang wie nie zuvor in seinem Leben. Es war ihm, als hätte er das Beschriebene selbst erlebt. Er wurde eingeschmolzen in dieses Leben des Makedonen, hineinverwoben zur totalen Einigkeit, zum Einssein mit Alexander wie in einem Liebesakt.

»Welche große Freude haben die Griechen entbehren müssen, die gestorben sind, ehe sie Alexander auf Dareios' Thron konnten sitzen sehen ...« Trajan legte den Kopf in den Nacken zurück und starrte zur Decke.

»Welche große Freude haben die Menschen entbehren müssen, die gestorben sind, ehe sie Trajan auf Alexanders Thron konnten sitzen sehen!« wandelte der Kaiser die Worte ab.

Trajan geriet beim Lesen in einen Rausch, die Sprache, das Geschehen rissen ihn mit, trafen ihn im Innersten, ließen seine Sinne erbeben, denn hier stand geschrieben, wovon er selbst geträumt hatte, von der Erfüllung des Lebens. Was gab es Schöneres, Erfüllteres im Leben, als ein Mehrer eines Reiches, ein Eroberer zu sein? Wie viele Menschen konnten sich in diesem Höchsten verwirklichen, in der Macht und der Ausweitung der Macht wie einst Alexander? Nur eine Handvoll. Und er, Trajan, den Göttern sei Lob und Dank, gehörte zu dieser Handvoll Männer. Er würde sich wie Alexander verwirklichen!

Trajan las manche Passagen mehrmals.

Die Verzauberung des geschriebenen Wortes, an die er, der nüchterne und schnörkellose Soldat, nie geglaubt hatte, zog ihn in ihren Bann. Wie ein Ariadnefaden, der Theseus aus dem Labyrinth den Weg wies, verknüpfte die Schrift des

Plutarch bei Kaiser Trajan die Zukunft und die Gegenwart mit der Vergangenheit.
Alexander war Vergangenheit. Trajan war Gegenwart, und Trajan-Alexander war Zukunft.
Jetzt hatte er die Schrift zu Ende gelesen. Schweratmend legte er die Rollen auf den Tisch. Das war ein Vermächtnis, eine Offenbarung, fand der Kaiser. Man mußte die Enge sprengen, die Grenzen überschreiten, die trennenden Mauern niederreißen und wie Alexander das nie vorher Gewagte, den Schritt ins Grenzenlose, tun. Dann hätte man eine Antwort auf das Warum des Lebens, der man bisher in dieser Deutlichkeit noch nicht begegnet war. Das war Erfüllung, das wäre Selbstverwirklichung!
Trajan schloß die Augen, träumte, am Ende eines langen und beschwerlichen Weges stand ein Jüngling auf einem schier unbesteigbaren Gipfel und winkte. Alle Begleiter stürzten ab, nur er, Trajan, erreichte blutend, abgerissen und zu Tode erschöpft den winkenden Jüngling: Es war Alexander. Er hob den zusammengebrochenen Trajan auf, setzte ihm den goldenen Lorbeerkranz aufs Haupt und sagte: Endlich bist du gekommen, der erste, der meiner Nachfolge würdig ist.
Die Bilder entschwanden, eines nach dem anderen, auf den Lippen des Kaisers spielte ein zufriedenes Lächeln. Unsichtbar im Raum blieb der Name, der Mythos Alexanders, den Plutarch mit ehernen Lettern dem Kaiser auf ewig ins Gedächtnis geschrieben hatte.

XXXIX

War es Glück, das er empfand? Licinius Sura wußte es nicht, wollte es auch nicht wissen. Sicherlich war es Befriedigung, eine Befriedigung, die aber so schwach war, daß sie seine Pulse nicht schneller schlagen ließ. Soeben hatte ihn der Kaiser verlassen, der gekommen war, um die Versöhnung zu erbitten. Sura blickte auf die dunkle Stadt hinab, aus der sich erleuchtete Gassen abhoben. Dann schweifte sein Blick auf den Palatin, der in seiner Lichterfülle wie ein Sternenmeer glitzerte. Sura lächelte, dachte er daran, wie der Kaiser allein zu ihm gekommen war, ihn gebeten hatte, seinen Barbier zu rufen, damit er ihn rasiere.
Dann aß und trank der Kaiser bei ihm. Endlich rückte er mit einer Begründung über sein Verhalten heraus.
Sempronia, die am Mahle teilnahm, und ihm, Licinius Sura, verschlug es die Sprache, als Trajan kauend und guter Laune sagte, daß er, Sura, wenn er es unbedingt wolle, ihn umbringen könnte. Sie verstanden nicht des Kaisers dunkle Andeutung.
Erst als Trajan von den in Rom kursierenden Gerüchten erzählte, verstanden Sempronia und Sura die Anspielung.

Er habe es keinen Augenblick geglaubt, sagte Trajan.
Ein Lächeln spielte um Suras Lippen, dachte er daran, wie verlegen der Kaiser ihm die Ernennung des Rusticus zum Senator beibrachte. Diplomatisch hatte er, Sura, die unangenehme Geschichte erledigt, indem er aus Plutarchs Schrift »De cohibenda ira – Therapie des Zorns« zitierte: »Dem Zorn dürfen wir nirgends Raum geben, denn er stammt im Grunde aus der leidenden und gekränkten Seele und ihrer Schwäche, er gleicht nicht – wie man gesagt hat – ›Muskelkräften‹ der Seele, sondern Verkrampfungen und Zuckungen, mit denen sie aus Abwehrinstinkten heraus gar zu heftig reagiert.«
Sura lauschte in die Nacht hinaus, als vernähme er dort noch die Stimme des Kaisers, der ihn mit einer Lobesrede auf Plutarch in Erstaunen gesetzt hatte. Ganze Passagen des »Alexander« hatte Trajan schwärmerisch und hingerissen, ja nahezu verzückt, zitiert. Der Kaiser schien verändert. Was Literatur vermochte, dachte Sura, sogar einem unliterarischen Geist wie Trajan entlockte sie Begeisterung.
Sura wandte sich um und sah, wie an den schrägbrennenden Kandelaberkerzen Wachstropfen um Wachstropfen sich an der einen Seite zu einem zackigen Steg verdickten.
Wie im Leben, durchfuhr es ihn, unregelmäßig, unharmonisch, an der Seite sich verdickend, wo wir es gerade nicht wünschen – vielleicht auf der Seite des Zorns und des Unbehagens, an der anderen Seite Mangel, wo wir Verdickungen brauchten, bei Gleichmut, Gelassenheit und Großmut …
Er wandte sich ab, rief nach dem Kämmerer, um sich entkleiden zu lassen. Der Nomenklator eilte indes vor dem Kämmerer in das Zimmer des Herrn.
»Herr, ein Bote von Veiento, er bittet dich dringend, ihn sofort zu besuchen.«
»Jetzt, mitten in der Nacht?« fragte Sura verblüfft.
»Ja, wenn du ihn noch lebend sehen willst. Veiento liegt im Sterben. Er wird die Nacht nicht überleben, so sagt der Bote.«
»Sag, ich komme!«
Sura trieb den Kämmerer zur Eile, ihn anzukleiden.
Gallus Fabricius Veiento stand das Zeichen des Todes auf der Stirn geschrieben. Dieses wachsbleiche Gesicht, nein, erschrak Sura, Gesicht konnte man zu dem eingefallenen kleinen Greisenkopf, aus dem die spitze, leicht gebogene Nase herausstach, schon nicht mehr sagen: es war ein mit Pergament überzogener Schädel.
Veiento lehnte in einem Sessel, dicke Kissen im Rücken. Liegen erlaubte seine Atemnot nicht. Husten quälte ihn. Der Arzt hielt ihm ein Tuch an den Mund, das sich mit Blut füllte.
»Sic transit gloria mundi«, flüsterte der Sterbende.
Sura mußte sich setzen.
»Es geht zu Ende, Sura, ich bin froh darüber. Mit dir wollte ich die letzten Worte sprechen, weil …« Ein erneuter Hustenanfall unterbrach seinen Satz. »… ich be-

reue, daß… ich Curiatius im Stich ließ. Ich weiß nicht, ob … Maternus … ein guter Kaiser geworden wäre … ich hätte ihn nicht verraten dürfen … doch du hast mich … damit überlistet.«
Licinius Sura blickte in das vom Tode gezeichnete Gesicht, als suchte er dort die Schatten der Vergangenheit.
»Aber … es ist anders gekommen … als du es dir vorgestellt hast, Sura …«
Veiento versuchte ein Lächeln, aber es entstand nur eine verzerrte Grimasse.
»Dein … eigenes Geschöpf … hat dich … überspielt und dich … den Kaisermacher … ins zweite Glied verwiesen. Das hat mich versöhnt mit … meinem Versagen … Vielleicht hätte Maternus an mir ebenso … gehandelt … Das ist die Rache der Macht, die immer auf den … der sie … meisterhaft gebraucht … eines Tages zurückschlägt. Auch auf … Trajan … wird die Macht zurückschlagen, weil er … ihr mit Haut und Haaren verfallen ist. Das … diese Gewißheit tröstet mich … und damit stirbt sichs leicht. Ich hege keinen Groll … gegen dich … du bist der bessere und klügere Spieler gewesen … du bist überhaupt zu klug für dieses Rom … und zu schade … der Kaiser nutzt dich aus … ohne dich würde er Fehler über Fehler begehen … Sura, nutze die Zeit, genieße dein Leben, aber nicht in Machtspielen … und Intrigen auf dem Palatin … vergeude deine Kräfte nicht … in Schlachten, sondern lebe … genieße das Meer, die Berge, die Natur … vor allem … die Liebe … Als du mich damals nach … dem Scheitern … meiner Pläne mit meiner schönsten … Tänzerin fandest … entgingen mir deine … traurigen, begehrlichen, vom ewigen Verzicht auf Liebe gezeichneten Augen und … die Blicke nicht, mit der du … Varinia anstarrtest … Sie scheint für dich ebenfalls einiges zu empfinden … Als ich sie fragte, wem ich sie schenken solle … sagte sie, es wäre eine große … Gnade … wenn ich sie dir schenkte …«
Veientos Kopf sank zur Seite. Das viele Sprechen hatte ihn zu sehr angestrengt. Der Arzt bemühte sich, die eingetretene Atemnot mit einem Fläschchen, das er dem Kranken an die Nase hielt, zu lindern.
Ein Blutstrom quoll aus Veientos offenem Mund und hinterließ auf dem Gewand eine dunkle Spur.
Der Arzt keuchte vor Anstrengung.
Nach einer Weile beruhigte sich der Kranke.
»Ich danke dir, Veiento, ich nehme dein Geschenk dankbar an. Kann ich dir noch einen Wunsch erfüllen?«
Veiento nickte.
»Solltest du einmal nach Liria in Spanien kommen, dann grüße Curiatius Maternus … bitte um Verzeihung in meinem Namen … und sage ihm … er habe nichts versäumt, da … er nicht Imperator wurde … er lebte nicht so ruhig … und unbeschwert … wie in Liria …«
Licinius Sura versprach es dem Sterbenden.
»Nun … laß mich … allein … ich danke dir … für dein Kommen … Varinia …

kommt in dein … Haus … nach meinem Tode … Noch eines … entzünde du … meinen Scheiterhaufen … Leb wohl …«
So verging das Leben, dachte Sura, als ihn seine Sänfte nach dem Aventin zurücktrug, aus einem reichen Anfang schlich es traurig zu Ende. Welche klägliche Figur würde man selbst abgeben vor dem Ende? Sura wagte den Gedanken nicht bis zu Ende zu denken. Wie lange war einem noch Zeit gegeben? Die Moiren, die gnadenlosen Spinnerinnen am menschlichen Schicksal, wußten es.
Veiento, der mächtige Veiento, der beinahe einen Kaiser gekürt hätte, wenn … ja, wenn er, Licinius Sura, nicht geschickter zu Werke gegangen wäre. War er glücklicher geworden, weil er Trajan zum Nachfolger Nervas gemacht hatte? Nein, so glaubte er heute zu wissen, denn Glück kommt nicht aus der Macht, sondern aus dem Innern, dem Herzen. Aus der Macht konnte kein Glück kommen, sondern nur Rausch und Taumel. Macht war immer mit Furcht verbunden, Furcht vor Gegnern, Furcht vor Verlust der Macht, Furcht, daß die Macht stagniere, Furcht und Macht waren zwei Seiten einer Medaille. Macht und Glück schlossen sich aus, denn wie hatte sein Landsmann Seneca gesagt: »Glück ist nur da, wo keine Furcht ist.«

XL

Hadrian schritt zwischen Plotina, der Augusta, und Sabina, seiner Gattin, durch den Park von Alba longa, der ehemaligen Sommerresidenz Kaiser Domitians.
Die Luft war erfüllt von herbstlichen Wohlgerüchen. Zwischen den symmetrisch angeordneten Hecken reckten sich Standbilder und sprudelten mythologische Figuren Wasserstrahlen in die Luft. Als sie ein Stück gegangen waren, bot sich ihnen der Blick auf einen noch unfertigen Neubau.
»Dein Mann hat jetzt eine Baumanie«, sagte lachend Hadrian.
Plotina lachte nicht. »Nicht nur eine Baumanie. Ich bekomme ihn manchmal wochenlang nicht zu Gesicht. Du hast recht, das Bauen beschäftigt ihn jetzt. Er will Rom seinen Stempel aufprägen. Tagelang schließt er sich mit diesem damaszenischen Griechen, diesem Apollodorus, ein, und sie kritzeln nur auf Karten und Plänen herum. Dem armen Sura spannte er diesen Architekten einfach aus und läßt ihn für sich arbeiten. Nun muß Sura auf seine Thermen warten.«
Nachdenklich sah Hadrian auf Plotina. War das Bitterkeit um den Mund oder täuschte das Licht in dem Laubengang, in den sie eintraten?
»Nun, Plotina, laß doch einem Fünfzigjährigen seinen Spaß. Übrigens, das war der tollste Geburtstag, den ich je erlebt habe. Diese gigantischen Spiele, der Jubel im Senat und die weihevolle Rede des …«
»Plinius«, ergänzte die Kaiserin, »der sich an seinen eigenen Worten berauscht und vor Rührung über seine gefühlvollen Tiraden selbst in Tränen ausbricht.«

Sabina lachte, wobei in ihren Wangen Grübchen erschienen, die ihrem hübschen Gesicht einen kindlichen Ausdruck verliehen.
»Plinius«, wiederholte Hadrian, »trägt manchmal sogar für den Onkel, und der liebt in seiner Eitelkeit die Schmeichelei, eine Nuance zu dick auf. Und das Gegenteil wieder ist dieser Cornelius Tacitus. Ein schlauer und sehr geistvoller Mensch, schreiben kann er fast so gut wie Plutarch, aber immer dieses Leichenbittergesicht. Er kann es den Römern nicht verzeihen, daß sie seinem Schwiegervater Agricola kein Forum gebaut haben. Bei den Gastmählern spricht er immer sehr wenig.«
»Muß man denn immer viel sprechen?« mischte sich Sabina ins Gespräch.
Hadrian musterte seine Frau mit einem spöttischen Blick:
»Wenn man nichts zu sagen hat, dann natürlich nicht«, bedachte er sie mit einem Seitenhieb, denn auch Sabina schwieg lieber, als daß sie große Unterhaltung pflegte.
»Übrigens«, sagte die Kaiserin plötzlich, »wenn ich nicht sehr großmütig wäre, müßte ich deinem Freund Marcus Soranus sehr böse sein.«
Hadrian stutzte.
Plotina lächelte, ein mit Wehmut gemischtes Lächeln: »Ob seines Geschenkes für den Kaiser zum fünfzigsten Geburtstag.«
Jetzt verstand Hadrian. Plotina war eifersüchtig auf den hübschen Pagen, den Soranus dem Kaiser geschenkt und den dieser seither immer um sich hatte. Nun, der Kaiser liebte hübsche Knaben, wer denn nicht, dachte Hadrian. »Plotina, daran bin ich indirekt schuld.«
»Ich höre«, antwortete die Augusta spitz.
Nach kurzem Bedenken sagte Hadrian: »Nach Nervas Tod schickten mich die mösischen Legionen nach Colonia Agrippinensis, um Trajan zum Principat zu beglückwünschen. Ein Centurio begleitete mich. Vor Confluentes überfiel man uns, raubte uns die Pferde und brachte uns in ziemliche Bedrängnis. Da kamen Rusticus und Soranus des Wegs, die im Auftrage Suras zu Trajan wollten, und halfen. Mein Centurio, der unter den umgestürzten Schlitten geraten war, starb in Confluentes. Soranus hatte ihm versprochen, sich um dessen Gattin und Sohn zu kümmern. In Colonia Agrippinensis besuchte er sie. Die Frau, so erzählte mir Soranus, ein bildschönes junges Ding, tröstete sich bald mit einem Tribunen. Die ganze Sache war schnell vergessen. Soranus kehrte nach Rom zurück. Eines Tages stand ein hübscher junger Bursche vor dem Tor seines Palastes und begehrte Einlaß. Er sei Phaedimus, der Sohn des toten Centurio. Soranus stutzte und nahm den Jungen auf, der seiner Mutter davongelaufen war, weil er bei ihrem Liebestreiben immer im Wege war. Nun kommt das Ende. Dein Mann sah den Jungen, besser Jüngling, vergaffte sich in ihn und ließ – es dabei bewenden. Doch das Beste folgt: Dieser Jüngling Phaedimus, er ist nicht nur schön, sondern auch schlau und raffiniert, hat das bemerkt. Er hat Soranus gebeten, ihn dem Kaiser zum

fünfzigsten Geburtstag zu schenken. Soranus tat es. Also, Plotina, hier mußt du vorsichtig sein, denn dieser Phaedimus sucht Einfluß zu gewinnen. Und Trajan, verzeih mir, kann in Weineslaune solchen hübschen Larven nichts abschlagen.«

Schweigend schritten sie durch die Buchsbaumhecken. Der Bericht Hadrians hatte die Kaiserin verstimmt.

»Plotina, denkst du über Phaedimus nach? Noch ist es nicht so weit. Als weitaus schlimmer empfinde ich, mit welchen Figuren sich Trajan umgibt: Palma, Celsus, Nigrinus und Lusius Quietus. Sie gewinnen immer mehr Einfluß auf ihn. Krieg und Gewalt ist ihr Geschäft. Sie werden Onkel schlecht beraten.«

»Noch verstehen Sura, Sosius Senecio und ...«, sie stockte, Veiento hatte sie sagen wollen, »diese Männer und deren kriegerische Gelüste an der Entfaltung zu hindern.«

»Wie lange noch? Trajan bringt es fertig, sich mit Sura zu zerstreiten wegen eines lächerlichen Senatspostens.«

Plotina drohte mit dem Finger.

»Du sollst nicht immer an den Handlungen des Kaisers herumdeuteln.«

Sabina und Hadrian lachten.

Plötzlich kam eine Ordonnanz des Kaisers durch die Gartenwege gerannt, noch außer Atem befahl er Hadrian zum Imperator.

Hadrian folgte ihm durch Heckendurchgänge, Laubengänge und über die Terrasse empor, wo sich das von Domitian erbaute Sommerhaus malerisch an den Hang schmiegte.

Trajan und Apollodorus standen an einem langen Tisch, und beide kritzelten mit Schreibkohle auf Pergamenten herum.

Cornelius Palma stand ein wenig abseits.

»Imperator«, wandte sich der kleine Architekt und Baumeister an den Kaiser, »für dein Forum, das größer als alle bisherigen Foren sein soll, müssen wir hier ein gutes Stück vom Fuße des Quirinals abtragen und einige Insulae niederreißen. Das verteuert den Bau erheblich. Der Preis wird viele Millionen betragen. Viele Sklaven, Handwerker werden notwendig sein, und das Material muß von weit her gebracht werden.«

»Gold und Sklaven holen wir uns in Dakien«, warf Palma ungefragt dazwischen, was ihm einen strafenden Blick des Kaisers einbrachte.

»Gut, Apollodorus«, wandte sich Trajan an den Damaszener, »das Forum in Rom hat noch Zeit, aber die Brücke über den Danuvius muß bald geschlagen werden.«

Der Baumeister entrollte ein großes Pergament, auf dem der Entwurf einer Brücke zu sehen war.

Hadrian trat an die Zeichnung heran und fragte, ob die Pfähle im Erdreich das schwere Bauwerk überhaupt hielten.

Apollodorus musterte Hadrian spöttisch und sagte: »Misch dich nicht in Dinge, die du nicht verstehst.«

Trajan und Palma lachten. In Hadrian stieg der Zorn über die unverdiente Kränkung hoch. Das würde er diesem Apollodorus nie vergessen.
Der Architekt erläuterte seinen Plan.
Trajan war einverstanden. Die schwierige Frage war noch zu klären, an welchem Ort die Brücke den Danuvius überspannen sollte. Es mußte ein strategisch günstiger Ort sein, an dem die Truppenmacht von Mösien nach Dakien übergesetzt werden konnte.
Hadrian und Palma folgten dem Verlauf des Danuvius auf der Karte. Die Entscheidung war schwierig. Ungeduldig wartete der Kaiser und trommelte nervös mit den Fingern auf die Tischplatte.
»Also kein Vorschlag? Ist auch nicht mehr nötig, denn Sura hat mir empfohlen: hier.« Des Kaisers Finger stieß auf einen Punkt der Karte. Hadrian und Palma starrten auf ihn. Der Fluß beschrieb eine Schleife, Drobeta stand dort geschrieben. Wie mit einem Lineal gezogen lag in der geraden Verlängerung von Drobeta im Norden: Sarmizegetusa. Hadrian verstand und lächelte. Palma nickte.
»Sura ist ein Genie, denn einen besseren Standort hätte man nicht wählen können«, lobte Hadrian.
»Also, Apollodorus, du reist noch diese Woche nach Drobeta und beginnst mit den Vermessungen. Meine Kanzlei übergibt dir eine Vollmacht, die dich ermächtigt, alle Dinge für den Bau der Brücke zu requirieren. Ich höre von dir. Eile ist geboten. Wann rechnest du mit der Fertigstellung?«
»Nächstes Jahr wie abgesprochen.«
»Gut, die Götter mögen dein Unternehmen fördern.«
»Du kannst gehen«, sagte der Kaiser zu Hadrian, nur Palma blieb.
Draußen begegnete Hadrian dem Baumeister. »Ich werde dir deine Anmaßung nicht vergessen«, drohte er dem Damaszener.
Um dessen dünne Lippen spielte ein leichtes Lächeln. »Tatsächlich?« sagte er spöttisch und ließ den verdutzten Hadrian stehen.
Hadrian lief noch einige Zeit kreuz und quer durch die Irrgänge des Parks, um seinen Zorn zu besänftigen. Als er Sabina und Plotina, die auf einer Bank saßen, erreichte, war nur noch leichter Unmut in ihm.
»Nun, was gab es?« fragte die Kaiserin.
»Ich befürchte, es wird wieder Krieg mit den Dakern geben.«
»Warum? Dakien ist ein Vasallenstaat Roms, und wir haben Garnisonen in ihrem Lande, sie zahlen Tribut …«
»Eben darum.«
Die Kaiserin und Sabina verstanden das nicht, jedoch besaß der Gedanke, daß ihre Männer sich wieder Monate oder Jahre in den Kämpfen mit den Barbaren Gefahren aussetzten, etwas Schreckliches.

XLI

Mars erhob sein Antlitz – bleckend und zähnefletschend, eine gorgonische Vision. Die todbringende Waffe in der gepanzerten Faust, durchstieß er den schwachen Leib der Göttin Pax, die ihm wehren wollte. Grausig und markerschütternd entrang sich dem Ungeheuer der Schrei: »Krieg!«
Rom marschierte mit ehernem Tritt über das von Apollodorus geschaffene Wunder in Stein, das den Bogen von Mösien nach Dakien spannte. Lucius Licinius Sura führte die Legion IV Flavia von Ratiaria nach Drobeta und setzte nach Dakien über. In seinem Gefolge begleiteten ihn die Tribunen Marcus Soranus und Fulvius Rusticus.
»Entsinnst du dich noch, was ich dir damals hier in Dakien prophezeit habe?« fragte Rusticus den neben ihm reitenden Soranus.
»Du sagtest, daß der letzte Krieg mit Notwendigkeit einen neuen nach sich ziehe, da der Kaiser nur Stückwerk geleistet habe.«
»Und hatte ich recht? Es ist Unfug, ein freies Königreich wie die Daker in einen gehorsamen Vasallenstaat umwandeln zu wollen. Und nun sind wir hier, um reinen Tisch zu machen, um Dakien als selbständigen Staat auszulöschen.«
»Auslöschen? Ich bitte dich, wir wollen doch die Daker nicht ausrotten. Nur bestrafen, da Decebal die Vereinbarungen gebrochen hat. Er hat das freie Königreich Dakien proklamiert, unsere Garnisonen belagert und wiederholt mit Roms Feinden, den Parthern und den Roxolanen, Bündnisse geknüpft. Also …«
»Du hast die kaiserlichen Verlautbarungen gut studiert. Doch nun will ich dir einmal sagen, worum es eigentlich geht.« Rusticus blickte sich um, sah die von den Centurionen angetriebenen Legionäre marschieren. Dann fuhr er leiser fort, wobei er sein Pferd nahe an Soranus' Falben brachte, so daß dieser nach Rusticus' Braunem schnappte.
»Trajan hat große Pläne. Er gedenkt nach dem Nordosten vorzustoßen, um das weite Land der Sarmaten zu kultivieren bis hinter den Borysthenes flumen, wohin noch kein römischer Imperator je seinen Fuß setzte. Dazu braucht er ein sicheres Aufmarschgebiet. Ein dakischer Vasallenstaat wäre ein Unsicherheitsfaktor. Stell dir vor, die römischen Legionen in der unendlichen und unerschlossenen Weite zwischen Hypanis und Borysthenes flumen nur auf sich gestellt und ohne gesichertes Hinterland und dann, ich traue es diesem Decebal zu, eine Erhebung der Daker im Rücken und die Sarmaten vor uns. Dann könnte Rom nur noch den Totengesang anstimmen. Also muß Trajan mit Dakien reinen Tisch machen. Und der nächste Grund, der ist einfach einzusehen: Gold und Geld. Der Feldzug würde wahnsinnige Mittel schlucken, die Rom aus eigener Kraft nie aufbringen könnte. Außerdem braucht der Kaiser Geld für seine gigantischen Baupläne. Er will Rom vollkommen umgestalten zu einem Trajanapolis. Sura mußte seine Baupläne zunächst zurückstellen, da er und der Kaiser den gleichen Architekten und

Baumeister beschäftigen. Wem der Vorrang gebührt, das ist klar. Sura ist leicht verstimmt, dazu noch dieser Krieg, der ihm nicht in seine Pläne paßt. Er hat es auch abgelehnt, das Amt des Generalstabschefs wie im letzten Krieg zu übernehmen. Deshalb führt er die Legion IV Flavia.«

Die Kriegsfurien wüteten ohne Erbarmen. Gnadenlos und erbittert wurde auf beiden Seiten gekämpft, so daß sogar hartgesottene Kriegsmänner wie Rusticus Entsetzen ankam. Eine dakische Reitertruppe, die der numidischen Reiterei des Lucius Quietus harten Widerstand entgegensetzte, ließ der Mauretanier Mann für Mann ans Kreuz schlagen.
Als Sura die Zeichen der römischen Grausamkeit sah, führte er Klage bei Trajan. Doch der zuckte nur die Achseln.
Die Daker rächten sich, indem sie eine römische Centurie, die im Tale des Alutus in einen Hinterhalt geriet, bei lebendigem Leibe verbrannten.
Nach und nach erdrückte die römische Übermacht den dakischen Widerstand.
Die Legion IV Flavia und die Legion Minervia unter der Führung Hadrians schlossen Sarmizegetusa ein.
Nach wochenlangen, verlustreichen Kämpfen wurde die Festung erstürmt.
Sura und Hadrian erwarteten das Erscheinen Trajans, um ihm als erstem die Möglichkeit zu geben, den Königspalast zu betreten.
Hinter Trajan gingen Sura, Hadrian, Palma, Rusticus und Soranus in die Königsburg Decebals.
Einen schrecklichen Anblick boten die über dem schweren Eichentisch zusammengesunkenen Leichen der Würdenträger Decebals, die sich vor der Erstürmung der Burg vergiftet hatten. Decebal fand man nicht unter den Leichen. Auch Diegis' Leichnam konnte Marcus nicht entdecken.
Der Kaiser befahl, die Burg Decebals in Brand zu stecken. Unter den Jubelrufen der Legionen brannten Sarmizegetusa und die Festung nieder.
Der Kaiser rief Hadrian zu sich und überreichte ihm für seine Tapferkeit eine Gemme, die er selbst einst von Nerva erhalten hatte.
Sura zwinkerte dem Überglücklichen zu.
»Weißt du, was das zu bedeuten hat?« fragte er Hadrian.
»Er wird mich eines Tages adoptieren.«
»Genau das, Publius, und du wirst Kaiser. Ich hoffe doch, daß wir dann dieses hier«, er deutete mit der Hand auf tote Daker und römische Legionäre, »nicht mehr nötig haben.«
»Bestimmt, Lucius, wird das nicht mehr nötig sein.«
Ein Verräter, nach dem Schlupfwinkel Decebals befragt, gab das Tal des Marisus flumen an. Trajan kommandierte einen Trupp aus Quietus' Reiterei nach Norden, um Decebal zu fangen, tot oder lebendig. Ein hämisches Grinsen erschien auf dem grausamen Gesicht des Maurenfürsten. Es war Decebals Todesurteil.

Als Lusius Quietus nach Tagen zurückkehrte, brachte er Trajan den abgehauenen Kopf Decebals.
»Nun ist der Krieg zu Ende«, sagte Trajan, »das Königreich Dakien hat aufgehört zu bestehen. Es lebe die römische Provinz Dacia. Die Hauptstadt wird Colonia Ulpia Trajana Sarmizegetusa sein. Zum ersten Statthalter ernenne ich Terentius Scaurianus.«
Rastlos organisierte Trajan von seinem Zelt vor Sarmizegetusa aus die neue Provinz. Auf seinen Befehl trieb man einen Großteil der dakischen Bevölkerung in die Sklaverei nach Pannonien. Ein anderer Teil wurde umgesiedelt in die nördlichen Landesteile. Veteranen und Kolonisten aus Dalmatien erhielten Siedlungsland in den Tälern des Marisus und Alutus flumen.
Endlos zogen die Gefangenenkolonnen durch das Land, angetrieben durch die Peitschen der Aufseher.
Marcus und Rusticus waren mit einer Gruppe Reiter auf dem Wege von Sarmizegetusa nach Drobeta. An ihnen zog eine Gefangenenkolonne vorüber. Alles Männer, und alle in Fesseln.
Der die Gefangenen begleitende Centurio grüßte Rusticus und Soranus.
»Was geschieht mit diesen?« fragte Rusticus.
»Die werden als Gladiatoren des Kaisers Siegesfest in der Arena verschönern.«
Marcus musterte die Gesichter, die ihn voller Haß anblickten. Manche waren auch gleichgültig und in ihr Schicksal ergeben.
Ein hochgewachsener schwarzgelockter Mann mit verfilztem langem Bart, quer übers Gesicht eine breite blutrote Narbe, blitzte Marcus aus dunklen Augen haßerfüllt an. Der neben ihm gehende untersetzte Gefangene schaute aufmerksam ohne ein Zeichen von Gefühl auf die Römer.
»Und die am Schluß des Zuges?« fragte Marcus den Centurio.
»Die werden ans Kreuz geschlagen. Etwa eine Meile von hier. Ihr könnt es euch gerne ansehen, wenn ihr wollt.«
Rusticus und Soranus sprengten mit ihrer Schar weiter. Eine halbe Meile mochten sie geritten sein, als ihnen ein Reiter folgte. Um das Maul des Pferdes flockte der Schaum.
»Ihr müßt uns helfen. Die Gefangenen haben rebelliert, ein Centurio wurde getötet. Einigen ist die Flucht in den Wald und die Berge gelungen. Kommt, sonst ergeht's uns schlecht!«
Rusticus und Soranus wendeten die Pferde und galoppierten zurück, ebenso ihre Begleiter.
Nach Rusticus' Anweisungen verteilten sich die einzelnen Reiter in den Wald. Nicht lange dauerte die Verfolgung, und sie fingen die Flüchtigen, die durch die Fesseln am Fortkommen gehemmt waren, wieder ein.
Wütend peitschten die Aufseher auf die Ausreißer ein.
Als durchgezählt wurde, fehlten noch drei. Wieder sprengten die Reiter in das

Gehölz, einen brachten sie angeschleift, mehr tot als lebendig. Der Aufseher schrie und schlug, schlug und schrie: »Wo sind die zwei anderen?«
»Halt!« rief Rusticus, den die sinnlose Grausamkeit anekelte.
Der Gefangene, der am ganzen Körper blutete, sackte zusammen.
»Gib ihm Wasser«, forderte Rusticus den Centurio auf.
Man hielt dem Gefangenen einen Schlauch an den zerschlagenen Mund.
»Marcus, such nochmals nach den zwei letzten«, rief Rusticus Soranus zu. Dann fragte er: »Wie konnte das passieren?«
Der Centurio stotterte: »Da vorn in dem Hohlweg stürzten sie sich plötzlich auf uns. Ein Centurio der Nachhut mußte daran glauben.«
Marcus kam auf schweißnassem Pferde zurück. »Wie vom Erdboden verschluckt.«
»Wie heißt du?« fragte Rusticus den Gefangenen.
Der schwieg.
Einer aus der Gefangenenschar rief: »Nicolas heißt er.«
»Willst du nicht reden?«
Der Geschundene schwieg.
»Rede, sag, wo die anderen zwei sind! Man schlägt dich sonst ans Kreuz. Weißt du, was das bedeutet? Qualen ohne Ende, Marter, man vermeint zu sterben, doch man kann nicht. Der Körper gibt das Allerletzte, was er an Schmerz zu bieten hat. Sag, wo sind die zwei!«
Mit einem Blick voller Haß und Verachtung schaute Nicolas zu dem Tribunen hoch und schwieg.
»Wer sind die zwei, die fehlen?«
»Der große Narbige und ein Roxolane«, antwortete der Centurio.
Langsam zog die Kolonne weiter.
Soranus und Rusticus folgten mit ihren Reitern bis zum Lager.
Der Centurio meldete sich beim Kommandanten.
Der alte Soldat runzelte die Stirn bei dem Bericht und warf einen Blick auf Rusticus und seine Begleiter.
Dann gab er einen Befehl, worauf der Centurio und einige Legionäre ausschwärmten und die Gefangenen in eine Koppel trieben. Nur ein paar Gefangene, unter denen auch Nicolas war, blieben auf dem Fleck stehen, wo sie angekommen waren. Sofort wurden sie von Legionären umringt, die wie Zimmerleute mit Hämmern, Weidenkörben und Seilen ausgestattet waren.
»Die Spezialisten für Kreuzigungen«, sagte Rusticus zu Soranus. »Hast du schon einer Kreuzigung aus der Nähe beigewohnt?«
Marcus schüttelte den Kopf.
»Dann komm, als wahrer Römer muß man das zumindest einmal im Leben gesehen haben«, spöttelte Rusticus.
»Ich mag das nicht sehen!«

»Ah, der Herr Senator und Tribun zeigt Nerven. Komm, solltest du einmal Legat einer Legion oder Statthalter werden, wirst du selbst Kreuzigungen befehlen und ihnen beiwohnen müssen. Also früh übt sich ...«
Mit Widerstreben folgte Marcus.
Die zum Kreuzestod Verurteilten wurden auf eine Anhöhe hinter dem Lager geführt. Hier standen schon die Pfähle in die Erde gerammt.
»Ist es nicht schade«, fragte Marcus den sie begleitenden Kommandanten, »diese kräftigen Burschen sinnlos zu töten? Sie brächten einer Gladiatorenschule Gewinn.«
»Befehl ist Befehl«, schnarrte der Lagerkommandant.
Vor den hohen in die Erde gerammten Stämmen lag das Patibulum, der Querbalken des Kreuzes, ordentlich vor jedem Pfahl eines. Nicolas schaute zum Stamm empor. Ein Zittern überfiel ihn, dachte er daran, in wenigen Minuten an Händen und Füßen angenagelt da oben zu hängen. Die Zeit würde sich dehnen, der Schmerz sich bis an die Grenze des Erträglichen steigern.
Nicolas' Blick traf den der beiden Tribunen. War es Mitgefühl, was er in ihren Augen las? Nein, eher Neugierde. Mitgefühl war den Römern fremd. Er schaute nochmals zum Himmel, wo ein Adler in der Ferne seine Kreise zog. O glücklicher Vogel, könnte ich mit dir tauschen, dachte er und konnte nicht verhindern, daß ihm Tränen über das blutverkrustete Gesicht liefen.
Marcus bemerkte es. Der Daker tat ihm leid. Er trat zu ihm, gefolgt von Rusticus.
»Hättest du gesprochen und nicht diesen unsinnigen Fluchtversuch unternommen, wäre dir dies erspart geblieben.«
Nicolas schwieg.
»O großer Zamolxis«, rief er, »suche die Peiniger heim!«
Der Kommandant gab einem Legionär ein Zeichen, worauf dieser die Hand zum Schlag gegen Nicolas erhob. Marcus fing die Hand in der Luft auf. Mit finsterer Miene sah es der Kommandant.
»Hast du nichts zu sagen?« fragte Marcus und trat einen Schritt näher zu dem Verurteilten.
»Doch«, sagte Nicolas. »Sieh, die Rettung«, schrie er plötzlich und deutete mit den gefesselten Händen zum Himmel.
Marcus fuhr herum und sah den Adler. Diesen Moment benutzte Nicolas, Marcus mit beiden Händen das Kurzschwert aus dem Gehenk zu ziehen, und ehe dieser etwas tun konnte, hatte sich der Daker ins Schwert gestürzt.
»Ich ...«, röchelte der Sterbende, wobei ein Lächeln auf dem geschundenen Gesicht erschien, »einen ... Nicolas ... schlägt ... man nicht... ans ... Kreuz ...«
Der Kommandant, vor Zorn hochrot im Gesicht, fuchtelte mit dem Arm vor Marcus' Gesicht, drohte, daß diese Fahrlässigkeit ein Nachspiel gäbe.
»Mach Meldung, vielleicht bekommst du zehn Denare mehr Sold«, lachte Rusti-

cus. »Das ist der Senator und Tribun Marcus Barea Soranus, Inhaber der *dona militaria*, persönlicher Freund des Lucius Licinius Sura und des Publius Aelius Hadrianus. Nun erstatte deinen Bericht!«
Der Kommandant räusperte sich verlegen und murmelte etwas von einem unverschuldeten bedauerlichen Zwischenfall. »Schafft den Kadaver weg!« brüllte er zu einem Legionär.
Der Soldat zog mit Anstrengung das Schwert aus dem Leichnam des Dakers, wischte die blutige Klinge an dessen Kleidungsfetzen ab und reichte es Marcus.
»Verdammt noch mal, nun schlagt sie an die Kreuze«, schrie der Kommandant.
Das Hinrichtungskommando begann sein grausames Werk. Marcus sah, wie ein kräftiger Daker direkt vor ihm brutal zu Boden gerissen wurde. Die Henker schnitten ihm die Fesseln entzwei, rissen seine Arme auseinander, schoben das Patibulum darunter und befestigten mit Seilen die Arme am Holz. Ein zweites Seil schlangen sie dem Liegenden um den Oberkörper, hoben den an das Holz Gebundenen leicht an und verknüpften das Seil in dessen Rücken zu einer beweglichen Schlaufe.
Ein anderer Soldat trat herzu und reichte dem ersten Hammer und Nägel aus dem Weidenkorb.
Marcus mußte die Augen schließen, dachte er an das Kommende.
Der Henker setzte die Nägel an, dumpf hallten die Schläge. Ein langgezogener Schmerzensschrei.
Marcus fühlte, wie ihm der Schweiß die Achselhöhle hinabrann und seine Beine zitterten. Doch er zwang sich mit aufeinandergepreßten Zähnen, bis zum bitteren Ende auszuharren. Die Muskeln der angenagelten Arme erbebten, der Brustkorb des Dakers hob und senkte sich. Mit übermenschlicher Anstrengung unterdrückte der Gemarterte den Schmerz. Schmale Rinnsale von Blut flossen aus den Nagelwunden.
Ein Henker lehnte eine Leiter an den in die Erde gerammten Pfahl. Zwei andere hoben den an das Patibulum Genagelten empor, der dritte erklomm mit dem im Rücken des Verurteilten befestigten Seil die Leiter. Langsam zog er den Angenagelten mit dem Querbrett nach oben, während die beiden Soldaten unten den herabhängenden Körper stützten. Als der Körper und das Patibulum bis zur vorgesehenen Höhe emporgezogen waren, trieb der auf der Leiter Stehende das Patibulum mit einem kräftigen Stoß in eine tiefe, extra dafür im Stamm angebrachte Kerbe. Nun löste er das Seil im Rücken des Gekreuzigten. Der Henker stieg von der Leiter, nahm Hammer und Nägel und schlug einen kleinen Holzklotz unter den Füßen des Hängenden an den Stamm. Ein anderer legte die Füße des Verurteilten übereinander, der dritte entnahm dem Korb einen besonders langen Nagel, setzte ihn an den Fuß an, der andere trieb ihn mit wuchtigen Hammerschlägen durch beide Füße tief in das Holz des Längsstammes. Das Blut lief dem Nagelhalter über die Hände.

Marcus ekelte die Perfektion des Quälens an. Jeder Handgriff saß, kein Leerlauf. Die dafür abgestellten Soldaten verrichteten ihre Pflicht wie Handwerker.
Nun stieg der eine der drei Henker die Leiter empor und zerschnitt die Stricke, die die Arme des Verurteilten am Patibulum festhielten. Der Körper hing nur noch an den Nägeln, er war auf die bis zum Reißen angespannten Muskeln und Sehnen angewiesen. Nun sackte er etwas ab. Die Füße stützten sich auf den unter ihnen angenagelten Holzklotz. Der Körper hob und senkte sich …
»Es reicht«, sagte Marcus, »eine sinnlose Grausamkeit. Wir wollen gehen!«
»Das ist auch eine Kehrseite von Roms Glanz und der Überlegenheit der römischen Zivilisation über die unzivilisierten Barbaren«, spottete Rusticus. »Aber tröste dich, Rom hat das Kreuzigen nicht erfunden, es waren die Phönizier. Andere Reiche sind auch nicht zimperlich im Ausdenken von Qualen und Martern. Die Ägypter, die Chaldäer, die Perser, die Sarmaten und auch die Germanen waren und sind sehr erfindungsreich. Ich wollte dir dies nur zeigen, um dein einseitiges Bild von Roms Gloria zu vervollständigen. Die Schattenseiten zeige ich dir, die Sonnenseiten erfährst du aus den Berichten der kaiserlichen Kanzleien und der Lobredner im Senat. Aber dies zeige ich dir. Vielleicht findet sich noch mehr?«
Sie ritten weiter. Die Sonne stand hoch und blendete. Der Himmel spannte sich wie eine durchsichtige gläserne Kugel über das bergige Land.
Rusticus trieb zur Eile. In Drobeta warteten die Schiffe, die einen Teil der Legionen auf dem Danuvius nach Aquincum befördern sollten.
»Warum muß diese Grausamkeit sein, Rusticus«, fragte Marcus in das Schweigen, »hat Rom nicht Kraft und Stärke genug, um clementia walten zu lassen, wie es Caesar einst vorschwebte? Warum dieser Ausrottungskrieg gegen die Daker? Ein so tapferes Volk sollte durchaus gleichberechtigt neben Rom bestehen. Ehrlich gesagt, ein wenig dauert mich dieses Volk, das so grausam ausgelöscht wird.«
»Deshalb gabst du diesem Daker auch die Möglichkeit, dem Kreuzestod zu entgehen. Ich habe dich beobachtet. Des Dakers Mut und trotzige Entschlossenheit, seinen glücklicheren Mitgefangenen auch unter Mißhandlungen nicht zu verraten, haben dir gefallen. Ich wußte, daß dies in der Form geschehen würde, und du auch, denn du wußtest um den verzweifelten Mut, mit dem sich Daker in Sarmizegetusa den Tod gaben. Als ich sah, wie du demonstrativ an dein Schwert faßtest, wurde es mir zur Gewißheit. Der Daker hat es sofort gemerkt, daß du ihm helfen wolltest. Wäre ich nicht dein Freund, könnte ich dich vor ein Kriegsgericht bringen. Marcus, manchmal habe ich Wut auf dich wegen deiner Borniertheit und deiner Anbetung der Macht Trajans, dann wieder habe ich Mitleid mit dir, weil du zwei unvereinbare Dinge miteinander vereinen möchtest: den Anspruch Roms und seines Kaisers auf absolute Macht in dieser Welt und deinen Hang zur Milde. Dieser Widerspruch bringt dich dahin, dir selbst zu mißtrauen. Ein Römer darf sich trotz der Schattenseiten nicht selbst mißtrauen. Wer kein ausgeprägtes Verständnis für sich selbst hat und von der uneingeschränkten Richtigkeit seines

Tuns nicht überzeugt ist, kann nicht herrschen. Wer, so wie du, vergleicht und anderen Völkern und Menschen gerecht zu werden versucht, wird niemals herrschen können. Bedenke, Marcus, wer gerecht zu werden versucht, muß sich selbst herabsetzen und seinen Sendungsanspruch, nämlich das Unvergleichliche zu sein, aufgeben. Rom hat diesen Sendungsanspruch.«
Marcus musterte Rusticus von der Seite, ob Scherz oder Ernst in diesen Worten steckte. Doch das Gesicht seines Begleiters verriet weder Spott noch Ironie. Unter dem Helm schienen Marcus des Freundes Züge wie aus Stein gehauen. Es war schwierig, diesen Praesens Fulvius Rusticus zu verstehen, dachte Marcus, einmal vertrat er Roms Sendungsbewußtsein, wie es ein Rhetoriker nicht besser vermocht hätte, zum anderen ließ er keine Gelegenheit aus, die Herrschaft und Macht Roms und des Kaisers zu schmähen, so daß man ihn für einen Staatsfeind hätte halten können.
Vielleicht, dachte Marcus, besaß Rusticus in seinem Herzen mehr als zwei sich widerstrebende und unvereinbare Seiten?

XLII

»Die Römer scheinen nun vollends verrückt geworden zu sein. Die ganze Stadt gleicht seit über hundert Tagen einem einzigen Circus und einer großen Arena«, sagte Domitia Longina, die ehemalige Kaiserin und Witwe Domitians, zu Lucius Soranus und Lakotris, deren Gast sie war.
In letzter Zeit hatte es sich so ergeben, da man nicht weit voneinander entfernt wohnte, sich gegenseitig Besuche abzustatten.
Lucius mochte Domitia Longina. Auch Lakotris sah die Besuche der ehemaligen Augusta nicht ungern. Sie war eine angenehme Plauderin und hatte ein untrügliches Gespür dafür, ihre Besuche zu beenden, wenn die Gastgeber es ihrer Meinung nach wünschten.
Ihre kleine Schwäche, Domitian entlasten und rehabilitieren zu wollen, duldeten Lucius und Lakotris.
»Stellt euch vor, mein verstorbener Gatte hätte wie jetzt Trajan über hundert Tage Spiele veranstaltet, bei denen sich über zehntausend Männer – ich sage bewußt nicht Gladiatoren, denn es waren gefangene Daker – abschlachten, abgesehen von den Tierhatzen, Domitian hätte man das als Größenwahn, als Gipfelpunkt der Vergeudung ausgelegt. Und heute feiert man Trajan wie einen Gott, nennt ihn den besten aller Kaiser, den Vater des Vaterlandes. Ist das nicht eine himmelschreiende Ungerechtigkeit?« erregte sich Domitia Longina.
Leicht belustigt schaute Lucius auf das schöne Gesicht der ehemaligen Augusta, sah die Spuren der Jahre eingekerbt in den Fältchen an den Augen und beiderseits der Nasenflügel. Wir werden alle nicht jünger, auch Kaiser und Kaiserinnen

nicht, wenn es ihnen gelingt, älter zu werden und nicht einem Anschlag zum Opfer zu fallen.
»Verzeih, Domitia, dein verstorbener Gatte hat auch die Daker nicht besiegt. Trajan hat Rom ein neues Wertgefühl gegeben oder zurückgegeben, nämlich das Gefühl der Unbesiegbarkeit. Dies honorieren die Römer. Und dann kommt hinzu, daß Trajan nicht als über ihnen stehender Gott und Herr auftritt, sondern betont bescheiden und sich als einer der Ihren ausgibt.«
»Alles nur Maske. In Wirklichkeit ist Trajan genauso ein machtbesessener Alleinherrscher, wie Domitian es war, nur ist er raffinierter und tarnt alles unter dem Deckmantel der Bescheidenheit. Der Senat bietet heute genauso ein jämmerliches Bild wie zu Zeiten meines Mannes. Der Kaiser darf alles, kein Widerspruch regt sich. Nur Trajan läßt formal im Senat über seine Pläne, wenn diese längst entschieden und die Legionen bereits in Marsch sind, abstimmen, so daß der Eindruck entstehen muß, die Ehrwürdigen Väter hätten das Sagen. So eine Unredlichkeit, so eine Heuchelei. Dies stört mich«, erregte sich Domitia.
»Liebe Domitia, du siehst, der Erfolg gibt Trajan recht. Und das muß ich dir sagen, Trajan läßt keinen Senator hinrichten, führt keine Majestätsbeleidigungsprozesse durch und hat dem Volk die Angst genommen, für ein falsches Wort ausgewiesen oder hingerichtet zu werden.«
Domitia schwieg. Diesem schwerwiegenden Argument hatte sie nichts entgegenzusetzen.
Nach einer Weile sagte sie: »Gut, Domitian war ein Tyrann, ein nach Allmacht gierender Despot, aber ich wage zu behaupten, daß auf Trajans Wegen bisher bereits mehr Tote liegen als auf den gesamten Regierungsjahren meines Mannes.«
»Durch seine Kriege«, ergänzte Lucius.
»Macht das einen Unterschied? Tot ist tot«, widersprach sie.
Lucius mißfiel dieses Gespräch. Er wollte nicht dauernd mit Domitia Longina über die Schwächen und Stärken Domitians im Vergleich mit Trajan disputieren. Warum, wenn Domitian ihre Liebe verdient hatte, hatte sie seinen Tod nicht verhindert?
»Jetzt läßt der Kaiser die ganze Stadt mit seinen Bauten umkrempeln, den Quirinal läßt er zum Teil abtragen, um ein riesiges Forum erbauen zu lassen mit einer hohen Siegessäule. Kunststück bei dieser Kriegsbeute! Hast du gehört, wieviel Gold und Silber er aus Dakien herausgepreßt hat? Zehn Millionen Pfund Silber, fünf Millionen Pfund Gold und eine halbe Million Gefangene. Damit lassen sich wahrlich treffliche Feste feiern, damit läßt sich eine Stadt wie Rom erneuern, damit kann man dreihunderttausend Bürger mit sechshundertfünfzig Denare pro Person schon zum Io-triumphe-Schreien kaufen.«
Als Lucius ihr darauf nichts entgegnete, Lakotris war ohnehin nur Zuhörerin, erhob sich die ehemalige Augusta, um sich zu verabschieden.
Im Gehen fragte sie Lucius nach der Abreise aus Rom.

»Wir haben sie immer wieder aufgeschoben, obwohl wir fest entschlossen sind.«
»Ich weiß, du willst nicht unversöhnt von Rom und deinem Sohn scheiden. Das kann ich verstehen. Lebt wohl, und stattet mir bei Gelegenheit einen Besuch ab.«
»Sie kann es nicht verwinden, daß sie durch eigene Schuld nicht mehr Kaiserin ist. Reue plagt sie, daß sie Domitians Ermordung nicht verhindert hat«, sagte Lakotris.
Er lächelte über die scharfe Beobachtungsgabe seiner Frau. »Du könntest recht haben. Sie bereut es, deshalb verkleinert sie seine Verbrechen und versucht sie zu rechtfertigen. Die Begeisterung des Volkes und des Senats für Trajan frißt an ihrem Inneren wie der Adler an der Leber des Prometheus. Hätte sie die Verschwörung gegen Domitian nicht geduldet, wäre sie selbst nicht mehr am Leben. Nun ist sie am Leben, aber ihr Zustand gefällt ihr nicht, da versucht sie eine Legende zu schaffen. Es ist nicht leicht für Domitia Longina.«
Lucius dachte daran, daß Domitian ihn zum Tode verurteilt hatte und durch seine Geheimpolizei jagen ließ, wie man ein Wild jagte. Nein, für solch einen Tyrannen gab es keinerlei Grund einer Rechtfertigung, auch wenn die Ex-Kaiserin es mit allen Mitteln versuchte.
Es klopfte an der Tür. Unwillig fuhr Lucius hoch. Bekam man heute überhaupt keine Ruhe?
Zwei Knaben stürmten in das Zimmer, begrüßten den Großvater und verschwanden mit Lakotris in die Küche und in den Garten.
Leise Schritte vernahm Lucius in seinem Rücken. »Sei gegrüßt, Claudia«, sagte er freundlich.
»Sei gegrüßt, Vater.«
Lucius fuhr herum, starrte auf seinen Sohn, als sähe er ein Gespenst.
»Marcus«, sagte er, wobei sein Herz vor Erregung schneller zu schlagen begann, »sei willkommen.« Er sprang auf, reichte dem Sohn die Hand, die dieser fest drückte.
»Komm, setz dich doch.« Schmal sieht er aus, dachte Lucius, und die ersten Falten sind auch eingegraben.
»Vater, Ostorius Sabinus ist gestorben.«
Enttäuschung erfaßte Lucius. Also nur diesem Todesfall verdankte er den Besuch seines Sohnes. Doch er verdrängte den bitteren Gedanken, es war schließlich gleichgültig, weswegen Marcus ihn besuchte, die Hauptsache war, daß er den Weg zu ihm, zu seinem Vater, zurückgefunden hatte. Überhaupt, durchfuhr es ihn, was hatte der Tod des Sabinus mit dem Besuch zu tun? Deshalb brauchte er ihn nicht zu besuchen.
»Das tut mir leid. Wie hat es Claudia aufgenommen? Und die Kinder?«
»Es war für uns alle und für Ostorius eine Erleichterung. Er mußte schwer leiden.«

Vielleicht gibt es doch eine göttliche Gerechtigkeit, durchzuckte es Lucius für einen Moment. Doch wer wußte, was er selbst für einen schweren Tod haben würde?

»Wie war es in Dakien? In Rom berichtet man von deinen Heldentaten.«

Marcus winkte ab. »Krieg ist schrecklich, und man sollte ihn vermeiden, wenn es nur irgend möglich ist. Blinder Haß, Rache, Sadismus und unsinnige Grausamkeiten, die sich aus wer weiß welchen Gründen in den Menschen angesammelt haben, brechen dann mit Brachialgewalt hervor, und keine Vernunft kann sie aufhalten, sie ergießen sich wie Fluten, die einen Damm überspülen und alles mit sich fortreißen.«

Eine harte Entgegnung lag Lucius auf der Zunge, die er aber unterdrückte, um nicht mit dem Sohn über Trajans Politik wieder in Streit zu geraten.

»Ihr wollt Rom verlassen?« fragte Marcus. »Jedenfalls sagte mir Claudia dergleichen.«

»Wir wollten, doch konnten wir uns bis jetzt nicht entschließen. Das Alter, Marcus, fordert seinen Tribut, immerhin werde ich bald sechzig Jahre.«

Marcus schaute seinen Vater forschend an. Es war nicht mehr der Vater, der dreißig Jahre den Tyrannen getrotzt hatte, sondern ein müder und von jahrelangen Anstrengungen gezeichneter Mann. Mitleid faßte den Sohn. In diesem Moment schämte sich Marcus Soranus, daß er sich mit seinem Vater, der in seinem Leben soviel erduldete, soviel litt, aber immer und nicht zuletzt seinetwillen durchhielt, überworfen hatte. Er mußte ihm das sagen, doch er konnte es nicht.

»Vater, weißt du, daß diese Jüdin, diese Mikal, mit Simon ben Jochai, dem Sohn des Steuermanns, nach Cyrene abgereist ist?« lenkte Marcus verlegen ab.

»Wirklich? Aber der junge Glabrio? Kann sie ihren Sohn denn einfach zurücklassen?«

»Um den braucht sie sich keine Sorgen zu machen. Der ist gut untergebracht bei Marcius Turbo. Er wird einmal ein guter Soldat genau wie sein Vater. Ich weiß das deshalb, weil ich den jüdischen Doktor Gamaliel für Ostorius Sabinus holen wollte. Doch der jüdische Arzt war bereits verstorben. Dieser Simon mußte unbedingt nach Cyrene zurück, da seine Mutter sehr schwer erkrankt war. Der Vater, Jochai ben Malachias, ist auch tot. Seit Jahren gab es kein Lebenszeichen von ihm, sagte der Sohn. Du hast ihn gekannt, diesen Jochai?«

Lucius nickte. Dann stand er auf, ging in das Nebenzimmer und brachte den Brief des Asclepiodorus.

Marcus entfaltete die Rolle, und seine Augen folgten den gleichmäßigen Schriftzeichen des Asclepiodorus.

Erregung erfaßte ihn, als er die Geschichte mit der zerschnittenen Wange las und von dem dakischen Sklaven Nicolas …

»Vater, ich habe Jochai ben Malachias gesehen und … sein Leben gerettet.«

»Wie?« rief Lucius.

»Ja, es war Jochai, den ich in Dakien zusammen mit einem Nicolas als Gefangenen gesehen habe und der für die Arena bestimmt war. Diese beiden und noch ein paar Daker und Roxolanen unternahmen einen Fluchtversuch. Alle fing man wieder ein, außer Jochai und einen Roxolanen. Mich schickte Rusticus wiederholt in den Bergwald, um die letzten Ausreißer einzufangen. Ich habe sie gesehen, sie lagen im Unterholz. Bewußt bin ich mit meinen Reitern daran vorbeigeritten. Mich ekelte die Hinrichtung Wehrloser an. So wurden die beiden vergessen. Ich hoffe nur, daß sie aus Dakien entkommen sind. Diesen Nicolas vermochte ich nicht zu retten. Er war ein tapferer Mann, der sich der Kreuzigung entzog, indem er sich blitzschnell meines Schwertes bediente und sich darein stürzte.«

Lucius schluckte. Nun konnte er sich nicht länger zurückhalten, er stand auf, trat zu seinem Sohn, legte ihm die Hand auf die Schulter und sagte: »Ich bin stolz auf dich, du bist doch ein echter Barea Soranus.«

»Ich hoffe es, Vater«, sagte Marcus, »verzeih mir bitte mein dummes Verhalten. Trotz unserer verschiedenen Meinungen zu manchen Dingen brauchen wir uns darüber nicht zu zerstreiten.«

Lucius deutete auf den Brief, den Marcus noch in den Händen hielt. Daraufhin las dieser weiter.

Als er zu Ende gelesen hatte, lächelte er.

»Der gute alte Asclepiodorus hat in einem recht, nämlich darin, was wir eben selbst erkannt haben. Doch die Politik Trajans versteht er nicht. Aber ich bleibe dabei, daß sie richtig ist. Trajan ist ein großer Mann, der größte, den Rom je hatte. Niemals hatte das Imperium diese gewaltige Ausdehnung wie gerade jetzt. Dakien und nun noch das Nabatäerland als Provinz Arabia. Das sind doch Erfolge, von denen frühere Imperatoren nur zu träumen wagten.«

Der Krieg hat ihn noch nicht geheilt, dachte Lucius betrübt, er steht immer noch unter dem Zauber des großen Eroberers und Kriegerkaisers. Hoffentlich hat Asclepiodorus recht, daß er sich doch einmal ändern wird.

»So, nun muß ich gehen. Besucht uns doch bald, Vater. Und«, er stockte, »bleibt bitte in Rom, geht nicht nach Cyrene. Sieh, wie die Kinder euch mögen. Sie kommen immer gerne zu euch.«

Lucius lachte.

»Kunststück, weil sie hier alles tun dürfen, was ihnen bei euch untersagt ist. Es ist nun einmal das Vorrecht der Großeltern, alles zu erlauben, was die Eltern verbieten.«

»Schade, daß ich nie Großeltern hatte.«

Lucius drückte seinen Sohn an sich und dachte: Bei den Göttern das ist wahr, was der Junge da sagte.

XLIII

Flankiert von Soldaten seiner neuen Leibwache aus Batavern, begleitet von den Senatoren Plinius, Tacitus, Sura und dem griechischen Geschichtsschreiber und Philosophen Plutarch, betrachtete Kaiser Trajan sein Forum. Kritisch musterten seine grauen Augen den fertigen Triumphbogen, der sich wuchtig als Eingang zum Forum emporreckte. Langsam schritt er hindurch.

Wenn er jetzt – im Jahre 863 – stürbe, dachte der Kaiser, würde ihn Rom bereits nie mehr vergessen können durch sein gigantisches Forum.

Als Soldat schätzte er die Ausdehnung in Länge und Breite auf über vierhundert Fuß.

Die einrahmenden hohen Mauern mit den Säulengängen und den beiden halbkreisförmigen Nischen schienen in ihrer endgültigen Form schon fertiggestellt, genau wie das glatte Steinpflaster, stellte Trajan befriedigt fest. Sein Blick blieb auf der Basilica Ulpia haften, auf deren vergoldetem Dach sich die Sonnenstrahlen brachen und den Weg zurück in den Himmel nahmen.

Fragend richtete Trajan den Blick auf seine Begleiter, auf Tacitus, Plinius, Sura und Plutarch.

»Gigantisch, mit Worten kaum zu beschreiben und deiner würdig, Imperator«, beeilte sich Plinius, den Bau zu loben.

»Und ihr beiden Wortgewaltigen«, wandte sich Trajan an Tacitus und Plutarch, »habt nichts zu sagen?«

»Das Ganze ist so gewaltig, daß einem die Worte fehlen«, antwortete Cornelius Tacitus, ein ernster Mann von fünfzig Jahren.

Die diplomatische Antwort belustigte Licinius Sura, enthob sie doch den zurückhaltenden Tacitus einer Schmeichelei und einer Antwort, die Trajan vielleicht nicht willkommen war. Der Kaiser hatte ein Lob aus Tacitus' Munde erwartet und wurde mit einem nichtssagenden Satz abgespeist.

Im Weitergehen zur Basilica sagte er zu Tacitus: »Über alle römischen Kaiser schreibst du, wirst du auch über mich schreiben?«

Cornelius Tacitus verzog den schmallippigen Mund. Ihm gefiel nicht, daß er heute dauernd im Mittelpunkt der kaiserlichen Aufmerksamkeit stand und mit dem Allgewaltigen so hautnah in Berührung war.

»Für den Fall, daß mein Leben lang genug währt, will ich das Principat des göttlichen Nerva und dein ruhmreiches Regiment für meine alten Tage aufsparen.«

»Gut, Tacitus, daß du damit noch wartest, denn mein Werk steht erst am Anfang, das Gewaltigste muß noch getan werden.«

Sura rätselte, was dies zu bedeuten hatte. Das Gewaltigste, sinnierte er vor sich hin, konnte nur wieder einen Feldzug bedeuten, und zwar in einem Ausmaß, der den dakischen zum Manöver degradierte. Aber ohne mich, dachte er trotzig, ich nehme an keinem Feldzug mehr teil.

Apollodorus von Damaskus kam mit einem Stab von Mitarbeitern aus der Basilica. Als er des Kaisers ansichtig wurde, übergab er einem Mitarbeiter die lange Rolle mit der Zeichnung und eilte zum Imperator.

Trajan fragte, wo das Reiterstandbild seinen Platz bekäme.

»Genau da, wo du stehst, nämlich in der Mitte des Platzes, umrahmt von Säulenhallen an den Längsseiten und dem Triumphbogen und der Basilica an den beiden Querseiten.«

Der Kaiser folgte mit seinen Begleitern dem Damaszener durch die Basilica. Hinter ihr flankierten zwei Gebäude die Seiten des Platzes. Hier standen noch Gerüste, und Männer behauten Steinblöcke.

»Die vorgesehenen Bibliotheksgebäude«, erläuterte Apollodorus.

Anschließend folgten Säulenhallen, die das Forum halbrund abschlossen.

Trajan deutete mit der Rechten in den halbrunden Säulenhof und fragte, ob dort ein Tempel nach seinem Ableben entstünde? Apollodorus bejahte.

»Hier, wo du diese Grube siehst, wird deine gewaltige Siegessäule errichtet.«

Mißmutig blickte Trajan in das Loch.

»Und wann?« fragte er den Baumeister.

»Bald. Morgen kommen die achtzehn Marmorblöcke von der Insel Paros in Ostia an. Von dort werden sie auf Barken gegen die Tiberströmung nach Rom gezogen und auf Rollen bis hierher gebracht.«

»Und wie weiter?« drängte ungeduldig Trajan.

In letzter Zeit mangelt es ihm an Geduld und Ruhe, er wirkt immer gehetzt und voller Unrast, fand Sura, der Trajan von der Seite betrachtete.

»Die achtzehn Marmorblöcke werden hier zu zweiunddreißig Blöcken gehauen, acht sind für den Sockel vorgesehen, der mit Reliefs geschmückt wird. Auf einer Seite befindet sich der Zugang zur nach oben führenden Wendeltreppe.«

»Und die Reliefs an den Blöcken, die den Dakerkrieg abbilden, wie hast du sie dir vorgestellt? Bleibt es bei unseren letzten Planungen?« fragte der Kaiser unerbittlich.

»Natürlich, Erhabener, doch hier mußte ich erweitern. Zwanzig Windungen reichen nicht, ich habe auf dreiundzwanzig erhöhen müssen. Mit zweitausendfünfhundert eingemeißelten Figuren werde ich den dakischen Krieg schildern.« Der Kaiser nickte zufrieden.

»Hoffentlich bald, Apollodorus, du hast alle Vollmachten, nutze sie! Nur beende in Kürze das Forum mit Säule und Reiterstandbild! Ich werde es dir reichlich lohnen.«

Trajan wandte sich jäh um, so daß die Wachsoldaten und seine Begleiter Mühe hatten, die Wendung ebenfalls zu vollziehen. Plinius und Sura mußten dem Kaiser auf den Palatin folgen, da er mit ihnen zu beraten wünschte, Tacitus und Plutarch wurden entlassen.

»Was hast du für Pläne, Plutarch?« fragte Tacitus.
»Für heute?«
»Ja, wenn du Zeit hättest, könntest du mich begleiten, vielleicht ergäbe sich ein Disput, nützlich für uns beide?«
»Ein Disput mit Tacitus ist immer von Nutzen.«
»Du bist ein Schmeichler, Plutarch, ähnlich dem Plinius«, wehrte Tacitus ab.
Gemächlich stiegen die beiden Schriftsteller den am Ende der Subura beginnenden steilen Pfad zum Esquilin empor. Am Nympheum des Orpheus bogen sie linker Hand ab. Tacitus deutete auf einen zur Rechten liegenden Palast und sagte, das sei das Haus des Plinius.
Plutarch folgte Tacitus zwischen Lorbeer- und Myrtengebüsch, aus dem Statuen aufragten. Auf einem mit einem Porticus überbauten Stufenweg gelangten sie an das Haus. Plutarch konnte sich nicht sattsehen an der geschmackvollen Pracht dieses Grundstückes. Tacitus führte seinen Gast durch das Vestibulum in das Atrium, dessen Wände Gemälde mit Themen des Kampfes um Troja zierten. Purpurne Verkleidungen faßten die Türen ein. Der Fußboden des Säulengangs, der das Impluvium umgab, zeigte Mosaiken nymphenjagender Faune. Auf Sockeln standen Marmorbüsten. Plutarch deutete auf eine und fragte, ob dies Agricola sei. Tacitus, erfreut, daß der Grieche seinen verehrten Schwiegervater kannte, nickte lächelnd.
»Du hast ihn mit deinem Werk unsterblich gemacht.«
»Du hast meinen Agricola gelesen?«
»Natürlich«, antwortete Plutarch.
Tacitus führte seinen Gast in einen kleinen, der Natur überlassenen Garten, der dicht hinter dem Hause wucherte und von alten Platanen beschattet war. Auf einer Terrasse schmiegte sich hufeisenförmig eine Marmorbank in die Bäume, einen Tisch in ihrer Rundung aufnehmend.
»Mein Lieblingsplatz«, sagte Tacitus und setzte sich.
Plutarch nahm ihm gegenüber Platz.
»Du bist reich und hast außerdem Geschmack«, begann der Grieche, »nicht immer ist beides miteinander gepaart.«
Tacitus lächelte und rieb dabei seine gepflegten Hände aneinander.
»Hat man genügend Geld, mein Plutarch, stellt sich auch der Geschmack ein.«
Plutarch widersprach. Dann lud er Tacitus in sein bescheidenes Haus nach Chaironeia ein.
Tacitus nickte nur, denn dieses Gespräch um Häuser, Einrichtungen und Einladungen behagte ihm nicht. Er wollte andere Dinge mit Plutarch bereden. Um nicht unhöflich zu sein und abrupt von anderem zu sprechen, ließ er einen Imbiß bringen. Plutarch aß mit gutem Appetit.
Als er sah, daß der Grieche das Mahl beendet hatte, sagte Tacitus: »Dein ›Alexander‹ ist ein Meisterwerk in Stil und Komposition, aber …«

»Aber?« wurde Plutarch hellhörig.
»Verzeih die allzu offen von mir vertretene Meinung dazu, aber verherrlichst du die Macht, die Autokratie nicht zu stark?«
Plutarch kraulte mit der Rechten seinen Bart.
»Ich weiß es nicht, beabsichtigt habe ich es auf keinen Fall. Wenn du es sagst, dann muß meine Schrift diesen Eindruck vermitteln. Ähnliches soll Apollonius von Tyana gesagt haben. Mein Anliegen war eigentlich anders; Alexander ist von den Griechen stets verleumdet worden, du kennst die Geschichte. Sie wollten ihn der Vergessenheit anheimgeben. Es gelang nicht, weder das eine, noch das andere. Im Gegenteil, eine Legende, ein Mythos entstand. Ich hatte die Absicht, eine glaubhafte Alexanderbiographie zu schreiben.«
»Das ist dir zweifelsohne ausgezeichnet gelungen, nur der Akzent ruht, meiner Meinung nach, zu stark auf der Macht und ihrer kriegerischen Anwendung durch einen Alleinherrscher.«
»Aber die Geschichte ist doch nun einmal so, daß Autokraten ihr den Stempel aufprägen und sie in ihre Richtung zwingen.«
»Eben, mein Plutarch, und deshalb sollten wir dies nicht noch emphatisch verherrlichen, sondern mildern und unterschwellig verdammen.«
Plutarch schien in sich versunken. Lange dachte er nach. »Das hieße doch, daß man alles bis zu einem logischen Endpunkt durchdenken müßte. Man fände dann keinerlei Heiterkeit mehr und käme nur auf unbequeme Lösungen.«
»Das Leben hat nun einmal nur unbequeme Lösungen, und die Geschichte ist eine düstere und furchtbare Tragödie ohne Licht auf den dunklen Wegen der Götter.«
Dem Griechen wurde unbehaglich zumute. Scherzte Tacitus oder meinte er dies im Ernst?
»Du bist ein pessimistischer Mann, Cornelius Tacitus.«
»Kann man Hoffnung haben, wenn man die Geschichte studiert?«
»Gerade wenn man die Geschichte studiert, kann und muß man Hoffnung haben.«
Tacitus lachte bitter auf.
»Der Grund für die Verderbnis liegt in der Alleinherrschaft. Je größer die Macht wird, um so verderblicher ihre Auswirkungen. Denke an deinen großen Landsmann Thukydides, der einmal gesagt hat, daß ›die alte, den Menschen längst eingewurzelte Herrschbegierde gleichzeitig mit der Vergrößerung des Reiches anwachsen, mit ihr eigentlich erst zum Ausdruck kommen mußte‹. Und das ist der springende Punkt: Kein Mensch, so charakterstark er auch sei, ist gegen die korrumpierende Wirkung absoluter Macht gefeit. Die autokratische Macht verwandelt und verdirbt und bringt die verborgenen Schwächen des Menschen ans Tageslicht.«
»Nein, hier muß ich dir, edler Tacitus, entschieden widersprechen. Nur wer be-

reits im Kern verdorben ist, dessen Verderbnis erhöht die Erlangung der Macht. Einen normalen und charakterfesten Menschen vermag auch Macht nicht zu verderben.«

»Das ist die traditionelle Anschauung bei euch Griechen, daß der angeborene Charakter eines Menschen unveränderlich bestehen bleibt und daß, falls doch ein Wandel einzutreten scheint, sich darin nur bereits bestehende, aber bisher verborgene Eigenschaften enthüllen. Nein, mein Plutarch, daran vermag ich nicht zu glauben. Ich glaube an die Veränderung unter dem Einfluß der Umgebung. Ich glaube an eine Beeinflussung des menschlichen Charakters durch die Macht, ich glaube an einen Wahn der Macht, der auch den kältesten und vernünftigsten Menschen in Anfechtung bringen kann.«

»Auch Trajan?«

Tacitus stutzte. Was sollte diese Frage, war sie echtem Interesse oder einem anderen Grunde entsprungen?

»Das weiß man noch nicht, die Zeit wird es bringen. Vielleicht können wir diese deine Frage später beantworten«, zog sich Tacitus aus der Schlinge.

Plutarch lächelte. »Du bist nicht nur ein großer Geist und Geschichtsschreiber, sondern auch ein Diplomat.«

»Geschichte zu schreiben, mein Plutarch, das ist ein schwieriges Handwerk. Als Geschichtsschreiber sollte man mit Abstand und unabhängig die Dinge beschreiben. Doch wie sieht es in Wirklichkeit aus: Die einen berichten übertrieben boshaft über ihre Herrscher, während die anderen zu deren bloßen Parteigängern und Lobhudlern werden. Letzteres trifft auf mich nicht zu, aber ob ich gegen das erstere gefeit bin, vermag ich nicht zu sagen. Ich habe mich um eine vorurteilsfreie Darstellung bemüht.«

»Darf ich dich etwas fragen, Tacitus, selbst auf die Gefahr hin, daß du es ungnädig aufnimmst?«

Tacitus musterte den bärtigen Griechen und beneidete ihn in diesem Moment um sein gelassenes und ausgeglichenes Wesen. Er, Tacitus, war immer, zeit seines Lebens, von einer pessimistischen Bitterkeit erfüllt, die ihn auch in Zeiten des Glücks und des Erfolges nie ganz verließ.

»Du darfst mich alles fragen, dafür disputieren wir doch. Zwischen Männern des Geistes darf es keine Empfindlichkeiten geben, die überlassen wir den Herrschern, die mögen sich mit Unausgesprochenem und Verschwiegenem abfinden. Nicht wir, bei uns sollte das Prinzip gelten, wichtig ist nicht, wer recht hat, sondern was recht ist.«

»Du bist ein Gegner der Tyrannei und der Alleinherrschaft, wie ich deinen Schriften entnehmen konnte. Ich dagegen bin ein zu allen Herrschern loyaler Untertan und sehe in der römischen Kaiserherrschaft ein Prinzip, das für die Sicherheit in der ganzen bewohnten Welt sorgt. Meine griechischen Landsleute rufe ich als Archont und Priester auf, mit den Kaisern und ihren Verwaltungen zusammenzuar-

beiten. Meine Meinung ist, daß die Völker soviel Freiheit besitzen und brauchen, wie ihnen die Herrscher gewähren, und mehr davon wäre vielleicht nicht besser.«
Tacitus schüttelte erregt den Kopf.
Doch Plutarch fragte nun ohne Umschweife: »Was hast du gegen die verhaßte Gewaltherrschaft Domitians getan, die dir so unerträglich erschien?«
Wie ein Donnerschlag fiel diese Frage Tacitus an. Verlegen schluckte er, dann trank er einen Becher Wein in einem Zuge. Er zwang sich zu einem Lächeln.
»Mein Plutarch, du bist ein wahrhaft weiser Mann, denn du hast wie ein Arzt mit dem Messer meine schmerzhafteste Wunde, in der sich der Widerspruch meines ganzen Denkens sammelt und bündelt, gefunden und aufgeschnitten.
Ich habe nichts getan gegen den Tyrannen, sondern im Gegenteil Karriere gemacht. Nun kommt mein Widerspruch: Ich verachte und hasse Tyrannen, und doch finde ich einen jeden Alleinherrscher besser als einen Bürgerkrieg. Das einzig ehrenvolle Verhalten unter Tyrannen ist Passivität. Denn, so habe ich in meinem Agricola geschrieben, auch unter schlechten Kaisern können große Männer leben. Wenn ihnen neben Fügsamkeit und Bescheidenheit Energie und Kraft zur Seite stehen, können ihnen Ruhm und Taten zum Nutzen des Gemeinwohls gelingen. Das beweisen auch die Kaiser Nerva und Trajan. Unter Domitian hatten beide das Konsulat inne.«
Plutarch lächelte nachsichtig.
»Im Prinzip stimmst du mit mir überein, man soll also auch die Tyrannen gewähren lassen und mit ruhiger Gelassenheit die Zeitläufe betrachten und für die Nachwelt festhalten?«
Tacitus wand sich, denn das Gespräch wurde unangenehm. Was sollte er darauf antworten, er, der wie kein zweiter mit einer Schärfe die Tyrannen, begonnen mit Tiberius, geendet mit Domitian, und ihren Machtwahn geißelte.
»Ja, denn was können wir Männer des Geistes anderes tun. Die Tyrannen zu entfernen ist Sache von Tatmenschen wie Saturnin, Stephanus und von Gardepräfekten. Wir müssen aber diesen Tyrannen nicht noch zum Nachruhm verhelfen, sondern die ungeschminkte Wahrheit verbreiten.«
Was ist Wahrheit? dachte Plutarch eingedenk der Legende aus Jerusalem, da Pilatus diesen jüdischen Christos eben dies fragte. Armer Tacitus, dir fehlt die Konsequenz aus Denken und Handeln. Denken und Handeln klaffen bei dir meilenweit auseinander. Bei mir sind Denken und Handeln deckungsgleich, deshalb bin ich zufrieden. Nun kenne ich die Gründe deiner Bitterkeit und deines Pessimismus: Du denkst wie ein Empörer und Aufrührer und handelst wie ein Angepaßter, wie ein erfolgsuchender Höfling. Ein bitterer Zwiespalt, mein Tacitus, aus dem es kein Entrinnen gibt. Vielleicht doch, indem du selbst der Macht einmal teilhaftig wirst und der Wahn deine Bedenken überdeckt.
Als Plutarch ihn schon lange verlassen hatte, saß der Senator und Schriftsteller

Cornelius Tacitus noch immer im Garten. Er ließ sich Schreibzeug und Pergament bringen und schrieb unter dem Eindruck des Gespräches mit Plutarch folgende Sätze nieder: »... man muß über die Torheit der Machthaber lachen, die vermeinen, durch ihren augenblicklichen Einfluß den Nachruhm eines Menschen zerstören zu können. Im Gegenteil, dadurch daß man Helden des Geistes bestraft, wächst ihr Ansehen nur. Nie haben Gewaltherrscher ... etwas anderes erreicht, als daß sie selber Schmach, jene Ruhm ernteten ...«

XLIV

Als Plutarch und Tacitus den Kaiser verließen, folgten ihm Plinius und Sura auf den Palatin.

Trajan bedeutete Sura, daß er zuerst mit Plinius zu sprechen wünschte, er könnte inzwischen die Kaiserin besuchen.

Licinius Sura ließ sich bei Plotina anmelden.

Die Augusta empfing ihn in ihrem riesigen Gemach, in dem sich Sura, nachdem Plotina alle Bediensteten weggeschickt hatte, ziemlich verloren vorkam. Die Kaiserin lud ihn zum Sitzen ein.

»Du machst dich rar auf dem Palatin, Lucius«, sagte Plotina mit einem Lächeln.

»Die Arbeit«, entschuldigte er sich, »für die dein Mann sorgt.«

»Ich glaube eher die Liebe. Leugne nicht, du bist verliebt, man sieht es dir an.«

»In meinem Alter, Plotina! Ich bin nun auch bereits fünfundfünfzig.«

»Ich weiß alles, dafür bin ich Kaiserin. Die Tänzerin Veientos, diese Varinia, scheint dich vollends in ihren Bann gezogen zu haben. Doch diesmal habe ich Verständnis, da dir Sempronia keine Gattin mehr sein kann. Auch Sempronia akzeptiert es wohl.«

Sura schluckte. Dieser Tratsch über die intimsten Dinge war ihm zuwider. Mußte Sempronia vor Plotina ihr Gebrechen ausbreiten wie ein Händler seine Ware auf dem Markt?

»Nun gut, lassen wir das«, warf Plotina ein, der der Unmut Suras nicht entgangen war. »Hadrian hat geschrieben. Er hat in Pannonien mit Einfällen der Sarmaten alle Hände voll zu tun. Doch er löste die Aufgaben glänzend. Auch der Kaiser mußte ihn loben.«

»Deshalb möchte ich auch mit dir sprechen. Wie steht es mit der Adoption Hadrians durch den Kaiser?«

Die Kaiserin runzelte die Stirn, und ihr sonst stets freundliches Gesicht sah betrübt aus.

»Er will nichts davon wissen. Noch sei er in den besten Jahren und müsse wichtigere Dinge regeln als die Nachfolge. Außerdem wüßte er nicht so genau, ob Hadrian überhaupt dafür in Frage käme.«

Nachdenklich zog Sura die Unterlippe durch die Zähne.
»In Dakien schenkte er Hadrian für seine Verdienste die Gemme Nervas, die dieser Trajan nach der Adoption gegeben hatte. Das war doch ein Versprechen.«
»Er schiebt dieses Gespräch immer beiseite, er läßt mich nicht zu Wort kommen. Ich glaube, daß Palma, Nigrinus und Celsus, die er jetzt in seinen Rat berufen hat, gegen Hadrian hetzen und ihn in des Kaisers Augen herabzusetzen versuchen. Der Einfluß dieser drei Feldherren und dieses Maurenfürsten Quietus auf Trajan ist unheilvoll. Wie mir Hadrian sagte, wollen sie den Kaiser zu großangelegten Feldzügen überreden. Und du weißt, ehrgeizig und ruhmbegierig wie er ist, leiht er solchen Stimmen nur zu bereitwillig sein Ohr.«
»Du hast recht, Plotina, diese vier Herren und einige geschäftstüchtige Senatoren wie Apollinaris umgarnen den Kaiser mit ihren imperialen Plänen. Sie sind in letzter Zeit auch dauernd in seiner Nähe. Wir brauchen einen verläßlichen Mann in Trajans Umgebung, der diesen schädlichen Einfluß zumindest aufhebt. Phaedimus?«
Die Kaiserin meinte, daß dieser auch mit jenen Feldherren im Bunde sei.
»Ich habs, unser Freund Attianus. Trajan hält große Stücke auf ihn. Er ist Hadrian gewogen, da er selbst keine Kinder hat …«
»Irrtum, er wird bald welche haben.«
»Von Helena? Die bekommt keine Kinder, genau wie …«
Wie meine Frau, hatte er sagen wollen, unterdrückte es aber. An den Zügen der Kaiserin erkannte er, daß er das Problem mit Kindern nicht hätte anschneiden sollen. Plotina litt an ihrer Kinderlosigkeit.
»Attianus und Helena haben sich getrennt.«
»Was?« rief Sura überrascht. Er überlegte, wann er mit Attianus zuletzt gesprochen hatte. Das mußte Jahre zurückliegen. »Es war die große Liebe, Plotina.«
»Ein Beweis mehr, daß in diesem Leben nichts für die Ewigkeit bestimmt ist. Sie trennten sich gütlich. Helena ist eine leidenschaftliche und sinnliche Frau, die nicht zu Attianus, dem zurückhaltenden und bisweilen finsteren Grübler paßte.«
»Also Plotina«, Sura fuhr mit der Hand durch die Luft, »wir müssen versuchen, Attianus in die Nähe Trajans zu bringen. Und zwar als Prätorianerpräfekt. Du mußt alles in dieser Richtung tun, genau wie ich auch. Attianus muß der neue Präfekt werden.«
Die Kaiserin versprach es, auch des Kaisers Schwester Marcia und deren Tochter Matidia würden sich für Attianus und Hadrian verwenden.
Sie waren gerade mit ihrem Gespräch zu Ende gekommen, als Phaedimus, jung und schön, ganz mit Amtsmiene, eintrat und Sura zum Caesar Augustus Trajanus Imperator bat.
Auf dem langen Säulengang traf er mit Plinius zusammen, der hochroten Kopfes vom Kaiser kam.

»Trajan hat mich zum Statthalter Bithyniens ernannt, eine schwierige Aufgabe, denn diese Provinz ist fiskalisch vollkommen zerrüttet. Der Kaiser hält mich für den richtigen Mann, die Finanzen dort zu sanieren, da ich mich vor Jahren als Chef des kaiserlichen Fiskus so hervorragend bewährt hätte.«
»Das hast du in der Tat, Plinius, und wirst auch Bithynien trefflich organisieren.«
»Meinst du?«
»Natürlich schaffst du diese Arbeit, wenn der Kaiser dir dies zutraut, kannst du ihn nicht Lügen strafen durch Kleinmut und Verzagtheit.«
»Ich danke dir, Sura, doch leb wohl, du wirst erwartet.« Phaedimus stand und wartete, daß Sura ihm folgte.
Der Vertraute des Kaisers führte den Senator in das kleine Arbeitskabinett mit den Marmorsesseln und dem wuchtigen Tisch in der Mitte. Der Kaiser stand in den Anblick von entrollten Karten vertieft, die den gesamten Tisch bedeckten. Freundlich winkte er Sura näherzutreten und die Karten zu betrachten. Licinius Sura erkannte die Provinzen des Imperiums und die der asiatischen Nachbarn Roms. Trajan hatte zwei rote Linien eingezeichnet, die verschiedene Ausgangspunkte, aber einen gemeinsamen Endpunkt aufwiesen, eine Strecke lang verliefen sie gemeinsam.
Sura dachte angestrengt nach, was diese roten Linien bedeuten könnten. Der Kaiser ließ ihm Zeit.
Die eine Linie führte vom Nordosten, von Pannonien, Mösien, Thrakien über Byzantium nach Asia, von dort weiter nach Cappadocien und Armenien, plötzlich an der Grenze Armeniens verlief die Linie nicht mehr durchgehend, sondern gestrichelt durch das Partherreich, um dann in Indien als Vollstrich weiterzulaufen. Die andere Linie verlief von Alexandria ausgehend durch die neue römische Provinz Arabia bis zum Euphrates flumen als durchgezeichnete Linie, dann gestrichelt durch das Partherreich parallel zur ersten Linie und schließlich als Vollstrich in Indien.
Fragend richtete der Kaiser den Blick auf Sura.
»Die Handelswege nach Indien zu Lande.«
»Ich wußte doch, daß du es ohne Worte begreifen würdest. Richtig, die Landwege nach Indien. Sie werden in nächster Zeit an Bedeutung gewinnen. Du wirst es nicht wissen, es war gerade die Zeit, als du dich dem Senat und dem Palatin und mir eine Weile verschlossest, als eine Gesandtschaft des indischen Königs Huwishka zu mir kam. Sie überbrachte mir seine besten Wünsche und die Hoffnung, daß sich die Handelsbeziehungen zum Imperium Romanum verstärken möchten. Meinen Kaufleuten klang dies wie Musik in den Ohren. Wie du weißt, sind dem Handel mit Indien und weiter dann mit dem Sericum-Land Grenzen gesetzt. Der Großteil der Waren wird von Alexandria den Nil aufwärts verschifft. Ich habe den alten Kanal vom Arabischen Meer bis zum Nil wieder schiffbar machen lassen, so

daß von hier«, Trajans Finger deutete auf den Hafen Berenike, »die Fracht auf die großen Schiffe verladen werden kann, um dann durch das Erythräische Meer nach Indien und weiter zu gelangen. Durch die Gewinnung des Nabatäerlandes können die Waren unbehindert durch irgendwelche arabische Könige, die durch Zoll die Waren verteuern, aus Syria ans Arabische Meer transportiert und dann weiter nach Indien verschifft werden. Aber die Flut der Waren zu verschiffen ist teuerer – so berieten mich die Wirtschaftsfachleute wie der verstorbene Ostorius Sabinus, Plinius und Apollinaris – als auf dem Landwege mit Karawanen. Schiffe sind teuer in der Anschaffung, der Frachtraum ist begrenzt. Karawanen kann man mit Waren ad infinitum beladen, die menschliche Arbeitskraft ist billig, das teuerste sind die Begleitsoldaten und …«
»Die Zölle der Parther!«
»Du hast den Kernpunkt erfaßt. Doch auch die Unsicherheit durch parthisches Gebiet kommt hinzu. Doch hier könnten wir Abhilfe schaffen!« Trajan warf einen lauernden Blick auf Sura. Der erschrak, denn er vermochte des Kaisers Gedankengänge bis ins Detail zu verfolgen, er kannte ihn lange genug. Und er gab sich keiner Illusion über Trajans Abhilfe des parthischen Problems hin, denn er wußte, wie ein Feldherr dergleichen Aufgaben löste.
Licinius Sura mußte sich setzen, die Knie begannen den Dienst zu versagen. Schweiß rann ihm über den Körper, das Herz schlug schmerzhaft bis zum Halse. Die Kehle war wie ausgedörrt. Schwindel erfaßte ihn. Und plötzlich versank alles in Dunkel. Ein stechender Schmerz an der Schläfe ließ ihn wieder hochfahren.
Der Kaiser stand über ihn gebeugt und hielt seine Hand.
»Lucius«, Trajans Stimme klang besorgt, »geht es dir wieder gut?«
Sura antwortete nicht, er vermochte nicht zu sprechen.
Der Kaiser schlug an ein Becken.
»Krito soll sofort kommen«, befahl er Phaedimus.
Es dauerte nur wenige Minuten, und Statilius Krito, ein älterer Mann mit Glatze, Leibarzt des Kaisers und berühmter Medikamentenentdecker und -hersteller, trippelte mit kurzen Schritten ins Kabinett. Er befühlte, beklopfte und behorchte den Senator. Seine Miene verriet Bedenken.
Er setzte zum Reden an, doch Trajan legte den Finger auf die Lippen.
»Du kannst reden«, sagte Sura leise und mit schwacher Stimme, »Ich weiß, daß es nicht gut um mich steht.«
»Seit wann hast du diese Anfälle?« fragte der Arzt.
»Noch nicht lange, seit etwa einem Jahr, doch in größeren Abständen bisher.«
»Ich gebe dir ein herzstärkendes Medikament. Das wird dir helfen. Weiterhin brauchst du Ruhe, vor allem dein Geist benötigt Entspannung.«
Er reichte Sura eine kleine Amphore.
Der Kranke nahm einen kleinen Schluck.
Wie Feuer brannte der Sud im Halse, aber er spürte, wie er ihn belebte.

»Danke, Krito, nun geht es wieder.«
Der Arzt verließ mit seinen kleinen Schritten das Kabinett.
Sura erhob sich und trat wieder an den Tisch. »Das heißt«, nahm er den Gesprächsfaden wieder auf, wo er abgerissen war, »du willst Krieg mit den Parthern?«
»Was heißt ich will, du sagst das, als käme es nur auf mein persönliches Wollen und Wünschen an. Da irrst du, denn so souverän bin ich nun auch wieder nicht. Die Sachzwänge erfordern es.«
»Welche? Doch nicht die wirtschaftlichen Gesichtspunkte, die du mir in extenso erläutert hast, allein.«
»Natürlich nicht. Durch Boten habe ich Kunde bekommen, daß der neue parthische Großkönig Chosroes, Pakoros ist unlängst verschieden, in unseren Ostprovinzen, vor allem in Armenien, römerfeindliche Hetze betreibt. Das kann und werde ich nicht dulden.« Trajans Stirne rötete sich vor Zorn. »Sieh her, Armenien hat strategische Bedeutung. Sollten hier die Arsakiden ihren Einfluß verstärken, so bedeutet das eine Bedrohung Bithyniens, Cappadociens und sogar Syriens im schlimmsten Falle. Jetzt herrscht in Armenien Exedares, ein Sohn des verstorbenen Großkönigs Pakoros, als römischer Klientelfürst. Eine Unterminierung von dessen Herrschaft oder auch eine Aufwertung gegenüber Roms Oberherrschaft ist eine Verletzung des Vertrages, den Nero im Jahre 816 mit dem damaligen Großkönig Vologaises I. abschloß, der eindeutig die parthische Arsakidensekundogenitur unter römischer Suzeränität bestimmte. Wer dagegen hetzt oder zu Aktionen gegen Rom aufruft – begeht Vertragsbruch. Ich werde jeden Vertragsbruch unnachsichtig ahnden. Rom ist, den Göttern sei Dank, heute stark genug, um mit dem gefürchteten Erbfeind abzurechnen. Das wird mein Erbe sein, Rom von seinem gefürchteten Feind, den Parthern, für immer und ewig – *et nunc et semper* – befreit zu haben.«
Betroffen schwieg Sura. Dem Kaiser schien es ernst zu sein, mit den Parthern abzurechnen. Der kleinste Konflikt, die geringsten Zwischenfälle an den Grenzen, die Belästigung der nach Indien ziehenden Karawanen, Verstärkung parthischen Einflusses in Armenien – alles würde der Kaiser unerbittlich als *casus belli* benutzen, durchfuhr es Sura.
»Ich werde der Arsakidenherrschaft ein Ende bereiten wie Alexander der Achämenidenherrschaft. Sieh auf die Karte, die Parther sind der große Störenfried des Orients, sie behindern die Ausbreitung des römisch-griechischen Wesens, sie stören den friedlichen Handel von West nach Ost. Nein, Lucius, hier muß ein für allemal *tabula rasa* gemacht werden. Für Rom und ein selbständiges parthisches Großreich hat die Erde keinen Platz. Was Alexander vermochte, warum soll es ein Trajan nicht auch vollbringen.«
Sura schauderte bei dem besessenen Ausbruch des Kaisers. Wie im Rausch, gar nicht mehr er selbst, so redete und steigerte sich Trajan in Erregung. Seine grauen

Augen schienen sich in weite Ferne zu verlieren und bekamen einen träumerischen Glanz.
»Wie ich das dakische Problem, an dem Rom seit Caesar litt, ein für allemal gelöst habe, so werde ich das parthische Problem, an dem Rom seit Crassus' Zeiten noch immer leidet, für immer und ewig lösen. Das wird der höchste Akt meiner Selbstverwirklichung werden.«
Beim Hades, das war Größenwahn, fand Sura. Das parthische Reich vernichten zu wollen, dessen östliche Grenzen sich in fernen Weiten verloren und so sicher nicht absteckbar waren, war Hybris.
»Marcus«, bat Sura flehend Trajan, »bedenke, was du dir und dem Imperium zumutest, wenn du nach Parthien einmarschieren willst. So viele Legionen besitzt Rom nicht, um die unendliche Weite, die Wüste und die Steppen auszufüllen. Stell dir vor, meilenweit nur Sand, kein Strauch, kein Baum, kein Wasser. Wie willst du für die riesige Armee den Nachschub organisieren? Trockenheit, Seuchen, Ungeziefer und dann Angriffe der parthischen Bogenschützen aus dem Hinterhalt. Denk an Crassus' Schicksal, denk an Marc Antons abgebrochenen Partherfeldzug. Marcus, laß dieses Unterfangen, es übersteigt deine und Roms Kräfte.«
Trajan lächelte nachsichtig.
Er schrieb die schroffe Ablehnung seiner gigantischen und einmaligen Pläne durch den Freund dessen Alter und Gesundheitszustand zu. Schade, er hatte bei Sura auf Verständnis gehofft. Je höher man zum Ruhme und zur Größe stieg, um so einsamer wurde man. Niemand vermochte einem Genie in die dünne und eisige Luft der Gottähnlichkeit zu folgen.
»Lucius, du bist krank und verspürst die Zeichen des Alters. Ich fühle mich auf der Höhe meiner Kraft und muß wirken, damit mir die Mitwelt weiterhin Vertrauen entgegenbringt.«
Verständnislos schaute Sura auf den Kaiser.
»Mit dem Vertrauen, das muß ich dir erklären: Wenn man jung ist, bekommt man von der Mitwelt Vertrauen für die Zukunft geschenkt. Als ich als junger Tribun in Judaea Städte erstürmte, da sagten die alten Feldherren, der junge Trajan, der wird es noch zu etwas bringen, der ist ein richtiger Soldat. Wer altert, Lucius, dessen Vertrauensvorrat erschöpft sich, denn dessen Zukunft besitzt keine Kraft und keine Gewißheit mehr. Dem alten Trajan prophezeit keiner eine rühmende Entwicklung mehr, der alte Trajan ist nur die Summe des Geleisteten und des Nicht-Geleisteten. Und diese unheilvolle Einschätzung eines Alternden will ich ad absurdum führen. Ich werde mir neues Vertrauen verschaffen, Lucius, denn ich bin noch nicht am Ende, sondern am Anfang meiner richtigen Entfaltung und berufe mich auf mein Werden. Bis zum letzten Atemzug werde ich tätig sein, so daß nicht einmal der Tod mir Muße geben soll.«
Sura schauderte vor so vermessenem und sich selbst überhebendem Anspruch. Er

glaubte nicht an die Götter, aber eines wußte er, dies war Frevel, den die Moiren und Furien nicht ungestraft hinnehmen würden.
»Überlege es dir lieber noch hundertmal, ehe du einmal die Legionen aufmarschieren läßt.«
»Natürlich, Lucius, noch ist die Zeit nicht reif, doch sie findet mich bereit. Ich weiß, daß die Zeit kommt, wo ich den Weg meiner Bestimmung gehen muß und wo es keinen anderen gibt. Die parthische Frage werde ich auf alle Fälle noch klären. Schade, daß du mir dabei nicht helfen kannst und auch nicht willst. Ich werde mir einen anderen Hephaistion suchen müssen, was ich sehr bedaure.«
»Marcus, ich kann dich nur bitten, nein, beschwören, tilge diesen unseligen Wunsch und den Gedanken aus deinem Hirn, denn er führt ins Verderben.«
Nun habe ich auf meinem steilen Pfad Sura endgültig verloren, da er mir zur Höhe nicht zu folgen vermag, dachte Trajan. Und dieser zu Höherem nicht geschaffene Mensch, den die olympische Luft schwindeln macht, hat sich einst eingebildet, mich zum Kaiser gemacht zu haben und mich zum bloßen Aushängeschild seiner eigenen Politik machen zu können. Lächerlich! Ein mitleidiger Blick des Kaisers streifte das wächserne Gesicht des Freundes.
Ein betroffener und bis ins innerste Mark erschütterter Lucius Licinius Sura verließ den Palatin.

XLV

»Falsch«, schrie Marcus Soranus und rannte zu seinen Söhnen, die mit stumpfen Schwertern im Fechtraum übten.
Überrascht blickten Gaius und Publius auf, für einen Moment nur, um sofort in ihrer Übung fortzufahren.
»Nein, nein, nein«, brüllte er zornig, »aufhören!« Dann entriß er das Schwert dem verdutzten Gaius, der, einen halben Kopf größer als sein Vater, mit weitgeöffneten Augen auf diesen herabsah. »Los, Publius«, Marcus drang mit wuchtigen Schlägen auf diesen ein. »So und so und so«, kommentierte er jeden Schlag. »Aus dem Handgelenk mit einer Drehung des Schwerts und blitzschnell, sonst bist du ein toter Mann. Gut, Publius, gut pariert«, lobte er den anderen Sohn.
Dann gab er Gaius das Übungsschwert zurück, stellte sich hinter den Sohn und führte dessen Hand.
»Vater, ich kapiere das nie«, sagte der gequält.
Publius, in der Größe seinem Vater gleich, kräftig von Statur, mit braunem Haar, lachte triumphierend, als er seinem Bruder, nachdem der Vater losgelassen hatte, das Schwert aus der Hand schlagen konnte.
»Marcipor, was ist das für eine Stümperei, die du Gaius beibringst«, schalt Marcus den Fechtlehrer, der wortlos den Auftritt seines Herrn beobachtet hatte.

Der, ein kräftiger untersetzter Mann, stammelte eine Entschuldigung.
Lucius Soranus, der mit Claudia, Lakotris und Clodius von der Galerie aus, die sich über dem Fechtsaal als halbkreisförmiger Säulengang wölbte, seinen Sohn und seine Enkel interessiert beobachtet hatte, stieß Clodius an und zwinkerte ihm belustigt zu.
»Er ist sehr streng mit ihnen, vor allem mit Gaius«, sagte Claudia leicht betrübt zu Lakotris. »Manchmal glaube ich, er verlangt zu viel von ihnen. Sein Ehrgeiz will zu hoch mit ihnen hinaus. Trajan und Hadrian stacheln ihn an, so daß er die Jungen manchmal richtig peinigt. Sie tun mir leid.«
Lakotris legte begütigend den Arm um Claudia.
»Er will doch nur ihr Bestes. Deshalb ist er hart gegen sie.«
Lucius lächelte. Er verstand seinen Sohn.
»Euer Entschluß ist gefaßt, ihr wollt nach Cyrene?« fragte Claudia.
Lakotris und Lucius bejahten.
»Bleibt doch hier«, bat Claudia. »Du könntest Marcus helfen«, wandte sie sich an Lucius, »unsere Güter zu verwalten. Seit mein Vater tot ist, hat Marcus alle Hände voll zu tun, die Geschäfte zu ordnen.«
»Reich sein hat auch seine Schattenseiten«, spöttelte Lucius, »das hätte ich nur einmal träumen sollen, als ich ohne eine Sesterze, manchmal ohne einen Bissen Brot durch die Provinzen des Imperiums gejagt wurde, daß mein Sohn einmal ein reicher Mann würde, reicher als die Familie Soranus je gewesen ist. Dank dieses Goldschatzes.« Lucius drückte Claudia einen Kuß auf die Stirn. Verlegen errötete Claudia. »Die Jungs«, er deutete auf die noch immer Fechtenden, »wissen gar nicht, wie gut sie es haben.«
»Stimmt«, ergriff Clodius zum ersten Male das Wort, »doch geben die Götter, daß es so bleibt.«
Hochroten Gesichts und verschwitzt trat Marcus zu ihnen.
»Du bist ein strenger Vater«, lächelte Lakotris.
Er lächelte zurück und meinte, daß Lehrjahre keine Herrenjahre seien. Gemeinsam verließen sie die Galerie und betraten das Atrium. Sklaven eilten herbei und brachten bequeme Sessel. Marcus wusch sich die Hände in einer ihm gereichten Schale, trocknete sich an einem bereitgehaltenen Tuch. Auf einen Wink entfernten sich die Sklaven.
»Nun, meine Liebe, konntest du sie überzeugen, Rom nicht zu verlassen?«
Claudia schüttelte den Kopf.
Marcus und Clodius baten ebenfalls vergeblich.
»Es ist nicht für immer, doch wir sind es Asclepiodorus schuldig«, meinte Lakotris.
Lucius sah auf seinen Sohn. Sorgenvoll bemerkte er dessen Falten in den Augenwinkeln und auf der Stirn, von den Nasenflügeln zu den Mundwinkeln furchte es sich, die ersten grauen Haare ringelten sich an den Schläfen.

Das Alter verschont keinen, dachte er wehmütig.
Er arbeitet zu viel, die Verwaltung der Güter des Sabinus, die vielen Klienten, die Arbeit im Senat, der Krieg …
Der Nomenklator bat eintreten zu dürfen.
»Ein Bote von Licinius Sura, es steht nicht gut um ihn.«
Marcus sprang auf, eilte in die oberen Gemächer.
Nach kurzer Zeit erschien er zum Ausgehen gekleidet, entschuldigte sich und verließ den Palast.
»Er findet keine Ruhe, heute dies, morgen das, immer nur unterwegs. Bald in der Kurie, bald auf dem Palatin, dann inspiziert er mit dem Kaiser und Hadrian irgendwelche Legionen. Ich halte das nicht länger aus«, schluchzte Claudia.
»Er nimmt seine Pflichten ernst«, tröstete Lakotris und strich Claudia über den Arm.
Für Lucius war die Situation peinlich.
»Ich werde vor dem Abschied mit ihm sprechen«, beruhigte er Claudia.
»Danke«, sagte Claudia. »Der Sinn des Lebens besteht doch nicht darin, sich in Geschäften aufzureiben. Dieser Trajan mit seinen gigantischen Plänen spannt alle vor den Karren seines Ehrgeizes, Roms bester und größter Kaiser zu werden. Ich mag ihn nicht, diesen Trajan. Apollonius hat gesagt, daß Trajan die Welt in Brand stecken wird.«
Die Söhne traten ins Atrium. Ihr suchender Blick glitt über die Sitzenden.
»Wo ist Vater?« fragte Publius.
»Bei Sura«, antwortete Claudia.
»Willst du mit dem Essen warten?« fragte Publius.
»Nein, denn bei Sura dauern die Besuche gewöhnlich lange.«
Claudia rief nach dem Trikliniarch. Dann bat sie die Gäste ins Triklinium.
Die Sklaven trugen erlesene Speisen auf. Lucius, Lakotris und Claudia aßen ohne rechten Appetit. Clodius und die beiden Söhne des Hauses ließen sich nicht nötigen und verspeisten beachtliche Mengen.
Es dunkelte bereits, die Sklaven stellten Kandelaber bereit, als endlich Marcus zurückkehrte.
Sein Gesicht wirkte fahl. Erschöpft sank er auf ein Polster und ließ sich einen Becher verdünnten Weines reichen. Dann nahm er ein Stück Lammbraten und kaute langsam.
»Nun?« brach Lucius das Schweigen.
»Sura ist schwerkrank. Wer weiß, wie lange er noch zu leben hat.«
Claudia legte ihrem Mann die Hand auf den Kopf.
»Es geht dir sehr nahe?« fragte sie leise.
Er nickte. »Noch etwas: Trajan plant einen großen Feldzug gegen die Parther.«
Stille folgte diesen Worten, deren Tragweite man im Moment, da sie im Raum schwebten, noch nicht erfaßte.

Krieg! Furchtbar! dachten Lakotris und Claudia.
»Wir werden die Parther besiegen, diesen Erbfeind Roms werden wir vernichten!« schrie Publius begeistert.
Gaius schwieg.
»Trajan tilgt die Parther von der Erde, und wir werden dabeisein, Gaius, hörst du, wir werden dabeisein. Freust du dich nicht?«
Gaius starrte gedankenverloren vor sich hin.
»Wann beginnt der Feldzug?« fragte Lucius.
»Soweit ist es noch nicht. Es ist nur ein Plan des Kaisers. Sura will, solange er lebt, den Imperator davon abhalten.«
»Das ist vernünftig von Sura«, erwiderte Lucius.
Publius protestierte.
»Was hältst du davon?« fragte Lucius seinen Sohn.
Marcus kratzte sich verlegen am Kopf.
»Ich müßte erst Trajans Gründe für einen derartig schwerwiegenden Entschluß kennen. Vielleicht ...«
»Marcus, bedenke doch, was das heißt: Krieg. Krieg im Land der Parther, das heißt flimmernde Hitze, kein Wasser, Sand, Seuchen, Angriffe der gefürchteten parthischen Reiter.«
»Wenn es die Sicherheit des Imperiums erfordert ...«
»Richtig, Vater, Trajan weiß, was er tut«, pflichtete Publius seinem Vater bei.
»Marcus, was hat Rom im Lande der Parther verloren? Was in aller Welt?« beschwor Lucius seinen Sohn.
Marcus schwieg.
»Vielleicht hatte Apollonius recht mit seinem Verdacht, daß Plutarchs Schrift Gefahren heraufbeschwören würde. Jetzt ist es bald soweit. Die Flammen, die Apollonius sah, werden kommen. Vielleicht züngeln sie schon im Verborgenen. Mögen die Götter Sura noch lange am Leben erhalten.«
Marcus nagte an seiner Lippe. Er bereute, daß er von Trajans Plänen erzählt hatte. Nun schwebte der Schatten dieser Nachricht unheilvoll über allen.

XLVI

Dunkelblau und bewegt von einem leichten Gegenwind strömten die Wellen des Mare Internum der »Bithynia« entgegen, als diese den Hafen Apollonia in der Cyrenaica ansteuerte. Lucius und Lakotris spähten über die hohe Bordwand in die unergründlichen Tiefen des Meeres. Über ihnen spannte sich ein wolkenloser azurner Himmel.
»Ich freue mich auf Cyrene«, sagte Lakotris, die die Erinnerung an den bedrükkenden Abend bei Marcus zu verdrängen suchte, »denn nach Asclepiodorus' Brie-

fen muß es eine entzückende Stadt sein. Hoffentlich ist sein Zustand nicht besorgniserregend?«
»Dort am Hafen ist Simon«, rief Lucius erfreut, »Cassius läßt uns abholen. Nach Cyrene sind es über zehn Meilen.«
Die »Bithynia« ankerte mittlerweile an der Mole.
Simon ben Jochai eilte auf Lakotris und Lucius zu, als sie den Boden Apollonias betreten hatten.
»Willkommen in der Cyrenaica.«
Ein hochgewachsener, breitschultriger junger Mann mit sonnengebräuntem Gesicht und einem kleinen Oberlippenbart mühte sich, an einem vierrädrigen offenen Karren zwei schwarze Hengste einzuschirren.
»Das ist mein kleiner Bruder Andreas«, stellte Simon vor.
»Beim Jupiter, das ist ja ein Mann geworden«, staunte Lucius, »und ein Athlet dazu, sei gegrüßt, Andreas.«
Der junge Mann erwiderte den Gruß nur knapp.
»Andreas haßt Griechen und Römer«, entschuldigte Simon die kurzangebundene Art des Bruders, »ginge es nach ihm und seinem Freund Lukuas, würden in Cyrene nur noch Juden wohnen. Sie haben«, flüsterte er Lucius ins Ohr, »einen jüdischen Geheimbund gegründet, der allem griechisch-römischen Wesen den Kampf angesagt hat. Unter uns gesagt, Lucius, ich finde diesen Fanatismus, eigentlich jeden Fanatismus, sei er hellenistisch-römisch, sei er jüdisch, von Übel. Als Schüler Philons von Alexandria, dessen Lehren ich in Rom bei meinem Freund Gamaliel studiert habe, bin ich für eine Vereinigung der jüdischen und der hellenistischen Lehren. Daraus könnte Fruchtbringendes und Segensreiches entstehen. Doch Andreas hat die Pferde eingeschirrt.«
Simon bat Lucius und Lakotris, auf den Wagen zu steigen, wo Seeleute der »Bithynia« bereits das Gepäck der Ankömmlinge verstaut hatten.
Lucius und Lakotris setzten sich auf eine hölzerne Bank auf dem Karren, während Simon zu seinem Bruder auf den Kutschbock kletterte.
Unter Peitschenknall zogen die Hengste an. Der Wagen ratterte über das Pflaster.
»Schöne Pferde«, sagte Lucius anerkennend.
Simon drehte sich um und lachte: »Cyrene ist berühmt für seine Pferdezucht. Mein Bruder Andreas ist ein Spezialist auf diesem Gebiet, er besitzt zusammen mit Lukuas ein großes Gestüt.«
Der Weg begann anzusteigen, wand sich durch die Berge immer höher. »Dort oben«, Simon deutete auf ein Hochplateau, »liegt Cyrene. Es liegt wie eine fruchtbare Insel in der Wüste ungefähr zweitausend Fuß über dem Meeresspiegel. Die Höhe bringt auch im Sommer erträgliche Temperaturen.« Immer höher schlängelte sich der Weg. Weiß und eindrucksvoll thronte die Stadt Cyrene auf dem Hochplateau, ihre Tempel und Säulenhallen lagen im Glast der Nachmittags-

sonne. Südlich der Stadt dehnte sich die Wüste, nördlich fiel das Plateau felsig und wellig zum Meere ab. In Cyrene sprudelten mehrere Quellen, deren bekannteste, die Quelle Cyra, der Stadt den Namen gegeben hatte. Cyrene war auch der Name einer Nymphe, der Geliebten Apollos.
Der Wagen rumpelte durch das Haupttor, vor dem die Statue einer schrecklichen Gestalt emporragte. Lucius fragte Simon, was dies zu bedeuten habe.
»Dummer Aberglaube«, sagte Andreas, »ist hier zu Stein geworden, das ist das Apotropaion, welches Unheil von Cyrene abhalten soll.«
Unterhalb steil aufragender Felsen, in die Gräber eingehauen waren, hielt der Wagen vor einem Haus mit zwei Obergeschossen.
»Das ist das Haus des Asclepiodorus. Ihr werdet bei ihm wohnen. Da ihr nur besuchsweise und nicht für immer zu bleiben gedenkt, hielt er es für überflüssig, für euch ein Haus zu erwerben.«
Lucius half Lakotris beim Absteigen.
Andreas hob die Kisten vom Wagen und trug sie mit einem aus dem Hause herzugeeilten Sklaven in das Innere.
»Andreas«, wandte sich Lucius an den schwarzen Hünen, »warum bist du so voller Haß?«
Der musterte ihn finster aus seinen dunkelbraunen Augen. »Weil die römisch-griechische Welt uns Juden so viel Leid angetan hat, daß dies nach Rache schreit.«
»Ich kann dich verstehen.«
Höhnisch lachte Andreas auf: »Ein Römer kann uns nicht verstehen.«
»Hassest du auch mich, der ich dir nichts getan habe? Oder Lakotris?«
»Euch als Menschen, als Einzelwesen hasse ich natürlich nicht, aber als Vertreter Roms und Griechenlands muß ich, der Jude, euer Feind sein.«
Lucius war betroffen.
»Und was sagt dein Bruder Simon dazu?«
»Der ist Philosoph und Gelehrter, der ist Kosmopolit, davon versteht er nichts. Ich leide unter Judaeas Schicksal, ich hasse Rom und Hellas, die uns Jerusalem und den Tempel genommen haben. Wir Juden werden nur gequält. Vor drei Wochen ließ Varro, der neue Kommandant des Castells, zu Ehren des Statthalterbesuches einige Juden in der Arena sich gegenseitig abschlachten.«
»Wer, sagst du, ist hier Castellkommandant?«
»Varro, derselbe, der in Ephesos Prätor war.«
Verfolgt dieser Mensch mich denn überallhin wie ein dunkler, böser Schatten, dachte Lucius und fragte: »Wer ist jetzt Statthalter von Creta-Cyrene?«
»Aemilius Honoratus. Der residiert in Gortyn auf Creta, und einmal im Jahr besucht er Cyrene. Die ganze Zeit regiert Varro als unumschränkter Herrscher. Glaube mir, Soranus, es kommt der Tag, da treiben wir Juden alle Römer und Griechen in die Arena.«

Mit diesen Worten wandte sich Andreas ab. Simon verabschiedete sich und lud Lucius zu einem Besuch ein.
Lakotris war schon ins Haus getreten. Lucius folgte ihr.
Cassius Asclepiodorus lag in einem angenehm kühlen Zimmer auf einer gepolsterten Ruhestatt. Schwach hielt er Lucius die knochige Rechte entgegen.
»Danke, daß ihr gekommen seid, es geht bald mit mir zu Ende. Nun laßt euch erst eure Zimmer zeigen, bestimmt werdet ihr Verlangen nach einer Erfrischung haben.«
Ein hübsches Mädchen von fünfzehn Jahren betrat das Zimmer und bat, man möchte ihr folgen.
»Das ist Esther, die Tochter Eleasars und Freundin Simons.«
Lucius entsann sich seines Versäumnisses. Er hatte den Söhnen Jochais mitteilen wollen, daß noch Hoffnung bestünde für eine Wiederkehr des Vaters.
Nach dem Bade leisteten Lakotris und Lucius dem alten Cassius Gesellschaft. Man plauderte über Vergangenes und Gegenwärtiges, Wichtiges und Belangloses.
»Weißt du, Cassius, daß Jochai eventuell noch lebt?«
»Wirklich?« Der Alte richtete sich in seinen Kissen auf.
»Ja, Marcus sah ihn in Dakien und ließ ihn – entkommen.«
»In Dakien? Entkommen?« Ungläubig schüttelte der Alte den Kopf.
»Doch. Nicolas und Jochai flüchteten aus der Gefangenschaft. Nicolas sollte ans Kreuz geschlagen werden, stürzte sich aber in Marcus' Schwert. Jochai versteckte sich im Walde. Marcus, der ihn einfangen sollte, bemerkte ihn, aber ohne ihn zu kennen, und ließ ihn laufen.«
»O Gott, wenn er doch zurückkäme. Ich glaube es nicht. Für seinen Sohn wäre es besser.«
»Für Andreas?«
»Ja, der Junge macht mir und auch seiner Mutter Sorgen. Er und der Sohn Eleasars unterhalten auf ihrem Gestüt so eine Art berittene und bewaffnete Leibgarde. Natürlich heimlich. Sie erhalten Zulauf von den Juden der Umgebung. Sie träumen von einer Erhebung wie unter Judas Makkabäus. Sehr, sehr gefährlich. Wenn Varro davon erfährt, dann haben sie ihr Leben verwirkt. Nun berichte von dir, von euch und von Marcus.«
Lucius trank einen Saft, den die Jüdin Esther aus einer großen Amphore in die Becher goß. »Köstlich«, lobte er.
»Das ist Saft der Pflanze Silphion, eine echt cyrenische Spezialität.«
»Mit Marcus bin ich wieder versöhnt, jedoch ist und bleibt er ein Anbeter seines Kaisers. Nun ja, damit muß er selbst fertig werden. Schade nur, daß er seine Söhne auch in diesem Sinne beeinflußt. Vor allem Publius, das ist ein Draufgänger. Beide sind in einer Kadettenanstalt. Trajan hat schon ein Auge auf sie geworfen und gemeint, daß sie einmal seine Feldzüge fortsetzen und Roms Adler bis

ins ferne Indien tragen würden. Große Pläne hat Marcus mit ihnen. Hadrian, der Großneffe des Kaisers und Gatte von Trajans Großnichte, unterstützt ihn dabei nach Kräften. Lassen wir das, wer weiß, wie alles kommen wird.«

Cassius interessierte der Tod des Apollonius. Lakotris erzählte ihm, was sie von Damis wußte.

Die Tage in Cyrene waren ausgefüllt und vergingen, so schien es Lucius, schneller als in Rom. Simon begleitete sie bei Ausfahrten und Spaziergängen.

Eines Tages, Lucius wanderte allein, Lakotris war bei Cassius zurückgeblieben, traf er eine Eskorte, die das in der Nähe gelegene Castell verließ. Voran ein Reiter in schimmernder Rüstung, Varro.

Vor Lucius brachte er seinen Schimmel zum Stehen. Mit einem schiefen Lächeln musterte er Lucius von oben herab.

»Willkommen in Cyrene, Soranus. Die Götter scheinen ihre Freude daran zu haben, uns immer wieder zusammenzuführen. Vielleicht steigen wir sogar eines Tages zusammen in Charons Nachen, um gemeinsam den Styx zu überqueren. Willst du mir Schwierigkeiten machen? Ich würde es dir nicht raten, denn in Cyrene bin ich unumschränkter Herr. Denke daran!«

»Ich werde dir keine Schwierigkeiten machen, denn ich gedenke nicht für immer hier zu bleiben. Drohen brauchst du mir nicht, das verfängt bei mir nicht. Auch ich habe Beziehungen. Mein Sohn ist Senator, Mitglied des kaiserlichen Stabes und Legionslegat. Du siehst, Varro, auch ich habe mittlerweile etwas anzubieten. Aber ich möchte mich nicht aufspielen wie die Gänse des Kapitols, sondern möchte dich um Verzeihung bitten für meine falsche Anschuldigung bei der Entführung der Witwe Glabrios.«

Gnädig nahm Varro die Entschuldigung entgegen.

»Übrigens, die Witwe Glabrios lebt auch in Cyrene, womit wir also alle Epheser hier vereinigt hätten. Erzähle, wie das mit der Jüdin war!«

Knapp berichtete Lucius, soweit er die Geschichte kannte.

»Noch etwas, Soranus, du verkehrst doch mit der Judenfamilie«, Varro lachte, als er Lucius' abweisende Haltung bemerkte. »Nein, nicht, was du denkst, ich will dir den Umgang nicht verbieten, denn da könnte man sich in Cyrene gleich einmauern, so viele Juden leben hier. Nur eine Warnung: Sollte der alte Jochai, der mit der Narbe, zurückkehren, dann sage es mir, denn Simonides hat auf dessen Kopf eine riesige Summe ausgesetzt. Wenn seine Leibwache dieses Jochai habhaft wird, dann gnade ihm. Simonides ließe den Juden zu Tode schinden. Selbstjustiz kann ich nicht dulden. Als Vertreter des Statthalters bin ich für die Einhaltung des römischen Rechts verantwortlich. Natürlich müßte ich den Juden bestrafen, immerhin ist er bewaffnet in Simonides' Haus eingedrungen und hat ihm mit dem Messer ein wenig das Gesicht zerschnitten. Das kann nicht ungestraft bleiben. Soranus, es ist nicht leicht hier, Fanatismus bei Griechen und Juden, wehe, wenn Rom diesen blinden Fanatismus nicht im Keime ersticken kann.«

»Wie würdest du Jochai bestrafen?«
Varro lächelte. »Eigentlich müßte ich ihn mit dem Tode bestrafen, doch da ich kein Unmensch bin, gäbe ich dem Juden eine Chance, selbst um sein Leben in der Arena zu kämpfen.«
»Du bleibst dir selber treu, Varro, immer dich weiden an den Qualen anderer.«
Lachend sprengte Varro mit seiner Eskorte den Berg herab in die Stadt. Der Wind, der aufkam, trug sein Lachen noch zu Lucius, als Varro schon ein ganzes Stück Weges entfernt war.
Lucius maß dieser Begegnung mit dem Kommandanten Varro wenig Bedeutung bei, bis zu einem Abend im Juli. Cassius Asclepiodorus litt an Atembeschwerden und Herzschmerzen. Esther bat Lucius, sie in der Dunkelheit zum Arzt zu begleiten. Die Jüdin ging mit dem Arzt zu Asclepiodorus zurück, während Lucius noch an Jochais Tür pochte.
Simon öffnete. Lucius betrat den großen Wohnraum im Erdgeschoß und glaubte ein Gespenst zu sehen. Da saß Jochai ben Malachias am Tisch. Lucius rieb sich die Augen.
Jochai stand auf, lachte, reichte Lucius beide Hände. »Ich bins, Soranus, die Unterwelt wollte mich noch nicht haben. Komm, setz dich doch.«
Lucius ließ sich auf dem Holzsitz nieder und starrte dem Wiedergekehrten ins Gesicht. Die Narbe leuchtete noch immer blutrot bis in den Bart, Haare und Bart waren ergraut.
»Jochai, ich freue mich, daß du lebst und zurückgekommen bist …« Lucius unterbrach seine Rede, Varros Warnung fiel ihm ein. »Du bist in großer Gefahr. Vor Wochen traf ich unseren gemeinsamen Bekannten Varro. Simonides hat auf deinen Kopf eine hohe Belohnung ausgesetzt. Fällst du seinen Schlägern in die Hände, so schinden sie dich langsam zu Tode. Varro schlägt dir vor, dich bei ihm zu melden, dann verurteilt er dich nur zum Kampf in der Arena.«
»Hunde, alle beide«, zischte Andreas haßerfüllt, »ich werde beide umbringen.«
»Andreas«, mahnte Jochai.
»Laßt uns weggehen aus Cyrene«, jammerte Jochais Frau.
»Ja, Vater, gehen wir nach Judaea«, warf Simon ein.
»Nein, ich bleibe hier«, beharrte Jochai.
»Richtig, Vater, das Gesindel vertreibt uns kein zweites Mal. Hier bleiben wir, hier kämpfen wir und sterben wir«, pflichtete ihm Andreas bei.
»Was ist zu tun?« fragte Lucius. »Du schwebst in Gefahr.«
»In welchen Gefahren befand ich mich, Soranus, in den Jahren, die ich fern von hier war«, er lachte.
»Ich weiß, Jochai«, verblüffte Lucius den Juden, »in Dakien hätte man dich ans Kreuz geschlagen, wäre ein römischer Tribun nicht so großmütig gewesen, dich und den Roxolanen im Unterholz zu übersehen, wo ihr euch versteckt hattet.«
»Woher weißt du das?« fragte Jochai überrascht.

»Der Tribun, der dich absichtlich nicht finden wollte, war mein Sohn Marcus. Ebenso ermöglichte er diesem Nicolas, daß dieser sich ins Schwert stürzen konnte und nicht am Kreuze gemartert wurde.«
Jochai fuhr sich bewegt mit den Händen durch die Haare. »Andreas, hast du gehört, was es unter den Römern für Menschen gibt?«
Der Junge murmelte etwas Unverständliches.
»Nochmals, Jochai«, flehte Lucius, »verlaß um deiner Sicherheit willen Cyrene. Nicht immer ist ein Marcus Soranus zur Stelle, um dir zu helfen.«
»Ich danke dir, Lucius, für deinen wohlgemeinten Rat. Doch überall bin ich in Jahwes Hand, in Cyrene und auch anderswo. Als ich in Dakien im Unterholz lag, dachte ich, daß Jahwe meinem Leben nun ein Ziel gesetzt hätte. Ich irrte. Die Römer ritten weg. Der Roxolane und ich gerieten dann abermals in die Hände einer römischen Kohorte. Mein Leben war nicht eine Sesterz mehr wert. Jahwe beliebte es, mich zu retten. Eine in den Bergen den Römern Widerstand leistende Truppe versprengter Daker unter Führung von Diegis vernichtete die Römer und befreite uns. Zusammen kämpften wir im Rücken der römischen Legionen. Bis wir eines Tages in eine Falle gerieten. Alle wurden getötet, auch der tapfere Diegis und mein Roxolane. Ich allein blieb am Leben und floh. Und«, Jochai lachte, »gelangte, dank Jahwes Vorsehung, nach Hause. Lucius, wer mit Jahwes Hilfe diese Höllen heil überstanden hat, was sollte dem noch geschehen? Jahwe ist mit mir gnädig gewesen.«
Aufgewühlt verließ Lucius den Juden. Soviel blinder Glaube grenzte an Leichtsinn und hieß das Schicksal herausfordern. Die Angst peinigte Lucius. Nahezu täglich besuchte er den Juden. Die Wochen vergingen, und Lucius beruhigte sich. Wahrscheinlich war die Gefahr gebannt.
Jochai lebte unbeschwert in Cyrene, arbeitete bei Asclepiodorus und half seinem Sohn und Lukuas auf dem Gestüt. Eines Abends, an den Nonen des September, kehrte Jochai allein in die Stadt zurück. In der Nähe der Felsengräber vernahm er plötzlich ein Geräusch in seinem Rücken. Blitzschnell fuhr er herum, riß den Dolch heraus. Da traf ihn ein Schlag auf den Kopf, der ihn taumeln ließ.
Mehrere dunkle Gestalten stürzten sich auf ihn. Jochai, noch benommen von dem Schlag, stach und schlug um sich. Schmerzensschreie ertönten. Die Angreifer umschlangen ihn, hängten sich an seinen Körper. Jochai gelang es, sie abzuschütteln – wieder und wieder versuchten sie, ihn zu Boden zu reißen.
»Ich brauche ihn lebend«, sagte eine Stimme aus dem Dunkel.
Jochai erkannte die verhaßte Stimme.
»Niemals«, schrie er und schlug und stach wütend in die Körper. Fast hätten sie ihn zu Fall gebracht, doch mit einem Ellenbogenstoß an einen Kopf befreite er sich. Immer wieder hängte sich die Traube aus menschlichen Körpern an ihn und schlug auf ihn ein. Langsam ermattete Jochai. Es war nur noch eine Frage der Zeit, daß ihn die Überzahl zu Boden reißen würde.

»Soldaten«, rief plötzlich gellend einer der Männer. Jochai atmete auf. Das war die Rettung.
»Macht Schluß!« hörte er Simonides rufen. Im gleichen Moment fuhr es ihm schneidend in die Gedärme, einmal und dann nochmals. Jochais Blick verdunkelte sich. Er brach in die Knie. Ein Stich in den Rücken stieß ihn zu Boden. Mit dem Gesicht schlug Jochai in den mit Steinen vermengten Staub.
»Jahwe ...«, formte sein zerschlagener Mund.
Als Varro an der Stelle ankam, wo der Kampf stattgefunden hatte, war Jochai bereits tot. Von den Tätern war nichts mehr zu sehen.
Varro ließ den Leichnam des Juden in dessen Haus tragen. Mit einem gellenden Schrei brach die Gattin über dem Toten zusammen.
Mit verzerrtem Gesicht starrte Andreas auf den von mehreren Schwertstichen durchbohrten Körper. Er trat zu dem Toten, berührte mit den Lippen die von Schmutz und geronnenem Blut bedeckte Stirn und wandte den Blick nach oben.
»Bei Jahwe dem Höchsten, ich werde dich rächen«, rief er.
Varro lief es eiskalt über den Rücken.
»Wir werden Simonides bestrafen und dulden keine Selbstjustiz«, warnte er den jungen Juden.

Doch der musterte ihn starren Blickes, als sähe er durch den Kommandanten hindurch.
Die Villa des Simonides zeigte Spuren von einem überhasteten Aufbruch. Beweise für eine Schuld des Simonides, um gegen ihn vorzugehen, fand Varro nicht.
Als Lucius vom Tode Jochais hörte, erfaßte ihn unsägliche Trauer. Dann erging er sich in Selbstvorwürfen, daß er ihn nicht eindringlicher gewarnt hatte. Varro hatte ihm geraten, den Juden zu bewegen, aus Cyrene wegzugehen.
Aber Jochai in seinem blinden Glauben an diesen Jahwe!
»Ich bin schuld, Asclepiodorus, hätte Jochai nach Ephesos … nein, ich hätte ihn täglich warnen und bestürmen müssen …«
Lakotris versuchte vergeblich, ihn von seinen Schuldgefühlen zu befreien. Erst Simon gelang es.
»Soranus, es war der unergründliche Wille Jahwes, dich trifft keinerlei Schuld, im Gegenteil, du hattest ihn gewarnt. Wenn es im Ratschluß Jahwes liegen sollte, die Mörder zu bestrafen, dann wird es geschehen. Was wissen wir, die wir vergänglich wie ein Hauch im Winde sind, von den Plänen des Ewigen und Unvergänglichen und der Rolle, die er uns, wenn überhaupt, darin zugedacht hat?«

XLVII

Soeben hatten ihn Trajan, Hadrian und Attianus verlassen. In der Stille des Palastes klang das Geräusch ihrer genagelten Stiefel auf den Marmorplatten seltsam laut und aufdringlich. Nachdem ihre Schritte verhallt waren, senkte sich wieder die Stille über den Palast, beklemmend und beängstigend.
Der Herr, Lucius Licinius Sura, lag im Sterben. Die Hand des Todes hatte über sein Antlitz gestrichen, so hatte es Krito, der Leibarzt des Kaisers, poetisch, aber unwiderruflich ausgesprochen, und die Sonne wird er nicht mehr sinken sehen.
Das Schlafgemach Suras, ausgestattet mit allem Prunk reicher römischer Villen, vielen Reliefs an den Wänden und Goldornamenten an der Decke, war von Sonne überflutet. Der Sterbende, der auf einem Zedernholzbett in hohe Kissen gestützt ruhte, hatte den Arzt gebeten, die Türe, die zum Garten führte, zu öffnen, um den Sonnenschein, den letzten seines Lebens, zu sehen.
Das war also das Ende, das Ende des Weges, auf dem er angelangt war! Bitterkeit stieg in ihm hoch und würgte ihn wie ein Erbrechen.
War das alles? fragte er sich.
Das war alles, was du daraus gemacht hast, antwortete eine innere Stimme.
Trajans Worte fielen ihm ein: Wenn man alt wird, hat man keinen Vertrauensvorschuß mehr, man ist die Summe dessen, was man geleistet und was man zu leisten unterlassen hat!

Ein müdes Lächeln spielte um die schmalen Lippen.
Sein Vertrauensvorschuß war nun vollends aufgebraucht, mit nicht einmal sechzig Jahren. Achtundfünfzig Jahre – sinnierte der Todkranke, und jetzt muß ich sterben. Ich sterbe nicht gerne und nicht heiter, nein, fluchend auf die Moiren, die mich zur Unzeit abberufen. Sogar der weise Seneca sagte, daß es ein unangenehmes Gefühl sei, dem Tode ins Antlitz zu sehen.
Gerade jetzt, da ich Muße hätte, das Leben zu genießen, und eine schöne Frau ernsthaft liebe – muß ich sterben. O verfluchte Ungerechtigkeit! Nie hatte ich Zeit – »Aber niemand ersetzt dir die Jahre, niemand gibt dich dir selbst zurück. Du bist beschäftigt, das Leben aber eilt dahin. Inzwischen tritt der Tod heran, für den du, magst du nun wollen oder nicht, Zeit haben mußt ... Zeit haben mußt ... Zeit haben mußt.«
Tiefe Traurigkeit befiel Licinius Sura. Nicht einmal sein Standbild, das ihm Trajan auf seinem Forum hatte errichten lassen, sah er mehr ... nur seine Thermen waren vollendet.
Mit einem kleinen Hammer schlug er an das Becken, das in Reichweite auf einem Tischchen stand. Ermattet sank die Rechte wieder auf das Bett zurück.
Noch einmal Haltung, dachte er, das letzte Mal. Er befahl dem Sklaven, Varinia zu holen.
Mit unsäglicher Mühe richtete sich Sura in den Kissen auf, so daß er die Eintretende sehen konnte.
Seine Augen umfaßten liebevoll ihre Gestalt, dieses Ebenmaß von Fülle und Schlankheit, die ihm während der Jahre nach Veientos Tod höchste Erfüllung der Liebe gegeben hatte, ihre dunkle reichwallende Haarflut. Sie eilte an sein Lager. Schluchzend warf sie sich über den Sterbenden.
Mit der Rechten streichelte er den geliebten Körper, der sich unter den Bewegungen des Schmerzes hob und senkte.
»Varinia«, sagte er leise, wobei seine Stimme ein Beben nicht zu unterdrücken vermochte, »sei tapfer, wir müssen alle einmal diesen Weg gehen.«
Sie hob den Kopf. An den langen Wimpern hingen Tränen und liefen über die Wangen. Die Flügel der Nase zuckten. Der Mund verkrampfte sich vor Schmerz.
»Varinia, ich habe nicht mehr viel Zeit. Ich muß dir nur noch sagen, daß ich dich geliebt habe wie nie zuvor eine Frau. Mein ganzes Leben hatte ich zu Frauen ein etwas gestörtes Verhältnis, immer stand irgend etwas dazwischen und verhinderte die volle Hingabe. Frauen spüren dies und verschließen sich dann auch dem Manne. Bei dir war das anders, du hast mich geöffnet für die Liebe. Dafür danke ich dir.«
»Lucius«, schluchzte sie, küßte seine Lippen, seine Wangen, »du darfst mich nicht verlassen, ich brauche dich, ich liebe dich. O Götter«, rief sie voller Schmerz, »laßt ihn mir.«

Sanft streichelte er ihr Haar.
»Varinia, achtundfünfzig Jahre bin ich alt geworden, gelebt habe ich davon nur die wenigen Jahre mit dir, nicht einmal zwei Hände voll. Doch diese Jahre entschädigen mich für alles. Nun muß ich mein Haus bestellen. Sieh dort die zwei gesiegelten Rollen auf dem Tisch. Eine davon ist die Urkunde deiner Freilassung. Die andere bestätigt dich als Besitzerin einer kleinen Villa am Fuße des Pincio. Außerdem erhältst du eine Rente auf Lebenszeit, die dir ein angenehmes Leben ermöglicht.«
»Ich will nichts, ich will nur dich, will ewig deine Sklavin sein.«
Er lächelte. Leicht sagte sich dies im Schmerz. War der heftigste Leidausbruch vorüber, dann vergaß man schnell, und das Leben ging in seinen gewohnten Bahnen weiter. Und so war es gut.
»Nun geh, Varinia, ich habe nur noch wenig Zeit. Nochmals Dank für deine Liebe, die mich alternden Mann erwärmte und erfüllte.«
Sie umschlang ihn mit aller Kraft, ihr schwellender Mund küßte ihn, ihre Tränen tropften auf sein Gesicht.
Sura schluckte, als sein Blick ihr folgte.
Nun war das Ende besiegelt, unwiderruflich. Dies war der Schlußstrich. Schwach schlug er an das Becken.
»Bring Varinia die beiden Rollen, und laß die Herrin kommen!«
Sehr gefaßt, selbst von Krankheit gezeichnet, trat Sempronia an sein Lager. Sie setzte sich auf einen Hocker vor dem Bett.
»Sempronia, es ist soweit, unsere Wege trennen sich endgültig. Wenn ich dir kein guter Mann war, dann verzeih.«
»Du warst ein guter Mann, doch ich war nicht die richtige Frau an deiner Seite, im Gegenteil, während der letzten Jahre konnte ich dir keine Frau mehr sein. Deshalb freute ich mich für dich, daß du Varinia gehabt hast. Zuerst habe ich die Götter verflucht, doch dann fand ich, daß es gut so war.«
»Du brauchst dir keine Vorwürfe zu machen. Es ist gekommen, wie es kommen mußte. Du bist reich nach meinem Tode. Unterstütze Hadrian und Attianus, sollten sie deine Hilfe brauchen. Sprich mit Plotina, beschwöre sie, daß sie all ihren Einfluß auf Trajan geltend macht, um Hadrian zu adoptieren und daß er keinen Krieg … gegen die Parther …«
Ein Ruck ging durch seinen Körper, der Kopf sank zur Seite, starr blickten seine Augen.
Lucius Licinius Sura war tot.
Sempronia weinte leise, so leise, wie sie lebte. Sanft drückte sie einen Kuß auf die erstarrten Lippen.
Der Kaiser ordnete ein prunkvolles Staatsbegräbnis an.
Die Bahre mit dem Toten wurde von Hadrian, Attianus, Soranus, Fulvius Rusticus, Tacitus und dem Kaiser auf das Forum getragen. Tacitus hielt die Totenrede.

Trajan entzündete den Scheiterhaufen seines toten Freundes. Die Asche wurde in einer Urne im Grabmal der Licinier beigesetzt.
Rom trauerte um Licinius Sura wie um einen verstorbenen Kaiser.
»Rom ist durch seinen Tod ärmer geworden«, sagte Hadrian zu Marcus Soranus und dem Prätorianerpräfekten Caelius Attianus, als sie den Weg von der Gräberstraße in die Stadt zurückgingen. »Wer gleicht nun den verderblichen Einfluß bestimmter Leute auf den Kaiser aus? Uns stehen schwere Zeiten bevor, in denen wir das kluge Walten seines überragenden Geistes schmerzlich vermissen werden.«

XLVIII

Ein Jahr nach Suras Tod ...
Alea iacta est! Nun war alles entschieden, der größte Feldzug, den je ein römischer Imperator geplant hatte, lief an mit der Präzision eines Uhrwerks des Vitruvius.
Der Kaiser stand am Fenster des großen Empfangsraumes der alten Seleukidenburg auf der Orontes-Insel in Antiochia. Gedankenversunken, die Arme über der Brust verschränkt, blickte er hinab auf den Fluß, der träge dahinfloß. Leichter und durchsichtiger Herbstnebel entstieg dem Orontes und kroch an den Palastmauern empor.
Gebannt verfolgte der Kaiser das Spiel der Nebelschwaden, wie sie sich sanft und lautlos vom Wasser lösten und schwerelos nach oben schwebten.
Jetzt brachten die Nebel Gesichte mit, die sich mit den Ereignissen der letzten Monate vermischten. Trajan sah im Nebel die Geschehnisse vor sich, die die Schuld daran trugen, daß er jetzt hier in Antiochia war, um zum Feldzug gegen den alten Feind, die Parther, aufzubrechen. Chosroes, der Großkönig, hatte in einem Akt des Übermuts das Armenienabkommen absichtlich verletzt, indem er Exedares, den König von Armenien, absetzte und dafür den parthischen Prinzen Parthamasiris zum König ausrief.
Der Kaiser lachte auf, kurz und abgehackt. Der Parther hatte gedacht, er, Trajan, ließe es ungeahndet einfach dabei bewenden, daß Armenien so nach und nach parthische Provinz würde.
»Ich nicht«, sagte er laut; diese Dreistigkeit des Chosroes, der nach seiner, Trajans, Aufforderung, den Exedares wieder in sein Amt einzuführen, ihm eine Botschaft schickte, in der er bat, daß Trajan den Parthamasiris mit dem Diadem belehne, da Exedares weder für Rom noch für Parthien vertretbar wäre.
Trajan schüttelte das weißhaarige Haupt über diese parthische Anmaßung. Als Chosroes begriff, daß er mit Trajan nicht wie mit einem beliebigen römischen Kaiser, die alle Parthiens Macht gefürchtet hatten, verfahren konnte, versuchte er einzulenken und schickte Boten nach Athen, wo der römische Kaiser – bereits

zum Feldzug aufgebrochen – weilte. Natürlich hatte er, Trajan, sie abgewiesen. Das hätte sich Chosroes vorher überlegen müssen. Der Krieg war unausbleiblich. Ein *bellum justum*, ein für Rom gerechter Krieg, den die Parther durch Vertragsbruch verursacht hatten.

Der Kaiser lächelte. Natürlich hätte Chosroes ihm keinen besseren Dienst erweisen können mit seiner – Trajan zögerte, er wußte nicht, wie er es benennen sollte – Unbesonnenheit, Verkennung der Lage, Herausforderung oder Dummheit.

Der Aufmarschplan stand unumstößlich fest, die Legionen zogen in ihre Ausgangsstellungen, im Frühjahr würde er den Euphrates flumen aufwärts fahren bis an die Grenze Armeniens nach Satala und von dort den Stoß gegen die Parther in Armenien führen. Nach der Eroberung Armeniens sollte der Kampf gegen das Kernland der Parther beginnen.

»Auf Trajan, unseren Imperator, den *Optimus princeps*, der Alexander von Makedonien vergessen macht!« hatte vor wenigen Stunden bei der Beratung mit seinen Feldherren Palma ihm zugetrunken.

Nigrinus, Quietus, Celsus, Attianus und Hadrian hatten ihm Bescheid getan.

»Dein Plan, Onkel, ist eine Meisterleistung und eines Alexanders würdig. Du bist der größte Feldherr, den Rom je hatte. Doch gestatte mir die Frage, ob nach der Besiegung der Parther in Armenien und Umwandlung dieses Landes in eine römische Provinz noch dieser riesige Feldzug nach Mesopotamien notwendig und nützlich ist. Ich hege leise Zweifel«, hatte Hadrian gesagt.

»Du wirst mich noch verstehen, wenn wir das Partherreich in die Knie gezwungen haben und das Imperium als einheitliche und durch kein feindliches Land behinderte Macht bis an den Indus reichen wird, dann hat das Goldene Zeitalter für Rom begonnen.«

Doch Trajan fühlte, daß er seinen Großneffen nicht hatte überzeugen können.

Der Kaiser sah den Nebel vom Orontes dichter emporwallen. Hatte Hadrian recht, den Feldzug nach der Eroberung Armeniens zu beenden? Nein, dann begann erst die eigentliche Aufgabe, die Rom, das Volk, der Senat und die er sich selbst gestellt hatte.

Die Götter hatten ihm eine Mission erteilt: Den von Alexander in den Osten getragenen griechischen Geist, der durch die Parther zurückgedrängt worden war, durch römischen zu erneuern. Dies war die Sendung, die ihm, Trajan, übertragen war und vor der er nicht zurückweichen durfte.

Ein Taumel erfaßte den Kaiser, eine Welle von Hochstimmung schlug gegen das unternehmungshungrige Herz des Sechzigjährigen.

»Alexander«, formten seine schmalen Lippen, »ich bin bereit!«

»Herr«, riß ihn die Stimme seines Vertrauten Phaedimus, der sich ihm in letzter Zeit als Ordonnanz, als Kämmerer und auch als Geheimschreiber unentbehrlich gemacht hatte, aus seinen Träumen.

»Plinius Secundus ist gestorben.«
Der Kaiser erschrak. Das durfte nicht sein. Plinius, der treue und ihm zutiefst ergebene Mensch, der mit seinen Briefen manchmal Heiterkeit, aber meistens Nachdenken verursacht und der die Provinz Pontus-Bithynien vorbildlich verwaltet hatte, der bei unklarer Sachlage nicht wie die meisten Statthalter selbstherrlich entschied, sondern ihn, seinen Herrn, befragte, Plinius war nun auch von ihm gegangen.
Trajan trat an den Tisch, auf dem noch die Karten von der Stabsbesprechung lagen.
»Phaedimus, haben wir Plinius' letzten Brief hier?«
»Ja Erhabener, er liegt im Sekretariat, weil du ihn von Antiochia aus beantworten wolltest. Soll ich ihn holen?«
Des Kaisers Schweigen deutete Phaedimus als Zustimmung. Er legte Trajan die Briefrolle vor. Das war die große, deutliche Schrift des Secundus.
»Bis auf den heutigen Tag, Herr, habe ich weder jemandem einen Reisepaß ausgestellt noch ihn zu irgendeiner Mission – außer in Deinem Interesse – reisen lassen. Diese von mir ständig eingehaltene Regel hat jetzt ein dringender Notfall unterbrochen. Meiner Frau nämlich, die auf die Nachricht vom Tode ihres Großvaters zu ihrer Tante eilen wollte, einen Paß zu verweigern, hielt ich für zu hart, zumal der Wert eines solchen Liebesdienstes in der Schnelligkeit besteht und ich wußte, daß Du die Art der Reise billigen würdest, deren Anlaß Kindesliebe war.
Dies alles schreibe ich Dir, weil ich mir recht undankbar vorkäme, wenn ich verschweigen sollte, daß ich unter anderen Wohltaten auch ganz besonders dies eine Deiner Gunst verdanke: daß ich im Vertrauen auf sie – als hätte ich Dich gefragt – unbedenklich getan habe, was, wenn ich Dich erst gefragt hätte, zu spät gewesen wäre.«
Der Kaiser ließ den Brief sinken. So wie Plinius hätte er sich alle Statthalter gewünscht. Doch einige handelten immer noch eigenmächtig, gerade in der Sache mit den Reisepässen. Es ging nicht an, daß jeder zwischen den Provinzen des Imperiums unkontrolliert hin und her reiste.
»Haben wir den Brief beantwortet?«
Phaedimus, als hätte er die Frage vorausgesehen, reichte ihm das Antwortschreiben an Plinius Secundus.
Trajan las: »Mit Recht hast Du, teuerster Secundus, Vertrauen zu mir gehabt, und auch Deine Bedenken waren unnötig. Du brauchtest mit der Frage nicht zu warten, ob die Reise Deiner Frau durch Reisepässe, die ich Dir zur offiziellen Verwendung gegeben habe, erleichtert werden dürfte. Da Deine Frau sehr schnell zu ihrer Tante fahren mußte, war Deine Eigenmächtigkeit durchaus gerechtfertigt.«
»Meine Antwort müßte ihn noch vor seinem Tode erreicht haben.«
»Mit Sicherheit, Erhabener.«

Phaedimus wollte sich entfernen, als ihm zur rechten Zeit noch der Auftrag der kaiserlichen Damen einfiel.
»Herr, die Augusta und die Dame Matidia erwarten dich zum Nachtmahl. Die Damen geruhen, durch mich dich zu erinnern, daß morgen die Ausfahrt in den Hain von Daphne ansteht.«
Der Kaiser seufzte, wäre doch bald das Frühjahr da, um den Feldzug zu beginnen, dachte er sehnsüchtig. Inmitten seiner Legionen und im Felde fühlte er sich wohler als auf dem Palatin und in diesem protzigen Königspalast.

Und dann war der Tag da, an dem der große Feldzug begann.
Sonnenschein überflutete die Straßen Antiochias, als Trajan zum Krieg gegen die Parther aufbrach. Die Bewohner jubelten dem ausziehenden Kaiser in frenetischer Begeisterung zu.
Der Imperator nahm es mit lächelnder Gelassenheit entgegen. Hoch zu Roß, sein silberner Brustpanzer mit dem geschmiedeten Herakleshaupt schleuderte Blitze, der rote Imperatorenmantel bauschte sich im leichten Winde des Frühlingsmorgens. Ein einprägsames Bild: der barhäuptige Kaiser mit dem schlohweißen Haar, der zu einem der größten Feldzüge der römischen Kriegsgeschichte aufbrach. Vor dem Imperator die Reiterei des Maurenfürsten Lusius Quietus, unter ihnen die Söhne des Senators Soranus, gefolgt von der Prätorianergarde unter dem Präfekten Caelius Attianus.
Marcus Soranus blickte den Entschwindenden mit gemischten Gefühlen nach. Es mißfiel ihm, daß der Kaiser seine Söhne ausgerechnet diesem wilden Lusius Quietus zugeteilt hatte.
Auch Hadrian empfand nicht gerade Freude, daß seine Schützlinge dem ihm nicht wohlgesonnenen Maurenfürsten unterstellt wurden. Seinen Einwand hatte der Kaiser mit den Worten beiseite gewischt, daß bei Lusius Quietus junge, kriegsunerfahrene Leute am besten in ihr Handwerk eingeführt würden.
Ein Glück, daß Fulvius Rusticus in Satala mit einem Trupp Reiterei aus den mösischen Legionen zu des Kaisers Nordarmee stoßen würde.
Hadrian, als stellvertretender Generalstabschef, dem Marcus Soranus zugeteilt war, hatte den Befehl, die südliche Armee längs des Euphrates flumen zwischen Zeugma und Dura Europos zu mobilisieren. Der Kaiser mit der Nordarmee würde bis zum Mare Hyrcanum vordringen. Wie von einer Riesenkralle war Parthien dann umfaßt: Die Südarmee zog von Dura Europos den Euphrates entlang, die Nordarmee über die Atropatene, zwischen den beiden Flüssen Euphrates und Tigris nahm man die dort gelegenen parthischen Königsstädte Seleucia und Ctesiphon in die Zange und – das Partherreich war gewesen.
»Der Plan ist genial«, sagte Hadrian zu dem neben ihm reitenden Soranus.
Der hörte nur halb zu. Sorge um seine Söhne hatte ihn erfaßt. Er sah das Bild seiner weinenden Frau vor sich, die, als sie zu dritt Abschied nahmen, schluchzend

an ihren Söhnen und ihm gehangen hatte. Publius hatte sie lachend von sich geschoben: »Wein doch nicht, Mutter, wir ziehen aus, um einen historischen Augenblick zu erleben, das gefürchtete Partherreich aus der Karte zu entfernen, und um ruhmbekränzt zu dir zurückzukehren, und du weinst, als zögen wir in den Orkus«, hatte er gesagt.
Gaius, der vorsichtigere von beiden, hatte seine Mutter sanft um die Schultern gefaßt und sie zu trösten versucht: »Mach es uns doch nicht so schwer. Vater, Hadrian und Rusticus sind doch bei uns und werden schon Sorge tragen, daß uns nichts geschieht.«
»Ich werde alles tun, sie dir wohlbehalten zurückzubringen«, hatte er Claudia bei dem Abschiedskuß versprochen.
Und nun? Weder er noch Hadrian konnten seine Söhne schützen. Der Kaiser hatte sie ihm einfach mit einem Befehl entzogen. Daß er sie gerade diesem grausamen und menschenverachtenden Draufgänger Quietus unterstellt hatte und nicht Palma oder Nigrinus, machte die Sorge um so beklemmender. Nur Celsus wäre noch schlimmer gewesen. Nicht auszudenken, wenn einem der Jungen ein Unglück widerfuhr. Hadrian, der die kummervolle Miene seines Begleiters bemerkte, sagte nur: »Ich weiß, wie dir zumute ist.«
»Weißt du nicht, kannst du nicht wissen, denn du hast keine Söhne.«
Verlegen fuhr Hadrians Hand in den Philosophenbart. Ja, er hatte keine Kinder, er wollte auch keine eigenen Kinder haben, da sie nie so gerieten, wie man sie gerne hätte. Doch Phantasie besaß er genug, sich vorzustellen, wie einem Vater zumute sein mußte, der seine Söhne in Gefahr wußte.
»Du kennst meine Meinung, Marcus, was die Moiren beschlossen haben, das geschieht.«
Ich pfeife auf deine gelehrten philosophischen Sprüche und deine Moiren, dachte Marcus wütend, was weißt du denn, was für eine verwundbare Stelle man in seinen Kindern hat.
»Außerdem wird Fulvius Rusticus sich ihrer annehmen.«
»Du weißt doch genau wie ich, Publius«, widersprach Marcus, »daß dein Onkel Fulvius Rusticus nicht mag, irgendwie haßt er ihn. Zwanzig Jahre ist er schon im Besitz der *dona militaria*, hat sich im Dakerkrieg ausgezeichnet, ist Mitglied des Senats, doch dies hat er nur Sura zu verdanken, der sich deswegen mit dem Kaiser entzweite. Über vierzig ist er schon, und Trajan gibt ihm keine Legion. Das finde ich ungerecht, obwohl ich den Kaiser verehre.«
»Das ist wahr, Rusticus wird immer von Trajan benachteiligt, aber das wird sich ändern, wenn ich einmal Imperator bin.«
»Schön wärs, Publius«, seufzte Marcus, »doch auch dich benachteiligt er. Warum verweigert er dir die Adoption? Warum bevorzugt er seine Generale Palma, Quietus, Celsus und Nigrinus? Sogar diesen Neratius Priscus, den er in Rom als Präfekt zurückließ, zieht er dir noch vor.«

21 *Ährenleser, Garbenträger und Schnitter*

22 *Kampfhandlungen zwischen Römern und Dakern um die Hauptstadt Sarmizegetusa*

23 *Die Artemis von Ephesos, eine Kultfigur der Fruchtbarkeit*

24 Relief mit der Darstellung eines opfernden Priesters, 1. Jahrhundert

Hadrian schwieg. Er machte sich darüber seine eigenen Gedanken. »Laß gut sein, Marcus, noch ist nicht aller Tage Abend, und Trajan ist, den Göttern sei Dank, noch am Leben.«
Während Marcus Soranus bei der nach Zeugma verlegten Legion IV Skythica verblieb, um dort als zweiter Vertreter des Legaten Dienst zu verrichten, zog Hadrian weiter, um die gesamte Südflanke zu inspizieren. Nachrichten von der Nordarmee flossen spärlich. Eines Tages sickerte das Gerücht durch, Händler hatten es verbreitet, Armenien sei erobert worden.
Und das Gerücht bewahrheitete sich.
Der Kaiser zog mit der Reiterei des Quietus und der Prätorianergarde nach Nordosten, wo sich ihm ein Großteil der Legion XVI Flavia zugesellte. Von dort wandte sich die beträchtlich angewachsene Heeresmacht nach Melitene. Einen Teil der dort stationierten Legion XII Fulminata schlug er seinem Heer zu. In Satala sammelten sich die vereinten Streitkräfte, um nach Armenien vorzudringen. Rusticus mit Reiterei aus den mösischen Legionen stieß zu der Nordarmee Trajans.
Als Rusticus im abendlichen Lager die Söhne des Soranus bei den numidischen Reitern des Lusius Quietus entdeckte, erschrak er.
»Wo ist euer Vater?« fragte er die beiden, die sich bei den Truppen des Quietus nicht unwohl zu fühlen schienen.
»Vater ist mit Hadrian bei der Südarmee.«
Fulvius Rusticus kaute an der Unterlippe.
Dann kam ihm ein Gedanke. Eilig durchschritt er das Lager, bis er das Zelt des Prätorianerpräfekten gefunden hatte.
Attianus begrüßte ihn freudig.
Rusticus kam sofort auf sein Anliegen zu sprechen.
Der Präfekt strich seinen Bart.
»Ich kann deine Sorge verstehen, denn auch mir ist der Maure verdächtig. Doch leider kann ich nichts tun. Trajan schätzt diesen Quietus. Außerdem kann ich dich beruhigen, es wird kaum zu einer größeren Schlacht kommen. Der von Chosroes eingesetzte König von Armenien, Parthamasiris, hat um Verhandlungen nachgesucht. Der Kaiser hat ihn nach Elegeia geladen. Eine Vielzahl von Fürsten aus Armenien und den Randgebieten haben sich dem Kaiser schon unterworfen. Halt, ich könnte eines für dich tun. Ich könnte Trajan bitten, daß er dich mit einem Teil deiner Reiterei dem Kommando des Quietus unterstellt.«
Fulvius Rusticus zog die Augenbrauen hoch, denn diese Lösung war nicht angenehm. Doch um Soranus' Söhnen nahe zu sein und zu verhindern, daß der Maure den jugendlichen Übermut zu todesmutigen Attacken mißbrauchte, stimmte er zu.
Rusticus begleitete unter dem Kommando des Quietus den Kaiser nach Elegeia.

Auf einer Holztribüne wurde Trajans Thronsessel aufgestellt. In lässiger Pose erwartete er die Ankunft des Parthamasiris.
Rusticus hatte sich in der Nähe von Publius und Gaius Soranus postiert.
Parthamasiris, ein schlanker, von der Wüstensonne braungebrannter junger Mann mit einem schmalen kurzgehaltenen Bart, einem goldenen Ring im rechten Ohr, den Kopf mit einem Diadem bedeckt, trat mit seinen armenischen Begleitern vor den Kaiser, nahm das Diadem ab, legte es vor Trajan auf die Erde und blickte mit funkelnden dunklen Augen erwartungsvoll auf den Kaiser. Nichts geschah. Die Flügel der schmalen gebogenen Nase des parthischen Prinzen begannen vor Erregung zu beben.
Als Trajan ihn nicht mit dem Diadem und damit mit der Königswürde über Armenien belehnte, wie er erhofft hatte, wollte er das Lager verlassen.
Auf ein Zeichen des Kaisers hielten ihn Legionäre zurück. Nun befahl ihm Trajan, sein Anliegen vorzutragen.
Der Parther sprach in einwandfreiem Griechisch, daß er wie einst Tiridates aus Neros Hand das Diadem aus Trajans Hand entgegenzunehmen wünsche.
In Armenien, beschied ihm der Kaiser mit verbissener Miene, gäbe es keinen parthischen König von Roms Gnaden mehr. Armenien werde römische Provinz.
Parthamasiris verschlug es vor Schreck die Sprache.
»Du kannst gehen. Die Armenier, deine Begleiter, bleiben bei mir, denn sie sind meine Untertanen.«
Eine römische Eskorte begleitete Parthamasiris aus dem Lager.
Es verging geraume Zeit, da sprengte die Eskorte ins Lager zurück, Parthamasiris gebunden mit sich führend.
Der Führer der Reiterei, ein narbengesichtiger Centurio, berichtete, der Parther habe bei einem Fluchtversuch Gewalt anzuwenden versucht.
Trajan verkündete mit finsterer Miene des Parthamasiris' Todesurteil. Attianus wagte den Einwand, daß der Kaiser das nicht tun könne, der Parther habe nichts getan. Der Kaiser befahl ihm zu schweigen.
»Du kannst mich nicht hinrichten lassen. Was habe ich denn getan? Ich kam aus freien Stücken zu dir« heulte Parthamasiris auf.
Der Kaiser winkte dem Henker, das Urteil zu vollstrecken. Der Parther wurde auf den Block niedergerissen, und sein Haupt rollte in den Sand. Die Truppe des Quietus jubelte. Die Prätorianer schwiegen, weil ihr Präfekt schwieg.
Publius und Gaius Soranus schnürte der Schreck die Kehle zusammen. Es war der erste Tote des Krieges, den sie sahen. Doch so hatten sie ihn sich nicht vorgestellt. Rusticus nahm die Erschreckten beiseite und sagte: »Vergeßt das schnell, Jungs, denn es war keine römische Heldentat, die des Gedenkens wert wäre.«
Die Parther zogen sich aus Armenien zurück. Ungehindert nahm Kaiser Trajan an der Spitze seiner Legionen Armenien ein. Eine Heeresgruppe spaltete sich ab

und eroberte im Norden die Königreiche Colchis, Iberien und Albanien. Trajan ernannte römische Klientelfürsten. Lusius Quietus zog mit seiner Reiterei bis zum Mare Hyrcanum und schloß die Atropatene ein.
Mit den Stämmen der Marder und Hyrcanier kam es zu erbitterten Gefechten. Quietus, mit einer Vorausabteilung, bei der sich auch Publius und Gaius Soranus befanden, geriet in einen Hinterhalt. Fulvius Rusticus trieb seine Reiter vorwärts, um die eingekesselte Vorhut zu entsetzen. Er nahm die Marder in die Zange und vernichtete sie bis auf den letzten Mann.
»Danke, Rusticus«, sagte Quietus, wobei er sein makelloses weißes Gebiß wie ein Raubtier entblößte und das blutige Schwert säuberte, »ich sollte mich nicht immer so schnell vorwagen.«
Rusticus antwortete nicht, sondern suchte Soranus' Söhne. Ermattet, aber glücklich lächelnd standen sie abseits.
»Nun?« fragte er sie.
»Wir haben unser erstes Gefecht hinter uns«, antworteten beide wie aus einem Munde und voller Stolz.
»Es hätte euer letztes sein können.«
»Nur über meine Leiche«, sagte Quietus, »ich habe es Trajan versprochen, auf sie aufzupassen. Sie haben sich tapfer geschlagen, ich werde sie beide zu berühmten Reiterführern machen.«
Rusticus blickte finster drein. »Du hast sie aber in Gefahr gebracht.«
Quietus lachte ein überlegenes Lachen, wofür ihn Rusticus haßte. »Ein Krieg ist nun mal kein Besuch einer Therme oder eines Lupanars.«
»Versprichst du mir, sie nächstens besser vor Gefahren zu schützen?«
Der Maure musterte ihn mit seinen stechenden Augen. »Jetzt hör mir einmal gut zu, Rusticus. Jeder macht mir Vorschriften wegen der Soranus-Söhne. Du, Attianus, Hadrian, dieser aufgeblasene Um-vier-Ecken-Vetter des Kaisers. Verdammt noch mal, nur weil sie das Glück haben, aus einer Senatorenfamilie zu kommen, die Beziehungen hat. Wie viele Söhne einfacher Männer habe ich bei mir, die sich dem Tode stellen müssen, ohne daß man großen Wind um sie macht. Mir wäre es am liebsten, man steckte diese beiden zu einem anderen Feldherrn. Wenn etwas schiefgeht, im Kriege gibt es das ja immer, dann bekomme ich die Schuld, daß zwei Patriziersöhnen ein Unglück zugestoßen ist.«
Rusticus schwieg betreten. Im Innersten mußte er Quietus recht geben. »Nun ja, so unrecht hast du nicht, doch versuche sie bitte aus deinen tollkühnen Attacken herauszuhalten.«
»Versprochen, Rusticus, doch wie sollen die Kerle richtige Kämpen werden, wenn man ihnen einen Drückebergerposten verschafft? Eines muß ich dir sagen, dieser Publius Soranus ist ein toller Kerl, der kann es zu etwas bringen. Der andere kämpft auch nicht schlecht, doch er denkt zuviel. Und das ist nicht gut beim Kampf. Im Krieg darf man nicht denken, denn wenn Soldaten anfangen zu den-

ken, dann sind sie für unsere Befehle schwerer erreichbar. Ein denkender Soldat ist beinahe schon ein Meuterer, weil er nach dem Sinn fragt. Und unter uns, Rusticus, der Krieg ergibt nur einen Sinn für Trajan und uns, die Befehlshaber.«
»Für dich, für mich nicht, ich bin nur ein kleiner Tribun«, entgegenete ihm Fulvius Rusticus kalt.
Lusius Quietus stutzte, dann lachte er. »Vielleicht hast du recht. Ich weiß, daß du mich nicht magst, Rusticus. Die ganze Clique um Hadrian haßt mich, man bezichtigt mich der Grausamkeit und der Menschenverachtung. Mich stört das nicht. Ich bin Soldat, schlage mein Leben ohne Schonung in die Schanze, vernichte befehlsgemäß den Feind. Andere tun das auch. Nur bei mir, weil ich kein Römer, kein Grieche, kein Spanier bin, ist es Grausamkeit. Man sieht mich für einen Barbaren an. Dich mag ich, Rusticus, weil du anders bist. Ich schätze dich als vorzüglichen Soldaten, dem ein höheres Kommando gebührt. Der Imperator mag dich nicht besonders. Aber ich schätze dich, weil du kein Schmeichler wie die anderen bist.«
Rusticus schwieg. Es war ein anderer Quietus als der, den er bisher gekannt hatte.
Er wollte antworten. Der Maure unterbrach ihn. »Sag nichts. Mein Versprechen hast du, daß ich ein Auge auf die Jungen haben werde. Ich werde versuchen, daß sie Trajan einem anderen Kommando mit weniger schlechtem Ruf unterstellt.«
Ehe Rusticus Zeit zur Erwiderung fand, war der Maure davongeprescht.
Trajan ordnete Armenien mit Cappadocien und Klein-Armenien zu einer großen Provinz, deren Verwaltung er dem Statthalter Catilius Severus übertrug.
In den gewonnenen Gebieten ließ er Garnisonen zurück.
Im Spätherbst des Jahres 867 zog er mit den Prätorianern und der numidischen Reiterei als Sieger in Antiochia ein, um den Winter in der syrischen Hauptstadt zu verbringen und im nächsten Frühjahr den Feldzug mit vereinten Kräften fortzusetzen. Die Legionen, die nicht in Atropatene oder Armenien stationiert blieben, kehrten in ihre Lager Satala, Melitene und Samosata zurück. Der Senat schickte dem Kaiser, dem siegreichen Mehrer des Reiches, Glückwünsche nach Antiochia und erteilte ihm die Erlaubnis, so lange Krieg zu führen und so viele Länder zu unterwerfen, wie er für notwendig erachtete.
Lächelnd befahl der Kaiser Phaedimus, dafür zu sorgen, daß dies allen Feldherren, Tribunen, Centurionen und Soldaten zur Kenntnis gebracht würde.

IL

Chosroes, der Großkönig der Parther, lehnte lässig auf dem Kissenlager, die Rechte stützte den Kopf. Der finstere Blick seiner Augen wanderte über seinen Besucher, einen weißhaarigen und weißbärtigen Alten im weißen Gewande, und versuchte in dessen hellblauen Augen zu lesen.

Der Alte, Oberpriester des Mithras und Berater des Großkönigs, erwiderte den zornigen Blick seines Herrn ohne Furcht. Angenehm war die Nachricht nicht, die er dem König der Könige überbringen mußte.

Chosroes rekelte sich auf seinem Polster, sein schmales, bronzebraunes Gesicht mit dem dünnen, kurzgestutzten Bartgekräusel, aus dem die gebogene Nase wie ein Raubtierschnabel herausstach, kam dem alten Seraspadanes näher.

Plötzlich erhob sich der Großkönig, seine lange elastische Gestalt federte beim Laufen wie eine Damaszenerklinge. Der Großkönig trat durch den Liwan in den sonnenüberfluteten Hof, schritt um den Springbrunnen und trat wieder in den Raum. Der Alte nahm dies ungerührt hin, war er doch vertraut mit der Eigenart seines Herrn, bei höchster Erregung mitten im Gespräch aufzuspringen und in den Hof hinauszulaufen.

»Seraspadanes, nun erzähle mir noch einmal alles. Deine erste Nachricht hat mich so erregt, daß ich jetzt noch nicht weiß, ob ich wache oder träume. Trajan wird in wenigen Wochen hier in Ctesiphon sein? Das ist doch unmöglich, das kann nicht sein, Mithras darf das nicht zulassen!« Chosroes streckte pathetisch die Arme nach oben und hob den Kopf, als suchte er den Gott an der Decke des Palastes.

Und er fand ihn auch, eine riesige Zeichnung, seinen Gott darstellend, starrte ihm entgegen. Der Großkönig setzte sich wieder.
»Erhabener«, begann der Priester und Berater, »der Römer marschiert in zwei Gruppen nach dem Süden. Einmal entlang des Euphrates und zum anderen entlang des Tigris, und zwar auf der alten Straße, auf der Alexander nach Gaugamela zog ...«
»Halt ein, du mußt lügen. Trajan hätte dazu den Tigris überqueren müssen, und dort sitzt mein Freund Mebasarpes mit seinen Truppen, der dies verhindert hätte.«
Der Alte ließ den Zornesausbruch des Königs vorübergehen, ehe er weiter berichtete.
»Mebasarpes, der König der Adiabene, hat gekämpft, doch vermochte er den Übergang der Römer über den Tigris aus zwei Gründen nicht zu verhindern: Vom Osten kommend fiel ihm der General Lusius Quietus in den Rücken und verwickelte ihn in ein Gefecht. Trajan überschritt währenddessen den Tigris mit zerlegbaren Schiffen, die er in Nisibis hat fertigen lassen.«
Der Großkönig begann zu schwitzen. Er winkte einem taubstummen Sklaven, der ihm mit einem riesigen Fächer Luft zuwedelte.
»Und Sanatrukios?«
Der Alte lächelte hintergründig. »Sanatrukios stellt neue Truppen östlich von Ekbatana auf.«
Der Großkönig suchte mit fahrigen Fingern in der vor ihm stehenden Fruchtschale, nahm eine Feige zwischen die Finger, warf sie aber in die Schale zurück.
»Was sollen wir tun? Können unsere Truppen die Römer vor Ctesiphon aufhalten?«
Der Alte lächelte. »Die Römer aufhalten? Unmöglich. Doch laß dir von einem Augenzeugen berichten.« Er klatschte in die Hände.
Ein untersetzter kräftiger Mann trat ein.
»Das ist Fürst Sporakes von Anthemusia, ein Satrap des Mebasarpes.«
Der Fürst warf sich vor dem Großkönig auf den Boden.
»Berichte!«
Stockend berichtete Sporakes von der Übermacht der anrückenden Römer und wie dieser gepanzerte Koloß sie vor sich her geschoben hatte.
»Wann wird Trajan in Ctesiphon sein?« fragte Chosroes.
»In zwei bis drei Wochen.«
»Hält ihn denn niemand mehr auf? Wo ist die Reiterei Abgars?«
Sporakes senkte den Kopf. »Abgar lief zu den Römern über.«
Hatte sich denn alles gegen ihn verschworen, haderte der Großkönig mit seinem Geschick. »Wer kann uns denn noch helfen?« fragte Chosroes verzweifelt.
Seraspadanes fuhr sich mit der knochigen, von braunen Flecken bedeckten Rechten durch den Bart. »Die Zeit und die Juden«, sagte er leise.

Der Großkönig stutzte, doch dann verstand er.
»Orobazos und Ariobazanes haben ganze Arbeit geleistet. Je weiter Trajan nach Ctesiphon vordringt, um so näher ist eine Erhebung der Juden in Judaea, Alexandria, Cypros und vor allem in Cyrene. In dieser Stadt kann das Gewitter täglich losbrechen. Orobazos hat in Cyrene Verbindung mit zwei jungen Leuten aufgenommen, deren Namen, Erhabener, du nicht vergessen solltest: Andreas und Lukuas, die über eine bewaffnete und gut ausgebildete Truppe verfügen. Sie hassen die Römer und die Griechen mehr als die Pest. Orobazos«, der Alte lächelte listig, »hat ein paar Vorfälle inszeniert, die diese Gefühle nicht gerade dämpfen. Außerdem hat er ihnen in deinem Namen Versprechungen gemacht, die du, da du nicht von ihnen weißt, dann, wenn sie den Römern entgehen sollten, natürlich nicht zu halten verpflichtet bist.«
Chosroes lächelte.
»Meinst du, daß es im Rücken der Römer zum Aufstand kommen wird?« fragte er begierig.
»Natürlich. Orobazos hat überall an den Brennpunkten seine Leute, die, wenn einmal die Flamme lodert, kräftig Öl ins Feuer gießen, damit es nicht gleich verlöscht.«
»Und wenn die Römer der Sache schneller, als wir denken, Herr werden?«
»Zumindest müssen sie Legionen aus unserem Land zur Bekämpfung der Aufstände abziehen. Wir gewinnen Zeit. Und die Zeche bezahlen die Juden, weil sich die ganze Wut Roms gegen sie richten wird. Unsere Leute«, er kicherte, »ziehen sich dann zurück, wenn es richtig lodert. Denk an Decebal, dem du Waffenhilfe versprochen hattest, damit er losschlüge ...«
»Schweig!« donnerte Chosroes.
Doch der Priester nahm den Wutausbruch gelassen hin, wußte er doch den Großkönig in einer sehr schwachen Lage. »Du hättest die Sache in Armenien nicht anfangen dürfen. Du dachtest, Trajan nähme dies so einfach hin. Doch Trajan ist kein Nero und kein Domitian.«
Der König preßte die Hände gegeneinander. Zorn kochte in ihm, doch jetzt konnte er Seraspadanes nicht verärgern, später würde er ihn für seine Frechheit, den König der Könige kritisieren zu wollen, bestrafen. »Trajan, was ist das nur für ein Mann?« fragte er Sporakes.
Der Fürst, der bei dem Gespräch des Priesters mit seinem Herrn geschwiegen hatte, räusperte sich verlegen.
»Sprich offen«, ermunterte ihn der Großkönig.
»Ich habe ihn am Tigris gesehen. Er ist ein hochgewachsener Mann mit schlohweißen Haaren ...«
»Schlohweißen Haaren«, rief Chosroes überrascht. »Dann ist er also ein alter Mann?«
»Dem Alter nach ja, doch nicht in seiner Leistung. Ich sah ihn den Legionen vor-

anreiten, auch schreiten, sah ihn ins Wasser springen, jedenfalls macht er den Eindruck eines weißhaarigen Jünglings.«
Chosroes verstand die Welt nicht mehr. Ein alter Mann brach auf, um Parthien und ihn, der in jugendlichem Alter stand, zu besiegen.
»Im Alter setzt man sich doch nicht den Strapazen und den Gefahren eines Feldzuges aus, da bleibt man zu Hause, genießt seine Reichtümer, seine Frauen und alles, was das Leben angenehmer macht. Der römische Kaiser muß wahnsinnig sein.«
Das ist eben ein Mann, ein Herrscher und nicht nur ein Genießer ohne Kraft wie du, dachte Seraspadanes bitter. Hättest du nur ein wenig von diesem Trajan, dann wäre Parthien nicht in solchen Schwierigkeiten. Wäre Arsakes ein solcher Schwächling wie Chosroes gewesen, dann hätte es nie zur Herrschaft der Arsakiden kommen können. »Aber nun, Erhabener, ist Eile geboten, du mußt Ctesiphon verlassen. Oder willst du Trajans Gefangener werden?«
In Eile ließ Chosroes Ctesiphon räumen, um sich im östlichen Hochland für einen Gegenstoß zu wappnen. Endlos zogen die Wagenkolonnen in die Wüste und in die Berge.
Die Vorhut der römischen Legionen sah in der Ferne die letzten Wagen der flüchtenden Parther verschwinden. Eine Abteilung des Lusius Quietus jagte hinterdrein. Unter Verlusten gelang es ihnen, einen Wagen des parthischen Königs zu erobern. Unter Jubelgeschrei wurde dieser vor Quietus gebracht. Er sah zu seiner Überraschung den goldenen Thronsessel und ein zwölfjähriges weinendes Mädchen in dem Wagen. Es war der Thronsessel des Chosroes und eine seiner Töchter. Ein gutes Omen, lachten die Legionäre.
Trajan zog in Ctesiphon ein. Die Legionen schrien sich heiser vor Begeisterung. Parthien war besiegt!
Vor den Toren Seleucias, dessen griechische Bevölkerung nicht mit den Parthern geflohen war, vereinigten sich die beiden getrennt marschierenden Armeen. Der Kaiser erhielt von seinen Truppen den Ehrennamen Parthicus. Trajan erklärte Chosroes für abgesetzt und setzte einem jungen parthischen Fürsten, Parthamaspates, das Diadem auf das Haupt. Parthien war nun römischer Vasallenstaat.
Das reiche Seleucia bewirtete die Sieger mit Speisen und Getränken. Rom feierte den größten Sieg seiner Geschichte.
Der Kaiser ließ die Truppen unter dem Oberbefehl von Cornelius Palma und Avidius Negrinus zurück. Mit einer kleinen Reitertruppe, der Hadrian und Soranus angehörten, sprengte er aus dem Lager. Es trieb ihn an die Stätte, wo der große Makedone gestorben war, nach Babylon.
Der Kaiser galoppierte voran, gefolgt von Attianus und Prätorianern. Hadrian und Soranus beschlossen die Eskorte.
»Er ist schweigsam und ohne Begeisterung«, sagte Marcus zu Hadrian.
»Es geht ihm nicht gut. Seit Tagen fühlt er sich nicht wohl, hat Schmerzen. Er

trank bei der Siegesfeier kaum. Das ist ein ernstes Zeichen. Ich habe ihn um die Versetzung von Publius und Gaius gebeten, ohne Widerspruch hat er zugestimmt, daß sie der Truppe des Appius Maximus, du kennst ihn als einen erfahrenen und besonnenen Feldherrn, der einst Saturnin besiegte, zugeteilt wurden.«
»Publius, ich danke dir.«
»Ich hoffe, daß dieser Krieg endlich zu Ende ist.«
»Ich habe auch genug. Der Kaiser vielleicht auch? Oder glaubst du, daß er nach Indien weiterziehen wird?«
Hadrian schüttelte das Lockenhaupt.
Babylon, das mußte Babylon sein!
Sie ritten durch eine verfallene Mauer entlang des Euphrates flumen in die Stadt.
Marcus gewahrte mit Erstaunen die Reste einstiger Größe und Pracht. Das Ischtar-Tor reckte sich ihnen gigantisch und drohend entgegen. Ungehindert passierten sie, kein Wächter behinderte die Einreitenden.
Die Mauern waren zum Teil abgetragen. Bei den restlichen zerbröckelten die Zinnen. Die großen Häuser gähnten ihnen verfallen und zerstört entgegen. Menschen huschten aus kleinen Behausungen wie Getier ans Licht, um die Fremden zu begaffen. Kinder bettelten. Mitten in Babylon weideten Viehherden in erblühten Gartenanlagen.
Ein wenig Glanz noch, viel Verfall. Über dem ganzen Stadtbild, so fand Marcus, lag die Melancholie des Gewesenen, einer abgestorbenen Kapitale, eines seiner Bedeutung beraubten und zum Schattendasein degradierten Gemeinwesens. An den Rand Parthiens gedrängt, fristete die ehemalige Weltstadt ein kümmerliches Dasein.
Auch der Kaiser schien so zu empfinden. Am verfallenen Turm Etemananki ließ er umkehren. In der Hauptburg der babylonischen Könige war Alexander gestorben.
Trajan schwang sich von seinem Schimmel, hieß seine Begleiter warten, nahm seinen goldenen Lorbeerkranz und ging in den heilen Trakt des Palastes. Attianus, der ihm folgen wollte, wies sein Befehl zurück.
Nach geraumer Zeit kehrte Trajan ohne seinen Lorbeerkranz aus der Ruine zurück. Hadrian tauschte mit Soranus einen verständnisvollen Blick.
Schweigend setzte sich der Reitertrupp in Richtung Seleucia wieder in Bewegung.
Nach diesem Besuch in Babylon ließ der Kaiser auf dem Euphrat ein Schiff klarmachen, wieder begleitete ihn eine kleine Mannschaft. Er befahl die Fahrt den Euphrates abwärts bis nach Charax Spasinu an den Golf und noch ein Stück ins offene Meer.
Der alte Kaiser stand am Bug und starrte geistesabwesend hinaus auf die See. In der Ferne glitt ein Segler vorüber.

»O wenn ich jünger wäre«, murmelte der Kaiser, »führe ich auch nach Indien.« Tränen rannen dem Imperator über die gefurchten Wangen. Noch nie in seinem tätig erfüllten Leben hatte ihn der Hauch des Vergänglichen so gestreift wie hier, im erythräischen Meer. Er ließ seinen Blick in die Weite schweifen und fühlte schmerzlich, daß er, Trajan, niemals diese grenzenlose Weite erfassen und nicht in sie vorstoßen würde. Wie klein und bruchstückhaft mutete alles Menschliche angesichts dieser Weite an. Ob Alexander ähnlich empfunden hatte? durchfuhr es den Kaiser. Abrupt befahl der Kaiser die Umkehr.

Erschütternde Berichte erwarteten ihn bei seiner Rückkehr in Ctesiphon: Aufstände der Juden in Cyrene, Cypros, Alexandria und Judaea. Ein Heer der Parther war zum Entsatz Ctesiphons in Anmarsch, Abgar von Osroene fiel von Rom ab und schwur Chosroes die Treue …

Der Osten stand in Flammen! Marcus erschrak, als er davon hörte; sollte nun wahr werden, was Apollonius prophezeit und wovor Vater ihn gewarnt hatte?

L

Der Wind fegte durch die Ölbäume und Pinien, die den Anstieg zur Quelle Cyra bedeckten. Dunkles Gewölk brachte er vom Meer und trieb es weiter über die schlafende Stadt Cyrene.

Ein Mann bahnte sich seinen Weg durch den Bergwald. Die Höhle, in der die Quelle Cyra entsprang, gähnte wie ein tiefer Höllenschlund dem Manne entgegen.

»Parole!« rief es ihm aus dem Dunkel entgegen.

»Tod den Römern und Griechen!«

Ungehindert konnte er seinen Weg in das Innere der Höhle fortsetzen. Er tastete an den felsigen Wänden entlang, bis endlich hinter einer scharfen Biegung ein schwacher Lichtschein die Dunkelheit durchbrach.

Im Schein einer blakenden Fackel standen zehn Männer im Halbkreis und lauschten andächtig einem elften, der genau im Mittelpunkt vor ihnen auf einem Steinklotz saß und mit einem Dolch Zeichen in den Boden ritzte.

Wie auf ein Kommando wandten sie sich alle nach dem Ankömmling um.

Andreas sprang auf. »Orobazos, sei uns gegrüßt!«

»Parthien grüßt dich, tapferer Andreas, und euch, heldenhafte Söhne Judaeas«, erwiderte der Gast blumig die Begrüßung.

»Wie steht es?« fragte Andreas ungeduldig.

»Ausgezeichnet. Cypros ist in der Hand von Artemion, eurem Glaubensbruder. In Alexandria wird erbittert gekämpft, dort gibt es zu viele Griechen, als daß ein leichter Sieg möglich wäre. Judaea befindet sich im Aufstand. Nun seid ihr dran! Noch etwas, der Großkönig wird den Römern bald eine blutige Schlacht liefern,

so daß Trajan alle Truppen gebunden hat und euch keinen Besuch abstatten kann.«
»Wir werden in dieser Nacht losschlagen. Es ist alles bereit. Lukuas wartet nur auf mein Zeichen. Als erstes erstürmen wir das Castell, was die meiste Kraft fordern wird.«
Der Parther nickte.
»Eine Stunde vor der letzten Wachablösung greifen wir an. Geht jetzt an eure Posten«, befahl Andreas, »ich werde Lukuas und seine Leute ins Bild setzen.«
Wie Schatten verschwanden die Männer aus der Höhle.
»Ich habe noch eine gute Nachricht für dich, Andreas, vielleicht kennst du sie bereits: Dein alter Freund Simonides ist auf dem Wege nach Cyrene, morgen müßte er ankommen.«
Andreas entgegnete nur, daß er es bereits wüßte.
Dann nahm er die Fackel, trat sie an der Biegung des Ganges aus und tappte hinter dem Parther im Dunkeln aus der Höhle. Schweigend stiegen sie hinab zur Stadt.

Aus allen Ecken Cyrenes krochen bewaffnete Männer und strebten wie ein Ameisenzug dem Castell zu. Der Angriff begann an mehreren Ecken zugleich. Katzengleich schwangen sich dunkle Wesen über die Zinnen, rannten den nichtsahnenden Wächtern ein Schwert durch den Leib und ergossen sich wie eine verheerende Flut ins Innere des Castells. Eine Gruppe führte Andreas, die andere Lukuas. Das Niedermachen der Mannschaften verursachte Lärm. Die Legionäre verteidigten sich mit Schemeln und Bänken, verschlafen und halbnackt kämpften sie um ihr Leben. Als Varro den Lärm aus den Soldatenunterkünften hörte, der ihn aus dem Schlaf riß, blickte er in den Innenhof hinaus. Dunkle Gestalten huschten vorbei, Todesschreie. Sofort wußte er, was die Stunde anzeigte, das Castell war überfallen worden. »Überfall, Überfall«, schrie er aus Leibeskräften. Verschlafen wälzten sich seine Offiziere aus ihren Betten. Einigen gelang es noch, das Schwert zu ergreifen, die anderen erlagen den Eindringenden.
»Die Offiziere und den Kommandanten lebend«, schrie Andreas.
Varro stellte sich mit dem Rücken an die Wand, erwartete mit dem nackten Schwert die Angreifer. Plötzlich waren sie da. Zahllos wälzten sie sich herein. Einbis zweimal stach und hieb Varro zu, dann erdrückte ihn die Übermacht, und Dunkelheit senkte sich über ihn.

Als über Cyrene ein heller Sonnentag aufging, gab es keine römische Garnison mehr, und die Stadt wurde von den Aufständischen vollends in Besitz genommen. Einzelne bewaffnete Horden zogen durch die Straßen, trieben Griechen und Römer aus den Häusern, brannten die Villen an, zerschlugen die Standbilder und steckten die Tempel in Brand. Aus dem Zeustempel in der Nähe des Castells loderten als erstes die gierigen Flammen. Dann züngelten sie weiter, erfaßten die Akropolis und den Apollontempel. Mit Äxten und Hacken wütete eine aufgebrachte Menge gegen die Statuen der griechischen Götter. Eine Handvoll Halbwüchsiger warf Pflastersteine auf das von Rauchschwaden umhüllte Haupt der Gorgone über dem First des Frontgiebels am Apollontempel. Die Flammen verdarben ihnen ihr Spiel, da sie selbst die Gorgo als Objekt ihrer Lüste erwählt hatten. Verstimmt zogen die Steinwerfer von dannen, um sich andere Ziele zu suchen.

Lucius erwachte mit dem Gefühl, daß heute irgend etwas nicht stimmen konnte. Er hatte schlecht geschlafen, nachdem er die halbe Nacht bei Asclepiodorus gesessen, dessen Zustand sich in den letzten Wochen dermaßen verschlimmert hatte, daß stündlich das Ende zu erwarten war.

Was bedeutet dieser Lärm auf den Straßen? dachte er benommen. Oder hatte er schlecht geträumt? Was polterte in Abständen an das Tor und die vorderen Mauern, daß das Haus in den Grundfesten erbebte?

Auch Lakotris hörte das dumpfe Dröhnen, das in unregelmäßigen Abständen das Haus erschütterte. Vielleicht war es der Arzt, der Einlaß begehrte, dachte sie. Sie eilte hinab, um das Tor zu öffnen, da Esther schon tagelang nicht gekommen war und die wenigen Sklaven ebenfalls verschwunden schienen.

Lucius, der aus dem Fenster des zweiten Obergeschosses auf die Stadt blickte, erschrak. Dunkle Rauchwolken trieb der Wind über das Plateau. Bewaffnete trieben Gefangene durch die Straßen, jetzt glaubte er Schreie zu vernehmen. Er verspürte Angst. Er mußte hinab und das Tor verrammeln. Hoffentlich verließ Lakotris, die immer früh auf den Markt ging, jetzt nicht das Haus. Er suchte sein Schwert. Als er dies nicht fand, eilte er die Treppe hinunter. Lakotris war eben im Begriff, das Tor zu öffnen. Er wollte rufen, doch die Stimme versagte den Dienst. Endlich brachte er ein krächzendes »Nein« heraus. Lakotris hatte gerade die Tür geöffnet und trat hinaus.

Ein Schrei ertönte. Lucius war an der Tür, als ein Gegenstand dagegen donnerte.

Lakotris traf ein harter Klumpen an den Kopf, sie begann zu wanken … sah Lucius heraustreten, streckte ihm hilflos die Arme entgegen, schrie und sank zusammen.

Der Schreck lähmte Lucius, dann brach er mit einem Verzweiflungsschrei über ihr zusammen. Ein harter Schlag traf ihn an den linken Arm. Seinem Aufschrei antwortete Hohngelächter. Lucius erhob sich. Sah mehrere Halbwüchsige, die mit großen Steinen nach ihm warfen. Sie hatten Lakotris getroffen, jetzt wollten sie ihn umbringen.

»Grieche verrecke«, schrien sie.

Immer näher kamen die Steinwerfer, drei waren es, er deckte den Kopf, und mit einem Sprung war er durch das geöffnete Tor im Haus. Instinktiv nahm er vier

Wurfspeere aus einem Ständer, die als Zierde im Vestibulum standen. Er wollte Rache ... Rache an den Mördern. Er trat schnell in den Schatten des Eingangs, so daß er nicht gesehen werden konnte. Die Steinwerfer lachten und warfen auf die leblos Liegende mit Steinen. Ein Schwung zurück mit der Rechten ... der erste Wurfspieß sauste hinaus ins Sonnenlicht in ein lachendes, übermütiges Gesicht. Der zweite folgte, er riß einen Körper zu Boden. Ehe der dritte vor Schreck fliehen konnte, traf ihn die tödliche Spitze und zerfetzte das Gesicht wie eine Frucht, eine rote saftverströmende Frucht. Wie betäubt hatte Lucius das Umsinken des letzten Missetäters bemerkt. Er warf den vierten Speer zu Boden und kniete neben Lakotris nieder. Aus einer Wunde über ihrem Auge sickerte Blut, er strich vorsichtig darüber, Knochensplitter stachen in seine Finger.

Schluchzend brach er über ihr zusammen.

»Lakotris«, stammelte er, »Lakotris, du darfst mich nicht verlassen ... O Götter, wo seid ihr, ihr gefühllosen und mitleidlosen Wesen ... ich hasse alle ...« schrie er.

Plötzlich wurde er brutal emporgerissen, man drehte ihm die Arme auf den Rükken und stieß ihn vor sich her.

Er wollte sich nach der Toten umdrehen, doch ein Stoß hinderte ihn daran.

»Nein«, schrie er, »ich muß zu ihr ...« Dann fühlte er einen Schlag. Als er schmerzenden Kopfes erwachte, lag er in einem halbdunklen Raum, zwei Männer beugten sich über ihn.

»Er ist erwacht«, sagte der eine.

»Gut«, erwiderte eine andere Stimme, die Lucius schon gehört haben mußte.

Was war geschehen? Er war nach unten an das Tor geeilt ... Verzweiflung packte ihn. »Wie soll ich weiterleben?« entfuhr es ihm.

»Keine Angst, du wirst nicht weiterleben, Soranus«, sagte die bekannte Stimme.

»Varro«, staunte Lucius.

»Ja, ich, Soranus. Nun hat uns das Schicksal wieder zusammengeführt, diesmal sitzen wir gemeinsam in einem Boot, in Charons Nachen!«

»Wieso, was ist denn los?«

»Ein Aufstand. Juden, Araber und anderes ansässiges Gesindel haben das Castell überrumpelt, meine Legionäre abgeschlachtet. Uns will man nach römischer Sitte einen ehrenhaften Tod in der Arena gönnen. Wir sollen uns zur Freude dieser Mordbande in der Arena abstechen.«

»Ich, ein alter Mann«, wagte Lucius einzuwenden.

Varro lachte bitter, da sei doch das Gaudium um so größer. Außerdem hätte er, Soranus, mit drei sauberen Speerwürfen drei dieser Mörder dorthin befördert, wo sie hingehörten.

Woher er das wüßte, fragte Lucius.

»Die Wachen haben es erzählt«, erwiderte Varro.

»Wir sollen gegeneinander kämpfen?«

»Ja, Soranus, doch hab keine Angst, du wirst nicht leiden. In meinem Leben will ich dir einmal Gutes tun, indem ich dich mit einem Stoß töte, es geht schnell, wie ein Augenaufschlag so schnell. Ich töte alle meine Offiziere, dann stürze ich mich ins Schwert. Ein Römer wird nicht zum Gespött.«
Lucius empfand in diesem Moment keinen Dank für Varros Angebot. »Aber wenn man uns andere Gegner gibt, die uns langsam zu Tode quälen?« fragte er müde und ohne Anteilnahme, nur um etwas zu sagen. Seine eigene Stimme klang ihm fremd.
»Dann waren die Götter gegen uns.«
Lucius versank in dumpfes Brüten. Der Tod hatte für ihn alle Schrecken verloren, denn was bedeutete ein Leben ohne Lakotris? Ihr blutiger Leichnam lag unbestattet den Raubvögeln zum Fraß. Er sprang auf, hämmerte an die Bohlen der Tür und schrie: »Ihr Schweine, ihr Mörder, ihr Totenschänder ...«
Varro zog ihn zurück. Lucius schluchzte.
Er wußte nicht, wie lange er mit Varro und den Offizieren im Kerker gesessen hatte. Plötzlich stampfte eine Wache herbei und trieb sie hinaus. Man fesselte ihre Hände und trieb sie durch die Straßen zum Stadium. Das Sonnenlicht blendete.
Im Stadium schlug die Stimmung hohe Wogen; Gemurmel, Geschrei brandete ihnen entgegen. Paarweise wurden sie in die Arena geführt. Paarweise zerrte man die Leichen mit Haken heraus. Lucius und Varro schien man fast bis zum Schluß aufzusparen. Die neuen Herren Cyrenes schienen sich gut zu amüsieren.
Nun wurden Lucius und Varro in die Arena geführt.
Die Ränge waren vollbesetzt. Staunende Gesichter starrten ihnen entgegen.
Man brachte zwei Schwerter und ließ ihnen wie zum Hohn die Wahl der Waffe.
Kampf bis zum Tode, der Überlebende erhielt als Siegespreis einen schnellen Tod.
»Also Soranus, wehr dich nur zum Schein, ich stoße auf dein Herz.«
Lucius nahm das alles wie im Traum wahr. Der Herold gab das Zeichen zum Beginn.
Ein »Halt« schallte von den Rängen und unterbrach den Traum.
Lucius wurde das Schwert aus der Hand genommen, und er wurde aus der Arena gezerrt. Der verdutzte Varro blickte ihm nach. Ein anderer Kämpfer wurde hereingestoßen.
Die Soldaten, die Lucius in Empfang nahmen von den Arenawächtern, brachten ihn durch dunkle Gänge in die Ehrenloge des Stadiums. Er sah, wie unten Varro unter den Streichen seines Gegners zusammensank. Der Sieger wurde mit einem wohlgezielten Pfeilschuß von hinten getötet. Ein Trompetensignal verkündete, daß die Spiele für heute beendet seien.
Die Massen wanderten mit Gedränge ab.

Lucius stand und wartete. Zwei hochgewachsene Männer, mit römischen Brustpanzern bekleidet, umgeben von einer Leibwache und einer schwarzhaarigen Frau, waren die Insassen der Ehrenloge, die sonst dem Statthalter und Varro mit Gefolge vorbehalten war. Einer der Soldaten trat zu Lucius und riß sein zerfetztes Gewand am Halse noch ein Stück auf. Das kleine Dreieck an der Kette wurde sichtbar.
»Soranus«, sagte einer der Führer, »wir schenken dir dein Leben, obwohl du ein Römer bist. Du trägst noch immer das Götzenzeichen, von dem du uns auch Teile gegeben hast. Wir haben unsere weggeworfen, stimmts, Lukuas? Das sind jetzt unsere Amulette«, er deutete auf sein Schwert.
Jetzt erkannte Lucius im Halbdunkel die Frau. »Mikal«, sagte er, »du bei den …«
»Ja, ich bin bei den Aufrührern. Mein Land und mein Volk riefen mich, um ihre Schande zu tilgen.«
»Denkst du auch an deinen Sohn?«
Mikal schwieg. Lucius glaubte einen feuchten Schimmer in ihren Augen zu entdecken. »Rom hat mir meinen Sohn entfremdet. Trajan hat ihn zum römischen Soldaten gemacht.«
»Warum verschont ihr mich? Mir liegt nichts mehr am Leben. Eure Mordbuben haben meine Frau getötet …«
»Und du hast wie ein eiskalter Gladiator drei Jugendliche mit Wurfspeeren getötet. Die Sache mit deiner Frau war ein Versehen. Die drei Jugendlichen haben aus Übermut mit den Steinen geworfen. Es tut uns leid.«
Lucius schwieg.
»Du warst ein Freund meines Vaters«, sagte Andreas, »deshalb schenken wir dir dein Leben und weisen dich aus der Stadt. Mehr können wir nicht für dich tun.«
Vor Lucius verschwamm alles. In seinem Kopf entstand ein Rauschen und Dröhnen, dann sackte er zusammen.
Als er die Augen aufschlug, sah er das Gesicht Mikals über sich, die seine Schläfen mit Wasser beträufelte.
»Geht es wieder?« fragte sie besorgt.
Andreas und Lukuas schauten finster auf Lucius Soranus. »Nun muß er gehen«, sagte Lukuas.
»Du siehst doch, daß es ihm nicht gut geht«, erwiderte Mikal.
»Trotzdem«, beharrte Lukuas. Andreas schwieg.
»Tötet mich doch, was soll ich noch auf dieser Welt«, flehte Lucius.
»Du hast deinen Sohn und deine Enkel, während ich keinen Sohn …« Sie wandte sich schluchzend ab.
Andreas wollte mit einem Befehl der Szene ein Ende bereiten, als vier Soldaten einen Gefangenen hereinschleppten.

»Hier, Hauptmann«, dabei wandten sie sich zu Andreas, »wir haben unsere Belohnung verdient, das ist Simonides.«
Andreas stieß einen triumphierenden Schrei aus, trat an den Gefesselten heran, musterte das verhaßte Gesicht mit der dünnen Narbe und sagte: »Das ist er. Hier«, er warf einen prall gefüllten Beutel auf den Tisch, daß es klimperte, »nie war eine Belohnung redlicher verdient. Wo habt ihr den Vogel gefangen?«
Einer der Soldaten lachte.
»Gestern bei Einbruch der Dunkelheit schlichen drei Männer mit einem Sack aus der abgebrannten Villa dieses Herrn durch die Stadt. Sie übertölpelten die Wache, indem sie unser Zeichen trugen, und gelangten nach draußen. Meine Leute und ich folgten ihnen. Eine Meile etwa von hier wartete dieser Vogel«, er deutete auf Simonides, »mit vier Pferden auf seine Leute. Ohne Federlesens haben wir sie niedergemacht und ihn gefangen. Joas hat ihn erkannt.«
Auf ein Zeichen des Sprechers brachte einer der Soldaten einen Sack und öffnete ihn.
Andreas lachte laut, als er die Ketten, Geschmeide und Armreifen darin blitzen sah. Ein Vermögen war der Inhalt des Sackes wert. »Deine Gier, mein Grieche, kostet dich dein Leben. Hättest du darauf verzichtet und wärst lieber in Alexandria geblieben.«
»Gnade«, flehte Simonides, »ich gebe euch, was ich habe, nur laßt mich am Leben.«
»Du Hund, hattest du Erbarmen mit meinem Vater?« schrie Andreas.
Lucius, der vergessen von allen in der Ecke auf einem wackligen Sessel saß, betrachtete nun Simonides. Ein Gesicht wie jedes andere, schmal mit langer Nase, in dem Angst geschrieben stand. Nichts verriet die Grausamkeit dieses Mannes, der Jochais Leben zerstört hatte.
Als spüre der Grieche Lucius' Blick, schrie er: »Rette mich, Römer!«
Lucius richtete den Blick voller Verachtung auf Simonides. »Ich kann dich nicht retten, denn ich bin selbst Gefangener wie du. Und wenn ich es könnte, dann täte ich es nicht, denn du hast den Tod verdient. Du hast meinen Freund Jochai gequält und ermorden lassen. Sein Blut komme über dich. Daß dich, Simonides, die Rache ereilt, das läßt mich an die Gerechtigkeit glauben.«
Andreas, Lukuas und Mikal starrten verwundert auf Lucius.
»Was für eine Strafe habt ihr ihm zugedacht?« fragte Lucius.
»Er wird gekreuzigt«, antwortete Andreas.
Simonides heulte auf wie ein Tier. »Ihr Mörder, ihr verdammten Juden, ihr könnt einen Griechen nicht kreuzigen ...«, seine Stimme überschlug sich.
Andreas winkte. Die Soldaten schleppten den Griechen weg.
Lucius vernahm das Hämmern, die Schreie, dann das unmenschliche Brüllen des Gekreuzigten.
Andreas und Lukuas traten nach draußen. Mikal und Lucius folgten.

In zehn Schritt Entfernung ragte das Kreuz empor. Simonides hing am Holz und schrie Unverständliches. Dann wimmerte er leise. Speichel troff aus seinem Mund.
»Er ist wahnsinnig geworden«, sagte einer.
Plötzlich lachte der Grieche. Lucius fröstelte.
»Mikal, leb wohl, ich gehe. Die Götter mögen dich beschützen. Ich glaube, dein Weg ist auch nicht der richtige.«
Schweigend schaute sie ihm nach, wie er inmitten mehrer Juden die Stadt verließ. Er drehte sich noch einmal um. Das Kreuz hob sich gegen die Sonne ab wie eine finstere Drohung. Mikal stand reglos neben Andreas und Lukuas.
Am Stadttor hängten ihm die Soldaten einen Verpflegungsbeutel um den Hals. Er versuchte sich nochmals nach der unglücklichen Stadt umzuwenden, doch man stieß ihn vorwärts.
Ein Stück begleiteten ihn die Männer, dann ließen sie ihn allein und drohten, daß er sich nicht wagen sollte, je nach Cyrene zurückzukehren.
In diese Stadt kehre ich bestimmt nicht zurück, dachte er verzweifelt.
Langsam wanderte Lucius die sonnenüberglühte Straße entlang. Einmal langte er in den Beutel, fischte einen Kanten harten Brotes und eine Flasche Wasser heraus. Nach der Stärkung wanderte er weiter. Plötzlich befiel ihn Mattigkeit. Er setzte sich an den Straßenrand und ruhte.
Gestärkt lief er weiter.
Die Knie begannen zu schmerzen. Hinter dem Brustbein stach es. Lucius befiel Übelkeit. Sein Körper wollte nicht mehr gehorchen. Mühselig taumelte er weiter, nur ein paar Schritte. Dann drohten seine Knie einzuknicken. Ein Jammerlaut entrang sich seinem Munde, ein Ächzen. Feurige Ringe tanzten vor seinen Augen, verloschen aber bald. Dunkelheit breitete sich über ihn. Dumpf schlug sein Körper auf das Pflaster der Straße, die sich von Cyrene nach Apollonia hinab schlängelte.
So fanden ihn die Soldaten der Vorhut der anrückenden römischen Legionen, die Trajan unter Führung Marcius Turbos in Eilmärschen nach Cyrene geschickt hatte, um den Aufstand zu ersticken.
Ein Soldat rollte den Körper zur Seite. Die Legionen zogen an dem reglosen Körper achtlos vorüber.
Manius Glabrio, der zum Stab Marcius Turbos gehörte, hockte in dumpfes Brüten versunken mit hängenden Schultern auf seinem Pferd. Die Hitze hatte ihm zu schaffen gemacht. Endlich blies ein kühlendes Lüftchen von den Bergen.
»Tribun, da vorn liegt ein Toter. Wahrscheinlich ein Flüchtling aus Cyrene. Was soll ich tun?«
»Begrabt ihn!«
Als sich Glabrios Reiter dem Liegenden näherte, schaute er herunter.
Er sprang vom Pferd, warum, wußte er nicht zu sagen, trat an den Toten, um ihn

zu betrachten. Dann winkte er einem Legionär und befahl, den Toten nach Erkennungszeichen abzusuchen.
Der Soldat fuhr hoch.
»Tribun, der Mann lebt noch.«
Manius Glabrio beugte sich nieder, sah das staubige, mit Abschürfungen bedeckte Gesicht mit dem blutverkrusteten grauen Bart und legte die Hand auf die Brust des Leblosen. Plötzlich bemerkte er, daß der Mann ein Amulett um den Hals trug. Glabrio prallte zurück. Das war das gleiche Dreieck, das er auch trug. Entweder war der Mann ein Mörder oder ...
»Bei allen Göttern, das ist Lucius Soranus!« Er rief nach dem Wundarzt, der sich des Leblosen annahm.
»Er ist sehr schwach«, sagte dieser, »doch er wird durchkommen.«
»Laß ihn auf den Wagen legen, wenn er aus der Ohnmacht erwacht, dann ruf mich sofort.«
Die Legionen zogen weiter und erreichten Cyrene.
Der gedrillten und gepanzerten Macht Roms hatten die Juden nur ihre Tapferkeit und ihre Todesbereitschaft entgegenzusetzen. In hartem Kampf eroberten die Römer Straße für Straße. Nur Tote blieben zurück. Kein kämpfender Jude gab sich gefangen.
Zum Schluß verteidigten sich Andreas, Lukuas und eine Handvoll Getreuer auf der Agora. Mikal schleuderte Steine auf die Legionäre. Schwächer und schwächer wurden die Schläge der Verteidiger. Unter einem massierten Speerhagel brachen die Juden zusammen. Andreas, Lukuas und Mikal sanken von Speeren getroffen nieder, brutal stachen die römischen Legionäre noch auf die Toten ein.

Cyrene war wieder in römischer Hand, oder das, was einmal Cyrene gewesen war: ein rauchender Trümmerhaufen.
Ohne viel Federlesens wurden die überlebenden Juden reihenweise gekreuzigt.
Lucius Soranus betrachtete stumpfen Blicks von seinem Platz auf einem Bagagewagen die Vorgänge. »Soranus, von den Toten auferstanden?« fragte plötzlich eine Stimme neben ihm.
»Glabrio, du hier?«
»Ja, ich habe dich gefunden. Man wollte dich schon begraben.«
»Hättet ihr es nur getan!«
»Na, na, Soranus!«
»Glabrio, du mußt deine Mutter suchen und sie retten. Sie ist in Cyrene bei den Aufständischen.«
»O Götter, hoffentlich ist es nicht zu spät.«
Glabrio rannte davon.
Schnellen Schrittes eilte er zu den Hinrichtungskommandos, um dort seine Mutter zu suchen. Ohne Erfolg.

Pochenden Herzens stieg er über Leichen, kletterte er über rauchgeschwärzte Trümmer, sah den toten Frauen ins erstarrte Antlitz. Nichts!
Erschöpft und resigniert gab er auf. Er ahnte nicht, wie nahe er ihr war.
Auf einem der riesigen Scheiterhaufen in der Nähe der Agora züngelten die Flammen gerade nach einem Leib, der einstmals einer schönen Frau gehört hatte, der ihn, Manius Acilius Glabrio, voller Lust von einem römischen Feldherrn und Senator empfangen und ihm das Leben gegeben hatte.
Voller Trauer ging er an dem rauchenden Flammenberg vorüber, setzte sich erschöpft auf einen Stein, nahm den Helm ab und wischte sich über die schweißige Stirn. Die Mutter war es, dachte er voller Betrübnis. Was hatte sie auch hier in Cyrene auf der Seite der jüdischen Fanatiker zu tun?
Eine Hand legte sich auf seine Schulter. Soranus war es.
»Es ist schlimm«, sagte Lucius, »ich habe meine Frau bei diesem Wahnsinn verloren.«
Manius Glabrio schwieg und starrte teilnahmslos auf die Legionäre, die in Trümmern nach Beute suchten.
Lucius überließ den Tribun seinem Grübeln und humpelte davon. Ihn trieb es zum Haus des Asclepiodorus hinauf. Mühsam schleppte er sich vorwärts. Ab und an mußte er sich ausruhen. Durch die Straßen streifende Legionäre musterten ihn argwöhnisch, ließen ihn aber unbehelligt.
Endlich fand er das Haus. Nur noch die kahlen Mauern ragten wie Zahnstummel empor.
Lucius suchte in den umherliegenden Steinen nach ihr – Lakotris. In dieser Straße hatte man die Leichen schon beiseite geräumt. Ächzend wälzte er einen Stein beiseite und trat ein. Die Treppe zum Obergeschoß war zerstört. Unten hatten die Flammen ganze Arbeit geleistet.
Lucius tastete sich nach hinten, wo neben einem Mauervorsprung verborgen eine schmale Treppe in den Keller führte.
Langsam tastete er sich in die Dunkelheit hinab.
Plötzlich verhielt er seinen Schritt. Hatte er Atmen vernommen? Er ging vorsichtig weiter. Die Stufen endeten. Vor sich hatte er pechschwarze Dunkelheit. Da wieder, Atmen … Lucius spürte instinktiv, daß im Keller jemand war. »Ist jemand hier?« fragte er. Stille. Wiederholt fragte er in die Dunkelheit. Keine Antwort. Vielleicht verbarg sich jemand und hatte Angst.
Lucius lauschte nach oben. Kein Laut verriet die Anwesenheit eines Menschen im Hause.
»Ist jemand hier? Ich bin Lucius Soranus und bin allein.« Nach einer Weile vernahm er ein Rascheln.
Ein Tier? Nun war es wieder still.
Schon wollte er sich wieder zum Gehen wenden, als es leise »Lucius« zischte. Vor Schreck wäre ihm fast das Herz stehengeblieben.

»Ja«, antwortete er leise.
»Ich bins, Simon ben Jochai, und Esther ist bei mir.«
»Kann ich euch helfen?«
»Nur, indem du uns nicht verrätst.«
Lucius gab keine Antwort. Als wäre er ein Verräter! »Wie wollt ihr euch retten?«
»Wir warten noch ein paar Tage, dann verlassen wir Cyrene.«
»Man macht Jagd auf alle Juden, seid vorsichtig.«
»Ich weiß, doch Jahwe wird uns retten.«
Das hatte er bereits einmal gehört, dachte Lucius. »Braucht ihr etwas?«
»Nein.«
»Dann lebt wohl. Sollte unmittelbar Gefahr für euch drohen, dann warne ich euch, indem ich dreimal von oben einen Stein nach unten werfe.« Lucius humpelte nach oben.
Nach zwei Tagen verließ er mit den römischen Legionen die Trümmerwüste, die einst die stolze Stadt der Nymphe Cyra gewesen war und wo er alles, was seinem Leben während der letzten Jahre Sinn und Glück gab, verloren hatte.

LI

Niemand wußte, wann die Erkrankungen im Heer angefangen hatten. Nach seiner Rückkehr aus Charax Spasinu stand die Seuche in voller Blüte. Mit leichten Darmbeschwerden bei den Legionen, die zwischen den Flüssen lagerten, hatte es begonnen. Die Militärärzte waren ratlos. Jeden Tag starben Legionäre.
»Das Ungeziefer, der Staub, verdorbenes Essen und Wasser«, erklärten sie dem Kaiser, der mit Hadrian, Palma und Celsus durch das Lager ging.
»Wir sollten den Feldzug abbrechen, Onkel«, riet Hadrian.
»Warum haben wir ihn dann erst geführt?« wiesen ihn Palma und Celsus zurecht. »Jetzt, da das Partherreich besiegt ist, können und dürfen wir nicht abbrechen.«
»So?« fragte Hadrian gedehnt, »Habt ihr schon die Nachricht vom Senat vernommen? Die Ehrwürdigen Väter bitten in Anbetracht der kritischen Lage in Cyrene, Cypros, Ägypten und Judaea, daß der Imperator zurückkehre und seine Gesundheit schone. Wißt ihr«, Hadrians Stimme wurde beißend, »daß sich die Überfälle durch die Parther mehren? Wißt ihr, daß Sanatrukios ein riesiges Heer uns entgegenführt? Wißt ihr auch, daß Abgar uns von der Flanke bedrängt und daß in Armenien die Arsakiden unseren Statthalter bedrängen? Ihr denkt immer nur an Vormarsch, Sieg und Eroberung, aber …«
»Genug!« schnitt ihm Trajan das Wort ab. »In dieser ernsten Lage fehlte es noch, daß sich meine Feldherren gegenseitig zerfleischen.«
Plötzlich erfaßte den Kaiser ein stechender Schmerz in den Gedärmen, so scharf

und heftig, daß er ihm fast die Besinnung raubte. Trajan preßte die Zähne aufeinander.
Er betrat mit seinem Gefolge das Zelt.
»Me Hercule«, betete er, »nicht jetzt, erst muß ich im Rücken der Front die Lage bereinigen.«
Der Schmerz fraß weiter wie ein glühendes Messer.
»Also, was ist zu tun, meine Herren«, sagte er mit gepreßter Stimme, »wir brechen für dieses Jahr den Feldzug ab, sichern die Aufmarschbasis entlang der Flüsse und marschieren nächstes Frühjahr mit frischen Kräften ins parthische Hochland, um dort die Reste der parthischen Macht zu vernichten. Hier können wir nicht länger bleiben, sonst frißt mir die Seuche all meine Soldaten. Hadrian, du führst die Legionen Scythica, Gallica und Flavia zurück nach Syrien. Ich ernenne dich zum Statthalter der Provinz Syria!«
Hadrian verneigte sich. Ein wenig Dank und ein wenig Enttäuschung empfand er. Statthalter von Syria war zweifelsohne ein wichtiger Posten, aber er hatte mit mehr gerechnet. Noch immer kein Wort über Adoption. Attianus, der Trajan einmal direkt darauf angesprochen hatte, war die Antwort geworden, Alexander hätte auch keinen Nachfolger benannt. Trajan und sein Alexander, dachte Hadrian, das wurde langsam, nein, das war schon lange sein Wahn. Hätte der Kaiser doch nie die verführerische Schrift Plutarchs gelesen, die ihn in seinen Vorstellungen und Wünschen noch bestärkt hatte.
»Nach meinen Berechnungen«, fuhr Trajan mit letzter Beherrschung fort, »müßte Turbo längst in Cyrene sein. Noch keine Botschaft? Leb wohl, Publius«, er umarmte den Neffen zu dessen Überraschung, »grüß Plotina und Matidia in Antiochia und bringe die Legionen gut durch das aufrührerische Land.«
Hadrian grüßte und verließ das kaiserliche Zelt.
»Ihr bleibt mit dem Rest der Legionen bei mir. Sind Quietus und Appius Maximus schon aufgebrochen?«
»Ja, Imperator, schon seit zwei Tagen.«
»Gut, das wärs.«
Allein geblieben, sank der Kaiser schmerzverzerrten Gesichts auf sein Feldbett. Phaedimus war ihm gefolgt. »Erhabener, dir geht es nicht gut? Ich rufe deinen Leibarzt.«
»Ach, diese Quacksalber, was wissen denn die. Seit Krito tot ist, gibt es nur noch Pfuscher. Ein paar Tage Ruhe und stärkende Diät werden mich wieder auf die Beine bringen. Sorge dafür, daß die Ärzte meine Soldaten richtig betreuen.«
Phaedimus verneigte sich und verließ den Kaiser.
Allein geblieben wand Trajan sich vor Schmerz. Plötzlich fühlte er am linken Arm ein schmerzhaftes Druckgefühl. Er streifte den Ärmel der Tunika zurück und erschrak. Um die Enden des gehämmerten Goldreifs, den er am linken Unterarm trug, quoll das Fleisch, dick geschwollen. Er versuchte den Reif abzuziehen,

es gelang nicht. Dann versuchte er die Stiefel auszuziehen, was große Schwierigkeiten bereitete. Die Knöchel waren dick geschwollen.
Wassersucht, durchfuhr es den Kaiser. Bei allen Göttern, bleibt mir denn nichts erspart?
Nach einigen Tagen fühlte Trajan sich besser. Er beschleunigte den Aufbruch. Marcus Soranus führte die Vorhut.
Der Rückzug durch die Sandlandschaft steigerte sich zur Qual. Sand und Hitze, glühender Sonnenglast, Mücken, Fliegen. Dann heißer Wind, der den Legionären den Sand in Augen, Ohren und Nasenlöcher trieb. Die Hitze erreichte einen Grad, daß die Soldaten meinten, ersticken zu müssen. Die Sonne verbarg sich hinter einer Wolke aus Sand und Staub. Die Luft war zum Greifen, so sandgesättigt lag sie über dem Zug der Rückkehrenden. Alle plagte der Durst, er steigerte sich zur Höllenqual. Das abgestandene, obendrein versandete Wasser löschte ihn nicht. Es verursachte zusätzliches Brennen im Halse.
Der Kaiser litt fürchterlich. Er versuchte, sich mit eisernem Willen auf seinem Schimmel zu halten, doch war er dazu außerstande. Phaedimus und Attianus schleppten ihn in einen Reisewagen.
Der Kaiser starrte in die Wüste hinaus – kein Baum, kein Gras, unerträglich der wehende Flugsand, glühender Staub, der in der schwülen Luft flirrte – wie Alexanders Rückzug durch die Wüste Makran nach Karmanien. Überall Vergleiche, als hätte er alles in der Gestalt des Makedonen bereits erlebt.
Endlich Wasser, einige Meilen südlich von Hatra, Wasser!
Die Legionen und der Kaiser atmeten auf.
Neuer Mut beseelte die Legionen.
Dann kam die Schreckensnachricht von der Niederlage des Appius Maximus durch die Parther.
Marcus fuhr der Schreck in die Glieder. »Publius und Gaius«, murmelte er voller Verzweiflung.

Lusius Quietus kam, vom langen Ritt erschöpft, ins Lager. An seiner Seite Rusticus und die Söhne des Soranus.
»Hier, Soranus, deine Söhne, du kannst auf sie stolz sein. Sie verteidigten sich mit einer Truppe als letzte gegen die Parther. Ein Glück, daß ich dazukam, um sie herauszuhauen.«
Marcus zitterte am ganzen Leibe. Bei allen Göttern, wäre doch dieser elende Feldzug, der nichts brachte, bald zu Ende. Stumm umarmte er seine Söhne.
Rusticus trat an seine Seite und murmelte: »Marcus, bald hätte es sie erwischt. Du hättest sie bei Lusius Quietus lassen können, dort wären sie sicherer gewesen. Appius ist tot, der häßliche Vogel flatterte zum letzten Mal. Das hätte sich der Bezwinger Saturnins auch nicht träumen lassen, ein solches Ende zu nehmen.«
»Dieser Krieg ist scheußlich und sinnlos, Vater«, sagte Gaius, »Was haben wir

noch zu gewinnen, oder was haben wir dabei gewonnen? Nichts, gar nichts. Jetzt ziehen wir uns zurück, weshalb erst der Vormarsch? Chosroes soll schon wieder in Ctesiphon sein?«
Marcus strich sich über die Stirn, dachte, der Junge ist nahe der Wahrheit, die ich lange nicht sehen wollte. Was hatten wir in Parthien zu suchen? Wozu all die Strapazen, die Hölle der Wüste, die Entbehrungen? Wozu? Nur darum, daß der Kaiser seinen Alexandertraum verwirklichen konnte? Er wußte es nicht. Marcus fühlte sich unsagbar müde und alt. Auch Publius' begeisterte Schilderung des Kampfes ermunterte ihn nicht.
»Nun?« fragte Rusticus den Nachdenklichen.
»Ich glaube, daß ich ein Dummkopf war. Mein Vater, ich muß ihm vieles abbitten, er hatte recht. Und du – auch.«

Den Kaiser erfaßte neuer Unternehmungsgeist. Die Schmerzen hielten sich in erträglichen Grenzen. Er beschloß, zum Abschluß des Feldzuges noch ein Achtungszeichen zu setzen und Hatra, die uneinnehmbare Wüstenfestung, zu erobern. Der König von Hatra stand als Vasall treu zu Chosroes. Deshalb mußte er gestraft werden, so beschloß es Trajan.
»So ein Wahnwitz, auf dem Rückmarsch diese Festung noch zu berennen«, sagte Attianus zu Rusticus, »als ob dies den Feldzug noch retten könnte.«
Der großangelegte Angriff begann. Hatra, das in einer leichten Senke lag, bildete eine einzige steinstarrende Abwehrmauer. Zwei Wälle umgaben die eigentliche Stadt. Trutzig starrten den Angreifern die riesigen Steinklötze entgegen. Immer wieder griffen die Römer an. Die Reiterei unter Celsus wurde mit einem Pfeilhagel blutig abgewiesen. Selbst Trajan beteiligte sich am Angriff. Attianus bestimmte ihn, sich zurückzuhalten, als der feindliche Pfeilregen und Steinhagel sich auf den Kaiser richtete. Erst als ein Pfeil Trajan am Arm verletzte, zog er sich zurück.
Immer wieder peitschten Palma und Celsus, sich vor Ehrgeiz verzehrend, die Reiterei vorwärts, immer mit Verlusten bezahlend. Die beiden Generale wollten dem Imperator die eroberte Festung zu Füßen legen. Getroffene Pferde wieherten, Todwunde schrien. Die Toten häuften sich vor den Mauern. Ein Bild des Grauens. Auch die eingesetzten Geschütze vermochten wenig oder gar keinen Schaden an den dicken Mauern anzurichten, da man sie nicht nahe genug heranfahren konnte. Die Senke schützte Hatra. Kam man den leichten Abhang herunter, so lag man voll im gutgezielten Pfeilhagel der Verteidiger.
Nochmals trieb Celsus die Reiterei nach vorn.
Ein Reiter preschte voraus.
»Komm zurück, Publius«, schrie Marcus, als er sah, daß sein Sohn dieser Wahnsinnige war. Er trieb seinen Hengst an. Stechender Schmerz in der linken Schulter. Jetzt hatte er ihn erreicht, griff in den Zügel, da prasselten Pfeile auf sie wie ein

wildgewordener Hornissenschwarm. Marcus sah, wie Publius im Sattel einknickte. Mit letzter Kraft riß er am Zügel, die Pferde schwenkten in einem Bogen zurück. Plötzlich waren Rusticus und Gaius mit einer Handvoll Reiter zwischen ihnen und Hatra. Mit ihren Schilden deckten sie den Rückzug. Als sie aus der Geschoßweite der Verteidiger waren, fiel Publius aus dem Sattel.

Gaius galoppierte zurück und brachte einen Wundarzt herbei. Matt lag Publius im Sand. Ein abgebrochener Pfeil ragte aus dem Hals. Er lächelte schwach.

»Vater, ich weiß, ich muß sterben, und doch war alles schön.«

Attianus und Trajan waren auf die Kunde von der Verwundung des Publius Soranus herbeigeeilt.

»Imperator«, sagte der Sterbende schwach, »ich bin stolz darauf, mit dir ...« Ein Blutstrom entquoll seinem Mund. Trajan kniete nieder, nahm die Hand des Sterbenden und drückte sie. Dann riß er ein Stück seines Imperatorenmantels ab und wischte Publius das Blut vom Munde.

»Danke, Imperator ...« Ein Lächeln spielte um seine Lippen, dann fiel sein Kopf zur Seite. Publius Soranus war tot. Trajan nahm seinen Mantel und bedeckte den Körper des Toten. Dann wandte er sich langsam um und ging davon.

Gaius weinte hemmungslos. Marcus nahm ihn in die Arme, drückte ihn an sich. Auch in seinen Augen standen Tränen.

O Götter, ihr grausamen, warum habt ihr mir meinen Sohn genommen? Warum? Nie mehr würde Publius bei ihnen sein, nie mehr sein verwegenes Lachen ertönen. Ausgelöscht, als wäre er nie gewesen. Wofür? Das war das Schlimmste, nämlich für nichts. O Claudia, wie wirst du leiden, dachte er voller Schmerz.

Am Abend befahl der Kaiser, die Belagerung abzubrechen und den Rückzug nach Antiochia anzutreten.

Beklemmende Stille senkte sich über die Legionen, als Gaius Soranus plötzlich unaufgefordert aus dem Glied trat und vor dem Kaiser sein Schwert auf die Erde warf.

»Imperator, ich habe genug von diesem irrsinnigen Krieg. Der Angriff auf Hatra war nicht nur nutzlos, sondern eine Wahnsinnstat.« Zu Celsus gewandt rief er: »Gib mir meinen Bruder zurück! Du hast ihn in den Tod gejagt!«

Erstarrung lag auf allen Gesichtern. Das hatte noch keiner bisher gewagt.

Um Trajans eingefallenen Mund zuckte es.

»Meuterei«, schrien Palma und Celsus, »darauf steht der Tod.«

Aschfahlen Gesichts hatte Marcus die Szene verfolgt. An allen Gliedern zitternd, trat er vor.

»Imperator, du weißt, ich habe dir immer treu gedient. Schone das Leben meines Sohnes, denn er ist vor Schmerz nicht bei Sinnen. Nimm mein Leben für seine Tat!«

»Hinrichten!« schrie Celsus. »Beide hinrichten!« Der Haß ließ seine Stimme sich überschlagen.

In Trajans Gesicht arbeitete es.
»Geht! Geht beide, ich schenke euch euer Leben. Doch kommt mir nie wieder unter die Augen«, befahl Trajan.
Marcus fiel auf die Knie.
»Danke, Imperator«, stammelte er.
Gaius und Marcus waren damit aus der kaiserlichen Armee ausgestoßen. Sie verließen das Legionslager und ritten nach Antiochia. Hadrian war bei der Nachricht vom Tode seines Schützlings außer sich vor Schmerz. Finster brütete er vor sich hin. »Das werden Palma und Celsus mir büßen, so wahr ich Publius Aelius Hadrianus bin. Vielleicht ist der Tag nicht einmal fern.« Sein Gesicht war vom Haß entstellt.
Hadrian, Statthalter Antiochias, befahl einem auslaufenden Schiff, Gaius und Marcus mit nach Ostia zu nehmen.
Beide schwammen schon auf hoher See, als Trajan in Antiochia anlangte. Seine Krankheit war wieder ausgebrochen und schlimmer als zuvor. Er war ausgemergelt, nur noch gelblich fahle Haut spannte sich wie zerknittertes Pergament um die hervortretenden Backenknochen. Der Kaiser litt an Diarrhoe. Täglich verfiel er mehr. Die Wassersucht ließ seinen Unterkörper anschwellen. Trajan litt fürchterlich.
Plotina, Matidia und Hadrian bestürmten ihn, doch nach Rom heimzukehren.
Er müsse den Feldzug fortsetzen, beharrte der Kaiser.
Betroffen blickte Hadrian auf den Großonkel und dachte erschüttert, daß er noch nicht von diesem unheilvollen Wahn geheilt sei. Doch dann verschlimmerte sich des Kaisers Zustand so, daß er endlich dem Drängen nachgab und sich zur Heimreise entschloß.
In Selinus, einem kleinen Hafen in Cilicien, ließ die mitreisende Kaiserin die Schiffahrt unterbrechen und den Kaiser an Land tragen. Matidia, Attianus und Phaedimus folgten ihr.
Ein Schlaganfall lähmte den Kaiser und machte ihn bewegungsunfähig. In einem kleinen Haus wurde der Schwerkranke untergebracht.
Die Gedanken des Imperators wanderten, während der Körper an das Lager gefesselt blieb. Sein Wille versuchte, die Bewegung zu erzwingen. Nichts – unfähig lag er da, unfähig zu irgendeiner Bewegung, er, auf dessen Befehl Tausende sich in Marsch setzten, die römischen Adler in fernsten Ländern aufpflanzten, er lag hier wie ein Stück Holz, hilflos und dem Geschick ausgeliefert. Nicht einmal sprechen konnte er noch, nichts, nur einfach liegen und auf das Ende warten. O wie kläglich, großer Trajan, nicht einmal einen schlauen Abschiedssatz, der auf die Nachwelt kam, vermochte er zu sagen, wie Augustus das getan hatte: Hat das Ganze euch gefallen, nun, so klatschet unserem Spiel und entlaßt uns mit Beifallsruf. Ob man ihm Beifall klatschen würde? Der Rest hieß Verzweiflung und Bitterkeit. Nun hatte er keinen Vertrauensvorschuß mehr, der Horizont, sprich das Ende,

war ihm auf den Leib gerückt, er war das, was er getan und das, was er unterlassen hatte – er war Trajan und nicht – Alexander.

LII

Claudia sah ihren Sohn Gaius und ihren Mann in das Atrium treten, hohlwangig, unrasiert, die Strapazen und Leiden des Krieges in den Gesichtern eingegraben. Beide senkten die Köpfe.
»Publius?« fragte sie mit zitternder Stimme.
Das Schweigen gab deutliche Antwort.
»Nein!« schrie sie voller Schmerz. Ihr Mund blieb wie im Krampf verzerrt. Sie stand wie erstarrt. Alles Blut schien aus ihrem Gesicht gewichen zu sein.
Nach einer Weile löste sich die Starre, kraftlos sanken ihre Schultern nach unten. Tränen flossen über ihre Wangen. Claudia weinte lautlos in den Armen ihres Mannes und ihres Sohnes. Plötzlich wurde ihr Körper schlaff und wäre zu Boden geglitten, hätten beide sie nicht gestützt.
»Sie ist ohnmächtig. Tragen wir sie in ihr Zimmer und rufen den Arzt«, sagte Marcus zu seinem Sohn.
Einige Stunden später betrat Claudia in Trauergewänder gehüllt die Bibliothek, in der Marcus und Gaius saßen. Gefaßt fragte sie, wie Publius gestorben sei.
»Ich habe es geahnt«, sagte sie leise, »furchtbar, doch ich bin den Göttern dankbar, daß ihr …« ihre Stimme erstickte in Schluchzen.
Marcus trat zu ihr, legte seinen Arm um ihre Schultern und drückte sie zärtlich an sich. Sanft streichelte er über ihr Haar.
Claudia schmiegte sich an ihn, als suchte sie Schutz.
»Lakotris ist tot«, sagte sie plötzlich. »Dein Vater lebt, Glabrio hat es mir geschrieben.«
So viel Tod, so viel Leid mit einem Male. Marcus schluckte. Vater, dachte er, ein Glück, daß du lebst, nun kann ich dir gestehen, daß ich mich geirrt habe und du recht hattest. Ich werde dir alles abbitten! Was hattest du mir gesagt, als ich in den Krieg zog: Alle Reiche, die Kriege anzetteln, müssen untergehen, da Kriegführen in den Augen der Götter das Scheußlichste und Widerlichste ist, weil es zerstört, was sie die Menschen haben schaffen lassen, weil Krieg den Menschen erniedrigt auf die Stufe einer seelenlosen wilden Bestie, die sich zum Kampfe und Töten anstacheln läßt, ohne zu wissen weshalb. Denn in Wahrheit kämpft der Mensch im Kriege für nichts.
Das ist wahr, dachte Marcus, wofür quälten wir uns in den parthischen Wüsten, setzten uns dem Pfeilhagel aus, wofür bleichen die Gebeine unserer Kameraden im Sande, werden die Leichen von Raubvögeln zerhackt, von Schakalen zerfetzt … Wofür? Die Parther sitzen schon längst wieder in Ctesiphon und Seleu-

cia, die Provinzen Assyria und Mesopotamia sind längst wieder Besitz des Großkönigs. Denn in Wahrheit kämpft der Mensch im Kriege für nichts – für einen Wahn des Herrschers, und der war das absolute – Nichts.
Marcus hatte nicht bemerkt, daß Gaius leise die Bibliothek verlassen hatte.
Wie vieles hatte sich geändert in den letzten Jahren, dachte er. Und wir? Er drückte Claudia an sich, hob ihr tränennasses Gesicht und küßte ihre weichen Lippen.
Wir werden neu beginnen, ein anderes Leben führen müssen und, fühlte er in diesem Moment, es ist noch nicht zu spät.

Am selben Tag saß Plutarch im Arbeitszimmer seines kleinen Hauses in Chaironeia. Die Nachrichten vom Aufruhr der Juden, Araber und anderer Völker, der sich in blutigen Metzeleien entlud, und der Brand des ganzen Ostens, den Trajan mit seinem gigantischen an Alexander erinnernden Heereszug entzündet hatte, war auch in die Stille der boötischen Stadt gedrungen. Er nahm seine Alexanderschrift und die ihm von Lucius Soranus ausgehändigten Notizen des Apollonius von Tyana zur Hand.
Er vertiefte sich in die Bemerkungen des Apollonius, nahm eine Feder, tauchte sie in Tinte und wollte schreiben. Doch er stockte. Nochmals las er die Bemerkungen des Apollonius. Dann las er den Anfang seiner Alexanderbiographie, in der er geschrieben hatte: »Aber in ihren glänzenden Taten und ihren blutigen Gefechten und großen Schlachten zeigen sich ihre Tugenden oder Laster und verrät sich ihr Charakter ...«
Plutarch las diese Passage mehrmals.
»Beim Zeus«, rief er, »Appolonius hat recht, so kann diese Stelle, so darf sie nicht auf die Nachwelt kommen. Angesichts dessen, was in Parthien, Cyrene und anderswo geschehen ist, wäre das eine Verhöhnung der Leidenden.« Er nahm die Feder zur Hand und strich diesen Satz mit einer langen dicken Linie durch; den Punkt vom vorhergehenden Satz verwandelte er in ein Semikolon und schrieb in kleiner Schrift in die Zwischenräume:
»und in den glänzendsten Taten liegt nicht allemal eine Anzeige von Tugend oder Laster, im Gegenteil verrät oft eine unbedeutende Handlung, eine Rede oder ein Scherz den Charakter des Menschen viel deutlicher als die blutigsten Gefechte, als die größten Schlachten und Belagerungen.«
Plutarch legte die Feder zur Seite, lehnte sich zurück und atmete tief und zufrieden.

Am gleichen Tag saßen zwei Männer auf der Terrasse eines Gutshauses in Liria, das nahe der großen Stadt Valentia am Fuße eines Gebirgsmassivs und in der Nähe eines Flusses gelegen war. Der eine, ein hochgewachsener alter Mann mit dünnen weißen Haarsträhnen, ließ seine Augen über die Ebene, die sich sanft

zum Fluß neigte, wandern, um sie dann zum Himmel schweifen zu lassen, an dem das Rot der untergehenden Sonne wie ein fernes Feuer brannte.
»Mir wäre das nicht passiert, Propinquus«, sagte er leise.
»Wer weiß, was du getan hättest, wärest du an seiner Stelle Kaiser geworden«, antwortete Valerius Propinquus.
»Trajan ist eine tragische Gestalt, die unbedingt groß sein wollte. Er hätte lieber unseren gemeinsamen Landsmann lesen sollen statt Lebensläufe von Alexander. Was sagte unser Seneca über die Größe des Menschen?«
Der Alte reckte seine hohe, vom Alter leicht gebeugte Gestalt und zitierte mit wohlklingender Stimme, wobei sein runzliges Gesicht einen feierlich-erhabenen Ausdruck annahm:
»Was ist groß am Menschen? Nicht, daß er mit seinen Flotten die Meere erfüllt und am Gestade des Roten Meeres seine Feldzeichen aufpflanzt, nicht, daß er auf der Suche nach Ungekanntem auf dem Ozean umherirrt, weil er auf dem Festland nicht genug Unrecht tun kann – sondern groß ist die klare Beurteilung alles dessen und die Überwindung der eigenen Fehler. Keinen größeren Sieg kann man erringen. Unzählige Menschen haben Völker und Städte beherrscht, ganz wenige nur sich selbst.« Der Greis ließ sich wieder auf die Bank zurücksinken.
Aus dem Haus trat eine Frau mit einem Weinkrug zu den auf der Terrasse sitzenden Männern und füllte deren Becher.
»Danke, Helena«, sagte Propinquus, wobei sein Blick sie liebevoll umfing und ihr folgte, als sie zum Haus zurückging.
Beide tranken sich zu.
Nach einer Weile des Schweigens sagte Propinquus: »Maternus, weißt du, was ich glaube? Trajan wollte irgend jemandem irgend etwas beweisen, wie jeder Herrscher beweisen will, daß er zu Recht die Macht besitzt.«
»Fragt sich nur, wem er etwas beweisen wollte?«
»Dir«, erwiderte Propinquus.
»Du bist verrückt«, platzte Maternus heraus. Dann lehnte er sich nachdenklich zurück, ein leises Lächeln spielte um den faltigen Mund.
Warum eigentlich nicht, dachte Maternus vergnügt, denn in dieser verrückten und verkehrten Welt war und ist alles, auch das Unvernünftigste und Unmöglichste, denkbar.

ZEITTAFEL

96	Ermordung Kaiser Domitians
96	Nerva wird römischer Kaiser
96/97	Meuterei der Garde
96/97	Kampf um Nervas Nachfolge
97	Adoption Trajans durch Nerva. Absetzung des Curiatius Maternus als Statthalter Syriens und Verbannung nach Spanien
98	Tod Nervas (27. Januar). Trajan wird Kaiser (28. Januar)
98–117	Kaiser Trajan
98	Hinrichtung der Präfekten Aelianus und Crassus
98	Tod des Apollonius von Tyana
98/99	Trajan inspiziert die Donaugrenze. Vorbereitung des Feldzuges gegen die Daker
100	Einzug des Kaisers in Rom
101–102	Erster Krieg gegen die Daker. Niederlage der Daker unter König Decebal
105–107	Zweiter Dakerkrieg. Vernichtung der Daker. Tod Decebals. Dakien wird römische Provinz
106	Das arabische Nabatäerland wird römische Provinz Arabia
107–113	Umfassende Baumaßnahmen (Forum, neue Städte in Provinzen). Vorbereitung des »Alexander-Zuges« gegen Parthien
112	Tod des Licinius Sura und des Plinius Secundus
113–117	Krieg Trajans gegen die Parther
114	Eroberung Armeniens
114/115	Eroberung Mesopotamiens
116	Feldzug ins Kernland der Parther. Eroberung Ctesiphons und Seleucias. Partherland zwischen Euphrat und Tigris wird zur römischen Provinz Assyria
116	Trajan besichtigt Babylon, den Sterbeort Alexanders des Großen
116	Aufstand in Cyrene und im parthischen Hinterland
116	Trajan ernennt Parthamaspates zum König des römischen Klientelstaates Parthien
116	Seuchen im Heer und Aufstände zwingen Trajan zum Rückzug aus Parthien. Der parthische König Chosroes kehrt zurück und vertreibt Parthamaspates. Niederschlagung des Aufstandes in Cyrene
117	Trajan plant neuen Feldzug gegen Parthien. Erkrankung Trajans. Auf der Rückkehr nach Rom Tod Trajans in Selinus am 11. August

ERLÄUTERUNGEN

Alpes maritimae	Meeralpen
Amisa flumen	Ems
Amphora	Gefäß zur Aufbewahrung von Flüssigkeiten
Aquilifer	Adlerträger einer Legion
Archiater	Titel für Ärzte am Kaiserhofe und für Gemeindeärzte
Architrav	auf Säulen ruhender waagerechter Querbalken
Archont	Beamter in Athen
Arsakiden	parthisches Herrschergeschlecht
Äsculap	Gott der Heilkunde
Atrium	Empfangsraum eines römischen Hauses
Augusta Treverorum	Trier
Aventin	einer der sieben Hügel Roms neben dem Capitol, Palatin, Quirinal, Caelius, Viminal, Esquilin
Bajae	römischer Badeort
Balneator	Masseur, Badesklave
bellum iustum	gerechter Krieg
Bilbilis	Stadt in Spanien
Bonna	Bonn
Borysthenes	Dnjepr
Brigetio	Stadt in Pannonien
Bructerer	germanischer Stamm
Byssus	feiner Baumwollstoff
Castra Divitia, Castra Vetera	Legionslager in Germanien
Castrum	Legionslager, Prätorianerkaserne
casus belli	Kriegsgrund
Centurio	Führer einer Hundertschaft, Centurie
Ceterum censeo …	Übrigens bin ich der Meinung … Ausspruch Catos
Charon	Fährmann der Unterwelt, brachte die Seelen Verstorbener über den Styx
Chiton	hemdartiges griechisches Gewand
Colonia Agrippinensis	Köln
conditio sine qua non	unerläßliche Bedingung
Confluentes	Koblenz
Congiarium	Spende an das Volk
consul suffectus	Nachfolgekonsul
Cubiculum	Schlafzimmer
Curia, Kurie	Senat, Versammlungsort des Senats
damnatio memoriae	Verdammung des Gedenkens, der Erinnerung
Danaer	Bezeichnung Homers für die Griechen
Danuvius flumen	Donau
Daphne	Vorort von Antiochia

Denar	römische Münze
Emporium	Getreidespeicher Roms am Tiberufer
Erinnyen, Furien	Rachegöttinnen
Euphrates flumen	Euphrat
Fetialen	Priesterkollegium in Rom
Flavier	römisches Kaisergeschlecht
Flumen	Fluß
Fuß	römisches Längenmaß, 1 Fuß entspricht 29,60 cm
Gorgonen	sagenhafte Ungeheuer, Töchter des Phorkys und der Keto: Sthenno, Euryale, Medusa
Hades	Unterwelt, auch Gott der Unterwelt
Haemus montes	Gebirge in Thrakien
Hephaistion	Freund Alexanders von Makedonien
Herakles, Herkules	Sagengestalt
Hybris	frevelhafter Stolz, Übermut
Hypanis flumen	der Fluß Bug
Hypocaustum	Fußbodenheizung
Hispania	Spanien
Impluvium	Bassin im Innenhof des römischen Hauses zum Auffangen des Regenwassers
Insula	Mietshaus, Häuserblock
Janus	römischer Gott
Jarchas	indischer Weiser
Jazygen	sarmatisches Volk
Jupiter	oberste Gottheit der Römer
Kapitell	oberer Teil einer Säule
Klepsydra	Wasseruhr
Kohorte	Abteilung einer Legion
Konsul, Consul	höchster römischer Beamter
Koressos	Berg in Ephesus
kurulischer Stuhl	Stuhl der Konsuln und des Kaisers im Senat
Lanista	Fechtmeister
Legat	Befehlshaber einer Legion
Legion	römische Truppeneinheit, ungefähr 6000 Soldaten
Leptis maior	Stadt in Nordafrika
Liktor, Lictor	höherer Beamter
Liwan	zum Hofe offener Wohnraum
Marder	Volksstämme in Vorderasien
Mare	Meer
Mare Adriaticum	Adria
Mare Germanicum	Nordsee
Mare Internum	Mittelmeer
Mare Hyrcanum	Kaspisches Meer
Marisus flumen	Fluß in Dacien
Mathesis	allumfassende Lehre aller formalen Wissenschaften

Mogontiacum	Mainz
Moiren, Parzen	Schicksalsgöttinnen
Mons	Berg, Gebirge
Mons Ianiculus	
Mons Palatinus	
Mons Pincius, Pincio	Berge in Rom
Mons Vaticanus	
Mosella flumen	Mosel
Nilus flumen	Nil
Nomenklator	wörtl. »Namensnenner«, Sklave, der die Besucher anmeldete
Nonen	Bezeichnung für bestimmte Monatstage
Novaesium	Neuß
Numen	Gott, auch wirkende Kraft und Macht einer Gottheit
Obstetrix	Hebamme
Optimus princeps	bester Herrscher, Titel Trajans
Orontes flumen	Fluß in Syrien
Ostia	römische Hafenstadt
Ovid	römischer Dichter
Panegyrikus, Panegyriker	Lobrede, Lobredner
Pantheon	Tempel in Rom, allen Göttern geweiht
Patibulum	Marterholz, Querteil des Kreuzes
Patroklos	Freund des Achill
Penaten	Schutzgötter der Familie
Peristyl	Säulenhof des antiken Hauses
Perseus	griechische Sagengestalt
Petronius	römischer Satiriker
Phidias	griechischer Bildhauer
Pion	Berg in Ephesus
Plebs	Masse des römischen Volkes
Pontifex maximus	Vorsteher des Priesterkollegiums der Pontifices
Pontus Euxinus	Schwarzes Meer
Porticus	Säulenhalle
Praefectus praetorio	Kommandant (Präfekt) der Prätorianer
Prätor	römischer Beamter
Prätorianer	römische Spezialtruppe zum Schutz des Kaisers und der kaiserlichen Familie
Princeps	Führer, Bezeichnung für römische Kaiser
Pythagoras	griechischer Philosoph und Mathematiker
Quästor	römischer Beamter
Quästur	Amt eines Quästors
Rostra	Rednerpulte auf dem Forum
Saturnin	Statthalter Germaniens, Führer des Aufstandes gegen Domitian im Jahre 89
Sekundogenitur	Erb- und Nachfolgerecht
Seleuciden, Seleukiden	Herrschergeschlecht

Sericum-Land	China, Land der Seidengewebe
Sesterze	römische Münze
sica	Dolch
sic transit … (gloria mundi)	so vergeht (der Ruhm der Welt)
Sistrum	Klapper, Rassel
Stadium	Rennbahn
Styx	Fluß in der Unterwelt
Subura	Stadtviertel in Rom
Sucinum	Bernstein
Suzeränität	auf einzelne, Hoheitsrechte beschränkte Oberhoheit eines Staates über einen nicht souveränen anderen Staat
Synedrion	höchstes Organ des jüdischen Staates im Altertum
Tartarus	Schattenreich, Unterwelt
Taverne	Gasthaus, Schenke
Tepidarium	Teil des römisches Bades
Tisia flumen	Theiß
Toga	Oberkleid der römischen Bürger
Tribun	römischer Offizier, Beamter und Volksvertreter
Trikliniarch	Sklave des Speisezimmers
Triklinium	Speisezimmer
Tunika	Unterkleid
Velabrum	Marktplatz in Rom
Zamolxis	Gott der Daker
Zeitrechnung	Die Römer rechneten die Jahre von der Gründung der Stadt Rom an (753 v. u. Z.); z. B. war das Jahr 100 nach römischer Zeitrechnung das 853. Jahr nach Erbauung der Stadt Rom (753 plus 100 = 853)

Übersicht über die wichtigsten Personen
Die kursiv gesetzten Personen sind frei erfunden

DIE GRUPPE DER MÄCHTIGEN

Marcus Coccejus Nerva	Kaiser
Belonius	Kämmerer Nervas
Casperius Aelianus und Calpurnius Crassus	Prätorianerpräfekten unter Nerva
Marcus Ulpius Trajanus (Trajan)	Kaiser, Nachfolger Nervas
Plotina	Kaiserin, Gattin Trajans
Phaedimus	Kämmerer Trajans
Publius Aelianus Hadrianus (Hadrian)	Verwandter Trajans, Senator, Feldherr, später Kaiser
Sabina	Gattin Hadrians
Lucius Ursus Servianus	Senator, Schwager Hadrians
Lucius Licinius Sura	Freund und Vertrauter Trajans
Caelius Attianus	Ritter, Vertrauter Trajans und Hadrians, später Präfekt der Garde
Helena	Dirne, dann Gattin des Attianus
Varinia	Tänzerin, Geliebte Veientos und Suras
Cornelia	Witwe des Petronius Secundus, Schwester von Publius Celsus
Domitia Longina	Witwe Kaiser Domitians

DIE GEGENSPIELER TRAJANS

Cornelius Curiatius Maternus	Senator, Statthalter, sollte Nachfolger Nervas werden
Valerius Propinquus	Vertrauter des Maternus
Gallus Fabricius Veiento	Senator, erst Anhänger des Maternus, später Parteigänger Trajans

DIE FAMILIE SORANUS UND IHR FREUNDESKREIS

Lucius Barea Soranus	Sohn des Senators und Statthalters Quintus Barea Soranus, der auf Befehl Neros hingerichtet worden war
Lakotris	Gattin des Lucius Soranus
Marcus Barea Soranus	Sohn des Lucius Soranus
Claudia Ostoria	Gattin des Marcus Soranus
Publius und *Gaius*	Söhne der Claudia Ostoria und des Marcus Soranus

Ostorius Sabinus	Vater der Claudia Ostoria
Cassius Asclepiodorus und *Clodius*	Freunde der Familie Soranus
Praesens Fulvius Rusticus	Tribun, Freund des Marcus Soranus
Mikal	Witwe des von Domitian ermordeten Senators Glabrio
Manius Acilius Glabrio	Sohn von Glabrio und Mikal

JUDEN UND GRIECHEN

Jochai ben Malachias	Jude, Seemann
Simon ben Jochai und Andreas ben Jochai	Söhne des Jochai
Eleasar	jüdischer Kaufmann
Lukuas und *Esther*	Kinder des Eleasar
Simonides	griechischer Großkaufmann

PHILOSOPHEN UND GELEHRTE

Apollonius von Tyana	Philosoph, Weiser
Damis von Ninus	Schüler des Apollonius
Plutarch	Schriftsteller, Geschichtsschreiber
Cornelius Tacitus	Senator, Geschichtsschreiber
Plinius Secundus	Senator, Schriftsteller
Apollodorus	Architekt
Marcus Valerius Martialis (Martial)	Dichter

SENATOREN, FELDHERREN, BEAMTE

Verginius Rufus Julius Proculus Domitius Apollinaris Fulvius Gillo Sosius Senecio Sextus Julius Frontinus	Senatoren
Publius Celsus Aulus Cornelius Palma Lusius Quietus Avidius Nigrinus Marcius Turbo Titus Claudius Livianus	Feldherren

Quintus Varro	Tribun, Prätor, Kommandant in Cyrene
Carminius Vetus	Beamter
Larcius Priscus	Legat

DAKER

Decebal	König der Daker
Diegis	Bruder Decebals
Kertebalos	dakischer Fürst
Nicolas	dakischer Sklave

PARTHER

Chosroes	parthischer Großkönig
Seraspadanes	Berater von Chosroes
Orobazos	Parther, schürte den Aufstand in Cyrene
Parthamasiris und Exedares	als Könige von Armenien eingesetzt
Parthamaspates und Sanatrukios	Verwandte des Großkönigs

BILDNACHWEIS

Aus dem Besitz des Autors: Abb. 1, 2, 23; Deutsche Bücherei, Leipzig: Abb. 3, 4, 24; Universitätsbibliothek Leipzig: Abb. 5–22.
Der Verlag dankt für die freundliche Überlassung des Bildmaterials.

ISBN 3-7354-0018-3

2. Auflage

L. N. 359/425/3/88
Illustrationen: Alexander Alfs
Schutzumschlagentwurf: Dietrich Wenzel
Einbandentwurf: Gerhard Stauf
Printed in the German Democratic Republic
Gesamtherstellung: Offizin Andersen Nexö,
Graphischer Großbetrieb, Leipzig III/18/38
LSV 7001 · Bestell-Nr. 790 556 0
01700

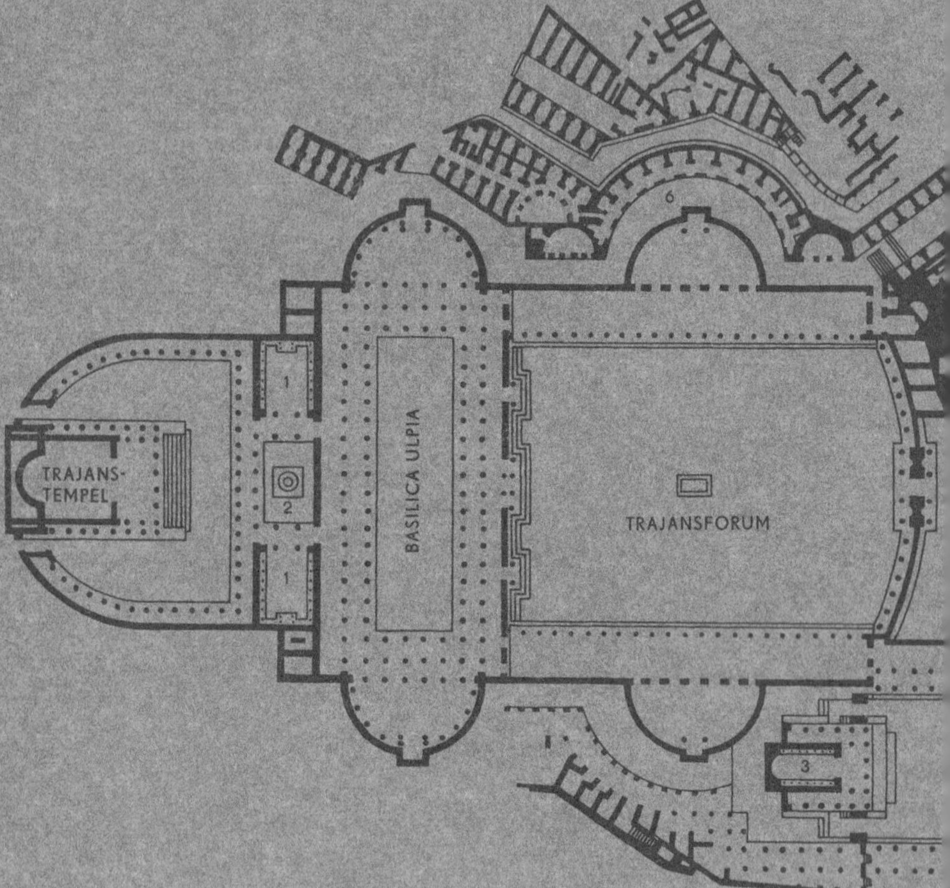

1 Bibliotheksbauten
2 Trajanssäule
3 Tempel der Venus Genetrix
4 Tempel des Mars Ultor
5 Tempel der Minerva
6 Märkte des Trajan